Schriftenreihe
der Juristischen Schulung

Geschäftsführender Herausgeber
Rechtsanwalt Prof. Dr. Hermann Weber

Band 116

Einführung in das öffentliche Recht der USA

von

Dr. Winfried Brugger, LL.M.
Professor an der Universität Heidelberg

2., aktualisierte und erweiterte Auflage

Verlag C. H. Beck München 2001

Brugger, Winfried:
Einführung in das öffentliche Recht der USA /
von Winfried Brugger. – 2., aktualisierte und erw. Aufl. –
München : Beck, 2001
(Schriftenreihe der Juristischen Schulung ; Bd. 116)
ISBN 3 406 47704 6

ISBN 3 406 47704 6

Wilhelmstraße 9, 80801 München
Druck: Nomos Verlagsgesellschaft
In den Lissen 12, 76547 Sinzheim

Satz: Druckerei C. H. Beck, Nördlingen

Gedruckt auf säurefreiem, alterungsbeständigem Papier
(hergestellt aus chlorfrei gebleichtem Zellstoff)

Vorwort zur 2. Auflage

Seit der 1. Auflage sind acht Jahre vergangen. Das ist einerseits eine kurze Zeitspanne, andererseits gibt es in einem Land wie den USA keinen Stillstand, weder ökonomisch, politisch noch rechtlich. Dies drückt sich in einer größeren Anzahl von neuen Entscheidungen des Supreme Court aus, die die bisherige Dogmatik zum Teil erheblich ändern oder neue Schwerpunkte setzen. So schützt der Supreme Court zu Beginn des 21. Jahrhunderts die Rechte der Gliedstaaten wieder stärker. In Fragen der Gewaltenteilung lassen sich in der Rechtsprechung nach wie vor zwei in Spannung stehende Entscheidungsstränge aufweisen: Deren erster betont die gerichtliche Aufgabe der Durchsetzung der ‚checks and balances', der zweite dagegen zeichnet sich durch pragmatische Abwägungen und größere justitielle Zurückhaltung aus. Einschlägige Stichworte im Grundrechtsbereich sind etwa: Selbsttötung; Homosexualität; ‚affirmative action'; Geschlechtergleichbehandlung; Internet; ‚hate speech'. Die 2. Auflage enthält ferner neue Abschnitte zur staatlichen Subventionierung von Rede sowie zur Redefreiheit in Sonderstatusverhältnissen. Verwaltungsrechtlich war vor allem auf neuere Formen des Verwaltungshandelns hinzuweisen: die Verordnungsgebung auf Verhandlungsbasis sowie die alternative Streitbeilegung im Bereich der Einzelfallentscheidungen.

Geschrieben wurde diese 2. Auflage wieder am Georgetown University Law Center in Washington, D. C. Die dortigen exzellenten Forschungsbedingungen wurden nur noch durch die Gastfreundschaft und Hilfsbereitschaft der Fakultät des Law Center übertroffen. Exemplarisch möchte ich Dean Judith Areen, Charles Abernathy, Charles Gustafson und Mark Tushnet nennen. Allen gebührt mein herzlicher Dank, der verbunden ist mit der Hoffnung, daß das Buch Studenten, Praktikern und Wissenschaftlern den Weg zum Verständnis des öffentlichen Rechts der USA ebnet. Die Rechtsordnung der USA ist unter allen modernen Rechtssystemen die wichtigste Referenzordnung im gegenwärtigen Diskurs der Staaten. Es ist daher nicht nur intellektuell bereichernd, sondern auch politisch nützlich, amerikanische Rechtsentwicklungen zur Kenntnis zu nehmen – oft versuchen sie, Probleme zu lösen, denen sich früher oder später alle modernen Rechtsstaaten mit einer ausgebauten Verfassungsgerichtsbarkeit stellen müssen. Es ist angemessener Ausdruck dieser Tatsache, daß inzwischen viele deutsche Rechtsfakultäten Einführungskurse in das öffentliche Recht der USA anbieten. Nicht zuletzt für solche Kurse ist dieser Einführungsband gedacht.

Heidelberg, im September 2000 *Winfried Brugger*

Vorwort zur 1. Auflage

Das öffentliche Recht der Vereinigten Staaten ist in vielfacher Hinsicht von Bedeutung für das deutsche öffentliche Recht: Die amerikanische Verfassung von 1787 mit der 1791 ratifizierten Bill of Rights hat von Anfang an die deutsche Verfassungsentwicklung mit beeinflußt; obwohl die älteste geschriebene Verfassung des liberal-demokratischen Typs, verkörpert sie über die Rechtsprechung des Supreme Court immer noch das meistzitierte Verfassungsmodell. Das amerikanische Verwaltungsrecht unterscheidet sich stärker vom kontinentaleuropäischen Modell, doch dienen gerade die alternativen Verfahrensmodelle in der deutschen Diskussion oft zur kritischen Prüfung der einheimischen Institutionen und Regeln. Die Beschäftigung mit dem öffentlichen Recht der USA verspricht also über das Interesse des Wissenschaftlers an der Rechtsvergleichung hinaus auch dem Studenten und Praktiker ein vertieftes Verständnis des eigenen Rechtssystems, sei es aus der Perspektive der Übereinstimmung oder der Differenz.

Die vorliegende ‚Einführung' vermittelt dem Leser wesentliche Grundlagen des amerikanischen öffentlichen Rechts. Sie geht nicht ins Detail, skizziert aber die wichtigsten Probleme des Verfassungs- und allgemeinen Verwaltungsrechts und zeichnet bei einigen Themen die Entwicklung der Rechtsprechung nach. Parallelen oder Vergleiche zur deutschen Rechtsentwicklung bieten sich bei fast jedem Paragraphen an. Ich habe jedoch im Hinblick auf die begrenzte Seitenzahl dieses Bandes von Hinweisen auf das deutsche Recht Abstand genommen; solche Hinweise hätten unvollständig und schlagwortartig bleiben müssen. Statt dessen habe ich versucht, durch immanente Querverweise dem Leser ein Verständnis für den Charakter und die Systematik des amerikanischen öffentlichen Rechts zu vermitteln.

Geschrieben wurde das Buch 1991/92 am Georgetown University Law Center in Washington, D. C. Dean Judith Areen sowie den Kollegen am Law Center möchte ich meinen Dank aussprechen für die mir gewährte Gastfreundschaft und das allseitige Entgegenkommen. Besonders erwähnen möchte ich Charles Abernathy und Charles Gustafson, die mich in jeder Hinsicht unterstützt haben. Ermöglicht wurde mir das Forschungsjahr durch ein Akademiestipendium der Volkswagen-Stiftung, für das ich mich ebenfalls herzlich bedanke.

Heidelberg, im Oktober 1992 *Winfried Brugger*

Inhaltsverzeichnis

Zweiter Teil: Verwaltungsrecht

Abkürzungsverzeichnis

Die amerikanischen Abkürzungen folgen weitgehend The Bluebook. A Uniform System of Citation, 16. Auflage 1996, in dem sich weitere Nachweise finden. Die deutschen Abkürzungen folgen dem üblichen Gebrauch. Buchtitel werden in den Fußnoten in der Regel abgekürzt zitiert, Aufsätze nach der Fundstelle; die vollständigen Angaben ergeben sich aus dem Literaturverzeichnis. Vgl. auch die Erläuterungen im Nachwort.

ACLU	American Civil Liberties Union
Adm.	Administrative
ALJ	Administrative Law Judge
Am.	American; Amendment
APA	Federal Administrative Procedure Act
Art(s).	Article(s)
Ass'n	Association
CAB	Civil Aeronautics Board
cert.	certiorari
C. F. R.	Code of Federal Regulations
CFTC	Commodity Futures Trading Commission
Ch(s).	Chapter(s)
CIA	Central Intelligence Agency
Cir.	Circuit Court of Appeals (Federal)
C. J.	Chief Justice
Cl.	Clause
Co.	Company
Comm'n	Commission
Comm.	Committee
Comp.	Comparative
concurring	concurring opinion
Const.	Constitution; Constitutional
Corp.	Corporation
CPSC	Consumer Protection Safety Commission
Ct.	Court
D.	District Court (Federal)
D. C.	District of Columbia
Dep't	Department
dissenting	dissenting opinion
EEOC	Equal Employment Opportunity Commission
EPA	Environmental Protection Agency
F.(2 nd oder 3 rd)	Federal Reporter (zweite oder dritte Folge)
FCC	Federal Communications Commission
FDA	Food and Drug Administration
Fed.	Federal
Fed. Reg.	Federal Register
FERC	Federal Energy Regulatory Commission
FMC	Federal Maritime Commission
FRB	Federal Reserve Board

F. Supp.	Federal Supplement
FTC	Federal Trade Commission
FTCA	Federal Tort Claims Act
ICC	Interstate Commerce Commission
Inc.	Incorporated
INS	Immigration and Naturalization Service
Ins.	Insurance
Int'l	International
J.	Judge; Justice; Journal
L.	Law
Ltd.	Limited
NAACP	National Association for the Advancement of Colored People
Nat'l	National
NIRA	National Industrial Recovery Administration/Act
NLRB	National Labor Relations Board
NRC	Nuclear Regulatory Commission
No(s).	Number(s)
OIRA	Office of Information and Regulatory Affairs
OMB	Office of Management and Budget
OSHA	Occupational Safety and Health Administration
PBGC	Pension Benefit Guaranty Corporation
Pub.	Public
Rev.	Review
S. Ct.	Supreme Court Reporter; Supreme Court
SEC	Securities and Exchange Commission
Sec. (§)	Section
Stat.	United States Statutes at Large
Supp.	Supplement
TVA	Tennessee Valley Authority
U.	University
U. S.	United States Reports; United States
U. S. C.	United States Code
U. S. C. A.	United States Code Annotated
U. S. C. S.	United States Code Service
W. L.	West Law

Erster Teil. Verfassungsrecht

Erster Abschnitt: Geschichtlicher Hintergrund

§ 1. Skizze der geschichtlichen Entwicklung

Ursprung der heutigen Vereinigten Staaten von Amerika sind die englischen Kolonien, die ab Ende des 16. Jahrhunderts an der Ostküste von Nordamerika gegründet wurden.[1] Diese hatten drei Rechtsformen: Kronkolonien standen im unmittelbaren Eigentum des englischen Königs. Bei Eigentümerkolonien übertrug der König mittels einer Charter Grund und Boden an eine einzelne Privatperson oder Gesellschaft und behielt sich lediglich lehnsrechtliche Befugnisse vor. Freibriefkolonien waren zwar der Oberhoheit der englischen Krone unterworfen, hatten aber weitgehende Befugnisse der Selbstverwaltung. Um die Mitte des 18. Jahrhunderts hatten sich dreizehn Kolonien gebildet, die von New Hampshire im Norden bis nach Georgia im Süden reichten. Ihre Regierungsformen wiesen, neben vielen Unterschieden im Detail, auch einige einheitliche Grundzüge auf: An der Spitze der Exekutive stand ein Kolonialgouverneur, der von der Krone oder von den Eigentümern eingesetzt worden war. Die Legislative bestand aus einem vom Gouverneur ernannten Oberhaus sowie aus einem aus Wahlen hervorgegangenen Unterhaus. Gesetze unterlagen dem Veto des Gouverneurs oder auch der Außerkraftsetzung durch die englische Krone; zum Teil bedurften die Gesetze zu ihrem Wirksamwerden der Zustimmung der Krone.

Allmählich entwickelten sich Spannungen zwischen den Kolonien und dem Königreich. Nach dem Krieg zwischen Frankreich und England von 1756–1763, der mit dem Frieden von Paris endete und Großbritannien das Anrecht auf Kanada und das nordamerikanische Gebiet östlich des Mississippi einräumte, verlangte das Mutterland von den Kolonien eine stärkere finanzielle Beteiligung an den Kosten des Krieges. Die von England zur Durchsetzung dieser Forderung benutzten Mittel – insbesondere höhere Steuern und die Einquartierung von Soldaten in Privathäusern – stießen auf starken Widerstand der Kolonisten, die der Ansicht waren, solche Maßnahmen bedürften der Zustimmung der Kolonien selbst: ‚No taxation without representation!‘ Die anhaltenden Spannungen führten 1774 zum Ersten Kontinentalkongreß in

---

[1] Vgl. ausführlicher hierzu *Loewenstein*, Verfassungsrecht, Kap. 1.

Philadelphia, einem Treffen von revolutionären Führern der Kolonien, die zum Widerstand gegen die englischen Zwangsmaßnahmen aufriefen. Im April 1775 begannen die kriegerischen Auseinandersetzungen, die im Mai zum Zweiten Kontinentalkongreß führten, der die Funktion einer nationalen Regierung übernahm, eine Armee einrichtete, Geld druckte und die Hilfe europäischer Staaten suchte.

Der Ablösungsprozeß kulminierte in der vom Kongreß am 4. Juli 1776 angenommenen Unabhängigkeitserklärung, die von Thomas Jefferson ausgearbeitet worden war. Die Unabhängigkeitserklärung besteht aus drei argumentativen Teilen: einer Aufzählung der von der englischen Krone begangenen Ungerechtigkeiten, einer Rechtfertigung der revolutionären Ablösung und einer Darlegung der Grundlagen des neuen amerikanischen Gemeinwesens. Letztere mußten, nachdem jahrelange Berufungen der Kolonien auf das überkommene englische Recht nicht zur Beilegung der Konflikte geführt hatten, auf ein fundamentaleres Recht gestützt werden, das von der Aufklärung propagierte Natur- und Vernunftrecht: „We hold these truths to be self-evident, that all men are created equal, that they are endowed by their Creator with certain unalienable Rights, that among these are Life, Liberty and the pursuit of Happiness. – That to secure these rights, Governments are instituted among Men, deriving their just powers from the consent of the governed, – That whenever any Form of Government becomes destructive of these ends, it is the Right of the People to alter or to abolish it, and to institute new Government, laying its foundation on such principles and organizing its powers in such form, as to them shall seem most likely to effect their Safety and Happiness.“[2] Die Unabhängigkeitserklärung endet mit der Proklamierung neuer staatlicher Souveränität: „WE, THEREFORE, the REPRESENTATIVES of the UNITED STATES OF AMERICA ..., do, in the Name, and by Authority of the good People of these Colonies, solemnly publish and declare, That these United Colonies are, and of Right ought to be FREE AND INDEPENDENT STATES ...“.

Der Unabhängigkeitskrieg dauerte bis 1783 und endete mit dem Pariser Frieden, in dem England die Vereinigten Staaten anerkannte und das gesamte Territorium zwischen Florida und Kanada und östlich des Mississippi an die neue Nation abtrat. Die staatliche Ordnung wurde einerseits durch die Gliedstaatenverfassungen, andererseits durch die 1777 beschlossenen und 1781 in Kraft getretenen Articles of Confederation organisiert. Die Konföderationsartikel bauten einen Staatenbund auf: „Each State retains its sovereignty, freedom, and independence, and eve-

[2] Text in *Kurland/Lerner*, The Founders' Constitution I, S. 9ff., und in *Rotunda u. a.*, Const. Law, Appendix A. Deutsche Übersetzung in *Schambeck u. a.*, Dokumente, Nr. 30.

ry Power, Jurisdiction and right, which is not by this confederation expressly delegated to the United States, in Congress assembled."[3] Im Kongreß hatte jeder Staat eine Stimme; Verfassungsänderungen erforderten Einstimmigkeit. Nicht umfaßt von den ausdrücklich an die nationale Regierung abgetretenen Kompetenzen waren so wichtige Gebiete wie der zwischenstaatliche Handel, die Steuererhebung und die Gerichtsbarkeit; auch fehlte es an einer permanenten zentralen Exekutivgewalt. Die Verschlechterung der finanziellen Lage des nationalen Kongresses sowie Handels- und Besteuerungskonflikte zwischen den einzelnen Staaten führten schließlich zu der vom Kongreß aufgegriffenen Forderung, die Konföderationsartikel zu revidieren.

Im Mai 1787 trafen sich Vertreter von zwölf der dreizehn Staaten in Philadelphia, um über die Revision der Articles of Confederation zu beraten.[4] Die Delegierten – unter ihnen George Washington, Benjamin Franklin, James Madison, Alexander Hamilton und viele andere bekannte politische Führer – tagten bis zum 17. September. Das Ergebnis ihrer vertraulichen Beratungen war keine Revision der Konföderationsartikel, sondern – entgegen dem ausdrücklichen Auftrag – der Entwurf einer neuen Verfassung, die einen Bundesstaat gründen sollte.

Der Entwurf folgt dem Gewaltenteilungsschema und regelt in Art. I die Legislative, in Art. II die Exekutive und in Art. III die Judikative. Art. IV und VI behandeln im wesentlichen Föderalismusprobleme. Art. V regelt das Verfahren der Verfassungsänderung, und Art. VII setzt die Voraussetzungen für das Inkrafttreten fest. Dem Entwurf vorangestellt ist eine Präambel, die mit den Eingangsworten „We the People ..." den Demokratiegedanken betont und übergreifende Staatsziele benennt.[5]

Die Legislativgewalt ist nach Art. I im Kongreß angesiedelt, der aus zwei Häusern besteht: dem alle zwei Jahre zu wählenden Repräsentantenhaus und dem Senat mit einer Amtszeit von sechs Jahren. Einer der wichtigsten Kompromisse der Constitutional Convention betraf die Zusammensetzung dieser beiden Häuser. Um einen Ausgleich zwischen kleinen und großen Gliedstaaten herbeizuführen, war die Anzahl der Abgeordneten des Repräsentantenhauses nach der Bevölkerungszahl in den Einzelstaaten festgesetzt worden; als Ausgleich dafür sollten jedem Gliedstaat im Senat zwei Stimmen zustehen. Die längere Amtszeit der Senatoren sowie deren im Entwurf vorgesehene Wahl durch die Staa-

---

[3] Art. II. Text in *Kurland/Lerner*, aaO, S. 23ff.; *Rotunda u. a.*, aaO, Appendix B. Deutsche Übersetzung in *Schambeck u. a.*, Dokumente, Nr. 35.

[4] Ausführlich zur Ratifizierung der amerikanischen Verfassung *Heideking*, Die Verfassung vor dem Richterstuhl.

[5] Zusammenfassend zur Struktur der amerikanischen Verfassung siehe auch *Currie*, Verfassung, S. 9ff.; *Loewenstein*, Verfassungsrecht, S. 11ff.; *Quint*, JZ 1986, S. 619ff.

tenlegislativen bringt auch ein Mißtrauen gegenüber zuviel Volksdemokratie zum Ausdruck: Die zweite Kammer sollte ein Stabilitätsfaktor sein und eine Kontrolle über das strukturell eher für kurzfristige und lokale Interessenpolitik anfällige Repräsentantenhaus ausüben. Der föderalistische Grundzug des Entwurfs wird auch darin deutlich, daß dem Grundsatz nach die staatliche Gewalt bei den Gliedstaaten verbleibt; die Bundesgewalt reicht nur so weit wie die einzelnen Kompetenztitel. Diese aber umfassen nach Art. I § 8 wichtige Bereiche: den zwischenstaatlichen Handel, Besteuerung, Währung, Bundesgerichtsbarkeit, auswärtige Politik, Verteidigung und eine allgemein gehaltene Ermächtigungsklausel zur Durchsetzung der einzelnen Kompetenzen; zudem beschränkt § 10 die Gliedstaatenkompetenz in wichtigen Bereichen. Die Exekutivgewalt steht nach Art. II dem Präsidenten zu, dessen wichtigste Kompetenzen im Bereich der Verteidigung, der auswärtigen Politik und der Gesetzesausführung liegen. Zum ersten Mal wird durch Art. III eine Bundesgerichtsbarkeit eingerichtet mit dem Supreme Court sowie weiteren vom Kongreß zu bestimmenden Gerichten. Die Stärkung der Zentralgewalt wird auch durch eine Vorrangklausel für Bundesrecht in Art. VI zum Ausdruck gebracht.

Auffallend ist eine weitreichende Verschränkung der Gewalten, in der das Mißtrauen gegenüber staatlichen Souveränitätsanmaßungen deutlich wird: So steht dem Präsidenten ein Vetorecht gegen Gesetzesvorlagen zu, das der Kongreß nur mit qualifizierter Mehrheit überwinden kann (Art. I § 7 Cl. 2); die Ernennungs- sowie die Vertragsabschlußkompetenz des Präsidenten wiederum wird durch Mitwirkungsrechte des Senats geschmälert (Art. II § 2 Cl. 2); die Verbindlichkeit der Verfassung für Exekutive und Legislative und deren Kontrolle durch die Bundesgerichtsbarkeit lassen sich nach Auffassung des Supreme Court ebenfalls aus der Verfassung erschließen.[6] Diese wichtigsten ‚checks and balances' geben zu erkennen, daß der Entwurf vom Ziel eines komplexen Ausgleichs der konkurrierenden Interessen von Gliedstaaten- und Bundeskompetenz, von kleinen und großen Bundesstaaten sowie von individueller Freiheit und staatlicher Reglementierung getragen ist. Der Kompromißcharakter kommt auch in der Sklavenfrage zum Ausdruck, deren Behandlung unter den Abgeordneten in Philadelphia streitig war. Um die Ratifizierungschancen des Entwurfs zu wahren, wurde der Sklavenhandel bis zum Jahre 1808 verfassungsrechtlich abgesichert (Art. I § 9 Cl. 1); im Bereich des Steuerrechts und bei der Bemessung der Anzahl der Abgeordneten des Repräsentantenhauses wurden Sklaven mit einem Satz von drei Fünfteln eines Weißen in Anschlag gebracht (Art. I § 2 Cl. 3). Auf der anderen Seite sah die vom Kontinentalkongreß im Juli 1787 beschlossene Northwest

[6] Vgl. unten § 2 I.

Ordinance vor, daß die Sklaverei in den neuen nordwestlichen Gebieten verboten sein sollte.[7]

Der Verfassungsentwurf wurde dem Kontinentalkongreß übermittelt, der den Delegierten nur den Auftrag gegeben hatte, in Philadelphia Vorschläge zur Revision der Konföderationsartikel auszuarbeiten. Nach internen Auseinandersetzungen einigte man sich darauf, den Entwurf gemäß seinem Art. VII den Gliedstaaten zur Ratifizierung vorzulegen. Während die Staaten sich daran machten, die Verfassungskonvente zu organisieren, entbrannte ein heftiger Streit um den Entwurf. Auf der einen Seite standen die Befürworter der neuen Verfassung, Federalists genannt, die für eine effektive Zentralgewalt und eine Stärkung und Ausweitung der Wirtschaft eintraten; die individuelle Freiheit sollte durch die im Entwurf vorgesehenen vertikalen und horizontalen Gewaltenkontrollen gesichert werden. Die beste Darstellung dieser Position findet sich in einer in New York ab Oktober 1787 erschienenen, unter dem Namen Publius gedruckten Zeitungsartikelserie, die von Alexander Hamilton, James Madison und John Jay verfaßt und später unter dem Titel ‚The Federalist Papers' zusammengefaßt wurde; diese Abhandlungen stellen nach wie vor einen glänzenden Kommentar zu den Grundlagen des amerikanischen Gemeinwesens dar.[8] Die Anti-Federalists kritisierten die drohende Übermacht der nationalen Gewalt, das Fehlen eines Grundrechtskatalogs und die von den Föderalisten angestrebte Kommerzialisierung des Gemeinwesens. Sie traten für ein republikanisches, von Bürgertugend getragenes politisches Gemeinwesen ein, dessen Kern die kleineren, überschaubaren Verbände, nämlich Gemeinde und Gliedstaat, sein sollten.[9]

Zwischen dem 7. Dezember 1787 und dem 21. Juni 1788 ratifizierten neun Staatenkonvente den Verfassungsentwurf. Damit war die Verfassung gemäß den in Art. VII genannten Voraussetzungen angenommen. Wirklich in Kraft treten konnte sie allerdings erst, nachdem zwei der großen und entscheidenden Staaten – Virginia und New York – mit knappen Mehrheiten am 25. Juni bzw. 26. Juli 1788 den Entwurf gebilligt hatten. Die zwei letzten Staaten – North Carolina und Rhode Island – stimmten am 21. November 1789 und 29. Mai 1790 zu.

---

[7] Vgl. deren Art. VI. Text in *Kurland/Lerner*, The Founders' Constitution I, S. 27 ff.; *Rotunda u. a.*, Const. Law, Appendix C. Deutsche Übersetzung in *Schambeck u. a.*, Dokumente, Nr. 41.

[8] Preiswert und übersichtlich ist die von Clinton Rossiter hrsg. und mit einer Einleitung versehene Taschenbuchausgabe der New American Library, Mentor Book 2541. Eine neuere deutsche Übersetzung der Federalist Papers liegt von Barbara Zehnpfennig vor.

[9] Preiswert und übersichtlich hierzu die von Ralph Ketcham hrsg. und eingeleitete Ausgabe: The Anti-Federalist Papers and the Constitutional Convention Debates, 1986, Mentor Book 2525. Eine kurze Zusammenfassung der widerstreitenden Positionen aaO, S. 15 ff. und in *Stone u. a.*, Const. Law, Ch. I A.

Eine der wichtigsten Maßnahmen des ersten Kongresses war die Ausarbeitung eines Grundrechtskatalogs. Das Fehlen eines solchen war schon während der Constitutional Convention in Philadelphia bemängelt und in der Folgezeit von den Anti-Federalists immer wieder angegriffen worden. Einige Verfassungskonvente in den Gliedstaaten hatten dringend empfohlen, diesen Bedenken Rechnung zu tragen, und die Federalists hatten Einlenken signalisiert.[10] Der vom ersten Kongreß auf Vorschlag von James Madison am 25. September 1789 beschlossene und den Staaten vorgelegte Grundrechtskatalog umfaßte 12 Zusatzartikel. Zehn dieser Amendments wurden ratifiziert und traten am 15. Dezember 1791 in Kraft. Diese zehn Zusatzartikel bilden die Bill of Rights. Damit waren die rechtlichen Grundlagen gelegt für das neugegründete amerikanische Gemeinwesen, dessen tragende Ideen der erste Präsident, George Washington, 1787 folgendermaßen zusammengefaßt hatte: „The power under the Constitution will always be in the people. It is intrusted for certain defined purposes, and for a certain limited period, to representatives of their own choosing; and, whenever it is executed contrary to their interest, or not agreeable to their wishes, their servants can and undoubtedly will be recalled."[11]

In der Zwischenzeit sind weitere 17 Zusatzartikel neben die Bill of Rights getreten, die zum Teil organisatorische, zum Teil grundrechtliche Fragen regeln. Für die Legitimitätsgrundlagen des Gemeinwesens am wichtigsten sind die Zusatzartikel 13 und 14, die nach dem Bürgerkrieg (1861–1865) ratifiziert wurden, die Sklaverei abschafften und weitere grundrechtliche Garantien vor allem gegen die Gliedstaatengewalt einführten, sowie Erweiterungen des Wahlrechts auf ehemalige Sklaven (Am. 15, 1870) und auf Frauen (Am. 19, 1920), verbunden mit einer Abschaffung von Wahlsteuern (Am. 24, 1964) und einer Senkung des Wahlalters auf 18 Jahre (Am. 26, 1971).

Das Staatsgebiet umfaßt mittlerweile 50 Gliedstaaten, den District of Columbia, dem eingeschränkte Rechte der Selbstverwaltung zustehen, sowie einige Territorien mit im einzelnen unterschiedlicher Beziehung zum Bundesstaat.[12]

Die weitere geschichtliche Entwicklung kann hier nicht dargestellt werden. Sie wird in der Verfassungsgeschichte oft in drei Stadien unterschieden: die Epoche bis zum Abschluß des Bürgerkriegs; die Zeit bis zur großen Wirtschaftskrise Ende der 20er Jahre des vorigen Jahrhunderts; und den Abschnitt von dem auf die Depression folgenden New

---

[10] Zu den Gründen, warum die Federalists einen Grundrechtskatalog als überflüssig, ja sogar schädlich angesehen hatten, vgl. Nr. 84 in den Federalist Papers.

[11] Brief an Bushrod Washington vom 10. November 1787, zitiert nach *Padover*, The Living U.S. Constitution, S. 17f.

[12] Vgl. *Nowak/Rotunda*, Const. Law, § 6.3; *Rotunda/Nowak*, Const. Law, Appendix L; *Loewenstein*, Verfassungsrecht, Kap. 3; *Leibowitz*, Defining Status.

Deal mit dem Aufkommen des modernen Verwaltungs- und Regulierungsstaates bis zur Gegenwart. Ergänzend hierzu lassen sich Darstellungen zur Geschichte des Supreme Court lesen, dessen Epochen meist nach den Chief Justices benannt sind. Diese geschichtlichen Stadien spiegeln sich in der im folgenden dargestellten Rechtsprechung des Supreme Court indirekt wider. Ausführliche Analysen enthalten die einschlägigen Werke zur Verfassungsgeschichte und zur Entwicklung des Supreme Court.[13]

Zweiter Abschnitt: Die Rolle der Verfassungsgerichtsbarkeit

§ 2. Die Verankerung verfassungsgerichtlicher Kontrolle

I. Marbury v. Madison

Die meisten amerikanischen Lehrbücher des Verfassungsrechts beginnen mit einem längeren Abschnitt über die Rolle der Gerichte und insbesondere des Supreme Court bei der Überprüfung der Akte der anderen Staatsorgane anhand der Verfassung (‚judicial review')[1], während Lehrbücher des deutschen Verfassungsrechts eher mit dem Begriff und den Aufgaben der Verfassung, der verfassunggebenden Gewalt oder der Gesamtstruktur der Verfassung beginnen. Der amerikanische Zugang zum Verfassungsrecht ist in einer Eigenart begründet, die repräsentativ in einem vielzitierten Ausspruch von Justice Charles E. Hughes zusammengefaßt ist: „We are under a Constitution, but the constitution is what the judges say it is."[2] Das heißt: In einem Rechtsstaat mit einer ausgebauten Verfassungsgerichtsbarkeit hängt die Festlegung des konkret geltenden Verfassungsrechts oft von der gerichtlichen Konkretisierung offen und abstrakt formulierter Verfassungsvorschriften ab, die

---

[13] Bibliographische Angaben zum Beispiel in *Currie*, The Constitution of the United States, S. 135ff.; *Loewenstein*, Verfassungsrecht, S. 638ff. Die beste Darstellung des Supreme Court, nach historischen Abschnitten gegliedert, ist das zweibändige Werk von *Currie*, The Constitution in the Supreme Court.

[1] Mit Supreme Court ist hier der Supreme Court of the United States und nicht der eines Gliedstaats gemeint; ebenso bezieht sich das Wort Verfassung auf die Verfassung der USA und nicht auf eine der Verfassungen der Gliedstaaten.

[2] *Charles E. Hughes*, Speech, Elmira, New York, May 3, 1907. Hintergrund dieses Ausspruchs sind zwei Merkmale des amerikanischen Rechtssystems: das in einem ‚case law system' charakteristische Abstellen auf den konkreten Fall (statt auf abstrakte Rechtsprinzipien) sowie das im American Legal Realism betonte Anliegen einer realistischen (und nicht formalistischen oder naiv idealistischen) Sichtweise rechtlicher Prozesse und Entscheidungen. Siehe näher *Fikentscher*, Methoden II, Kap. 14 sowie unten § 8 I.

letztlich das höchste Gericht trifft. Von daher ist es sinnvoll, eine Beschreibung des geltenden Verfassungsrechts von vornherein mit der Frage zu verbinden, ob, wie und inwieweit Verfassungsrecht von verfassungsgerichtlicher Kontrolle der anderen Teile der Staatsgewalt abhängt.[3]

Diese Frage war 1803, als der Supreme Court den Fall *Marbury v. Madison* entschied, noch weitgehend offen. Zwar gab es in der englischen Verfassungsgeschichte, in der kolonialen Gerichtsbarkeit der Neuenglandstaaten, im Prozeß der Diskussion und Ratifizierung der Verfassung sowie in der Gliedstaatengerichtsbarkeit einige Vorläufer verfassungsgerichtlicher Kontrolle, doch hatten diese Stimmen und Entscheidungen die Institution von ‚judicial review' nur in Einzelfällen und meist nicht ohne Widerspruch durchgesetzt. Zudem war weitgehend ungeklärt geblieben, welches Ausmaß die gerichtliche Kontrolle haben sollte und ob die Gerichtsbarkeit ein Recht auf ausschließliche oder jedenfalls abschließende Beurteilung in Anspruch nehmen konnte.[4]

Marbury v. Madison[5] ist die Leitentscheidung im Hinblick auf die Verankerung von ‚judicial review'. In diesem Fall klagte William Marbury auf die Aushändigung der Ernennungsurkunde als Richter. Die Urkunde war am letzten Tag der Amtszeit von Präsident Adams von diesem und dem geschäftsführenden Secretary of State, John Marshall, noch unterschrieben, aber nicht mehr ausgehändigt worden. Der neue Präsident Thomas Jefferson betrachtete die Ernennungen als nicht vollzogen und ungültig. Marbury klagte daraufhin gegen den neuen Secretary of State, James Madison, auf Übergabe der Ernennungsurkunde.

Das Urteil wurde von dem inzwischen zum Chief Justice ernannten John Marshall geschrieben, einem Richter mit stark nationalstaatlicher Prägung, zu der auch weitgehende Kompetenzen der Bundesgerichtsbarkeit in der Auslegung der neuen Bundesverfassung gut paßten. Marshall hätte mehrere Möglichkeiten gehabt, den Fall so zu entscheiden, daß sich die Frage eines Konfliktes zwischen Bundesrecht – dem Judiciary Act von 1789 – und Verfassungsrecht – der Zuständigkeitsregelung für Bundesgerichte in Art. III § 2 – nicht gestellt hätte. Das wäre auch die gebotene Verfahrensweise gewesen im Hinblick auf die späterhin und bis heute vom Supreme Court vertretene Maxime, daß das Gericht Konfliktfällen zwischen Verfassungsrecht und einfachem Recht durch verfassungskonforme Auslegung möglichst aus dem Weg gehen

[3] Es ist kein Zufall, daß die einzige Darstellung des deutschen Verfassungsrechts, die diesen ‚amerikanischen' Zugang zum Verfassungsrecht benutzt, von einem amerikanischen Autor stammt: *Donald Kommers*, The Constitutional Jurisprudence of the Federal Republic of Germany.

[4] Vgl. zusammenfassend *Nowak/Rotunda*, Const. Law, § 1.4 (b).

[5] 5 U.S. (1 Cranch) 137 (1803).

soll.[6] Doch gilt der Grundsatz richterlicher Zurückhaltung (‚judicial restraint'), wie schon *Marbury v. Madison* zeigt, nur, wenn sich das Gericht daran halten will, und Chief Justice Marshall hatte in dieser Entscheidung ganz anderes im Sinn: die Verankerung verfassungsgerichtlicher Kontrolle in einem Fall, wie er nicht häufig vor Gericht gebracht wird. Marshall konnte hier nämlich den von Marbury behaupteten und von der neugewählten politischen Majorität erbittert bekämpften Anspruch auf Aushändigung der Ernennungsurkunde ablehnen und so die herrschenden politischen Kräfte beruhigen. Gleichzeitig bot der Fall aber die Möglichkeit, sozusagen unauffällig, jedenfalls ohne großen Anstoß zu erregen, die Legitimation von ‚judicial review' zu verankern.

Marshall konstruierte die einschlägigen Vorschriften so, daß ein Konflikt zwischen Verfassungsrecht und Parlamentsrecht in einem konkret anhängigen und streitigen Fall vorlag. Damit stellten sich zwei Aufgaben im Hinblick auf die Rechtfertigung von ‚judicial review': Zum einen war der *Vorrang der Verfassung* zu begründen, zum anderen die *Letztentscheidungskompetenz der Gerichtsbarkeit in Verfassungsfragen* darzulegen. Marshall führt folgende Argumente an: (1) Der Akt der Verfassunggebung hat fundamentale und permanente Prinzipien festgelegt. (2) Diese Prinzipien setzen fest, daß jeder Teil der Staatsgewalt spezifische Kompetenzen hat, die nicht überschritten werden dürfen. (3) Es ist gerade die Aufgabe einer geschriebenen Verfassung, diese Grenzen deutlich festzulegen. Zusammenfassend in Marshalls eigenen Worten: „Certainly all those who have framed written constitutions contemplate them as forming the fundamental and paramount law of the nation, and consequently the theory of every such government must be, that an act of legislature, repugnant to the constitution, is void."[7] (4) Es ist die Aufgabe der Gerichte, Recht auszulegen: „It is emphatically the province and the duty of the judicial department to say what the law is. Those who apply the rule to particular cases, must of necessity expound and interpret that rule. If two laws conflict with each other, the courts must decide on the operation of each. So if a law be in opposition to the constitution; if both the law and the constitution apply to a particular case, so that the court must either decide that case conformably to the law, disregarding the constitution; or conformably to the constitution, disregarding the law; the court must determine which of these conflicting rules governs the case. This is of the very essence of judicial duty. If then the courts are to regard the constitution; and the constitution is superior to any ordinary act of the legislature, the constitution, and not such ordinary act, must govern the case to which they both apply."[8]

---

[6] Vgl. unten § 3 II 8.
[7] 5 U.S. 137, 177 (1803).
[8] AaO, 177f.

(5) Die Bindung der Gerichte an die Verfassung ergibt sich auch aus Art. III § 2 der Verfassung, der die einzelnen der Bundesgerichtsbarkeit unterliegenden ‚cases and controversies' aufzählt. „In some cases then, the constitution must be looked into by the judges. And if they can open it at all, what parts of it are they forbidden to read or to obey?"[9] (6) Die Bindung der Richter an die Verfassung wird nach Art. VI Cl. 2 der Verfassung durch Ableistung eines Eides bekräftigt. (7) Die Verfassung enthält in Art. VI Cl. 2 auch eine Vorrangklausel für die Verfassung „and the Laws of the United States which shall be made in pursuance thereof ...".

Marshalls Argumente für den Vorrang der Verfassung und für die Legitimität von ‚judicial review' greifen ineinander. Keines der Argumente ist bei näherem Hinsehen für sich genommen durchschlagend. Was die Vorrangfrage angeht, so sind zum Beispiel die Argumente (3) und (6) kaum aussagekräftig: Auch Gesetze sind geschrieben, auch andere Staatsorgane leisten einen Amtseid. Die (7) Vorrangklausel in Art. VI kann so ausgelegt werden, daß sie entweder nur eine prozedurale Bindung an die Verfassung enthält oder aber nur im Spannungsfall zwischen Staaten- und Bundesrecht bzw. -gerichtsbarkeit gelten soll. Zusammengenommen sind die Argumente (1), (2) und (7) für den Vorrang des Verfassungsrechts vor einfachem Recht aber ziemlich überzeugend.

Im Hinblick auf die Prüfungs- und Entscheidungskompetenz der Gerichte läßt sich aus den Argumenten (1) bis (3) sowie (6) kaum Entscheidendes gewinnen. Aus der (4) Aufgabe der Gerichte, das Recht auszulegen, der (5) Kompetenz der Gerichte in bezug auf einschlägige verfassungsrechtliche ‚cases and controversies' in Art. III § 2 der Verfassung sowie aus einer institutionell uminterpretierten (7) Vorrangklausel in Art. VI läßt sich aber mit guten Gründen auf die Kompetenz der Gerichte schließen, bei einem Widerspruch zwischen Verfassungsrecht und einfachem Recht in einem konkreten Fall letzteres nicht anzuwenden bzw. eventuell weitergehend die betreffende Vorschrift als generell ungültig anzusehen.[10]

II. Kriterien verfassungsgerichtlicher Kontrolle und die Bezugspunkte der Interpretation

Eine Zusammenfassung und methodische Charakterisierung von Marshalls Argumenten stellt einen guten Zugang zur Analyse der Art und Weise dar, in der der Supreme Court Gesetze (wie den ersten Judiciary Act) und die Verfassung interpretiert: Das Urteil stellt auf den Text der Verfassung sowie die Relevanz des historischen Willens der

[9] AaO, 179.
[10] Näher hierzu unten § 3 III.

Verfassungsgeber ab. Die Gewaltenteilungs- und Vorrangargumente sind struktureller, systematischer Art. Sein Rekurs auf die Theorie der Verfassung bleibt etwas ambivalent, doch läßt sich vermuten, daß damit übergreifende Gesichtspunkte gemeint sind, die die Richtung und Gewichtung der zuvor genannten Aspekte leiten. Von dieser Prämisse ausgehend, lassen sich zwei strukturelle bzw. teleologische Argumente benennen, die die Entscheidung faktisch tragen: das dem Verfassungsganzen unterlegte Ziel der Stärkung der nationalen Verfassung und des Supreme Court als des letzten Wächters dieser Verfassung[11], sowie die zumindest den Anschein der politischen Instrumentalisierung erwekkende Interpretation des Judiciary Act im Hinblick auf die Konstruktion eines Gegensatzes zwischen Statut und Grundordnung.

Der deutsche Leser erkennt in diesen Argumenten mühelos den klassischen Kanon der Gesetzesinterpretation: grammatische, systematische, historische und teleologische Auslegung. In der amerikanischen Rechtswissenschaft gibt es keinen einhellig anerkannten und von allen als klassisch bezeichneten Kanon der Gesetzes- und Verfassungsinterpretation. Der Sache nach aber benutzen alle Gerichte bis hin zum Supreme Court die genannten Auslegungsgesichtspunkte sowie einige wenige ergänzende Kriterien. Als solche Text, Struktur, Geschichte und Telos ergänzende Kriterien erwähnen repräsentative Untersuchungen etwa (1) ‚legal process' und ‚extratextual norms'[12], (2) ‚constitutional theory, judicial precedent, moral, political or social values'[13], (3) ‚doctrinal, philosophical and prudential analyses'[14] und (4) ‚doctrinal, ethical and prudential arguments'.[15]

Diese Listen lassen sich vereinfachen, wenn man den Begriff der teleologischen Interpretation weit versteht im Sinne all derjenigen Zwekke, die eine einschlägige Vorschrift oder das Gesetz oder die Verfassung im ganzen in der entsprechenden Interpretation entweder faktisch fördert oder normativ fördern sollte. Dann lassen sich alle diese zusätzlichen Kriterien mit einer Ausnahme der teleologischen Interpretation zurechnen; diese umfaßt dann pragmatische, ethische, politische, prozedurale und sonstige nicht spezifisch im Text verankerte Werte. Nicht thematisiert von der teleologischen Auslegung sind allerdings gerichtliche Dogmatiken, die das Gericht für spezielle Fallgruppen entwickelt hat, sowie die Maxime, frühere eigene Entscheidungen möglichst zu achten und an einschlägige Entscheidungen höherer Gerichte gebunden zu sein, die ‚doctrine of precedence' oder das Prinzip ‚stare

[11] Beide Punkte waren, wie weiter oben erwähnt, historisch bedacht, aber im konkreten Umfang nicht antizipiert worden.

[12] Vgl. *Sunstein*, Rights Revolution, S. 112ff., 130ff., 137ff.

[13] Vgl. *Fallon*, 100 Harv.L.Rev. 1189, 1194ff. (1987).

[14] Vgl. *Murphy u. a.*, Am. Const. Interpretation, S. 291ff.

[15] Vgl. *Bobbitt*, Const. Interpretation, Ch. 9 III und IV.

decisis'[16]. Die Dogmatik ist sozusagen die gerichtliche Umsetzung und Konkretisierung der anderen Kriterien für bestimmte Fälle und Gruppen.

In dieser vereinfachten Typologie lassen sich also fünf maßgebende Kriterien gerichtlicher Interpretation angeben: (1) Text, (2) Systematik, Struktur, Kontext, (3) Geschichte, (4) Ziel und Zweck sowie (5) begleitende Dogmatik. Die Typologie wird hier nur als idealtypisches Instrument zur Analyse der Rechtsprechung eingeführt. Sie soll dem Leser dazu dienen, zu untersuchen und zu kontrollieren, inwieweit die Rechtsprechung zum öffentlichen Recht diese Gesichtspunkte benutzt, gewichtet, verfeinert oder abändert. Zu den hier einschlägigen Fragen gehört etwa: Sind die genannten fünf Kriterien vollständig? Wie versteht die Rechtsprechung die einzelnen Kriterien? Gibt es eine Hierarchie der Methoden? Gibt es qualitative Unterschiede zwischen Gesetzes- und Verfassungsinterpretation? Die folgende Untersuchung kann diese Fragen nicht im Detail beantworten. Sie analysiert aber viele der Leitentscheidungen des Supreme Court in der gleichen Weise wie *Marbury v. Madison* und zieht ein Fazit in dem Kapitel über die Methoden der Verfassungsinterpretation.

III. Undemokratischer Charakter der Verfassungsgerichtsbarkeit?

Die Begründung verfassungsgerichtlicher Kontrolle in *Marbury v. Madison* führt auch zu einem Problem, das in der amerikanischen Tradition unter dem Titel ‚antimajoritarian difficulty'[17] behandelt wird: Das politische Gemeinwesen ruht nach dieser Sicht der Verfassung vor allem auf dem Prinzip der Demokratie, und Demokratie wird im wesentlichen mit Mehrheitsherrschaft und der Möglichkeit der Wahl und Abwahl aller staatlichen Organe gleichgesetzt. Diesen Erfordernissen widerspricht auf den ersten Blick die lebenslange Amtszeit der Bundesrichter in Art. III § 1 der Verfassung, zumindest was letztinstanzliche Entscheidungen des Supreme Court in Verfassungsfragen angeht. Entscheiden die Richter Fälle gegen das Interesse oder das Gerechtigkeitsgefühl der Mehrheit, so hat diese keine Möglichkeit der Richterabwahl. Geht man von der Voraussetzung aus, daß Demokratie im Sinne der Wahl und Abwahl aller Staatsorgane der höchste Verfassungswert ist, so führt dies zu der These, verfassungsgerichtliche Kontrolle sei im Grunde ein Fremdkörper im Gemeinwesen und müsse deshalb beschränkt werden auf spezifische Kompetenzen und

---

[16] Vgl. *Murphy u.a.*, Am. Const. Interpretation, Ch. 2 III; *Farnsworth*, Introduction, Ch. 5; *Planned Parenthood of Southeastern Pennsylvania v. Casey*, 505 U. S. 833, 854 ff. (1992).

[17] Vgl. *Bickel*, The Least Dangerous Branch, S. 16 ff.; *Choper*, Judicial Review, S. 4 ff.; *Brugger*, Grundrechte, § 1.

auf klare und schwerwiegende Verfassungsverstöße anderer Verfassungsorgane.[18]

Gegen diese Prämisse der Maximierung politisch-demokratischer Entscheidungsgewalt durch Minimierung verfassungsgerichtlicher Zuständigkeiten läßt sich aber folgendes vorbringen: Der höchste Wert der amerikanischen Verfassung ist nicht die unbeschränkte Durchsetzung des Mehrheitsprinzips, sondern die Ausrichtung des Gemeinwesens am allgemeinen Wohl durch Verankerung einer repräsentativen Demokratie, zu der Föderalismus, Gewaltenteilung, Grundrechte und deren Schutz durch die Gerichtsbarkeit gehören.[19] Zur Verwirklichung repressionsfreier gerichtlicher Kontrolle trägt auch die lebenslange Amtszeit der Bundesrichter bei, die von den Verfassungsvätern selbst angeordnet worden ist. Was das Ausmaß verfassungsgerichtlicher Kontrolle über die Legislative angeht, so haben die Gründer der Verfassung zumindest im groben Umriß erkannt und gebilligt, daß der Bundesgerichtsbarkeit irgendeine Kompetenz zur verbindlichen Verfassungsinterpretation zustehen soll, wenngleich zum konkreten Ausmaß keine eindeutigen historischen Erkenntnisse vorliegen.[20] Die Einschätzung verfassungsgerichtlicher Kontrolle als demokratisch oder undemokratisch hängt also von der Frage ab, ob die Verfassung eher den populistischen Demokratiebegriff der Betonung des Mehrheitsprinzips oder den repräsentativen Demokratiebegriff der Ausrichtung am Wohl aller und der damit verknüpften umfassenderen Aufgabe der Verfassungsgerichtsbarkeit verkörpert.[21] Wie weit allerdings konkret das Ausmaß verfassungsgerichtlicher Kontrolle reichen sollte, ist damit noch nicht beantwortet. Die Antwort hierauf setzt die Kenntnis der im folgenden dargestellten faktischen Macht des Supreme Court und seiner Legitimierungsstrategien voraus.

---

[18] Ersteres ist klar ausgesprochen in der folgenden Stellungnahme aus *Twining v. New Jersey*, 211 U.S. 78, 106 (1908): „[It] must not be forgotten that in a free representative government nothing is more fundamental than the right of the people through their appointed servants to govern themselves in accordance with their own will, except so far as they have restrained themselves by constitutional limits specifically established ... The power of the people of the States to make and alter their laws at pleasure is the greatest security for liberty and justice ...“. Vgl. auch das Zitat von George Washington, oben § 1 S. 6 Fußn. 11. Zum letztgenannten Punkt siehe *Nowak/Rotunda*, Const. Law, § 1.4 (c).

[19] Vgl. hierzu deutlich die Federalist Papers, insbes. in den Nr. 10, 51, die klar eine duale Rechtfertigung des amerikanischen Gemeinwesens durch prozedurale Elemente (demokratische Kontrolle der Staatsorgane, vertikale und horizontale Gewaltenteilung) und substantielle Ausrichtung am Gemeinwohl (allerdings noch ohne Grundrechte) verteidigen. Hierzu ausführlich *Brugger*, Freiheit.

[20] Vgl. die Nachweise oben Fußn. 4.

[21] *Dahl*, A Preface to Democracy, kontrastiert in Kap. 1 und 2 die Konzeptionen von populistischer Demokratie und ‚Madisonian Democracy‘. Hierzu auch Materialien in *Stone u. a.*, Const. Law, Ch. I A, und *Brugger*, Der Staat 39 (2000), S. 425ff.

§ 3. Die Bundesgerichtsbarkeit

I. Aufbau und Zuständigkeit der Bundesgerichtsbarkeit

Der Aufbau der Bundesgerichtsbarkeit wird in Art. III § 1 geregelt: „The judicial Power of the United States, shall be vested in one supreme Court, and in such inferior Courts as the Congress may from time to time ordain and establish." Verfassungsrechtlich eingerichtet ist also nur der Supreme Court; beginnend mit dem ersten Judiciary Act von 1789[1] hat der Kongreß ein inzwischen mehrere Male geändertes Gerichtssystem errichtet, das aus drei Instanzen besteht und dessen Einzelheiten Titel 28 des United States Code zu entnehmen sind. Es besteht zur Zeit[2] aus 91 erstinstanzlichen District Courts, aus 13 Courts of Appeals sowie dem Supreme Court of the United States. Daneben bestehen noch Bundesgerichte mit spezieller Zuständigkeit sowie sog. ‚legislative courts', die der Kongreß nach Art. I § 8 Cl. 9 eingerichtet hat; für die ‚legislative courts' gelten die Zuständigkeitsbegrenzungen und institutionellen Garantien der in Art. III geregelten ‚constitutional courts' nicht.[3] Von der Bundesverfassung nicht geregelt ist der Gerichtsaufbau der Gliedstaaten, der institutionell unabhängig von den Bundesgerichten ist. Der Aufbau der Gliedstaatengerichtsbarkeit variiert zwischen den einzelnen Staaten zum Teil. Stark vergröbert läßt sich der Aufbau als vierstufig bezeichnen.[4] Auf der ersten Ebene finden sich Gerichte mit speziellen – entweder rechtsbereichsspezifischen oder auf Bagatellsachen beschränkten – Zuständigkeiten. Über diesen stehen Gerichte mit allgemeiner oder unbeschränkter Zuständigkeit, die auch als (oft letztinstanzliche) Berufungsgerichte für die erstgenannten Spruchkörper fungieren. Auf der dritten Stufe stehen untere Rechtsmittelgerichte. Die höchste Instanz auf Gliedstaatenebene bilden die zumeist als Supreme Court bezeichneten Landesverfassungsgerichte.

Die Zuständigkeit (‚jurisdiction') der Bundesgerichte ist in Art. III § 2 Cl. 1 geregelt. Diese Vorschrift beschränkt den Umfang der Zuständigkeit auf ‚cases' und ‚controversies' im Hinblick auf die genannten Fallgruppen, zwingt den Kongreß aber nicht dazu, all diese Zuständigkeiten auszuschöpfen; verwaltungsrechtlich relevante Vorschriften werden unten § 22 II behandelt. Unzweifelhaft kann der Kongreß die Zustän-

---

[1] 1 Stat. 73. Dieses Statut war Gegenstand der Entscheidung in *Marbury v. Madison*, vgl. oben § 2 I.

[2] Vgl. *Chemerinsky*, Fed. Jurisdiction, § 1.4; *Nowak/Rotunda*, Const. Law, § 2; *Murphy u. a.*, Am. Const. Interpretation, Appendix A.

[3] Der gebräuchliche Ausdruck meint nicht separate Verfassungsgerichte, sondern von der Verfassung mit bestimmten Garantien ausgestattete ordentliche Gerichte.

[4] Vgl. *Kommers*, Verfassungsgerichtsbarkeit, S. 461, 463 ff.; *Marks/Cooper*, State Const. Law, § 41.

digkeit der unteren Bundesgerichte beschränken; auch die Berufungszuständigkeit des Supreme Court unterliegt nach Art. III § 2 Cl. 2 Ausnahmen. Wie weit diese politische Kontrolle der Bundesgerichtsbarkeit durch den Kongreß reicht, ist streitig. Vermutlich liegt die Grenze dort, wo die Legislative einzelpersonenbezogene Regelungen treffen will bzw. wo Grundrechte angetastet werden oder die Unabhängigkeit der Gerichtsbarkeit bedroht wird.[5]

Der Supreme Court[6] besteht aus einem Spruchkörper. Die Anzahl der vom Präsidenten mit Zustimmung des Senats ernannten Richter ist durch die Verfassung nicht festgelegt. Sie ist durch den Kongreß mehrmals geändert worden. Seit 1869 besteht das Gericht aus neun Richtern, dem Chief Justice und acht Associate Justices. Alle Bundesrichter werden nach Art. III § 1 auf Lebenszeit ernannt; ihr Gehalt darf nicht verringert werden und ihre Ernennung kann nicht zurückgenommen werden „during good Behaviour".

Die Zuständigkeiten des Supreme Court regelt Art. III § 2 Cl. 2. Die dort genannten erstinstanzlichen und Berufungszuständigkeiten sind in Kap. 81 von Titel 28 des United States Code näher ausgeführt. Sec. 1251 regelt die erstinstanzliche Zuständigkeit: „(a) The Supreme Court shall have original and exclusive jurisdiction of all controversies between two or more States. (b) The Supreme Court shall have original but not exclusive jurisdiction of: (1) All actions or proceedings to which ambassadors, other public ministers, consuls, or vice consuls of foreign states are parties; (2) All controversies between the United States and a State; (3) All actions or proceedings by a State against the citizens of another State or against aliens."

Soweit die ausschließliche Zuständigkeit des Supreme Court reicht, muß er die Fälle entscheiden. Dagegen wird das Gericht in den Fällen, in denen auch ein niedrigeres Bundesgericht zuständig ist, in aller Regel nicht als erstinstanzliches Gericht tätig.

In allen anderen Fällen ist das oberste Bundesgericht Appellationsinstanz sowohl hinsichtlich der Rechtsauslegung als auch der Beweiswürdigung nach Maßgabe der vom Kongreß zu bestimmenden Ausnahmen und Verfahrensregeln (Art. III § 2 Cl. 2). Drei Zugangswege zum Supreme Court sind hier zu unterscheiden: Im Falle des ‚direct appeal' und des ‚appeal' steht dem Kläger ein Recht auf Entscheidung durch den Supreme Court zu; im Fall eines certiorari-Verfahrens steht es dem Gericht frei, den Fall zur Entscheidung anzunehmen.[7]

---

[5] Vgl. *Ex parte McCardle*, 74 U.S. (7 Wall.) 506 (1869); *United States v. Klein*, 80 U.S. (13 Wall.) 128 (1872); *Nowak/Rotunda*, Const. Law, § 2.9 und 2.10; *Tribe*, Am. Const. Law, § 3–5.

[6] Ausführlich hierzu *Stern u.a.*, Supreme Court Practice, mit Abdruck einschlägiger Vorschriften. Rechtsvergleichend *Zätsch*, Richterauswahl.

[7] Rechtsvergleichend hierzu *Wieland*, Der Staat 29 (1990), S. 333ff.

Einen ,direct appeal' unter Umgehung der Courts of Appeals sahen §§ 1252 und 1253 in 28 U.S.C. vor. Diese Vorschriften wurden 1988 geändert. Nach der Neufassung[8] ist der ,direct appeal' nur noch für beschränkte Fälle von Drei-Richter-Entscheidungen der District Courts nach § 1253 vorgesehen.

Auch die praktisch wichtigeren §§ 1254 und 1257, die eine Anrufung des Supreme Court von der Ebene der Bundesberufungsgerichte bzw. der höchsten Gliedstaatengerichte entweder in Form des ,appeal' oder des certiorari-Verfahrens vorsahen, sind 1988 geändert worden, um die Belastung des Gerichts zu verringern. Dem Gericht steht es nunmehr frei, in eigener Kompetenz über die Annahme dieser Verfahren zu entscheiden. § 1254 lautet: „Cases in the courts of appeals may be reviewed by the Supreme Court by the following methods: (1) By writ of certiorari granted upon the petition of any party to any civil or criminal case, before or after rendition of judgment or decree; (2) By certification at any time by a court of appeals of any question of law in any civil or criminal case as to which instructions are desired, and upon such certification the Supreme Court may give binding instructions or require the entire record to be sent up for decision of the entire matter in controversy." § 1257 setzt fest: „(a) Final judgments or decrees rendered by the highest court of a State in which a decision could be had, may be reviewed by the Supreme Court by writ of certiorari where the validity of a treaty or statute of the United States is drawn in question or where the validity of a statute of any State is drawn in question on the ground of its being repugnant to the Constitution, treaties, or laws of the United States, or where any title, right, privilege, or immunity is specially set up or claimed under the Constitution or the treaties or statutes of, or any commission held or authority exercised under, the United States. (b) For the purposes of this section, the term highest court of a State includes the District of Columbia Court of Appeals." Resultat dieser Änderungen ist, daß der Supreme Court in fast allen Fällen in eigener Kompetenz entscheidet, ob ein Fall zur Entscheidung angenommen wird.

Zur Annahme eines Falles bedarf es gemäß Gerichtsgebrauch vier der neun Stimmen (,the rule of four'). Die leitenden Gesichtspunkte sind in Regel 10.1 der Supreme Court Rules[9] zusammengefaßt: „A review on writ of certiorari is not a matter of right, but of judicial discretion. A petition for a writ of certiorari will be granted only when there are special and important reasons therefore. The following, while neither

[8] Vgl. Pub. L. 100–352, §§ 1, 7; 102 Stat. 662, 664 (1988).

[9] In der seit 1. Januar 1990 geltenden Fassung, vgl. 493 U. S. 1097 (1989) und zuletzt die Formalien betreffenden Änderungen vom 11. Januar 1999, in Kraft seit 3. Mai 1999, 67 U.S. Law Week 4064 (1999).

controlling nur fully measuring the Court's discretion, indicate the character of reasons that will be considered: (a) When a United States court of appeals has rendered a decision in conflict with the decisions of another United States court of appeals on the same matter; or has decided a federal question in a way in conflict with a state court of last resort; or has so far departed from the accepted und usual course of judicial proceedings, or so far sanctioned such a departure by a lower court, as to call for an exercise of this Court's power of supervision. (b) When a state court of last resort has decided a federal question in a way in conflict with the decision of another state court of last resort or of a United States court of appeals. (c) When a state court or a United States court of appeals has decided an important question of federal law which has not been, but should be, settled by this Court, or has decided a federal question in a way in conflict with applicable decisions of this court." Es ist erstaunlich, daß alle diese Fälle Rechtssicherheit in Situationen widersprüchlicher Gerichtsentscheidungen im vertikalen oder horizontalen Gewaltenteilungsgefüge herstellen wollen. Von Legitimitätsabsicherung durch Grundrechtskontrolle ist nicht die Rede. Diese Kontrollebene nimmt der Supreme Court natürlich auch wahr, aber außerhalb spezieller, geschriebener Kompetenzen, im Rahmen seines institutionellen Selbstverständnisses und Ermessens sowie der einschlägigen Zulässigkeitsvoraussetzungen. Da für den klagenden Bürger in aller Regel kein Zugangsrecht zum Supreme Court besteht, auch wenn es um behauptete Grundrechtsverletzungen geht[10], hängen das Funktionieren und die Akzeptanz eines solchen Grundrechtsschutzsystems stark von dem institutionellen Vertrauen der Bürger in den Supreme Court sowie von der Fähigkeit des Publikums ab, mit solchen Ungewißheiten leben zu können. Hierin liegt eine Besonderheit des amerikanischen Rechtssystems, das der case law-Tradition und dem jedenfalls über längere Zeiträume sich immer wieder bewährenden politischen und rechtlichen Prozeß zu verdanken ist.[11]

II. Skizze der Zulässigkeitsvoraussetzungen einer Klage

1. Allgemeines: Liegt die Zuständigkeit eines Bundesgerichts vor, so sind als nächstes die Zulässigkeitsvoraussetzungen der konkreten Klage zu prüfen. Der Begriff Zulässigkeitsvoraussetzungen ist in einem weiten Sinn zu verstehen: Darunter fallen alle Voraussetzungen, die eine Be-

---

[10] Vgl. *Nowak/Rotunda*, Const. Law, S. 28, mit Verweis auf *Ticor Title Insurance Co. v. Brown*, 511 U.S. 117, 122 (1994): „The Court grants certiorari for the interest of the public, not merely for the interest of the parties. Thus, the Court will not ordinarily grant certiorari merely to achieve Justice in a particular case."

[11] Zu diesen Unterschieden zwischen den USA und Deutschland siehe *Kommers*, Jurisprudence, S. 38f.

gründetheitsprüfung verhindern. Solche Voraussetzungen können sich aus dem Text der Verfassung ergeben, aber auch aus pragmatischen und institutionellen Gründen, etwa aus Gesichtspunkten der funktionellen Leistungsfähigkeit oder der Gewaltenteilung. Im Verfassungstext festgelegt ist, daß Gerichte nur ‚cases' und ‚controversies' (Art. III § 2) entscheiden dürfen und daß Klagen gegen Gliedstaaten, die von Bürgern anderer Gliedstaaten oder ausländischer Staaten erhoben werden, weitgehend beschränkt sind (Am. 11). Neben diese textlichen Beschränkungen treten im Laufe der Zeit von den Gerichten entwickelte Lehren, die einen effektiven Rechtsschutz anstreben, gleichzeitig aber eine Überlastung der Gerichte oder zu weitgehende Eingriffe in das föderalistische und gewaltenteilige Gefüge des Gemeinwesens verhindern sollen: die Prämisse verfassungsgerichtlicher Zurückhaltung und verfassungskonformer Auslegung (‚judicial restraint'); das Vorliegen der Klagebefugnis (‚standing') und Entscheidungsreife (‚ripeness'); das Nichtvorliegen einer Erledigung (‚mootness'), eines kollusiven Zusammenwirkens (‚collusive cases') oder einer rein politischen Streitigkeit (‚political questions').

Will man diese Kriterien über die Abgrenzung ‚textlich geboten – gerichtlich entwickelt' hinaus systematisch gliedern, so kann man dies anhand der Fragen ‚Wer?', ‚Wann?' und ‚Was?' tun. Wer eine Klage erheben will, muß klagebefugt sein. Zeitlich muß eine Klage schon entscheidungsreif sein, aber noch vor der Erledigung liegen. Kein zulässiger Klagegegenstand sind rein politische Streitigkeiten, Fälle kollusiven Zusammenwirkens oder Streitigkeiten, in denen sich ein Staat auf Immunität berufen kann; sozusagen eine Verengung der Zulässigkeit liegt vor, wenn das Gericht sich der Beantwortung einer verfassungsrechtlichen Frage entzieht. Die Rechtsprechung zu diesen Punkten ist so reichhaltig und zum Teil auch widersprüchlich, daß hier nur einige wesentliche Gesichtspunkte dargestellt werden.[12]

2. *Case or Controversy*: Nach Art. III § 2 erstreckt sich die Zuständigkeit der Bundesgerichte nur auf die dort näher bezeichneten „Cases" und „Controversies". Die beiden Ausdrücke sind austauschbar. Sie beziehen sich auf Angelegenheiten, die „definite and concrete" sind, „touching the legal relations of parties having adverse legal interests ... It must be a real and substantial controversy admitting of specific relief through a decree of a conclusive character."[13] Daraus ergibt sich, daß

[12] Die Lehrbücher and Fallsammlungen zum Verfassungsrecht enthalten zwar in der Regel ein Kapitel über diese Zulässigkeitsfragen; ausführlich und umfassend werden diese Fragen aber in Abhandlungen zu ‚Federal Courts' oder ‚Federal Jurisdiction' dargestellt. Vgl. etwa *Currie*, Fed. Jurisdiction, Ch. I; *Chemerinsky*, Fed. Jurisdiction, § 2. Speziell zu Besonderheiten in verwaltungsrechtlichen Streitigkeiten unten § 22 sowie etwa *Fox*, Adm. Law, Chs. 10, 11.

[13] *Aetna Life Insurance Co. v. Haworth*, 300 U.S. 227, 240f. (1937).

Gutachten (‚advisory opinions') und abstrakte Normenkontrollen nicht zulässig sind.[14]

3. Ripeness: Der zur Entscheidung anstehende Fall muß klar umrissen (das heißt nicht ungewiß oder ambivalent) sein; er muß auf feststellbaren Tatsachen (nicht hypothetischen und abstrakten Möglichkeiten) beruhen und einer richterlichen Entscheidung aufgrund einer die Umstände klärenden (und nicht erst weitere Ereignisse abwartenden) Beweiserhebung und -würdigung zugänglich sein.[15] Soweit Schaden durch eine Norm droht, muß er unmittelbar sein; bei einem Eingriff in bestehende Rechtsgüter ist diese Unmittelbarkeit eher gegeben als bei einer Vorenthaltung einer staatlichen Leistung.[16] Nur wenn diese Voraussetzungen vorliegen, ist davon auszugehen, daß zumindest die Gefahr einer Rechtsverletzung droht, und ist es sinnvoll, ein Gericht einzuschalten.

4. Mootness: Liegen die eben genannten Voraussetzungen nicht mehr vor, ist Erledigung eingetreten. In der Regel muß die (Gefahr der) Rechtsbeeinträchtigung in allen Prozeßstadien vorliegen; sie darf nicht durch eine Änderung des Parteiverhaltens, der Gesetzeslage, durch Zeitablauf oder ähnliches aufgehoben sein. Von diesem Grundsatz gelten einige Ausnahmen bzw. sind die folgenden Fallgestaltungen nicht betroffen: Richtet sich eine Klage gegen eine gerichtlich angeordnete Strafhaft, die inzwischen abgelaufen ist, so ist keine Erledigung eingetreten, falls weitere Nachteile drohen.[17] Richtet sich die Klage gegen die Verweigerung des Wahlrechts und ist schon gewählt worden, so hat sich diese Klage nicht erledigt, weil das in Frage stehende Ereignis nicht einmalig ist, also eine Wiederholungsgefahr vorliegt.[18] Stellt ein Beklagter freiwillig ein angegriffenes Verhalten ein, so muß das nicht notwendigerweise zur Erledigung führen, da er (je nach Sachlage) sein Verhalten wieder aufnehmen könnte.[19] Ist eine Klage nach den betreffenden Regelungen von dem Kläger zulässigerweise für eine ganze Klasse von Betroffenen eingelegt worden, so erledigt sich die Klage nicht, falls nur dem Kläger keine Nachteile mehr drohen.[20]

5. Collusive Cases: An einem konkreten Rechtsstreit mit antagonistischer Interessenlage fehlt es, falls die Parteien die Klage einverständlich erhoben haben und das Interesse an der Klage sowie die Verfügung über die Klage in der Hand nur einer Partei liegt. Letzteres trifft nicht zu für sogenannte Testfälle, in denen konkurrierende Parteiinteressen vorlie-

---

[14] Vgl. *Steel Co. v. Citizens For a Better Environment*, 118 S.Ct. 1003, 1016 (1998).

[15] Vgl. *Rescue Army v. Municipal Court*, 331 U.S. 549, 572ff. (1947).

[16] Vgl. einerseits *Abbot Laboratories v. Gardner*, 387 U. S. 136, 148ff. (1967), andererseits *Reno v. Catholic Social Services, Inc.*, 509 U. S. 43, 57ff. (1993).

[17] Vgl. *Sibron v. New York*, 392 U.S. 40, 50ff. (1968).

[18] Vgl. *Moore v. Ogilvie*, 394 U.S. 814 (1969).

[19] Vgl. *United States v. W. T. Grant Co.*, 345 U.S. 629 (1953).

[20] Vgl. *Sosna v. Iowa*, 419 U.S. 393, 397ff. (1975).

gen und das gemeinsame Interesse sich darauf beschränkt, eine gerichtliche Entscheidung der Streitfrage herbeizuführen; dann liegt keine Kollusion vor.[21]

6. Standing: Für eine zulässige Klage muß der Kläger auch in eigenen Interessen betroffen sein. Das ist dann der Fall, wenn die Partei ein so starkes Interesse am Ausgang des Rechtsstreits hat, daß von ihr die klare Stellungnahme zu erwarten ist, von der der antagonistische Parteienprozeß lebt.[22] Soweit einer Partei ein direkter und unmittelbarer persönlicher Schaden droht, ist der antagonistische Charakter in aller Regel gegeben.[23] Dieses Erfordernis ist zum Teil auch gesetzlich geregelt. Der Administrative Procedure Act etwa beschränkt die Zulässigkeit gerichtlicher Kontrolle von Administrativhandeln auf Personen „adversely affected or aggrieved by agency action within the meaning of a relevant statute ..." (5 U.S.C. § 702). Mit anderen Worten gesagt: Eine konkrete Person oder Organisation muß mit einer ‚injury in fact' konfrontiert sein oder eine solche Verletzung erlitten haben.

Die schutzwürdigen Interessen gehen über Grundrechte, legislativ gewährte oder im ‚common law' abgesicherte subjektive Rechte hinaus; auch umfassendere Interessen etwa ästhetischer oder ökologischer Art können je nach der Schutzrichtung der gesetzlichen Regelung zu rechtlich geschützten Interessen erstarken.[24] In dieser nicht mehr verfassungsrechtlich geprägten Ebene der Klagebefugnis geht es um die ‚zones of interest'. Schließlich muß der Schaden selbst auf das angegriffene Verhalten zurückführbar und durch das Rechtsmittel behebbar sein.[25]

Eine Klagebefugnis kann durch eine bundesrechtliche Regelung verliehen werden, falls diese zu erkennen gibt, daß das jeweilige Interesse geschützt sein soll; zu beachten ist aber, daß hier eine Spannung zwischen dem verfassungsrechtlichen case or controversy-Erfordernis und der legislativen Rechtsverleihung entstehen kann: Ist nicht absehbar, welches unmittelbare persönliche Interesse durch eine Klage befriedigt werden kann, läßt sich bezweifeln und manchmal verneinen, daß noch ein ‚case' im Sinne von Art. III § 2 Cl. 1 vorliegt, etwa wenn die Durchsetzung ökologischer Anliegen im Rahmen eines entsprechenden Schutzgesetzes durch Klagen von Individuen gesichert werden soll, die keine konkrete, nachweisbare Beziehung zu gefährdeten Landstrichen oder Tierarten haben, sondern nur allgemein das ökologische Gleichge-

[21] Vgl. *United States v. Johnson*, 319 U.S. 302 (1943).

[22] Vgl. *Baker v. Carr*, 369 U.S. 186, 204 (1962); *Warth v. Seldin*, 422 U.S. 490, 498ff. (1975); *Dolzer*, DÖV 1982, S. 578, 586ff.

[23] Vgl. *Sierra Club v. Morton*, 405 U.S. 727, 734 (1972).

[24] Vgl. aaO, 734, 738 (1972).

[25] Vgl. *Simon v. Eastern Kentucky Welfare Rights Organization*, 426 U.S. 26, 37ff., 40ff. (1976); *Allen v. Wright*, 468 U.S. 737, 751 (1984); *Northeastern Florida Contractors v. Jacksonville*, 508 U. S. 656, 663f. (1993); *Steel Co. v. Citizens For a Better Environment*, 118 S.Ct. 1003, 1016f. (1998).

wicht sichern und deshalb die zuständige Verwaltungsbehörde zu einem bestimmten Schutzverhalten zwingen wollen.[26] Bei objektiven Verfassungsverstößen, die, wenn überhaupt, dann alle Bürger oder eine große Anzahl von Bürgern gleich belasten, verneint der Supreme Court in der Regel die Klagebefugnis. Nur wenn das staatliche Handeln gleichzeitig den Bürger in spezifischen Rechten (etwa der Religionsfreiheit) verletzt, besteht die Möglichkeit, daß eine Klagebefugnis bejaht wird.[27] Was die Zulässigkeit einer Klage durch einen Beschwerten auch für Dritte angeht, so vertritt der Supreme Court eine zurückhaltende Linie. Grundsätzlich soll ein Beschwerter selbst die Klage erheben, da von ihm die beste Verteidigung seiner Interessen zu erwarten ist. In dieser Überlegung sind aber auch schon die Gesichtspunkte enthalten, die ausnahmsweise doch die zusätzliche Geltendmachung fremder Interessen ermöglichen: die Enge der Beziehung zwischen dem Kläger und dem Drittgeschädigten, Probleme des Letztgenannten in bezug auf die eigene Geltendmachung seiner Interessen, sowie die Gefahr dauernder Schädigung. Organisationen dürfen für ihre Mitglieder Klagen erheben, falls eines oder mehrere ihrer Mitglieder ‚standing' hätten, falls die eingeklagten Interessen dem Organisationszweck unterfallen, falls schließlich weder die Klagedurchführung noch ein eventuell zu gewährendes Rechtsmittel von der Mitwirkung einzelner Mitglieder abhängt.[28]

7. Political Questions: Der Supreme Court lehnt es ab, ‚political questions' zu entscheiden. Darunter sind nicht Fälle zu verstehen, die politisch bedeutsam oder umstritten sind. Der Supreme Court urteilt über viele solcher ‚political cases', vor allem im Grundrechtsbereich, aber auch im Staatsorganisationsrecht. ‚Political questions' ist in einem engeren Sinne zu verstehen und umreißt solche Fälle, in denen der Supreme Court aus verfassungsrechtlichen, funktionellen oder pragmatischen Gründen keine Entscheidung trifft und die Verantwortung für die Streitentscheidung den beiden anderen Zweigen der Staatsgewalt – Kongreß bzw. Präsident – zuweist. Daß es solche ‚political questions' gibt, hat das Gericht schon früh vertreten.[29] Die Zahl solcher nichtjustitiabler Streitigkeiten hat aber seit der Leitentscheidung *Baker v. Carr*

---

[26] Vgl. *Lujan v. National Wildlife Federation*, 497 U. S. 871 (1990); *Lujan v. Defenders of Wildlife*, 504 U. S. 555 (1992).

[27] Vgl. *Flast v. Cohen*, 392 U.S. 83 (1968) gegenüber *Valley Forge Christian College v. Americans United*, 454 U.S. 464 (1982).

[28] Vgl. *Nowak/Rotunda*, Const. Law, § 2.12 (f) (3); *Hunt v. Washington Apple Advertising Comm'n*, 432 U. S. 333 (1977); *United Food & Commercial Workers Union v. Brown Group, Inc.*, 517 U. S. 544 (1996).

[29] Vgl. schon *Marbury v. Madison*, 5 U.S. (1 Cranch) 137, 165 f. (1803) sowie die ebenfalls von Chief Justice Marshall verfaßten Urteile *Cohens v. Virginia* 19 U.S. (6 Wheat.) 264, 404 (1821) und *Cherokee Nation v. Georgia*, 30 U.S. (5 Pet.) 1, 20 (1831).

dramatisch abgenommen[30], so daß man in der Gegenwart zwar noch von einer ‚political question doctrine' reden, aber kaum noch neuere Rechtsprechungsbeispiele aufzählen kann.[31]

In *Baker v. Carr*[32] hat der Supreme Court die ‚political question doctrine' zusammengefaßt: „Prominent on the surface of any case held to involve a polital question is found a [1] textually demonstrable constitutional commitment of the issue to a coordinate political department; [2] or a lack of judicially discoverable and manageable standards for resolving it; [3] or the impossibility of deciding without an initial policy determination of a kind clearly for nonjudicial discretion; [4] or the impossibility of a court's undertaking independent resolution without expressing lack of the respect due coordinate branches of government; [5] or an unusual need for unquestioning adherence to a political decision already made; [6] or the potentiality of embarassment from multifarious pronouncements by various departments on one question."[33] Gleichzeitig betont das Gericht seine Rolle als Letztinterpret der Verfassung und die Notwendigkeit, die genannten Kriterien von Fall zu Fall anzuwenden und zu gewichten.

Überblickt man diese Kriterien, so bieten sich folgende Einteilungen an: Punkt (1) stellt auf die in *Marbury v. Madison* dargelegte Pflicht ab, verfassungsrechtliche Normen zu achten, also auch klare Kompetenzen der beiden anderen Zweige der Staatsgewalt zu respektieren. Hier steht die Verfassung als bindendes Recht, die spezifische textliche Anweisung, im Vordergrund. Bei Punkt (2) dagegen fehlt es gerade an einer einschlägigen Verfassungsvorschrift, oder aber die einschlägige Norm eignet sich nicht zur Lösung des Konflikts, weil sie etwa zu unbestimmt, nicht durchzusetzen oder nicht zu kontrollieren ist. In diesen Fällen wie auch bei Punkt (3) sind es Gesichtspunkte der Gewaltenteilung bzw. der funktionellen Kompetenz, die für eine Entscheidungskompetenz der Legislative oder Exekutive sprechen. Die Punkte (4) bis (6) lassen sich auf zwei Überlegungen zurückführen: die Notwendigkeit einer einheitlichen Entscheidung des politisch verantwortlichen Organs sowie pragmatische Gründe der Achtung der anderen Staatsorgane.

---

[30] Vgl. *Tribe*, Am. Const. Law, S. 105: „*Gilligan v. Morgan* [413 U.S. 1 (1973)] is the only case since *Baker v. Carr* in which the Supreme Court has invoked the political question doctrine to hold an issue nonjusticiable."

[31] Der einzige neuere Fall neben *Goldwater v. Carter*, 444 U. S. 996 (1979) ist *Nixon v. United States*, 506 U. S. 224 (1993), in dem sich der Bundesrichter Walter Nixon gegen das vom Senat gewählte impeachment-Verfahren gewehrt hatte, das die Beweiserhebung einer Kommission übertragen hatte, die dem vollen Senat dann das Material vorlegte. Rechtsschutz hiergegen versagte der Supreme Court, weil die Entscheidung dieser Fragen, in Übereinstimmung mit dem oben im Text genannten Element [1], von der Verfassung dem Senat übertragen worden sei – Art. I § 3 Cl. 6 spricht von der „sole Power" des Senats „to try all Impeachments".

[32] 369 U.S. 186 (1962).

[33] AaO, 217.

Die genannten Kriterien und das Postulat der Einzelfallanalyse erlauben es dem Supreme Court als dem Letztinterpreten der Verfassung, die ‚political question doctrine' flexibel einzusetzen oder auch nicht einzusetzen: Nach der in *Marbury v. Madison* postulierten Aufgabe der Justiz muß das Gericht bindende Verfassungsnormen auslegen und anwenden, ‚komme, was wolle', also auch im Fall der Brüskierung der anderen Staatsorgane; umgekehrt relativieren die pragmatischen Elemente der ‚political question doctrine' dieses strikte Postulat der Verfassungsbindung. Ob das Gericht sich verfassungsrechtlich gebunden fühlt oder den angegriffenen politischen Akt trotz eines eventuellen Verfassungsverstoßes durch Annahme einer ‚political question' gelten läßt, entscheidet es selbst. Liegt eigentlich keine Bindung vor, weil die Verfassung keinen ‚discoverable' oder ‚manageable standard' zu erkennen gibt, so weicht das Gericht der Annahme einer ‚political question' in vielen Fällen dadurch aus, daß es eigene Konkretisierungen offener verfassungsrechtlicher Standards entwickelt. So hat der Supreme Court über lange Zeit Fragen der Wahlkreiseinteilung als ‚political questions' angesehen. *Baker v. Carr* und nachfolgende neuere Entscheidungen[34] haben aber verdeutlicht, daß das Gericht sich mit Hilfe der ‚equal protection clause' in der Lage fühlt, gerichtlich ‚manageable standards' wie ‚one person, one vote' selbst zu entwickeln. Ob das Gericht solche Konkretisierungen festlegt oder aber aus gewaltenteiligen Gründen oder pragmatischen Überlegungen die Entscheidung anderer Staatsorgane respektiert, entscheidet es ebenfalls selbst. Aus diesen Bemerkungen ergibt sich schon, daß die ‚political question doctrine' zwar unzweifelhaft existiert, aber keine deutlich erkennbare verbindliche Gestalt aufweist.

Damit hat auch eine jede Aufzählung nichtjustitiabler Fälle nur beschränkte Geltung. Klar ist nur, daß die Bedeutung der Doktrin deutlich abgenommen hat und daß der Supreme Court insbesondere dann seine Zuständigkeit bejaht, wenn es um individuelle und kompetentielle Rechte geht und das Gericht (aus nicht immer durchschaubaren Gründen) der Meinung ist, die Streitfrage anhand eines in der Verfassung spezifizierten oder von ihm selbst konkretisierbaren Maßstabes entscheiden zu können.[35]

Mit dieser Maßgabe lassen sich einige Felder bezeichnen, in denen der Supreme Court dazu neigt, von ‚political questions' auszugehen: die auswärtige Gewalt, die Militärorganisation, der Prozeß der Verfassungsänderung, die republikanische Form der Regierung, interne Parteistreitigkeiten, der Mitgliedschaftsstatus im Kongreß, Fragen der Amtsenthebung.[36]

---

[34] Vgl. insbes. *Reynolds v. Sims*, 377 U.S. 533 (1964) und *Davis v. Bandemer*, 478 U.S. 109 (1986).

[35] Vgl. *Tribe*, Am. Const. Law, S. 98, 101.

[36] Vgl. dazu die Rechtsprechungsübersichten in den Lehrbüchern und Fallsammlungen. Rechtsvergleichend im Bereich der auswärtigen Gewalt *Schwartz*, Kontrolle.

Welche Alternativen stünden dem Supreme Court offen, wenn er, wie manche Stimmen in der Literatur fordern, die Doktrin aufgäbe? Die Alternative wäre nicht der Schritt vom Nichts (Ablehnung einer Entscheidung in der Sache) zum Alles (strikte gerichtliche Kontrolle). Vielmehr könnte das Gericht in der Begründetheitsprüfung dann die Kontrolle auf diejenigen Punkte begrenzen, die nachprüfbare Rechtsmaßstäbe zu erkennen geben, etwa in bezug auf die Entscheidungskompetenz und Verfahrensanforderungen, notfalls begrenzt auf eine Willkürkontrolle. Vorschläge in diese Richtung finden sich in der zustimmenden Meinung von Richter Souter in *Nixon v. United States*, der für eine ‚justiciability' des Amtsenthebungsverfahrens eintritt, „[i]f the Senate were to act in a manner seriously threatening the integrity of its results, convicting, say, upon a coin-toss, or upon a summary determination that an officer of the United States was simply a bad guy ...".[37]

8. Gerichtliche Zurückhaltung und verfassungskonforme Auslegung: Die im vorigen dargelegten Zulässigkeitsvoraussetzungen sind zum Teil auf verfassungstextliche Erfordernisse, zum Teil auf pragmatische und institutionelle Überlegungen im Hinblick auf die angemessene Rolle der Gerichtsbarkeit zurückzuführen; oft sind beide Aspekte verschränkt. Die durch das case or controversy-Erfordernis gebotene richterliche Zurückhaltung[38] kann dazu dienen, die Legislative und Exekutive vor genereller Kritik der Gerichte zu schützen; so können sich die Gerichte dem Vorwurf der Demokratiefeindlichkeit entziehen.[39] Die Tatsache, daß verfassungsrechtliche Fragen von den Gerichten nur in konkreten Streitfällen behandelt werden dürfen, wahrt die funktionelle Leistungsfähigkeit gerichtlicher Urteile. Die standing-Doktrin schließlich unterstützt die Selbstverantwortlichkeit des Bürgers und das Funktionieren des antagonistischen Parteienprozesses. Was die political question-Doktrin angeht, so fördert diese ebenfalls die funktionelle Abgrenzung zwischen den politischen Organen und den das (Verfassungs-)Recht auslegenden Gerichten. Zu beachten ist, daß diese funktionelle Abgrenzung von justitieller und politischer Macht nicht nur in der Unzulässigkeit der Klage zum Ausdruck kommt, sondern auch im Begründetheitsstadium einer Klage, soweit die Gerichte keinen strikten, sondern einen durchlässigen Prüfungsmaßstab anwenden.[40]

All diese funktionellen Überlegungen kommen auch in den Postulaten verfassungskonformer Auslegung und gerichtlicher Zurückhaltung

[37] *Nixon v. United States*, 506 U. S. 224, 253 (1993). Vgl. auch *Chemerinsky*, Const. Law, § 2.8.2 und 2.8.8.

[38] Ausführlicher zum ‚judicial self restraint' *Heller*, Österr. Zs. f. öff. Recht u. Völkerrecht 39 (1988), S. 137ff.; *Chemerinsky*, Const. Law, § 2.3.

[39] Vgl. oben § 2 III.

[40] Vgl. etwa unten §§ 5 IV; 8 V; 10 III sowie ausführlich *Scharpf*, Grenzen der richterlichen Verantwortung, Teil IV; *Rau*, Grenzen.

zum Ausdruck, die der Supreme Court immer wieder zur Beschränkung seiner Kompetenz anführt, soweit Verfassungsverletzungen gerügt werden. Die konkret angeführten Maßstäbe sehen etwa keine Entscheidung in der Sache vor, falls (1) keine Notwendigkeit zu einer Entscheidung besteht, falls (2) der Fall auf einer anderen Rechtsgrundlage als der des Verfassungsrechts entschieden werden kann, falls (3) eine verfassungskonforme Interpretation der einschlägigen Norm möglich ist, oder falls (4) eine Entscheidung auf einer beschränkteren Basis möglich ist.[41] Auch wenn (5) die von den Untergerichten vorgelegten Fälle von der Tatsachenermittlung oder von der Rechtsbetroffenheit her nicht ausreichend klar sind, hat der Supreme Court eine Begründetheitsprüfung abgelehnt.[42] (6) Schließlich benutzt das Gericht mehrere Doktrinen, um eine föderalismusverträgliche Balance zwischen Gliedstaatengerichtsbarkeit und Bundesgerichtsbarkeit aufrechtzuerhalten.[43]

All diese Beschränkungen gerichtlicher Prüfungsbefugnis lassen sich in dem Kernsatz zusammenfassen, daß verfassungsgerichtliche Kontrolle nur ausgeübt werden soll, wenn sie unbedingt notwendig ist, und daß eine Verfassungswidrigkeit nicht ohne zwingenden Grund festgestellt werden sollte.[44] Das gilt allerdings nur, wenn sich die jeweilige Mehrheit des Gerichts an diese Maximen halten will. In der Regel ist das der Fall; die Ausnahmen, in denen das Gericht gegen seine eigenen Maßstäbe verstoßen hat, sind allerdings nicht selten und betreffen dann meist Fälle von weitreichender Bedeutung.[45]

Das Problem ist, daß das Gericht immer in der Spannung zweier gegensätzlicher Tendenzen steht. Es will einerseits mit seinen Kompetenzen zurückhaltend umgehen und den politischen Prozeß, wann immer möglich, die Konflikte demokratisch entscheiden lassen. Andererseits will es das Verfassungsrecht auch gegen den Gesetzgeber verbindlich durchsetzen, wenn es denn der einigermaßen deutliche Verfassungstext (oder die offene Verfassungsstruktur) erzwingt (oder auch erlaubt).[46] Zurückhaltende Entscheidungen lassen sich durch drei Elemente kennzeichnen: (1) Die Zulässigkeitsvoraussetzungen werden streng gehand-

---

[41] Vgl. *Ashwander v. TVA*, 297 U.S. 288, 341, 346ff. (1936) (Brandeis, J., concurring) und rechtsvergleichend *Kommers*, Jurisprudence, S. 57ff. Zur verfassungskonformen Auslegung siehe *Commodity Futures Trading Comm'n v. Schor*, 478 U.S. 833, 841 (1985); sie spielt z.B. eine erhebliche Rolle bei der Auslegung von Ermächtigungsnormen für ‚administrative agencies', unten § 19 II.

[42] Vgl. z.B. *International Brotherhood of Teamsters v. Denver Milk Producers*, 334 U.S. 809 (1948).

[43] Vgl. *Nowak/Rotunda*, Const. Law, § 2.13: Adequate State Grounds and Federal Questions; § 2.14: The Abstention Doctrine.

[44] Vgl. z.B. *Rescue Army v. Municipal Court*, 331 U.S. 549, 568 (1936).

[45] Vgl. etwa die an anderer Stelle erörterten Fälle *Marbury v. Madison*; *Dred Scott v. Sandford*; *INS v. Chadha*; *Roe v. Wade*; *United States v. Virginia*; *Romer v. Evans*.

[46] Vgl. zu den beiden Strategien *Kommers/Finn*, Am. Const. Law, Ch. 3, 3. und 4., ferner *Chemerinsky*, Const. Law, § 2.3 am Ende.

habt; von Vermeidungsstrategien wird extensiv Gebrauch gemacht, soweit dem nicht klare Verfassungsgebote entgegenstehen. (2) Bei der Begründetheitsprüfung wird eher ein schwacher als ein strikter Prüfungsmaßstab gewählt. (3) Gerichtlich anwendbarer Prüfungsmaßstab sind nur einigermaßen deutliche Normen; bei Prinzipien oder Strukturentscheidungen wie etwa den vielfachen ‚checks and balances' wird dem Gesetzgeber ein erheblicher Beurteilungsspielraum zugestanden. Aktivistische Entscheidungen sind durch das Gegenteil der eben genannten Punkte (1) bis (3) gekennzeichnet. Der aktivistische Supreme Court neigt bei Zulässigkeitsfragen etwa zu einer großzügigen Sichtweise von ‚standing' und zu einer engen Sicht (oder Aufgabe) der ‚political question doctrine'. Bei der Begründetheit wird er allgemeine Freiheits- und Gleichheitsprinzipien trotz ihrer Unbestimmtheit in vielen Fällen als justitiabel ansehen – etwa im Rahmen von ‚substantive due process' – oder im Zweifel beim Prüfungsmaßstab die strengere Variante vorziehen oder auch unter dem Mantel eines durchlässigeren Maßstabs de facto eine striktere Variante anwenden.[47] Diese Spannungen, die in manchen Entscheidungen des Gerichts selbst und auch in der Literatur durchaus angesprochen werden[48], sind Ausdruck der Tatsache, daß in einer so multikulturalistischen Gesellschaft wie der amerikanischen auch im höchsten Gericht mit einer Vielzahl von unterschiedlichen inhaltlichen und institutionellen Richterhaltungen zu rechnen ist, die nur beschränkt Einheit und Klarheit über die angemessene Rolle des Gerichts oder über inhaltliche Verfassungsfragen erwarten lassen.

III. Rechtsfolgen eines Verfassungsverstoßes

Kommt der Supreme Court zu dem Schluß, daß eine gesetzliche Bestimmung in der Tat gegen die Verfassung verstößt, so stellt sich die Frage, ob das gerichtliche Urteil nur zwischen den Parteien oder aber allgemein gilt. In *Marbury v. Madison* finden sich Argumente für beide Ansichten: Auf der einen Seite spricht Marshall von der Nichtigkeit der betreffenden Norm, auf der anderen Seite scheint er die Verbindlichkeit dieses Ausspruchs auf den zu entscheidenden Fall beschränken zu wollen.[49] In Rechtsprechung und Rechtswissenschaft werden verfas-

---

[47] Vgl. exemplarisch die oben Fn. 45 genannten Fälle. Die Spannung zwischen ‚judicial activism' und den ‚passive virtues' zieht sich durch die gesamte Rechtsprechung des Supreme Court. Am deutlichsten werden die Auseinandersetzungen in den unten §§ 5 IV; 8 V; 10–13 behandelten Fallgruppen.

[48] Vgl. etwa *Chemerinsky*, Const. Law, S. 56 (Dogmatik zur Klagebefugnis als eine „of the most confused areas of the law"), 117 („In many ways, the political question doctrine is the most confusing of the justiciability doctrines"), 133f.

[49] Vgl. oben § 2 I. Schon in den Federalist Papers ist von Nichtigkeit die Rede, vgl. Nr. 78: „There is no position which depends on clearer principles, than that every act of a delegated authority, contrary to the tenor of the commission under which it is exercised, is void. No legislative act, therefore, contrary to the Constitution, can be valid."

sungswidrige Normen oft als ‚invalid' oder ‚void' bezeichnet. Die Rechtsfolgen einer solchen ‚invalidation' sind aber differenziert zu entwickeln.[50]

Grundsätzlich steht Bundesgerichten bzw. letztlich dem Supreme Court nur die Macht zu, eine für verfassungswidrig erkannte/erklärte Norm im zu entscheidenden Fall nicht anzuwenden. Die Bindungswirkung dieses Ausspruchs ist allerdings weitreichend. Im Rahmen der in Fallrechtssystemen verbindlichen Doktrin des ‚stare decisis' bzw. der ‚doctrine of precedence' haben die unteren Gerichte die Entscheidungen der oberen Gerichte zu achten.[51] Die Bindungswirkung der Entscheidung ergibt sich aus ihren tragenden Gründen. Diese können zu erkennen geben, daß das vorgeordnete Gericht von der Verfassungswidrigkeit der angegriffenen Norm generell (‚invalid on its face') oder aber in einer bestimmten Auslegung (‚invalid in its application') ausgegangen ist. Handelt es sich um eine Entscheidung des Supreme Court, ist diese Feststellung für alle unteren Gerichte verbindlich, soweit die Entscheidung späterer Fälle ebenfalls von der Gültigkeit der betreffenden Norm bzw. deren Auslegung abhängt. Weiterhin ist danach zu unterscheiden, ob sich die betreffende Vorschrift bzw. der Teil des Gesetzes von anderen Vorschriften bzw. Teilen des Gesetzen abgrenzen läßt; falls das der Fall ist, bleiben die anderen Normen anwendbar.[52] Im Hinblick auf die Frage, ob eine Ungültigkeit retroaktive oder aber nur prospektive Wirkung entfaltet, hat der Supreme Court insbesondere für das Strafrecht und das Zivilrecht einzelne Abwägungskriterien entwickelt.[53] Die Grundregel für noch nicht rechtskräftig entschiedene Fälle lautet: „When this Court applies a rule of federal law to the parties before it, that rule is the controlling interpretation of federal law and must be given full retroactive effect in all cases still open on direct review and as to all events, regardless of whether such events predate or postdate our announcement of the rule."[54]

---

[50] Vgl. *Kauper*, Judicial Review, S. 610ff., 617ff.; *Tribe*, Am. Const. Law, § 3.3.

[51] Vgl. hierzu *Blumenwitz*, Einführung, S. 21ff.; Lundmark, JuS 2000, S. 546ff. Der Supreme Court achtet zwar so weit wie möglich seine eigenen Vorentscheidungen. Liegt nach Auffassung des Gerichts aber ein wesentlicher Verfassungswandel vor, so werden entgegenstehende frühere Entscheidungen allmählich in ihrer Bedeutung oder in ihrem Umfang ausgehöhlt (durch ‚distinguishing') oder aber auch explizit außer Kraft gesetzt (‚overruled'). Vgl. *Blumenwitz*, aaO, S. 28, 37ff.; *Garcia v. San Antonio Metropolitan Transit Authority*, 469 U.S. 528, 557ff. (1985) (Powell, J., dissenting); *Planned Parenthood of Southeastern Pennsylvania v. Casey*, 505 U. S. 833, 854ff. (1992).

[52] Vgl. z.B. *Carter v. Carter Coal Co.*, 298 U.S. 238 (1936).

[53] Vgl. z.B. *Johnson v. New Jersey*, 384 U. S. 719 (1966); *Griffith v. Kentucky*, 479 U. S. 314 (1987) (Strafrecht); *Harper v. Virginia Dep't of Taxation*, 509 U. S. 86, 94ff. (1993) (Zivilrecht).

[54] *Harper*, aaO, 97.

Dritter Abschnitt: Föderalismus und Gewaltenteilung

§ 4. Die föderalistische Struktur der Verfassung

I. Geschichtlicher Hintergrund und textliche Ausformung

Die Verfassung von 1787 baut auf den Articles of Confederation von 1781 auf.[1] Beide Verfassungen sind föderalistisch orientiert, aber die Gewichtungen sind unterschiedlich. Im Rahmen des Entwurfs und des Kampfes um die Ratifizierung der neuen Bundesverfassung ging es um eine Stärkung und Demokratisierung der nationalen Gewalt, zusätzlich aber auch um die Erhaltung der Bedeutung der Gliedstaaten. Eine stärkere nationale Gewalt war nach Ansicht der Verfechter der neuen Bundesverfassung notwendig, weil die Konföderationsartikel es nicht erlaubten, in so wichtigen Bereichen wie der Außen- und Sicherheitspolitik sowie dem Handel einheitlich und effizient zu handeln; Handelskonflikte zwischen den Staaten waren gang und gäbe. Gleichzeitig aber sollten die Gliedstaaten als bürgernähere Gemeinschaften der politische Verband sein, in dem alle anderen Fragen der Wohlfahrt und Freiheit der Bürger zu regeln waren.

James Madison hat diese Abgrenzung in der Nr. 45 der Federalist Papers beschrieben: „The powers delegated by the proposed Constitution to the federal government are few and defined. Those which are to remain in the State governments are numerous and indefinite. The former will be exercised principally on external objects, as war, peace, negotiation, and foreign commerce; with which last the power of taxation will, for the most part, be connected. The powers reserved to the several States will extend to all the objects which, in the ordinary course of affairs, concern the lives, liberties, and properties of the people, and the internal order, improvement, and prosperity of the State.“[2] Mit anderen Worten: Die Kompetenz der Gliedstaaten soll umfassend sein, die gesamte ‚police power' umfassen – (innere) Sicherheit, Gesundheit, Wohlfahrt, Moral –, während die nationale Gewalt nur beschränkte Kompetenzen innehat.

Institutionell hat der Föderalismus vor allem Ausdruck gefunden in der starken Repräsentation der Staaten im Rahmen der nationalen Ge-

---

[1] Vgl. oben § 1 sowie allgemein zum Föderalismus *Engdahl*, Const. Federalism; *Hay/Rotunda*, The U.S. Fed. System; *Trute*, ZaöRV 49 (1989), S. 191 ff.; *Annaheim*, Gliedstaaten; *Lundmark*, DÖV 1992, S. 417 ff.; *Fehling*, Mechanismen. Die kommunale Selbstverwaltung wird in der Verfassung nicht erwähnt. Hierzu *Treffer*, Kommunalrecht; *Eumann*, Daseinsvorsorge.

[2] Federalist Papers, Nr. 45, S. 292 f.

walt: Jeder Gliedstaat ist unabhängig von seiner Größe oder Bevölkerungszahl mit zwei Senatoren im Senat vertreten (Art. I § 3 Cl. 1), und alle Gesetze bedürfen zu ihrem Inkrafttreten der Zustimmung des Senats (Art. I § 7 Cl. 2).

Kompetentiell ist die Gegenüberstellung von Art. I § 1 und Am. 10 zu beachten. Art. I § 1 sieht vor: „All legislative Powers herein granted shall be vested in a Congress of the United States ...“; Am. 10 bestimmt: „The powers not delegated to the United States by the Constitution, nor prohibited by it to the States, are reserved to the States respectively, or to the people.“ Daraus ergibt sich, daß der Bundesgewalt nur beschränkte Zuständigkeiten zustehen, jedenfalls im Bereich der Innenpolitik.[3] Sie muß sich auf eine Kompetenz in der Verfassung berufen können, während die öffentliche Gewalt der Gliedstaaten umfassend ist, nur ‚von außen‘ durch spezielle Grenzen limitiert wird. Aus den beiden Vorschriften läßt sich auch auf die Theorie der ‚dual sovereignties‘ schließen: Gliedstaaten und Bundesstaat stehen gleichberechtigt nebeneinander. Beide sind Staaten mit eigenständigem Gebiet, eigenem Volk und originärer öffentlicher Gewalt. Die Abgrenzung im einzelnen zu treffen, ist Aufgabe der Verfassung. Während der Beratungen um die Bundesverfassung hatten sich die Delegierten des Verfassungskonvents in Philadelphia zweimal für eine zusammenfassende Beschreibung der legislativen Kompetenzen des Bundes ausgesprochen, die zum einen die bisherigen Kompetenzen im Rahmen der Konföderationsartikel umfassen sollte, zum anderen die Kompetenz, „to legislate in all cases to which the separate states are incompetent, or in which the harmony of the United States may be interrupted by the exercise of individual Legislation.“[4] Diese Lösung wurde aber schließlich durch eine Aufzählung einzelner Kompetenzen ersetzt.

Die konkrete Abgrenzung von Gliedstaaten- und Bundeskompetenzen ist anhand der Auslegung dieser einzelnen Kompetenztitel im Laufe der geschichtlichen Entwicklung zu ermitteln. Überschlägig gesprochen nehmen die Bundeskompetenzen seit der New Deal-Periode in den 30er Jahren zu; es gibt jedoch in der jüngsten Rechtsprechung des Supreme Court einige Anzeichen dafür, daß die Richter der föderalistischen Struktur wieder etwas mehr Gewicht verleihen wollen. Von den Kompetenztiteln der Bundesgewalt ragen zwei hervor, anhand deren sich exemplarisch die praktische Bedeutung föderalistischer Gewaltenteilung und der methodische Umgang mit für den Föderalismus entscheidenden Kompetenztiteln darstellen lassen – die ‚interstate commerce clause‘ in Art. I § 8 Cl. 3 sowie die ‚necessary and proper clause‘ in Art. I § 8 Cl. 18. Die erstgenannte Klausel wird zusammen mit ande-

---

[3] Zur auswärtigen Gewalt siehe unten §§ 5 V 6; 7 IV.

[4] Zitiert nach *Tribe*, Am. Const. Law, S. 298 Fußn. 1.

ren nationalen Kompetenztiteln in § 5 behandelt; zur letztgenannten Klausel hat der Supreme Court in *McCulloch v. Maryland* Stellung genommen.

II. McCulloch v. Maryland

Die Leitentscheidung zur Bestimmung des Verhältnisses von Bundes- und Gliedstaatengewalt ist *McCulloch v. Maryland.*[5] Im Streit war die Kompetenz des Kongresses, eine nationale Bank einzurichten. Der Kongreß hatte gegen heftigen Widerstand der Antiföderalisten 1790 die erste US-Bank errichtet, deren Charter aber 1811 endete. 1815 wurde die zweite Bank der USA gegründet. Gegen die Zweigstelle dieser Bank in Maryland hatte der Staat Maryland eine Steuer festgesetzt, die die Bank nicht bezahlen wollte. Der Supreme Court gab der Bank recht. Chief Justice John Marshall strukturierte das Urteil anhand von zwei Fragen: Steht dem Kongreß die Macht zu, eine eigene Bank zu errichten? Das bejaht das Gericht. Und: Steht dem Staat Maryland die Kompetenz zu, diese Bank zu besteuern? Das wird vom Supreme Court verneint.

Die Frage nach der Bundeskompetenz[6] beginnt Marshall mit einem Exkurs zur Theorie des Föderalismus: Gegen die Auffassung des Staates Maryland, die Gliedstaaten stünden nach wie vor über der nationalen Gewalt, so daß die Kompetenzen der letzteren eng auszulegen seien, betont Marshall, daß die Legitimität der Bundesverfassung nicht derivativ, sondern originär sei. Beleg hierfür ist ihm die Tatsache, daß der Entwurf der Verfassung vom Volk selbst (wenngleich in den Gliedstaaten, durch von den Legislativen gewählte Verfassungskonvente) gebilligt worden sei, und daß es genau dieses in den Verfassungskonventen abstimmende Volk sei, das in der Präambel mit der Formel „We the People ... do ordain and establish this Constitution for the United States of America" gemeint ist. Damit geht Marshall von ‚dual sovereignties' aus, deren Kompetenzen im einzelnen abzugrenzen sind.

Marshall gesteht zu, daß die Bundesgewalt nur beschränkte Zuständigkeiten hat; wenn aber eine Bundeskompetenz besteht, geht diese nach der Vorrangklausel in Art. VI Cl. 2 dem Gliedstaatenrecht vor. Da die Verfassung keinen Kompetenztitel für Banken enthält, macht sich Marshall auf die Suche nach impliziten Kompetenzen. In *Marbury v. Madison* hatte Marshall noch die Bedeutung der Schriftlichkeit der Verfassung hervorgehoben, die gegenüber einer ungeschriebenen Ver-

[5] 17 U.S. (4 Wheat.) 316 (1819).

[6] Wesentliches Argument des hier nicht näher behandelten Teils der Entscheidung zur Besteuerung war, daß eine solche Gliedstaatenkompetenz mit der zuvor bejahten Bundeskompetenz in Widerspruch geraten würde – „the power to tax involves the power to destroy": aaO, 427.

fassung Klarheit und Rechtssicherheit fördere. Nun aber stellt Marshall einen umgekehrten Vergleich an: Gegenüber einer einfachgesetzlichen Kodifikation müsse eine Verfassung notwendigerweise kürzer und unpräziser, offener sein. „Its nature, therefore, requires, that only its great outlines should be marked, its important objects designated, and the minor ingredients which compose those objects, be deduced from the nature of the objects themselves ... we must never forget that it is a *constitution* we are expounding."[7] Da die Verfassung dem Kongreß Kompetenzen in bezug auf Besteuerung, Kreditaufnahme, Handelsregulierung, innere und äußere Sicherheit gegeben hat, muß sie nach Marshall die geeigneten Mittel zur effektiven Durchführung von Maßnahmen in diesem Bereich mit in den Bereich der Bundeskompetenz gezogen haben, wozu seiner Auffassung nach auch die Bundesbank gehört.

Die textliche Bestätigung für diese aus der Natur der Verfassung und dem Wesen des amerikanischen Föderalismus gezogene Folgerung sieht Marshall in Art. I § 8 Cl. 18: Danach steht dem Kongreß die Macht zu, „To make all Laws which shall be necessary and proper for carrying into Execution the foregoing Powers, and all other Powers vested by this Constitution in the Government of the United States, or in any Department or Officer thereof." Zwei Kriterien sind in dieser Klausel genannt: „necessary and proper". Marshall wendet sich gegen eine restriktive Auslegung des Wortes ‚notwendig', die ihm angesichts der angesprochenen Aufgaben des Kongresses und der Zukunftsgerichtetheit der Verfassung als zu eng erscheint. So wird aus ‚notwendig' ‚angemessen'; die ‚necessary and proper clause' verwandelt sich in eine ‚proper clause': „Let the end be legitimate, let it be within the scope of the constitution, and all means which are appropriate, which are plainly adapted to that end, which are not prohibited, but consist with the letter and spirit of the constitution, are constitutional ...".[8] Und noch einmal anders formuliert: „Should Congress, in the execution of its powers, adopt measures which are prohibited by the constitution; or should Congress, under the pretext of executing its powers, pass laws for the accomplishment of objects not entrusted to the government; it would become the painful duty of this tribunal, should a case requiring such a decision come before it, to say, that such an act was not the law of the land. But where the law is not prohibited, and is really calculated to effect any of the objects entrusted to the government, to undertake here to inquire into the degree of its necessity, would be to pass the line which circumscribes the judicial department, and to tread on legislative grounds. This court disclaims all pretensions to such a power."[9]

---

[7] AaO, 406.
[8] AaO, 421.
[9] AaO, 423.

McCulloch charakterisiert wesentliche Problempunkte der Auseinandersetzung zwischen Gliedstaaten und nationaler Gewalt: (1) Zwar sind die Kompetenzen des Bundes beschränkt, doch wird die Beschränkung zum Teil durchbrochen durch das weite Verständnis der ‚necessary and proper clause': Alle Mittel, die zur Verwirklichung eines expliziten Kompetenztitels dienen, fallen ebenfalls unter die Bundeskompetenz – dies sind ‚implied powers'. (2) Zur Frage, ob und inwieweit die Mittel zur Durchführung einer Bundeskompetenz taugen, vertritt das Gericht einen zurückhaltenden Standpunkt: Eine angezielte Geeignetheit soll ausreichen. Das läuft auf einen ‚rational basis test' hinaus: Jedes vom Kongreß benutzte Mittel, das irgendwie den Gesetzeszweck fördert, reicht aus. (3) Jenseits der nationalen Kompetenz liegen Mittel, die die Verfassung ausschließt. Grenzen sind vor allem die Bill of Rights, neuere Grundrechte und die grundrechtsgleichen Vorschriften in Art. I § 9. (4) Eine weitere Grenze der ‚necessary and proper clause' spricht das Gericht in der pretext-Passage an: Soweit der Kongreß vorgibt, eine legitime Kompetenz in Anspruch zu nehmen, in Wirklichkeit aber sich auf einem Gebiet bewegt, das in die Staatenzuständigkeit fällt, will der Supreme Court das nicht hinnehmen. Die hinter dem ‚pretext principle' stehende Drohung bezieht sich auf die Untersuchung legislativer Motive, anhand deren das Gericht beurteilen will, ob die Legislative wirklich das regeln will, was sie sagt, oder nicht doch sich auf dem Gebiet der Staatenzuständigkeit bewegt.

Während die Punkte (1) bis (3) auch den Stand der modernen Rechtsprechung widerspiegeln[10], hat das Gericht bei der Untersuchung legislativer Motive eine Kehrtwendung vollzogen: Es reicht nach der modernen Rechtsprechung aus, wenn das Gericht selbst irgendeinen Zusammenhang zwischen dem benutzten Mittel und einem Kompetenztitel der Bundesgewalt herstellen kann.[11] Ist das möglich, so kann sich der legislative Zweck auf Gebiete erstrecken, die nach dem traditionellen Verständnis in den Bereich der ‚police power' der Staaten fallen: Wohlergehen, Gesundheit, Sicherheit, Moral der Bevölkerung.

§ 5. Der Kongreß

I. Zusammensetzung und Wahl

1. Allgemeines: Der Kongreß[1] besteht nach Art. I § 1 aus dem Senat und dem Repräsentantenhaus. Wahl und Zusammensetzung des Reprä-

---

[10] Hierzu *Joswig*, Die implied power-Lehre.

[11] Vgl. unten §§ 5 IV 5; 10 III.

[1] Vgl. allgemein *Congressional Quarterly's* Guide to Congress; *Oleszek*, Congressional Procedures; *Tiefer*, Congressional Practice; Encyclopedia of the U.S. Congress; rechtsvergleichend *Thaysen*, US-Kongreß und Deutscher Bundestag.

sentantenhauses sind in § 2 geregelt. § 3 behandelt die entsprechenden Vorschriften für den Senat. In §§ 4 bis 6 finden sich Normen, die die Wahl zum Kongreß betreffen sowie die Wahlprüfung, die Geschäftsordnung, den Ausschluß von Abgeordneten, die Veröffentlichung von Verhandlungsprotokollen, Verfahrensfragen und die finanzielle Entschädigung. Neuere Vorschriften ergänzenden oder abändernden Charakters finden sich in den Zusatzartikeln 14 §§ 2 und 3; 15; 17; 19; 24; 26 und 27. Wir beschränken uns hier auf eine Skizze der Wahl und Zusammensetzung der beiden Häuser, des Gesetzgebungsverfahrens sowie der wichtigsten Kompetenzen im Staat-Bürger-Verhältnis; außer Betracht bleibt eine Analyse des Parlamentsinnenrechts.[2]

2. *Repräsentantenhaus*: Die Mitglieder des Repräsentantenhauses werden nach Art. I § 2 Cl. 1 auf zwei Jahre gewählt.[3] Wählbarkeitsvoraussetzungen sind ein Mindestalter von 25 Jahren, die mindestens siebenjährige Innehabung der Staatsbürgerschaft und ein Wohnsitz in dem Staat, in dem die Wahl abgehalten wird.[4] Das aktive Wahlrecht richtet sich gemäß § 2 Cl. 1 nach den für die Wähler der zahlenmäßig stärksten Kammer geltenden Vorschriften des betreffenden Staates. Diese Regelung gilt nicht mehr uneingeschränkt: Das Gliedstaatenrecht muß insbesondere den Zusatzartikeln 15, 19, 24 und 26 Rechnung tragen. Danach sind rassische und geschlechtliche Diskriminierungen sowie Wahlsteuern verboten; das Wahlalter beträgt 18 Jahre. Das Wahlrecht selbst wird in den genannten Zusatzartikeln vorausgesetzt, aber nur ansatzweise geregelt: Voraussetzung ist die Staatsbürgerschaft der USA. Weitere im Gliedstaatenrecht geregelte Voraussetzungen des aktiven Wahlrechts betreffen den Wohnsitz und die Registrierung.

Die Anzahl der Sitze des Repräsentantenhauses richtet sich nach Art. I § 2 Cl. 3 bzw. Am. 14 § 2. Ursprünglich bestand das Repräsentantenhaus aus 65 Sitzen. Diese Zahl änderte sich aufgrund der Zunahme der Bevölkerung mehrmals, bis der Kongreß 1929 die Mitgliederzahl gesetzlich auf 435 festlegte.[5] Die Sitze werden unter den Gliedstaaten nach Bevölkerungszahl verteilt (‚reapportionment'); maßgebend ist die jedes Jahrzehnt abgehaltene Volkszählung. Innerhalb der Staaten sind dann die Wahlbezirke festzulegen (‚redistricting'). Für diese Festlegung

---

[2] Vgl. dazu die in Fußn. 1 angeführte Literatur.

[3] Ausführlich zu den amerikanischen Wahlen: *Congressional Quarterly's* Guide to U.S. Elections, der die geschichtliche Entwicklung skizziert, die einschlägigen verfassungsrechtlichen Vorschriften abdruckt und viele Daten liefert; ferner *Magiera*, Vorwahlen; *Tribe*, Am. Const. Law, § 13; Developments in the Law – Elections, 88 Harv.L.Rev. 1111 (1975).

[4] Diese Qualifikationen sind abschließend. Der Kongreß oder die Gliedstaaten dürfen keine zusätzlichen Kriterien – wie etwa eine Höchstzahl von Legislaturperioden – festsetzen. Vgl. *U. S. Term Limits, Inc. v. Thornton*, 514 U. S. 779 (1995). Dies gilt auch für die Wahl von Senatsmitgliedern.

[5] Vgl. 46 Stat. 26, § 22, geändert durch 55 Stat. 761.

gelten verfassungsgerichtlich entwickelte Maßstäbe: Die Wahlbezirke für das Repräsentantenhaus müssen annähernd gleiche Bevölkerungszahlen vorsehen; für Wahlen auf Gliedstaaten- und Kommunalebene lockert der Supreme Court dieses Erfordernis etwas.[6] Die Notwendigkeit der Festlegung der Wahlbezirke auf Gliedstaatenebene führt immer wieder zu Versuchen der regierenden Parteien, den Zuschnitt der Wahlbezirke so festzulegen, daß möglichst viele Kandidaten der eigenen Partei sichere Sitze erwerben (‚gerrymandering'').[7] Der Wahlkreiszuschnitt dient aber auch dazu, gesetzlichen bzw. verfassungsgerichtlichen Anforderungen an die Stärkung von Minderheitsstimmen Rechnung zu tragen.[8]

Die Wahlen zum Repräsentantenhaus werden in ‚single-member districts' abgehalten: In jedem Wahlkreis wird nur ein Kandidat gewählt. Dies gilt auch für die meisten Wahlen auf Gliedstaaten- und Kommunalebene. Bundesgesetzlich und verfassungsgerichtlich sind ‚multimember constituencies' auf Gliedstaaten- oder Kommunalebene verboten worden, soweit sie vorsätzlich auf eine Schwächung von Minderheitenstimmen abzielen oder eine solche Schwächung Konsequenz der entsprechenden Regelung ist.[9] Fast überall in den USA gilt das ‚winner-takes-all system'. Jeder Wähler gibt nur eine Stimme ab; der mit dem meisten Stimmen Gewählte gewinnt den Sitz; die anderen Stimmen verfallen. Die beiden Komponenten ‚single-member district' und ‚winner takes all' privilegieren Kandidaten von einflußreichen Parteien und haben wesentlich zur Vorherrschaft der beiden großen Parteien ‚Demokraten' und ‚Republikaner' beigetragen.

3. Senat: Der Senat besteht nach Art. I § 3 aus zwei Senatoren für jeden Staat, also 100 Mitgliedern. Die Amtszeit beträgt 6 Jahre; jeweils ein Drittel des Senats wird alle zwei Jahre gewählt. In der gegenüber dem Repräsentantenhaus längeren Amtszeit und in der zeitlich gestuften Wahl kommt die besondere Rolle zum Ausdruck, die die Verfassungsgeber den Senatoren zugedacht haben: Stabilisierung, Mäßigung, Weitsicht – alles Faktoren, die nach ihrer Ansicht beim eher volks- bzw. wahlkreisunmittelbaren Repräsentantenhaus weniger zu erwarten sind.[10] Die quasi-aristokratische Rolle, die dem Senat zugedacht war, kommt auch darin zum Ausdruck, daß die Senatoren ursprünglich von den Staatenlegislativen gewählt wurden. Die Regelung des Art. I § 3 Cl. 1 ist

---

[6] Vgl. *Baker v. Carr*, 369 U.S. 186 (1962); *Reynolds v. Sims*, 137 U.S. 533 (1964); *Hadley v. Junior College District*, 397 U.S. 50 (1970).

[7] Zur Frage, inwieweit der Supreme Court die daraus entstehenden Konflikte entscheidet, siehe *Davis v. Bandemer*, 478 U.S. 109 (1986).

[8] Vgl. *Tribe*, Am. Const. Law, § 13–8; *Nowak/Rotunda*, Const. Law, § 14.31–36 und unten § 12 IV am Ende.

[9] Vgl. *Rogers v. Lodge*, 458 U.S. 613 (1982); Voting Rights Act Amendments of 1982, 96 Stat. 131.

[10] Vgl. Federalist Papers, Nr. 62, 63.

aber 1913 durch Am. 17 geändert worden. Nunmehr werden auch die Senatoren direkt durch das Volk in den Gliedstaaten gewählt. Die Wahlberechtigung richtet sich nach den Voraussetzungen, die für die Wahl zur größten Legislativkammer in dem jeweiligen Staat gelten. Die Wahl für das Senatorenamt ist landesweit. Die Wählbarkeitsvoraussetzungen umfassen nach Art. I § 3 Cl. 3 ein Mindestalter von 30 Jahren, eine neunjährige Innehabung der Staatsbürgerschaft der USA und einen Wohnsitz in dem betreffenden Staat.

4. Die Rolle der Parteien: Die Verfassung erwähnt politische Parteien nicht. Das Recht, Parteien zu gründen, ist nach der Rechtsprechung aber in der Vereinigungsfreiheit enthalten, die wiederum ein Annex der Rede- und Versammlungsfreiheit des 1. Zusatzartikels ist.[11] Die Verfassungsgeber waren voller Mißtrauen gegenüber politischen Vereinigungen, von denen sie Cliquenbildung und Zwietracht erwarteten.[12] Das komplizierte checks and balances-System der vorgeschlagenen Bundesverfassung war gerade und ist heute noch gedacht als äußere Schranke und Verschränkung der konkurrierenden Einzel- und Gruppeninteressen zur Hervorbringung des allgemeinen Wohls.[13] In der Tat dauerte es nicht lange, bis sich spezifische Gruppierungen herauszuschälen begannen. In der Auseinandersetzung zwischen Föderalisten und Antiföderalisten über die Annahme des Verfassungsentwurfs[14] kündigte sich zum ersten Mal das amerikanische Parteiensystem an, das sich in den folgenden Jahren und Jahrzehnten entwickelte und seither mehrere Entwicklungsstufen durchlaufen hat.[15]

Ungefähr seit Mitte des 19. Jahrhunderts wird das politische Leben auf Bundes-, Gliedstaaten- und Kommunalebene faktisch weithin von der Republikanischen und der Demokratischen Partei dominiert. Zur Vorherrschaft dieser beiden Parteien haben Eigenheiten des amerikanischen Wahlsystems beigetragen: die Dominanz des ‚single-member district' bei den Wahlen zum Repräsentantenhaus und die winner takes all-Regel bei Kongreß- und Präsidentschaftswahlen. Die beiden Parteien zeichnen sich ferner durch große Integrationsfähigkeit aus. Die faktische

---

[11] Vgl. *Tribe*, § 12–26.

[12] Vgl. insbes. Nr. 10 und 51 in den Federalist Papers. Zur negativen, aber auch positiven Sicht der Parteien in Geschichte und Gegenwart siehe *Sundquist*, National Parties, S. 195 ff.

[13] Vgl. Federalist Papers, Nr. 51, S. 321 f.: „But the great security against a gradual concentration of the several powers in the same department consists in giving to those who administer each department the necessary constitutional means and personal motives to resist encroachments of the others ... Ambition must be made to counteract ambition ... It may be a reflection on human nature that such devices should be necessary to control the abuses of government. But what is government itself but the greatest of all reflections on human nature?"

[14] Vgl. oben § 1.

[15] Hierzu und zum folgenden *Congressional Quarterly's* Guide to U.S. Elections, Part I.

Vorherrschaft dieser Parteien darf aber nicht mit rechtlicher Verfestigung gleichgesetzt werden. Im Gegenteil müssen die staatlichen Regelungen Raum für neue Gruppierungen und unabhängige Kandidaten lassen.[16] Die rechtlichen Verhältnisse der Parteien in bezug auf Anerkennung als politische Partei, innere Organisation und Wahlverfahren werden großteils von den Gliedstaaten festgelegt. Der Kongreß hat unter anderem Fragen der Wahlkampffinanzierung geregelt. Ihrer Rechtsnatur nach sind die Parteien gemeinnützige und freiwillige private Vereinigungen ohne Rechtspersönlichkeit. Die verfassungsrechtliche Zulässigkeit der angesprochenen staatlichen Regulierung ergibt sich aus dem Umfang ihrer quasi-staatlichen, auf die Wahl von Mandatsträgern bezogenen Funktion.[17] Im Rahmen der vorgenannten Maßstäbe haben die Parteien eine Vielzahl von eigenen Vorschriften erlassen.

II. Gesetzgebungsverfahren

Das Gesetzgebungsverfahren[18] ist in Art. I § 7 geregelt. § 5 enthält Vorschriften über die Beschlußfähigkeit, das Recht, eine Geschäftsordnung zu beschließen, sowie das Verhandlungsprotokoll. Diese Normen regeln nur Grundrisse des komplizierten Gesetzgebungsverfahrens[19], dessen wesentliche Stadien (1) die Einbringung des Gesetzesvorschlags, (2) die Zustimmung durch beide Häuser des Kongresses sowie (3) die Zustimmung des Präsidenten oder seine Überstimmung durch den Kongreß mit qualifizierter Mehrheit sind.

(1) Gesetze vorschlagen darf jeder: Bürger, Gruppen, Parteien, Kirchen, der Präsident usw. Das Recht, einen Gesetzesvorschlag (‚bill') einzubringen, steht aber nur Mitgliedern des Kongresses zu. Ein Gesetzesvorschlag kann sowohl im Repräsentantenhaus als auch im Senat von den jeweiligen Mitgliedern eingebracht werden; eine Ausnahme gilt für Steuergesetze, die zuerst im Repräsentantenhaus eingebracht werden müssen.

(2) Der Gesetzesvorschlag wird im betreffenden Haus an die zuständigen Ausschüsse und Unterausschüsse überwiesen, wo er beraten und auf seine Mehrheitsfähigkeit untersucht wird. Der Weg der meisten ‚bills' endet hier. Diejenigen Gesetzesvorschläge, die in ursprünglicher

---

[16] Vgl. *Tribe*, Am. Const. Law, § 13–18 bis § 13–21; Developments in the Law – Elections, 88 Harv. L.Rev. 1111, 1121 ff. (1975).

[17] Vgl. *Tribe*, Am. Const. Law, § 13–23; *Epperson*, Legal Status.

[18] Vgl. allgemein *Rotunda u. a.*, Const. Law, § 10; *Tiefer*, Congressional Practice; *Oleszek*, Congressional Procedures; *Congressional Quarterly's* Guide to Congress, Part III.

[19] Andere Maßnahmen des Kongresses als Gesetzgebungsvorschläge (‚bills') umfassen ‚joint resolutions', ‚concurrent resolutions' und ‚resolutions', vgl. *Rotunda u. a.*, Const. Law, § 10.2. Eine besondere Art von Gesetzgebung stellt die Verfassungsänderung dar, vgl. dazu Art. V.

oder abgeänderter Form auf Zustimmung stoßen, werden dem Haus vorgelegt und zur Annahme empfohlen. Findet der Vorschlag die Mehrheit des Hauses, wird er dem anderen Haus überwiesen, in dem in der Regel ein vergleichbares Verfahren abläuft. Will die zweite Kammer erhebliche Änderungen vornehmen, so kann ein Vermittlungsausschuß (‚conference committee') eingeschaltet werden, der einen Kompromiß ausarbeitet. Der abgeänderte Gesetzesvorschlag muß von beiden Häusern des Kongresses gebilligt werden.

(3) Nehmen beide Kammern den Gesetzesvorschlag an, ist er dem Präsidenten vorzulegen. Der Schritt vom Gesetzesvorschlag zum gültigen Gesetz kann über drei Wege führen: (a) Der Präsident stimmt zu und unterzeichnet. (b) Bleibt der Präsident für 10 Tage untätig (Sonntage nicht eingerechnet), so wird seine Zustimmung unterstellt, falls der Kongreß bis dahin noch tagt (‚pocket veto'). (3) Legt der Präsident innerhalb der 10 Tage ein Veto ein, geht der Gesetzesvorschlag mit den Einwendungen des Präsidenten an die Kammer zurück, in der er eingebracht wurde (‚presidential veto').[20] Ein solches Veto kann nur durch eine Zwei-Drittel-Mehrheit der anwesenden Mitglieder in beiden Kammern überwunden werden, Beschlußfähigkeit vorausgesetzt. In der Praxis wird diese Mehrheit nur in seltenen Fällen erreicht. Geht man realistischerweise davon aus, daß von den am Gesetzgebungsverfahren beteiligten drei Organen fast nie alle der gleichen Partei angehören, so wird deutlich, daß Gesetzesvorschläge nur auf der Basis weitreichender Kompromisse erfolgreich sein können.

Wird der Gesetzesvorschlag vom Präsidenten unterschrieben, ist seine Zustimmung wegen Fristablauf zu unterstellen, oder gelingt es dem Kongreß, sein Veto zu überwinden, wird das Gesetz verkündet und mit einer Zahl versehen. Zahlen werden getrennt für Einzelfall- und generelle Gesetze vergeben, in numerischer Anordnung für die jeweilige Kongreßperiode, z.B. ‚Private Law 21, 97th Congress' oder ‚Private Law 97–21'; ‚Public Law 250, 97th Congress' oder ‚Public Law 97–250'. Diese Gesetze werden jährlich in den United States Statutes at Large (Stat.) zusammengefaßt und, mit einem Index versehen, veröffentlicht. Eine systematische, nach Titeln, Kapiteln und Abschnitten gegliederte Fassung der wichtigsten Gesetze ist der United States Code (U.S.C.), der regelmäßig durch Nachlieferungen bzw. Neuauflagen auf dem lau-

---

[20] Der Supreme Court hat in *Clinton v. New York*, 118 S.Ct. 2091 (1998) das Line Item Veto-Gesetz von 1996 für verfassungswidrig erklärt. Das Gesetz sollte es dem Präsidenten ermöglichen, einzelne ausgabenträchtige Posten in Gesetzesvorlagen zur Vermeidung einer Erhöhung des Ausgabendefizits zu streichen, sofern nicht der Kongreß die gestrichenen Posten mit einer Zweidrittelmehrheit in beiden Häusern überstimmt. Nach Auffassung des Supreme Court muß der Präsident sein Veto auf die ganze Vorlage erstrecken; er kann ‚ja' oder ‚nein' sagen, aber nicht Gesetzesvorlagen des Kongresses abändern. Vgl. auch unten § 7 III 4, 5.

fenden gehalten wird. Private, kommentierte Fassungen des U.S.C. sind der U.S. Code Annotated (U.S.C.A.) und der U.S. Code Service (U.S.C.S.).

III. Skizze der Kompetenzen

Die Kompetenzen des Kongresses finden sich an mehreren Stellen der Verfassung.[21] Die wichtigste Stelle ist Art. I § 8 mit seinen 18 Klauseln. Danach steht ihm das Recht zu, Steuern und Zölle zu erheben (Cl. 1), Kredit aufzunehmen (Cl. 2), diverse Aspekte des Handels (Cl. 3), die Einbürgerung sowie Konkursfälle zu regeln (Cl. 4), Münzen zu prägen, Maße und Gewichte festzusetzen (Cl. 5), Falschmünzerei zu bestrafen (Cl. 6), Regelungen für die Post zu treffen (Cl. 7), Urheber- und Patentrechte zu sichern (Cl. 8), Bundesgerichte einzurichten (Cl. 9), Seerechts- und Völkerrechtsfragen zu regeln (Cl. 10), Krieg zu erklären (Cl. 11), Armeen und eine Flotte aufzustellen und zu unterhalten sowie das Verhalten ihrer Mitglieder zu reglementieren (Cl. 12, 13, 14), Milizen einzurichten (Cl. 15, 16), den Sitz der Regierung festzulegen und zusammen mit anderem Bundeseigentum zu verwalten (Cl. 17), sowie alle zur Ausübung der vorgenannten Befugnisse notwendigen und zweckdienlichen Gesetze zu erlassen (Cl. 18).

Nach Art. III § 1 steht dem Kongreß die Kompetenz zu, Bundesgerichte unter dem Supreme Court zu errichten und im Rahmen der verfassungsrechtlichen Vorschriften deren Bezahlung und Zuständigkeit zu regeln; nach § 2 Cl. 2 kann der Kongreß im Hinblick auf die Zuständigkeit des Supreme Court als Appellationsgericht Ausnahmen und Verfahren regeln[22]; nach § 3 Cl. 2 kann er Strafen für Landesverrat festsetzen. Art. IV § 1 gibt dem Kongreß das Recht, allgemeine Regelungen im Hinblick auf die gegenseitige Anerkennung von staatlichen Urkunden, Gesetzen und richterlichen Entscheidungen zu erlassen. Art. IV § 3 ermächtigt den Kongreß unter bestimmten Voraussetzungen, neue Staaten in die Union aufzunehmen; diese Vorschrift enthält auch Zuständigkeiten in bezug auf Bundeseigentum. Bundeskompetenzen erstrecken sich auf die Garantie einer republikanischen Regierungsform in den Einzelstaaten und deren Unterstützung in Krisenfällen (Art. IV § 4) sowie auf das Verfahren zur Verfassungsänderung (Art. V).

Kongreßkompetenzen finden sich auch in den Zusatzartikeln. Mehrere Zusatzartikel enthalten Durchführungsklauseln für den Kongreß: Am. 13 § 2; Am. 14 § 5; Am. 15 § 2; Am. 19 Cl. 2; Am. 23 § 2; Am. 24 § 2; Am. 26 § 2; viele dieser ‚enforcement clauses' betreffen Maßnahmen zur Eliminierung von rassischer Diskriminierung und zur Ausdehnung

---

[21] Vgl. die Zusammenfassungen bei *Tribe*, Am. Const. Law, § 5–2; *Nowak/Rotunda*, Const. Law, § 3.3 und 3.4.

[22] Dazu oben § 3 I.

des Wahlrechts. Nach Am. 16 kann der Kongreß Einkommensteuer erheben, ohne sie proportional auf die einzelnen Staaten aufteilen zu müssen oder an eine Schätzung oder Volkszählung gebunden zu sein. Am. 20 und 25 enthalten Zuständigkeiten des Kongresses im Hinblick auf die Wahl und Nachfolge des Präsidenten oder Vizepräsidenten. Eine ungeschriebene Verbandskompetenz des Bundes besteht in bezug auf die auswärtige Politik, wobei die Organkompetenz zwischen Kongreß und Präsident streitig ist; das betrifft auch die Frage der ‚war power'.[23]

Ob diese Zuständigkeiten exklusiv oder konkurrierend sind, hängt von der textlichen Formulierung, der ‚Natur der Sache' und/oder gerichtlichen Prüfungsmaßstäben ab.[24]

Neben den Kompetenzen des Kongresses gibt es auch Zuständigkeiten eines der beiden Häuser; dem Senat etwa steht nach Art. I § 2 Cl. 2 ein Mitwirkungsrecht bei wichtigen Ernennungen und völkerrechtlichen Verträgen zu, das näher unten § 7 III 6 und IV 2 behandelt wird.[25]

Von dieser Vielzahl an Kompetenzen kann hier nur ein Teil behandelt werden. Am wichtigsten, weil praktisch die meisten Regelungsprobleme umfassend, sind die ‚interstate commerce clause' und die ‚necessary and proper clause'. Erstere wird im folgenden Abschnitt IV. behandelt, letztere wurde oben in § 4 II erörtert. Einige weitere wichtige Kompetenzen kommen in Abschnitt V. zur Sprache.[26]

IV. Interstate Commerce

1. Allgemeines: Der wichtigste Kompetenztitel für den Kongreß ist Art. I § 8 Cl. 3: „To regulate Commerce with foreign Nations, and among the several States, and with the Indian Tribes." Mitten hinein in die Auseinandersetzungen um die föderalistische Struktur des Gemeinwesens führt die Interpretation der ‚interstate commerce clause': „Commerce ... among the several States ...". Je nachdem, ob diese Zuständigkeit weit oder eng interpretiert wird, verschiebt sich das föderalistische Gewicht zwischen nationaler und Gliedstaatengewalt im Rahmen der Theorie der ‚dual sovereignties' bzw. des ‚dual federalism'. Handelskonflikte zwischen den Staaten waren einer der wesentlichen Gründe dafür gewesen, eine neue und stärkere nationale Gewalt mit einer Zuständigkeit des Bundes für den Handel zwischen den Staaten zu gründen, so daß abzusehen war, daß diese Klausel einiges Gewicht haben würde.[27]

---

[23] Vgl. *Nowak/Rotunda*, Const. Law, S. 123ff. und unten §§ 5 V 4–6; 7 IV.

[24] Vgl. unten § 6 I.

[25] Zum internen Parlamentsrecht vgl. die in Fußn. 1 genannte Literatur.

[26] Zu den hier nicht behandelten Zuständigkeiten siehe *Rotunda u. a.*, Const. Law, § 3.4 bis 3.11; *Tribe*, Am. Const. Law, § 5–11.

[27] Vgl. *Nowak/Rotunda*, Const. Law, § 4.3. AaO, § 4.5 zum ‚dual federalism'.

Was nicht abzusehen war, sondern sich erst gegen Ende des 19. und zu Beginn des 20. Jahrhunderts herausstellte, war die Ausweitung wirtschaftlicher Betätigung über die Grenzen der Einzelstaaten hinweg auf die nationale Ebene, die in der Folge auch zu zahlreichen Bundesgesetzen, zur Entwicklung eines eigenständigen Verwaltungsrechts[28] und zu der Frage führte, wie weit der Supreme Court diese Ausdehnung der Bundesgewalt tolerieren würde. Die Haltung des Gerichts war nicht einheitlich. Phasen der Begrenzung der nationalen Regelungskompetenz wechselten ab mit Phasen weitreichender Zurückhaltung des Gerichts, zumindest in einigen Fallgruppen. Die moderne Rechtsprechung ab Mitte der 30er Jahre des 20. Jahrhunderts ist durch eine fast vollständige Aufgabe gerichtlicher Kontrollkompetenz gekennzeichnet[29], führt aber immer wieder zu kritischen Rückfragen im Hinblick auf die Respektierung der Staatenqualität der Gliedstaaten. Die Entwicklung dieser Rechtsprechung sowie die grundsätzlichen Spannungslagen werden im folgenden skizziert.

2. *Ansatzpunkte der Interpretation*: Die Verfassung ist föderalistisch ausgerichtet; nationale Gewalt und Gliedstaaten stehen im Prinzip gleichberechtigt nebeneinander. Von diesen ‚dual sovereignties' ausgehend ist klar, daß ‚interstate commerce' von ‚intrastate commerce' abzugrenzen ist. Die Geschichte der Verfassunggebung gibt auch deutlich zu erkennen, daß trotz der Stärkung der Bundesgewalt die Zuständigkeit für die ‚police power' – Wohlergehen, Gesundheit, Sicherheit und Moral des Volkes – bei den Gliedstaaten verbleiben sollte; ‚commerce' ist also auch von ‚police power' zu unterscheiden.[30] Was aber konstituiert Handel, der zwischenstaatlich ist?

Hier sind mehrere Anknüpfungspunkte denkbar: (1) Die Interpretation kann eher (a) *sprachlich, formalistisch* ansetzen oder eher (b) *praktische Konsequenzen* der Wirtschaftstätigkeit bedenken.

(a) Von der sprachlichen Analyse aus kommt es darauf an, Handel von anderen wirtschaftlich bedeutsamen Tätigkeiten abzugrenzen: Vor dem Handel stehen die Produktion und Bearbeitung von Gütern (Ackerbau, Fischerei, Abbau von Kohle, Erz usw.; handwerkliche und industrielle Fertigung); an dieses Stadium schließt der Handel an; dem Verkauf einer Ware folgt der Verbrauch; nur das mittlere Stadium wäre ‚commerce'. Was die Charakterisierung von ‚interstate' angeht, so ist der zwischenstaatliche Handel von lokalem Handel abzugrenzen; eine sich hier anbietende Abgrenzung ist das Kriterium ‚Handel über Staatsgrenzen hinweg'.

(b) Stellt man mehr auf praktisch bedeutsame Aspekte von zwischenstaatlichem Handel ab, so stehen nicht (so sehr) territoriale Gesichts-

---

[28] Vgl. unten § 17.
[29] Vgl. unten §§ 5 IV 5, 6; 10 III; 19 II.
[30] Vgl. hierzu oben § 4 I.

punkte oder die Tatsache des Austauschs von Geld gegen Güter im Vordergrund, sondern alle Faktoren, die – auch wenn sie sich exklusiv oder vorwiegend innerstaatlich abspielen – den zwischenstaatlichen Austausch von Wirtschaftsgütern und -leistungen beeinflussen oder beeinflussen können. Das hat weitreichende Konsequenzen: Dann kommt es nicht mehr (entscheidend) auf die Tatsache an, daß Güter über Staatsgrenzen hinweg bewegt und verkauft werden, sondern auf alle den Produktionsprozeß selbst betreffenden Faktoren, die einen unbegrenzten Austausch von Gütern und Leistungen fördern oder behindern: Löhne, Gehälter, Arbeitszeiten, Tarife, Arbeitssicherheit u. a.m.

(2) Zu klären ist ebenfalls, ob und inwieweit Handelsregulierungen über das Ziel ‚Förderung des zwischenstaatlichen Handels' hinaus auch *andere Ziele* verfolgen dürfen, die üblicherweise in den Bereich der ‚state police power' fallen: Wohlfahrt, Gesundheit, Sicherheit, Moral. Das Problem, das sich hier stellt, ist die Tatsache, daß staatliche Regulierungen oft multifunktionelle Wirkungen haben, mehrere Zwecke gleichzeitig fördern können. Soll das Gericht in solchen Fällen die *legislatorische Zweckbestimmung* untersuchen oder zumindest eine objektive Prüfung im Hinblick auf den Schwerpunkt der Regelung anstellen können? Wie auch immer das Gericht sich hier entscheidet: Es sollte einen Prüfungsmaßstab entwerfen, der gerichtlich praktikabel (‚judicially manageable') ist und nicht zu einer funktionellen Überforderung führt.[31]

(3) Schließlich ist zu klären, ob die Kompetenz in bezug auf ‚interstate commerce' nur *Steuerung* des Handels umfaßt oder auch *Verbot* des Handels, eventuell sogar verknüpft mit strafrechtlichen Sanktionen. Ebenfalls zu klären ist, ob sich der Handel nur auf den Handel mit *Gütern* oder auch auf den Austausch von *Leistungen* bezieht.

3. Eine frühe Leitentscheidung: Gibbons v. Ogden: 1824 entschied der Supreme Court den Fall *Gibbons v. Ogden*.[32] Der Staat New York hatte Ogden ein Monopol verliehen für den Verkehr mit Dampfschiffen zwischen New York und New Jersey. Gibbons betrieb ebenfalls Fährverkehr zwischen den beiden Staaten, aber aufgrund einer bundesrechtlichen Erlaubnis. Die von Ogden im Staat New York erstrittene Verbotsverfügung gegen Gibbons wurde vom Supreme Court aufgehoben. Der Supreme Court interpretierte zunächst durch Chief Justice Marshall das Wort ‚commerce': „Commerce, undoubtedly, is traffic, but it is something more – it is intercourse. It describes the commercial intercourse between nations, and parts of nations, in all its branches ...".[33] Zwischenstaatlichen Handel grenzt Marshall von rein lokalem Handel ab:

[31] Zu diesem Kriterium aus der ‚political question doctrine' siehe oben § 3 II 7.
[32] 22 U.S. (9 Wheat.) 1 (1824).
[33] AaO, 189.

„It is not intended to say that these words comprehend that commerce, which is totally internal, which is carried on between man and man in a state, or between different parts of the same state, and which does not extend to or affect other states ... Comprehensive as the word ‚among' is, it may very properly be restricted to that commerce which concerns more states than one."[34] Und noch einmal: „The enumeration presupposes something not enumerated; and that something ... must be the exclusively internal commerce of a state."[35] Wenn aber zwischenstaatlicher Handel vorliegt, ist die Kompetenz des Kongresses umfassend: „This power, like all others vested in Congress, is complete in itself, may be exercised to its utmost extent, and acknowledges no limitations, other than are prescribed in the constitution."[36]

Gibbons v. Ogden schließt nahtlos an Marshalls Urteilsgründe in *McCulloch v. Maryland*[37] an. Marshall geht von zwei originären Staatsgebilden auf Gliedstaaten- und Bundesebene aus. Liegt aber eine Bundeskompetenz vor, ist diese umfassend, nicht mehr von föderalistischen Begrenzungen, Kompromissen oder Ausgleichsbemühungen abhängig. Der 10. Zusatzartikel entfaltet keine eigenständige Begrenzung mehr; dies ist lediglich durch andere, grundrechtliche Vorschriften der Verfassung möglich. Zu einer ausführlichen Exegese des Wortes ‚commerce' war Marshall nicht gezwungen, weil nach Wortsinn und Geschichte ziemlich unstreitig war, daß Schiffsverkehr über Staatsgrenzen hinweg von der Handelsklausel umfaßt sein sollte; immerhin aber wird deutlich, daß nicht nur Güter, sondern auch Leistungen unter ‚commerce' fallen. Marshalls weite Fassung der Handelsklausel zeigt sich an zwei Punkten: Ist die Kompetenz gegeben, ist sie umfassend; daraus kann man z.B. folgern, daß der Bund nicht nur regulieren, sondern auch verbieten kann. Das Moment der Zwischenstaatlichkeit knüpft zum einen am territorialen Merkmal des Transports über Staatsgrenzen hinweg an. Marshall erwähnt aber auch ein zweites und viel weiter reichendes Merkmal: Alles, was andere Staaten berührt (‚concerns', ‚affects') – man ergänze im Vorgriff: ob es um lokalen oder zwischenstaatlichen Handel geht, ob es Handel ist oder die Stadien vor oder nach dem Handelsakt betrifft –, kann zur Bejahung einer Bundeskompetenz führen. Hier ist schon die moderne ‚affectation theory' angesprochen, die das Gericht in seiner späteren Rechtsprechung aufgenommen und fortentwickelt hat.

4. Die Beschränkung der Interstate Commerce Clause: Die schon in *Gibbons v. Ogden* angelegten Spannungen zwischen nationaler und Gliedstaatengewalt im ökonomischen Bereich brachen erst im letzten

[34] AaO, 194.
[35] AaO, 195.
[36] AaO, 196.
[37] Vgl. oben § 4 II.

Drittel des 19. Jahrhunderts auf, als der Kongreß in Reaktion auf den Bürgerkrieg und den sich über nationale Grenzen hinaus ausdehnenden Wirtschaftsverkehr legislativ stärker eingriff und zahlreiche wirtschaftsregulierende Gesetze erließ, etwa den Interstate Commerce Act von 1887 und den Sherman Antitrust Act von 1890. Die gegen die zunehmende Nationalisierung des Wirtschaftslebens gerichteten Klagen waren zum Teil erfolgreich, zum Teil erfolglos. Die Rechtsprechung des Supreme Court läßt sich nicht immer auf einen Nenner bringen. Statt einer ausführlichen Analyse[38] sollen hier zunächst einige Entscheidungen vorgestellt werden, in denen das Gericht eine eher enge Interpretation der ‚interstate commerce clause' vertreten und die Gliedstaatengewalt gestärkt hat. Anschließend kommt die Rechtsprechung zu Worte, die – verstärkt ab 1937 – eine weite Auslegung des Gliedstaatenhandels vertritt und die bis heute herrschend ist.

In *United States v. E. C. Knight Co.*[39] wollte die Bundesregierung aufgrund des Sherman Act gegen den Kauf von Zuckerraffinerien durch die Firma E.C. Knight vorgehen, der zu einem weitgehenden Monopol geführt hätte. Das hielt der Supreme Court für verfassungswidrig, weil ‚Herstellung' von Zucker vor ‚Handel' mit Zucker liege und daher von der ‚interstate commerce clause' nicht erfaßt werde. Der sich anschließende Verkauf sei sekundär. Es würde zu weit führen, in allen Fällen, in denen der Gliedstaatenhandel irgendwie berührt werde, eine Bundeskompetenz zu bejahen; jedenfalls sei der Kauf der Raffinierien nicht direkt mit Gliedstaatenhandel verbunden.

Hammer v. Dagenhart, auch als *Child Labor Case* bekannt[40], betraf den Child Labor Act, der den Transport von Gütern untersagte, die in Betrieben mit näher umschriebener Kinderarbeit hergestellt waren. Dies hielt das Gericht für verfassungswidrig. Es grenzte zunächst einige Fälle ab, in denen es eine Bundeskompetenz bejaht hatte, weil der Transport von Gütern oder Menschen zu schädlichen Folgen führen konnte; das hatte das Gericht hingenommen, obwohl Ziel dieser Regelungen Gesundheit und Moral der Bevölkerung und nicht (jedenfalls nicht primär) Förderung des Wirtschaftsverkehrs war.[41] Solche schädlichen Folgen sah das Gericht bei Produkten, die auch von Kindern hergestellt waren, nicht vorliegen. Die Herstellung von Gütern sei vom Handel mit Gütern zu unterscheiden, selbst wenn diese für den zwischenstaatlichen Verkehr bestimmt seien. Jede andere Sehweise würde die gesamte zwi-

---

[38] Vgl. etwa *Ehmke*, Wirtschaft und Verfassung.

[39] 156 U.S. 1 (1895). Die abweichende Meinung von Justice Harlan, aaO, 18ff. enthält eine die moderne Rechtsprechung antizipierende weite Auslegung von ‚interstate commerce'.

[40] 247 U.S. 251 (1918).

[41] Vgl. *Champion v. Ames (The Lottery Case)*, 188 U.S. 321 (1903); *Hipolite Egg Co. v. United States*, 220 U.S. 45 (1911); *Hoke v. United States* 227 U.S. 308 (1913).

schenstaatliche Produktion in den Bereich der Bundeskompetenz bringen; das verstoße gegen die Vorstellungen der Verfassungsväter und gegen die Polizeigewalt der Staaten: „There is no power vested in Congress to require the States to exercise their police power so as to prevent possible unfair competition. Many causes may cooperate to give one State, by reason of local laws or conditions, an economic advantage over others. The Commerce Clause was not intended to give Congress a general authority to equalize such conditions."[42] „The grant of power to Congress over the subject of interstate commerce was to enable it to regulate such commerce, and not to give it authority to control the States in their exercise of the police power over local trade and manufacture."[43] Wollte man dem Bund eine solche weitreichende Gewalt zugestehen, hätte dies zur Konsequenz, daß „all freedom of commerce will be at an end, and the power of the States over local matters may be eliminated, and thus our system of government be practically destroyed."[44]

Zwei weitere Fälle spielen in den 30er Jahren des 20. Jahrhunderts, als Präsident Franklin D. Roosevelt zur Behebung der Wirtschaftskrise mit Unterstützung des Kongresses weitreichende Maßnahmen durchsetzte, um die Ökonomie zu stabilisieren. Klagen gegen diese New Deal-Gesetze waren zum Teil erfolglos, zum Teil erfolgreich. In *A.L.A. Schecter Poultry Corp. v. United States*[45] erklärte das Gericht ‚Regelungen eines fairen Wettbewerbs' für verfassungswidrig, die gemäß dem National Industrial Recovery Act von Wirtschaftskreisen auszuarbeiten und vom Präsidenten zu autorisieren waren. Im konkreten Fall ging es unter anderem um Arbeitszeit- und Mindestarbeitslohnregelungen für die Geflügelverarbeitung in New York, gegen die die Firma Schecter, eine Geflügelschlächterei, geklagt hatte. Der Supreme Court weist zunächst Argumente ab, die in Krisensituationen auf eine immanente Zuständigkeit des Bundes abstellen wollen. „Extraordinary conditions do not create or enlarge constitutional powers."[46] Anschließend stellt das Gericht zwei Fragen. Zunächst: War das von anderen Staaten eingeführte Geflügel ‚im' zwischenstaatlichen Verkehr? Das verneint der Supreme Court. Der zwischenstaatliche Verkehr sei mit der Anlieferung beendet gewesen. Es habe auch kein Handelsfluß (‚current, stream, or flow of interstate commerce') zwischen Zulieferer, Verarbeiter, Verkäufer und Konsument vorgelegen.[47] Die zweite Frage betrifft die prak-

[42] 247 U.S. 251, 273 (1918).
[43] AaO, 273f.
[44] AaO, 276. Vergleichbar mit Justice Harlans abweichender Meinung in *E.C. Knight* optiert hier Justice Holmes in seinem ‚dissent' für eine weiter reichende Bundeskompetenz: aaO, 277ff.
[45] 295 U.S. 495 (1935).
[46] AaO, 528. Vgl. die parallele Argumentation im *Steel Seizure Case*, unten § 7 III 2.
[47] Diese Theorie geht zurück auf *Swift & Co. v. United States*, 196 U.S. 375, 398f. (1905).

tischen Auswirkungen der Tätigkeiten der Firma Schecter für den zwischenstaatlichen Verkehr: „Did the defendants' transactions directly ‚*affect*' interstate commerce so as to be subject to federal regulation?"[48] Auch das verneint das Gericht. Hier lägen nur indirekte Auswirkungen vor. „If the federal government may determine the wages and hours of employees in the internal commerce of a State, because of their relation to cost and prices and their indirect effect upon interstate commerce, it would seem that a similar control might be exerted over other elements of cost, also affecting prices, such as the number of employees, rents, advertising, methods of doing business, etc. All the processes of production and distribution that enter into cost could likewise be controlled."[49] Dies sieht der Supreme Court als Verstoß gegen die föderalistische Struktur an. „It is not the province of the Court to consider the economic advantages or disadvantages of such a centralized system. It is sufficient to say that the Federal Constitution does not provide for it. Our growth and development have called for wide use of the commerce power of the federal government in its control over the expanded activities of interstate commerce, and in protecting that commerce from burdens, interferences, and conspiracies to restrain and monopolize it. But the authority of the federal goverment may not be pushed to such an extreme as to destroy the distinction, which the commerce clause itself establishes, between commerce ‚among the several States' and the internal concerns of a State."[50]

Ähnlich argumentierte das Gericht in *Carter v. Carter Coal Co.*[51] In diesem Fall ging es um den Bituminous Coal Conservation Act von 1935, der wegen der Bedeutung des Rohstoffs Kohle für die gesamte Nation unter anderem einen Mindestlohn und das Recht, Tarifverhandlungen zu führen, vorsah. Die gegen diese Regelungen gerichtete Klage war erfolgreich. Das Gericht lehnt zunächst wie in *Schechter* das Argument ab, schlechte Zeiten oder die Unfähigkeit oder der Widerwillen der Gliedstaaten, einheitliche Regelungen für wichtige Rechtsbereiche herbeizuführen, seien ausreichend Grund, eine implizite Zuständigkeit der Bundesgewalt zu begründen. Mit einer solchen Argumentation könne man die föderalistische Struktur der Verfassung aushebeln. „The general rule with regard to the respective powers of the national and the state governments under the Constitution is not in doubt. The states were before the Constitution; and, consequently, their legislative powers antedated the Constitution. Those who framed and those who adopted that instrument meant to carve from the general

[48] 295 U.S. 495, 544 (1935).
[49] AaO, 549.
[50] AaO, 549f.
[51] 298 U.S. 238 (1936).

mass of legislative powers, then possessed by the states, only such portions as it was thought wise to confer upon the federal government; and in order that there should be no uncertainty in respect of what was taken and what was left, the national powers of legislation were not aggregated but enumerated ...".[52] Was die Auslegung des Begriffs ‚interstate commerce' angeht, unterscheidet das Gericht lokale Produktion von zwischenstaatlichem Handel: „[T]he local character of mining, of manufacturing and of crop growing is a fact, and remains a fact, whatever may be done with the products."[53] Auch was die Auswirkungen des Kohleabbaus auf den zwischenstaatlichen Handel angeht (‚affectation theory'), kommt das Gericht zu keinem anderen Ergebnis: Abzustellen sei nicht auf das Ausmaß der Wirkung einer bestimmten Tätigkeit, sondern ihre Relation zu ‚interstate commerce'. Und diese Relation betreffe hier das lokale Band zwischen Arbeitgeber und Arbeitnehmer, das zum innerstaatlichen Jurisdiktionsbereich gehöre. „The federal regulatory power ceases when interstate commercial intercourse ends; and, correlatively, the power does not attach until interstate commercial intercourse begins."[54]

Faßt man diese restriktive Rechtsprechung zusammen, so sieht man, daß das Gericht primär historische und textliche Argumente benutzt, um die Gliedstaaten vor einer zu starken Aushöhlung ihrer ‚police power' zu schützen. Diese Tendenz zeigt sich am deutlichsten daran, daß der Supreme Court Handel von Produktion und Verbrauch unterscheidet. Eine gewisse Relativierung dieser Unterscheidung existiert in Fällen, in denen eine enge Verbindung zwischen den drei Stadien vorliegt, ein ‚flow of commerce' bejaht werden kann.[55] Das Gericht geht aber nicht nur formalistisch vor, sondern trägt vorsichtig auch den veränderten ökonomischen Gegebenheiten Rechnung. Das zeigt sich neben den flow of commerce-Fällen daran, daß der Supreme Court neben der Frage, ob ‚interstate commerce' vorliegt, auch noch die zweite Frage stellt, ob nicht der zwischenstaatliche Verkehr durch – lokale Verhältnisse beeinträchtigt wird. Allerdings muß dann im Rahmen dieser ‚affectation theory' eine Auswirkung vorliegen, die direkt und/oder substantiell und nicht nur indirekt oder geringfügig ist, um das Eingreifen des Bundes zu rechtfertigen. Relativierungen des gliedstaatenfreundlichen Ansatzes zeigen sich auch in den Fällen, in denen es um schädliche Produkte oder um moralisch anstößiges Handeln im grenz-

[52] AaO, 294. Das Gericht scheint hier die Prämisse des ‚dual federalism' abzuschwächen und eine Vorrangigkeit der Gliedstaatengewalt zu vertreten. Damit teilt es die Argumente, die der Staat Maryland in *McCulloch v. Maryland* vorgebracht hatte. Vgl. oben § 4 II.

[53] 298 U.S. 238, 304 (1936).

[54] AaO, 309.

[55] Vgl. oben Fußn. 47.

überschreitenden Verkehr geht, also zwar territorial ‚interstate commerce' vorliegt, aber der Sache nach eine ‚federal police power' ausgeübt und akzeptiert wird.[56] Im Gesamtüberblick ist diese Rechtsprechung ziemlich uneinheitlich; selbst wenn man den grundsätzlichen Ansatz der Balancierung der beiden Ebenen von Staatsgewalt für richtig hält, stellt sich immer noch die Frage, ob der Supreme Court zu einem einigermaßen überzeugenden und vorhersehbaren Prüfungsmaßstab gefunden hat, der ‚judicially manageable' ist.

5. *Die Ausdehnung der Interstate Commerce Clause*: Die im vorigen dargestellte Entscheidung *Carter v. Carter Coal Co.* war ein heftiger Schlag gegen die New Deal-Politik von Präsident Franklin Roosevelt. Von ihr ausgehend war zu befürchten, daß das Gericht weitere Wirtschaftsregulierungsmaßnahmen für verfassungswidrig erklären würde, die Löhne, Arbeitszeit, Arbeitssicherheit, Tarifvereinbarungen und andere die Nationalökonomie beeinflussende Faktoren bundesrechtlich regeln sollten, weil sie das lokale Stadium der Produktion bzw. Konsumtion und nicht das Zwischenstadium ‚interstate commerce' betrafen. Dies wollte Präsident Roosevelt nicht hinnehmen. Nach seiner Wiederwahl brachte er Anfang 1937 seinen berühmt-berüchtigten ‚court pakking plan' vor: Für jeden Bundesrichter, der seit mindestens zehn Jahren im Amt und über siebzig Jahre alt ist, sollte im Rahmen bestimmter Höchstzahlen ein weiterer Richter vom Präsidenten vorgeschlagen und vom Senat gebilligt werden.[57] Das hätte sechs Richter des Supreme Court betroffen und dem Präsidenten im Zusammenwirken mit dem Senat die Möglichkeit gegeben, jüngere Richter seiner politischen Ausrichtung ins Gericht zu berufen. Während der Vorschlag heftig diskutiert wurde, trat ein Richter des Supreme Court aus Altersgründen zurück, und das Gericht begann im Fall *NLRB v. Jones & Laughlin* den Rückzug von seiner Verteidigung der Staatenrechte im ökonomischen Bereich. Als der ‚court packing plan' dann im Juni 1937 abgelehnt wurde, hatte Roosevelt zwar eine Schlacht verloren, aber den Krieg gewonnen.

Die vom Gericht von 1937 bis heute vertretene Zurückhaltung in der gerichtlichen Überprüfung von auf die ‚interstate commerce clause' gestützten bundesrechtlichen Regelungen läßt sich im wesentlichen anhand von drei Entwicklungen nachvollziehen: (1) einer Erweiterung der ‚affectation theory'; (2) der Ausarbeitung der These, auch geringe Auswirkungen eines ökonomischen Handelns könnten, zusammen mit gleichartigem anderem Handeln, einen ausreichenden ‚cumulative effect' zustandebringen; (3) sowie einer Ausdehnung handelsbezogener Regulierungen auf andere Lebensbereiche, die Moral und Wohlfahrt der Bevölkerung betreffen.

---

[56] Vgl. oben Fußn. 41.

[57] Vgl. *Nowak/Rotunda*, Const. Law, § 2.6.

(1) Substantieller Effekt und Beurteilungsermessen der Legislative: In *NLRB v. Jones & Laughlin Steel Corp.*[58] stand die Verfassungsmäßigkeit des National Labor Relations Act von 1935 zur Debatte, der unter anderem unfaire Praktiken wie die Entlassung von Arbeitnehmern wegen gewerkschaftlicher Tätigkeit ausschloß. Jones & Laughlin Steel Corp. war die viertgrößte Stahlfirma der USA mit Niederlassungen in mehreren Staaten. Das Gericht bejahte die Verfassungsmäßigkeit des Bundesgesetzes mit dem Argument, hier liege ein wirtschaftliches Unternehmen vor, das erhebliche Auswirkungen auf den zwischenstaatlichen Verkehr habe. Es komme nicht darauf an, Produktion von Handel zu unterscheiden oder näher den Transportfluß der produzierten Güter zu untersuchen; entscheidend sei, ob Aktivitäten, auch wenn sie sich lokal abspielten, „have such a close and substantial relationship to interstate commerce that their control is essential or appropriate to protect that commerce from burdens and obstructions ...".[59] Dies bejahte das Gericht im zu entscheidenden Fall.

Es kommt also nicht mehr darauf an, ob Produktion, Handel oder Konsumtion vorliegen oder ob Staatsgrenzen überquert werden. Die Frage ist: Liegt eine ausreichend gewichtige Auswirkung auf den innerstaatlichen Verkehr vor? Neuere Entscheidungen zeigen, daß das Gericht in dieser Frage einer jeden vertretbaren legislativen Behauptung eines solchen ‚substantial effect' folgt. Es ist sogar unklar, ob die Auswirkung wirklich ‚substantial' sein muß. In *Hodel v. Virginia Surface Mining Ass'n* zumindest fehlt diese Einschränkung: „[W]hen Congress has determined that an activity affects interstate commerce, the courts need inquire only whether the finding is rational."[60] Weiterhin muß die Legislative nicht unbedingt die schädliche Auswirkung einer bestimmten Aktivität festlegen. In einer Entscheidung hat der Supreme Court es als ausreichend angesehen, daß nach den im Gesetzgebungsverfahren vorliegenden Unterlagen dem Gericht eine solche Auswirkung als möglich erscheint.[61]

(2) Kumulativer Effekt: In *Wickard v. Filburn*[62] stand die Verfassungsmäßigkeit des Agricultural Adjustment Act von 1938 zur Debatte, der bestimmte Quoten für den Weizenanbau festsetzte, unabhängig davon, ob der Weizen in mehreren Staaten oder im eigenen Staat verkauft

---

[58] 301 U.S. 1 (1937).

[59] AaO, 37.

[60] 452 U.S. 264, 277 (1981). Einschränkend aber Justice Rehnquist in seiner abweichenden Meinung, aaO, 310f.: „[I]t would be a mistake to conclude that Congress' power to regulate ... is unlimited. Some activities may be so private or local in nature that they simply may not be *in* commerce. Nor is it sufficient that the person or activity reached have *some* nexus with interstate commerce. Our cases have consistently held that the regulated activity must have a *substantial* effect on interstate commerce."

[61] Vgl. *Perez v. United States*, 402 U.S. 146 (1971).

[62] 317 U.S. 111 (1942).

oder auch auf dem eigenen Hof verbraucht werden sollte. Filburn, ein Farmer mit einem kleinen Hof, der für den Eigenbedarf produzierte, klagte gegen die letztgenannte Regelung, unterlag aber vor dem Supreme Court. Das Gericht gestand zu, daß in diesem Fall kein Handel vorliegt, sondern unmittelbar miteinander verknüpfte Produktion und Konsumtion. Das aber sei, ebenso wie die Unterscheidung direkt-indirekt, nicht entscheidend. Statt auf diese begrifflichen Distinktionen sei auf die praktischen Konsequenzen wirtschaftlicher Tätigkeit abzuheben und zu fragen, ob eine erhebliche Auswirkung auf den zwischenstaatlichen Handel gegeben sei. Das sei zu bejahen: „The effect of the statute before us is to restrict the amount which may be produced for market and the extent as well to which one may forestall resort to the market by producing to meet his own needs. That appellee's own contribution to the demand for wheat may be trivial by itself is not enough to remove him from the scope of federal legislation where, as here, his contribution, taken together with that of many others similarly situated, is far from trivial ... It can hardly be denied that a factor of such volume and variability as home-consumed wheat would have a substantial influence on price and market conditions."[63]

Das Abstellen auf den kumulativen Effekt eines bestimmten Handelns für die nationale Wirtschaft führt zu einer erheblichen Erweiterung der Bundeskompetenz. Viel hängt davon ab, wie eng oder wie weit der Kreis der ähnlich gelagerten Fälle gezogen wird. Das Gericht hat bisher keine klare Grenzlinie aufgezeigt. In einem Fall, *Maryland v. Wirtz*, findet sich die Andeutung einer Einschränkung der Bundeszuständigkeit: *Wickard v. Filburn*, so heißt es, habe nicht festgelegt, daß „Congress may use a relatively trivial impact on commerce as an excuse for broad general regulation of state or private activities."[64] Zu beachten ist aber immer, daß das Gericht dem Kongreß einen weiten Beurteilungsspielraum in der Einschätzung wirtschaftlicher Auswirkungen zuspricht.

(3) Police Power Regulations: In einigen Fällen vor der New Deal-Ära hatte das Gericht bundesrechtliche Regelungen aufrechterhalten, die ‚harmful results' in bezug auf die klassischen Ziele der ‚police power' im zwischenstaatlichen Verkehr verhindern sollten – Wohlfahrt, Gesundheit, Sicherheit, Moral.[65] Diese Linie der Rechtsprechung weitete der Supreme Court in der New Deal-Periode noch aus. In *United States v. Darby*[66] wurde Darby einer Verletzung des Fair Labor Standards Act von 1939 angeklagt, der unter anderem Mindestlöhne und Höchstar-

---

[63] AaO, 127f.
[64] 392 U.S. 183, 196 Fußn. 27 (1968).
[65] Vgl. oben Fußn. 40f.
[66] 312 U.S. 100 (1941).

beitszeiten vorsah. Das Gesetz untersagte den Transport von Gütern im zwischenstaatlichen Verkehr, die unter Verletzung dieser Vorschriften hergestellt worden waren, und sah strafrechtliche Sanktionen für Verletzungen vor. Das Gericht hielt das Gesetz für verfassungsgemäß. Regulierung des Handels umfasse auch Verbot und Sanktionierung des Handels. Es sei irrelevant, ob Ziel des Gesetzes die Förderung des Handels oder die Wohlfahrt der Bevölkerung sei. Soweit der Kongreß eine Regelung treffe, die sich auf den zwischenstaatlichen Handel beziehe, könne damit gleichzeitig auch eine ‚federal police power' in Anspruch genommen werden: „Congress, following its own conception of public policy concerning the restrictions which may appropriately be imposed on interstate commerce, is free to exclude from the commerce articles whose use in the states for which they are destined it may conceive to be injurious to the public health, morals, or welfare, even though the state has not sought to regulate their use."[67] Die jeweiligen legislativen Motive zu untersuchen, sei nicht Aufgabe des Gerichts: „The motive and purpose of a regulation of interstate commerce are matters for the legislative judgment upon the exercise of which the Constitution places no restriction and over which the courts are given no control."[68] Dem 10. Zusatzartikel spricht das Gericht keine eigenständige Bedeutung zu; diese Vorschrift halte lediglich deklaratorisch fest, daß all das, was nicht in die Bundeskompetenz falle, bei den Staaten verbleibe. Was aber von der nationalen Gewalt geregelt werden dürfe, ergebe sich aus anderen Vorschriften, hier der umfassenden Zuständigkeit für den zwischenstaatlichen Handel.

Auf der Grundlage dieser weitreichenden ‚federal police power' lassen sich offensichtlich noch weitergehende Probleme lösen, soweit der Kongreß (oder das Gericht für den Kongreß) vertretbarerweise der Ansicht ist, die in Frage stehende Aktivität habe einen (erheblichen) Einfluß auf den zwischenstaatlichen Verkehr. Dies zeigt sich in der Rechtsprechung des Supreme Court vor allem an zwei Fallgestaltungen.

Zum einen hat der Supreme Court in zwei Entscheidungen[69] die Verfassungsmäßigkeit des Civil Rights Act von 1964 bestätigt. Um Rassendiskriminierung zu eliminieren, wurden in diesem Gesetz Benachteiligungen aufgrund der Rasse in näher bezeichneten öffentlichen Hotels und Gaststätten untersagt, die entweder auch interstate-Gäste beherbergten oder ihre Nahrungsmittel auch von anderen Staaten bezogen. Entscheidender Punkt für die Begründung der Bundeszuständigkeit war in den Augen des Gerichts, daß hier durch den Ausschluß von Schwar-

---

[67] AaO, 114.
[68] AaO, 115.
[69] *Heart of Atlanta Motel v. United States*, 379 U.S. 241 (1964); *Katzenbach v. McClung* 379 U.S. 294 (1964).

zen möglicherweise der zwischenstaatliche Verkehr behindert wurde; daß die betroffenen Betriebe lokalen Charakter hatten, änderte nichts an der Bundeszuständigkeit: „[If] it is interstate commerce that feels the pinch, it does not matter how local the operation which applies the squeeze."[70] Zum anderen kann sich die Bundeszuständigkeit auch auf ein traditionelles Gebiet der Staatenzuständigkeit erstrecken – das Strafrecht, sofern der Kongreß der Ansicht ist, eine bestimmte kriminelle Aktivität behindere den zwischenstaatlichen Handel.[71]

Faßt man diese Ausweitungen zusammen, dann kann man zwei unterschiedliche Berufungen auf die ‚interstate commerce clause' unterscheiden: Der Kongreß muß sich im Rahmen der verfassungsrechtlichen, vor allem grundrechtlichen Grenzen bewegen. Innerhalb dieses Bereichs erstreckt sich seine Zuständigkeit auf alle legitimen staatlichen *Ziele*, das heißt insbesondere police power-Regelungen in bezug auf Sicherheit, Gesundheit, Wohlfahrt und Moral, soweit die regulierten *Sachverhalte* unter die ‚interstate commerce clause' im aufgezeigten umfassenden Sinn fallen, das heißt soweit dasjenige Verhalten, das direkt geregelt wird, sich im zwischenstaatlichen Handel bewegt oder aber letzteren negativ beeinflußt. Ferner ist der Kongreß für Regelungen zuständig, deren *Ziel* die Förderung des zwischenstaatlichen Handels ist, auch wenn das regulierte Verhalten nicht den zuletzt genannten Kriterien entspricht; die Kompetenz zum Einsatz der geeigneten *Mittel* ergibt sich dann aus der ‚necessary and proper clause', die alle Mittel umfaßt, die nach Auffassung der Legislative angemessen sind.[72] In beiden Fällen muß der Kongreß grundrechtliche oder sonstige spezifische Grenzen respektieren, aber auch nur solche.

Damit stellt sich die Frage: Wo endet die Bundesgewalt? Theoretisch ist die Grenze klar: Den Staaten muß der Bereich vorbehalten bleiben, der gänzlich lokal ist und nur den ‚intrastate commerce' betrifft. Aber wo ist die Grenze praktisch zu ziehen, wenn dem Kongreß die Beurteilungsmacht zusteht, (erhebliche?) negative Auswirkungen einer Tätigkeit auf ‚interstate commerce' festzustellen, ohne daß noch zwischen Produktion, Handel und Konsumtion oder zwischen direkten und indi-

---

[70] *United States v. Women's Sportswear Mfrs. Ass'n*, 336 U.S. 460, 464 (1949), zitiert in *Heart of Atlanta Motel v. United States*, 379 U.S. 241, 258 (1964).

[71] Vgl. *Perez v. United States*, 402 U.S. 146 (1971). In diesem Fall ging es um einen lokalen Geldverleiher mit Verbindungen zum organisierten Verbrechen. Das Gericht begründete den ‚substantial effect' auf den zwischenstaatlichen Handel mit dem Argument aus *Wickard v. Filburn*, es komme nicht auf die einzelne Person, sondern auf die jeweilige Klasse von Personen – hier das organisierte Verleihgewerbe – an. Weniger problematisch sind die Fälle, in denen Staatsgrenzen überschritten werden und kriminelle oder sonstige sozialschädliche Aktivitäten damit im Zusammenhang stehen. Vgl. schon oben Fußn. 41.

[72] Zu dieser Unterscheidung ausführlich *Engdahl*, Const. Federalism, §§ 3; 4. Zur ‚necessary and proper clause' siehe oben § 4 II.

rekten Auswirkungen unterschieden wird? Wenn statt auf Einzelhandeln auf das vom Kongreß gewählte Handeln einer vergleichbaren Klasse von Personen abgestellt wird? Die Grenze ist verfassungsgerichtlich unklar und, wie das Schwanken zwischen einer eher sprachlichen, formalistischen und einer eher pragmatischen, realistischen Interpretation der ‚interstate commerce clause' zeigt, auch schwer zu ziehen: Eine jede sprachliche Analyse setzt sich dem Vorwurf der Wirklichkeitsferne der Argumentation gegenüber den Randbedingungen der modernen Ökonomie aus; eine jede realistische Analyse der Ökonomie überschreitet die Kompetenz des Gerichts. Daraus läßt sich die Konsequenz ziehen, das Gericht solle sich doch besser ganz aus dem Geschäft des Schutzes der Gliedstaaten zurückziehen und statt dessen die politischen Kräfte walten lassen. Schließlich sind die Staateninteressen über die einzelnen Abgeordneten im Repräsentantenhaus und die Senatoren im Senat mit vertreten, und es wäre ja möglich, daß der Schutz föderalistischer Interessen dort besser aufgehoben ist als beim Gericht selbst. Prominente Verfassungsrechtler vertreten diese Ansicht[73], und die Rechtsprechung des Supreme Court zur ‚interstate commerce clause' hat den Verzicht auf gerichtliche Kontrolle bis vor kurzem nahegelegt: Was nützt eine gerichtliche Kontrollkompetenz, die über Jahrzehnte hinweg nicht in Anspruch genommen wird[74] und deren Merkmale keine Abgrenzung zwischen Staaten- und nationaler Zuständigkeit erlauben?[75]

Zur Überraschung vieler hat der Supreme Court 1995 in einer knappen 5–4-Entscheidung nun doch wieder Grenzen für die Berufung des Bundes auf ‚interstate commerce' festgelegt. Der Entscheidung *United States v. Lopez*[76] lag der 1990 erlassene Gun-Free School Zones Act zugrunde, der es jedem Individuum verbot, „knowingly to possess a firearm at a place [he] knows … is a school zone." Die Klage eines texanischen Schülers, der nach diesem Gesetz verurteilt worden war, hatte Erfolg. Der Supreme Court sah keine legitime Berufung auf ‚interstate commerce' vorliegen. Kernthese der Mehrheitsmeinung ist, daß es einen Bereich von Staatenzuständigkeit geben müsse, der jenseits des nationalen Zugriffs liege, sonst wäre die nach Am. 10 eigentlich den Gliedstaa-

[73] Vgl. *Wechsler*, Principles, S. 49ff.; *Choper*, Judicial Review, S. 171ff.

[74] Vgl. *Barron/Dienes*, Const. Law, S. 65 in der 2. Auflage 1991: „[S]ince the New Deal no congressional legislation grounded in the commerce power has been held unconstitutional for want of federal legislative power."

[75] Vgl. *Cox*, The Court, S. 164: „[T]he hope of retaining a constitutional check on the scope of federal regulatory power proved illusory … Federal power would reach to the local machine shop that repaired the chain saws that cut the trees that yielded the pulpwood that yielded the pulp that made the paper bought by the publisher to print the newspaper that circulated in interstate commerce."

[76] 514 U. S. 549 (1995). Bestätigt wurde diese Entscheidung in *United States v. Morrison*, 68 U.S. Law Week 4351 (2000): Verfassungswidrigkeit einer bundesrechtlichen Schadenersatzvorschrift, die „gender-based violence" gegen Frauen sanktionierte.

ten zustehende ‚police power' beliebig ersetzbar durch bundesrechtliche Regelungen zur Förderung von Gesundheit, Sicherheit, Wohlfahrt und Moral der Bevölkerung.

Die Grenzziehung selbst stützt sich auf Argumente, die aus der Entwicklung der Rechtsprechung seit *Gibbons v. Ogden* schon bekannt sind: Es sei möglich und im Sinne des amerikanischen Föderalismus auch notwendig, zwischen ‚interstate commerce' und reinem ‚intrastate commerce' zu unterscheiden. Ferner sei zwischen Handel/Wirtschaft und sonstigen Aktivitäten eine Distinktion einzuziehen. Schließlich komme es auch darauf an, ob die betreffende Aktivität – hier das Waffentragen eines Schülers oder auch vieler Schüler, also individuell oder kumulativ – den zwischenstaatlichen Handel erheblich beeinträchtige. All das verneint das Gericht und verschärft dabei auch die Darlegungspflicht des Kongresses. Nach der bisherigen ständigen Rechtsprechung hätte der Supreme Court eine solche erhebliche Beeinträchtigung als zumindest nicht unplausible Entscheidungsbasis für den Kongreß unterstellen müssen; davon nimmt die Mehrheit hier Abstand. Sie war nach dem Vortrag der Regierung nicht davon überzeugt, daß hier ein ‚substantial effect' vorliege. Die Hinweise darauf, daß der zunehmende Waffenbesitz starke negative Auswirkungen auf das Erziehungsniveau der Schüler, auf die Kriminalitätsentwicklung und letztlich auf die Produktivität der nationalen Wirtschaft habe, reichten dem Supreme Court nicht aus. Wenn man sich mit solchen Hinweisen zufriedengebe, dann umfasse die Bundeskompetenz mehr oder weniger das gesamte Strafrecht und das ganze Erziehungswesen, zwei traditionelle Reservate der Gliedstaatenkompetenz. So weit dürfe die Bundesgewalt nicht ausgedehnt werden. Das Mehrheitssvotum endet in einer Art Bis-hierher-und-nicht-weiter: „Admittedly, some of our prior decisions have taken long steps down that road ... but we decline here to proceed any further. To do so would require us to conclude that the Constitution's enumeration of powers does not presuppose something not enumerated ... and that there never will be a distinction between what is truly national and what is truly local ... This we are unwilling to do."[77]

6. *Staatensouveränität als Grenze?* Stellt sich die Sachlage anders dar, wenn es nicht um die Regulierung privaten Handelns, sondern um Eingriffe in den Aufbau und die Funktionsweise der Gliedstaaten und

[77] AaO, 567f. Das Mehrheitsvotum stammt von Chief Justice Rehnquist, vgl. zu seiner Sicht schon oben den Dissent in Fn. 60. Die dissentierenden vier Richter kritisieren die Anhebung des bislang durchlässigen Prüfungsstandards bzw. sind der Meinung, selbst wenn man eine erhebliche Beeinträchtigung der nationalen Wirtschaft verlange, könne diese hier vom Kongreß unterstellt werden. Die Mehrheits- und Minderheitsvoten dieser grundlegenden Entscheidung enthalten über ‚interstate commerce' hinaus informative Exkurse über das amerikanische Verständnis von Föderalismus, die ‚doctrine of precedence' sowie den ‚rational basis test'.

deren Unterorganisationen selbst geht? Erstreckt sich die Kompetenz der nationalen Regierung aus der ‚interstate commerce clause' auch auf die Gliedstaatenorganisation, oder ergeben sich wenigstens hier Grenzen aus der Bundesverfassung? Diese Frage ist ein Ausschnitt aus der allgemeineren Problematik von ‚intergovernmental immunities', die den Schutz der Gliedstaaten vor der nationalen Gewalt (und umgekehrt) im Hinblick auf Regulierung und Besteuerung bezwecken. Was die hier allein aufgegriffene Frage des Schutzes der Gliedstaaten vor bundesrechtlichen Eingriffen regulativer Art angeht[78], so war in der neueren Rechtsprechung des Supreme Court[79] eine starke Zurückhaltung zu diagnostizieren. Der im Jahr 1976 entschiedene Fall *National League of Cities v. Usery*[80] signalisierte eine Abkehr von dieser Zurückhaltung und einen stärkeren gerichtlichen Schutz der Gliedstaaten als Staaten.

In *Usery* erklärte der Supreme Court Vorschriften des Fair Labor Standards Act insoweit für verfassungswidrig, als deren Mindestlohn- und Höchstarbeitszeitregelungen die Gliedstaaten und deren Unterorganisationen betrafen. Das Gericht erkannte mit einer knappen 5–4-Mehrheit, daß die umfassende Zuständigkeit aus der ‚interstate commerce clause' dort ihre Grenzen finde, wo es um traditionelle Aufgaben der Gliedstaaten wie Feuerwehr, Polizei, Gesundheit, Hygiene und öffentliche Anlagen gehe, und wo die Gefahr einer Behinderung des effektiven Funktionierens der Gliedstaatengewalt im Rahmen des föderalen Aufbaus der öffentlichen Gewalt bestehe. Textlicher Anknüpfungspunkt für das Gericht war der 10. Zusatzartikel, der gerade nicht ein überflüssiger Gemeinplatz sei, sondern zu erkennen gebe, daß die essentiellen Elemente der Gliedstaaten vor nationaler Regulierung geschützt seien. „One undoubted attribute of state sovereignty is the States' power to determine the wages which shall be paid to those whom they employ in order to carry out their governmental functions, what hours those persons will work, and what compensation will be provided where these employees may be called upon to work overtime. The question we must resolve here, then, is whether these determinations are ‚functions essential to separate and independent existence' ..., so that Congress may not abrogate the States' otherwise plenary authority to make them."[81]

In *Hodel v. Virginia Surface Mining and Reclamation Ass'n*[82] schlug das Gericht einen Maßstab zur Prüfung der Zulässigkeit bundesrechtlicher Regelung innerstaatlicher Bereiche vor. Eine solche Regelung sollte

[78] Vgl. allgemein zu gegenseitigen Immunitäten *Engdahl*, Const. Federalism, § 14 sowie unten V.3.

[79] Vgl. vor allem *Case v. Bowles*, 327 U.S. 92 (1946); *Hulbert v. Twin Falls County*, 327 U.S. 103 (1946).

[80] 426 U.S. 833 (1976).

[81] AaO, 845f.

[82] 452 U.S. 264 (1981).

dann verfassungswidrig sein, wenn sie (1) die Staaten gerade als Staaten anspreche, (2) Angelegenheiten betreffe, die unstreitig Attribute von Staatensouveränität seien, und (3) zu einem direkten Eingriff in die Fähigkeit der Staaten führe, integrale Aufgaben, die ihnen traditionell zuständen, in eigener Kompetenz wahrzunehmen. Das Gericht betonte gleichzeitig, daß eine nationale Regelung trotz Vorliegens dieser drei Voraussetzungen verfassungsgemäß sein könne, wenn die nationalen Interessen ausreichend gewichtig seien. Trotz dieser Klarstellung und trotz mehrerer einschlägiger Regulierungsfälle fand sich zwischen 1976 und 1985 keine Mehrheit im Supreme Court, die bereit gewesen wäre, angegriffene Bundesgesetze unter Berufung auf *Usery* und *Hodel* für verfassungswidrig zu erklären.

1985, in *Garcia v. San Antonio Metropolitan Transit Authority*[83], setzte der Supreme Court *Usery* außer Kraft. Justice Blackmun, der in *Usery* noch mit der Mehrheit gestimmt und die entscheidende fünfte Stimme beigetragen hatte, wechselte den Standpunkt und nahm in der 5–4-Entscheidung die Argumente auf, die die vier dissentierenden Richter in *Usery* vorgetragen hatten. Der Hintergrund des Falles war vergleichbar: Im Streit waren wieder die Mindestlohn- und Höchstarbeitszeitregelungen des Fair Labor Standards Act, dieses Mal angewandt auf Beschäftigungsverhältnisse eines städtischen Massenverkehrsunternehmens. Gemäß *Usery* hätte man prüfen müssen, ob städtische Verkehrsunternehmen einen traditionellen und wesentlichen Teil lokaler öffentlicher Aufgaben bilden, was man im Rahmen einer engen Analogie zu älteren Verkehrsmitteln hätte bejahen können. Diese Argumentation nahm das Gericht aber nicht auf, sondern setzte grundsätzlicher an.

Der Supreme Court hielt die Kriterien in *Usery* und *Hodel* für nicht praktikabel und nicht gerichtlich kontrollierbar. Was die Berufung auf traditionelle Gliedstaatenaufgaben angehe, so erlaube dieser Maßstab es nicht, weiterreichende neuere Staatsaufgaben wie etwa Erziehung zu thematisieren; zudem sei unsicher, wann ausreichend Grund zur Bejahung einer traditionellen lokalen Staatsaufgabe vorliege. Der Schutz der Gliedstaaten sei durch die Verfassung, von einzelnen Ausnahmen wie der Vorschrift in Art. IV § 3 abgesehen, die den territorialen Schutz der bestehenden Länder garantiert, auf andere Weise gesichert: An die Stelle gerichtlicher Kontrolle trete der politische Schutz der Gliedstaateninteressen durch die Vertreter der Staaten auf der nationalen Ebene – durch die Mitglieder des Repräsentantenhauses und vor allem durch die Senatoren. Dieser entscheidende Gedanke sei schon in den Nr. 39, 43, 46 und 62 der Federalist Papers zum Ausdruck gekommen. „[W]e are convinced that the fundamental limitation that the constitutional scheme

[83] 469 U.S. 528 (1985).

imposes on the Commerce Clause to protect the ‚States as States' is one of process rather than one of result. Any substantive restraint on the exercise of Commerce Clause powers must find its justification in the procedural nature of this basic limitation, and it must be tailored to compensate for possible failings in the national political process rather than to dictate a ‚sacred province of state autonomy' ...".[84]

Diese bis heute herrschende Rechtsprechung stellt ein funktionelles Äquivalent zur ‚political question doctrine' dar. Fälle, in denen sich der Kongreß auf die ‚interstate commerce clause' beruft, können zwar bis zum Supreme Court gelangen, die Aussichten einer erfolgreichen Klage sind aber gleich Null, so daß sich die Mühe einer Klage nicht lohnt. Blackmuns Ablehnung von *Usery* gründet auf zwei Prämissen: (1) Der *Usery*-Maßstab ist nicht praktikabel, die Gerichte sind in diesem Bereich überfordert. (2) Das stellt aber kein grundsätzliches Problem dar, weil die Gliedstaateninteressen durch den politischen Prozeß ausreichend geschützt sind; sollten in diesem Defizite auftreten, wäre der Supreme Court allerdings zum Eingreifen aufgerufen.

In bezug auf beide Punkte ist, wie die abweichende Meinung[85] deutlich macht, Kritik anzumelden: (1) Gerichte sind nicht notwendigerweise überfordert, wenn sie ‚traditionelle örtliche Staatsaufgaben' identifizieren sollen. Die in *Usery* genannten Aufgaben stehen beispielhaft für diesen Bereich. Es stellt sich lediglich die Frage, ob man bei einer strikten Aufzählung solcher traditioneller Aufgaben stehenbleiben oder ob man sie fortschreiben soll und kann, zum Beispiel im Rahmen einer Analogie von Straßenverkehr zu Untergrundbahn. Der Unsicherheitsfaktor in der Bestimmung solcher lokaler Staatsaufgaben ist jedenfalls nicht größer als in vielen anderen Bereichen gerichtlicher Tätigkeit, sei es bei der Entscheidung von Gewaltenteilungsproblemen oder Grundrechtseingriffen. Von einer grundsätzlichen funktionellen Inkompetenz der Gerichte in diesem Bereich kann jedenfalls keine Rede sein. (2) Reicht der politische Prozeß zur angemessenen Repräsentation der Gliedstaateninteressen auf Bundesebene wirklich aus? Richter Blackmun bejaht dies im Grundsatz; es lassen sich allerdings auch ernsthafte Zweifel anbringen: Kongreßmitglieder sind Bundesorgane, deren Verankerung im örtlichen Bereich oft zu wünschen übrig läßt. Die Wähler wissen meistens nicht, wie ihre Vertreter votieren, und das konkrete Abstimmungsverhalten wird, wie wissenschaftliche Forschungen zeigen, oft mehr durch Kompromisse (‚Hilfst du mir, helf ich dir') und durch Druck von einzelnen bundesweit operierenden Interessengruppen bestimmt als von örtlichen Belangen.

---

[84] AaO, 554. AaO, 551 Fußn. 11 erwähnt das Gericht die oben Fußn. 73 zitierten Werke von *Wechsler* und *Choper*.

[85] Vgl. aaO, 557ff.

Wenn das so ist, wie steht es dann mit der von Blackmun erwähnten verfassungsgerichtlichen Aufgabe, Schwächen des gliedstaatlichen Repräsentationsprozesses gerichtlich auszugleichen? Gibt es dafür einen praktikablen Maßstab, den Gerichte mit Aussicht auf Erfolg anwenden können? Oder zumindest ebenso gut bewältigen wie die Aufgabe, traditionelle örtliche Staatsaufgaben zu identifizieren? Die vier dissentierenden Richter bezweifeln das und wollen auf gerichtliche Kontrolle, gestützt auf den 10. Zusatzartikel, nicht verzichten: „The fact that Congress generally does not transgress constitutional limits on its powers to reach State activities does not make judicial review any less necessary to rectify the cases in which it does do so. The States' role in our system of government is a matter of constitutional law, not of legislative grace."[86] Auch diese Sicht findet Unterstützung in den Gründerdokumenten[87], und, angewandt auf die konkreten Fallverhältnisse, befürworten die abweichenden Richter eine enge Analogie von den in *Usery* genannten Bereichen Feuerwehr, Polizei, Hygiene, öffentliche Gesundheit zu den Bereichen öffentliche Straßenverkehrsmittel, Beleuchtung, Verkehrskontrolle, Wasserversorgung und Abwasser. Da das lokale Interesse an der selbstverantwortlichen Regelung dieser Bereiche auch überwiegend sei, verstoße die angegriffene Regelung gegen den föderalistischen Aufbau des Gemeinwesens. Drei der vier dissentierenden Richter kündigen schließlich an, „that this Court will in time again assume its constitutional responsibility"[88], übersetzt: Sobald die Kräfteverhältnisse sich wieder wandeln, gedenken diese Richter dann mit einer neuen Mehrheit zu den Maßstäben von *Usery* und *Hodel* zurückzukehren.[89]

Zu dieser Umkehr ist es bislang nicht gekommen, obwohl man mit Blick auf *Lopez*[90] von einer Annäherung an eine dichtere gerichtliche Prüfungskompetenz sprechen kann. Immerhin hat der Supreme Court seit *Garcia* in zwei Entscheidungen wichtige Klarstellungen getroffen: Die weite Regelungskompetenz über ‚interstate commerce' betrifft den Erlaß eigener legislativer Programme, die Vorrang gegenüber Gliedstaatenregelungen genießen, dann aber auch durch Bundesorgane zu exekutieren sind. Sie betrifft auch finanzielle Anreize zum Handeln im bundesstaatlichen Interesse oder gemäß bestehenden Bundesregelungen.[91] Die nationale Gewalt darf aber nicht in Vertretung eigener Wahr-

---

[86] AaO, 566f.
[87] Vgl. die Federalist Papers, Nr. 17, 45.
[88] 469 U.S. 528, 589 (1985).
[89] Sollte die Minderheitsansicht zur Mehrheitsansicht werden, stellt sich wieder die zwischen 1976 und 1985 oft erörterte Frage: Was nützt ein solcher Maßstab, der jedenfalls in diesen neun Jahren keine bundesrechtliche Regelung zu Fall brachte?
[90] Oben Fn. 76
[91] Vgl. *South Dakota v. Dole*, 483 U. S. 203, 210ff. (1987).

nehmungskompetenz die Gliedstaaten zu legislativem oder exekutivischem Handeln für den Bund zwingen. Sie darf zum Beispiel nicht ein Schußwaffenkontrollgesetz erlassen, dessen Durchführung auf der obersten Ebene der Bundesexekutive, auf den unteren Ebenen aber auch den lokalen Polizeibehörden aufgegeben ist.[92] Sie darf den Gliedstaatenorganen auch nicht die Art und Weise vorschreiben, wie diese mit radioaktivem Abfall umzugehen haben.[93]

V. Weitere Kompetenzen des Kongresses

1. Steuerkompetenz: Nach Art. I § 8 Cl. 1 kann der Kongreß Steuern, Zölle und Abgaben auferlegen und einziehen, um die Zahlungsverpflichtungen zu erfüllen und für die Landesverteidigung und das allgemeine Wohl der Vereinigten Staaten zu sorgen; alle Zölle, Abgaben, Gewerbe- und Verbrauchssteuern sind aber für das gesamte Gebiet der Vereinigten Staaten einheitlich festzusetzen.[94] Die Steuerkompetenz ist ein selbständiger Kompetenztitel; der Kongreß kann mit Steuertatbeständen an Aktivitäten anknüpfen, deren Regulierung ihm ansonsten versperrt wäre. Problematisch sind Fälle, in denen Besteuerung und Regulierung (von Förderung bis faktischer Eliminierung) objektiv oder auch subjektiv verknüpft sind. Wie ist die Kompetenzfrage dann zu beantworten?

Soweit dem Kongreß eine Regulierungskompetenz zusteht, etwa über die ‚interstate commerce clause', ergibt sich die Besteuerungskompetenz schon aus der ‚necessary and proper clause' in Art. I § 8 Cl. 18.[95] Daß in einem solchen Fall Regulierung und Besteuerung objektiv oder auch subjektiv verknüpft sind, ist irrelevant: Die Legislative kann beide Instrumente benutzen.[96]

Steht dem Kongreß keine Regulierungskompetenz zu, sind die Voraussetzungen der Besteuerungskompetenz einzuhalten. Die ‚taxing power' ist aber nicht so eng zu verstehen, daß regulierende Effekte ausgeschlossen wären, die fast immer mit Besteuerung verbunden sind. Der Supreme Court benutzt meistens folgenden Test: Ist das vorherrschende Ziel des Gesetzes Steuererhebung und nicht Regulierung, Verbot oder Bestrafung, so ist das Gesetz verfassungsmäßig. Diesen subjektiven Test schwächt das Gericht manchmal in einen objektiven

---

[92] Vgl. *Printz v. United States*, 117 S.Ct. 2365 (1997). Bundessstaatliche Vorschriften für die Richter der Gliedstaaten bei der Anwendung von nationalen Regelungen sind möglich, vgl. *Testa v. Katt*, 330 U. S. 386, 389 (1947) und die supremacy-Klausel in Art. VI § 2.

[93] Vgl. *New York v. United States*, 505 U. S. 144 (1992).

[94] Vgl. daneben noch Art. I § 2 Cl. 3, § 9 Cl. 1, 4, 5, 6 und Am. 16. Generell hierzu *Heun*, Finanzverfassung; *Hitschler*, Besteuerung.

[95] Vgl. oben § 4 II.

[96] Vgl. etwa *Veazie Bank v. Fenno*, 75 U.S. (8 Wall.) 533 (1869).

Test ab: Soweit das Gesetz faktisch Einnahmen erbringt, unterstellt das Gericht, daß eine Besteuerungs- und keine Regulierungsmaßnahme vorliegt, selbst wenn regulierende Effekte oder Ziele deutlich auszumachen sind.[97]

Eine Grenze dieser großzügigen Haltung wird in manchen Entscheidungen des Gerichts deutlich, in denen es näher auf Art und Konsequenzen eines Steuertatbestandes eingegangen ist, um festzustellen, ob wirklich Steuern erhoben oder nicht doch (vorrangig) bestimmte Verhaltensweisen unterdrückt werden sollten. Das Gericht prüft dann, welche Behörde die Steuer einzieht (Steuer- oder sonstige Behörde?), wie weitgehend das in Frage stehende Verhalten reguliert wird, ob an wissentliches Handeln angeknüpft wird, wie hoch die Steuer ist und welche Konsequenzen die Nichtzahlung nach sich zieht. Je nach dem Gesamteindruck der Maßnahme liegt dann entweder eine verfassungsgemäße Steuererhebung oder eine kompetenzwidrige Regulierungsmaßnahme vor.[98] Häufig sind die letztgenannten Fälle aber nicht, weil der nationalen Gewalt meist schon die Regulierungskompetenz zusteht.

2. *Ausgabenkompetenz*: Art. I § 8 Cl. 1 enthält auch eine selbständige Ausgabenkompetenz für den Kongreß. Die hier sich stellenden Probleme sind denen der Besteuerung vergleichbar, weil finanzielle Hilfen ebenso wie finanzielle Belastungen Auswirkungen auf das betroffene Handeln haben.

Steht dem Kongreß die Regulierungskompetenz zu, so ergibt sich die Zuständigkeit zur finanziellen Förderung schon aus der ‚necessary and proper clause'; der Rekurs auf die Ausgabenkompetenz ist möglich, aber nicht notwendig. Grenzen dieser Kompetenz liegen in spezifischen Verboten der Verfassung, etwa im Verbot der Diskriminierung.

Kann sich der Kongreß auf keinen Regulierungstitel stützen, stellt sich die Ausgabenkompetenz als originärer Kompetenztitel dar. Dem Kongreß stehen insoweit weitgehende Befugnisse zu. Er kann alle Interessen fördern, die nach seiner Auffassung ein national bedeutsames oder Gemeinwohlinteresse darstellen; das Gericht gesteht der Legislative insoweit ein umfassendes Beurteilungsermessen zu.[99] Daß über eine solche Ausgabenpolitik meist starke Anreize für privates oder gliedstaatliches Handeln geschaffen werden, also indirekte Regulierung vorliegt, spricht nicht gegen die Verfassungsmäßigkeit solcher Programme. Der Kongreß darf über die Ausgestaltung der Bedingungen für seine gesetzlichen Förderprogramme national bedeutsame Reglementierungen vornehmen;

---

[97] Vgl. z. B. *United States v. Kahriger*, 345 U. S. 22 (1953).

[98] Vgl. etwa *Bailey v. Drexel Furniture Co.*, 259 U. S. 20 (1922); *United States v. Constantine*, 296 U. S. 287 (1935).

[99] Vgl. *Helvering v. Davis*, 301 U. S. 619 (1937); *United States v. Gerlach Live Stock Co.*, 339 U. S. 725, 738 (1950).

er muß allerdings die Bedingungen ausreichend bestimmt festlegen, so daß die betroffenen Parteien wissen, worin der konkrete Preis für die Inanspruchnahme nationaler Hilfe besteht.[100]

3. Bund-Länder-Immunitäten: Immunitäten zwischen nationaler und gliedstaatlicher Gewalt kann es in bezug auf Regulierung und Besteuerung geben. Die Verfassung regelt diese Konflikte, abgesehen von der Garantie für das Territorium der Gliedstaaten (Art. IV § 3 Cl. 1), implizit und partiell in der ‚supremacy clause' des Art. VI Cl. 2; diese gibt einen Vorrang bundesrechtlicher Regulierung, aber immer im Rahmen der (allerdings wiederum umfassend interpretierten) enumerativen Zuständigkeiten, zu erkennen. Konkretisierungen dieses Grundsatzes sind von gerichtlicher Klärung und von der Abgrenzung exklusive-konkurrierende Bundeskompetenzen[101] abhängig. Der Umfang möglicher bundesrechtlicher Regulierung der Gliedstaaten als Staaten ist oben IV.6. dargelegt worden. Vermutlich gilt die dort eingeführte Ersetzung des materialen Prüfungsmaßstabs durch einen prozeduralen Maßstab auch für die Rechtfertigung steuerlicher Belastungen.[102] Eine Besteuerung von Aktivitäten, die nicht zum Kern gliedstaatlicher Souveränität zählen, ist zulässig, wenn sie Teil einer generellen Regelung ist, die neben Privaten auch Gliedstaaten betrifft.[103] Auch wenn der Kern gliedstaatlicher Souveränität betroffen ist, kann eine Steuer zulässig sein, wenn die Steuer nicht diskriminierend ist und einen angemessenen Ausgleich für einen Vorteil darstellt.[104]

Anders als die nationale Gewalt kann sich die Gliedstaatengewalt bei der Regelung oder Besteuerung von Bundesaktivitäten oder Bundesorganen nicht auf eine Vermutung der Zuständigkeit stützen, wie dies der Bund unter Berufung auf die Vorrangklausel des Art. VI Cl. 2 tun kann. Im Gegenteil spricht mehr dafür, eine solche Kompetenz zu verneinen. Dieser Grundgedanke kommt auch in der Rechtsprechung des Supreme Court zum Ausdruck. Soweit der Kongreß nicht zugestimmt hat, kann ein Gliedstaat das Verhalten von Bundesorganen nicht regeln. Deren bundesrechtlich vorgeschriebene Amtspflichten gehen Länderregelungen vor; diese sind auch dann ungültig, wenn sie in Widerspruch zu der Zielsetzung eines nationalen Gesetzes stehen.[105] Ähnliche Maßstäbe gelten für Ländersteuern auf Bundesorgane oder Bundesaktivitäten: Der Kongreß kann solche Steuern explizit zulassen oder ausschließen.

---

[100] Vgl. *Pennhurst State School v. Halderman*, 451 U.S. 1, 17 (1981); *South Dakota v. Dole*, 483 U.S. 203, 207ff. (1987).

[101] Dazu unten § 6 I.

[102] Vgl. *South Carolina v. Baker*, 485 U. S. 505 (1988).

[103] Vgl. *New York v. United States*, 326 U.S. 572 (1946).

[104] Vgl. etwa *Massachusetts v. United States*, 435 U.S. 444 (1978).

[105] Vgl. *Johnson v. Maryland*, 254 U.S. 51 (1920); *Leslie Miller, Inc. v. Arkansas*, 352 U.S. 187 (1956); *Hancock v. Train*, 426 U.S. 167 (1976).

Soweit eine ausdrückliche Festlegung nicht vorliegt, verbietet die Vorrangklausel der Verfassung (1) Steuern, die nur bundesrechtliche Organe oder Aktivitäten betreffen, sowie (2) Steuern, die zwar generellen Charakter haben, aber die Erfüllung nationaler Aufgaben unverhältnismäßig behindern oder eine erhebliche Belastung darstellen.[106]

4. War Power: Art. I § 8 enthält in den Cl. 1, 10 bis 16 mehrere Kompetenztitel, die die nationale Verteidigung und Kriegsführung betreffen. Insbesondere steht dem Kongreß das Recht zur Kriegserklärung sowie die Zuständigkeit zur Aufstellung von Streitkräften zu. In Kontrast dazu enthält Art. II § 2 Cl. 1 wichtige Zuständigkeiten für den Präsidenten als Oberbefehlshaber der Streitkräfte. Daraus ergibt sich zum einen, daß die Zuständigkeit zur Landesverteidigung und Kriegsführung eine Bundeszuständigkeit ist, zum anderen, daß Probleme der Abgrenzung der Organkompetenz zwischen dem Kongreß und dem Präsidenten entstehen können und auch tatsächlich bestehen.[107] Hier ist auf einige wichtige Konkretisierungen des Umfangs der Legislativgewalt hinzuweisen. Dem Kongreß steht das Recht zu, eine Wehrpflicht vorzuschreiben; er kann auch Mitglieder der Gliedstaatenmiliz zum Kampf gegen ausländische Feinde verpflichten.[108] In Kriegszeiten kann der Kongreß weitgehende Regelungen etwa im Hinblick auf Preise, Löhne und Arbeitszeiten erlassen oder auch, selbst nach Kriegsende, Mietpreiskontrollen festsetzen, soweit diese Maßnahme zur Behebung der Wohnungsnot erforderlich ist.[109]

5. Treaty Power: Die Kompetenz zum Abschluß völkerrechtlicher Verträge ist nach Art. II § 2 Cl. 2 aufgeteilt: Der Präsident „shall have power, by and with the consent of the Senate, to make Treaties, provided two-thirds of the Senate present concur ...". Diese Kompetenz wird näher in § 7 IV 2 behandelt. Hier ist festzuhalten, daß Art. I § 10 Cl. 1 für die Gliedstaaten ausdrücklich ein Verbot enthält: „No State shall enter into any Treaty, Alliance, or Confederation ...".

6. Auswärtige Gewalt: Die Verfassung enthält keine ausdrückliche Festlegung der Verbandskompetenz für die auswärtige Politik. Aus dem an die Staaten gerichteten Verbot, völkerrechtliche Verträge abzuschließen (Art. I § 10 Cl. 1), aus der Entstehungsgeschichte der Verfassung[110] sowie insbesondere aus den Bundeszuständigkeiten in bezug auf die ‚war power' und die ‚treaty power' ergibt sich aber, daß die auswärtige

---

[106] Vgl. *McCulloch v. Maryland*, 17 U.S. (4 Wheat.) 316 (1819); *Davis v. Michigan Department of Treasury*, 489 U. S. 803 (1989); *North Dakota v. United States*, 495 U. S. 423 (1990).

[107] Vgl. unten § 7 IV 5.

[108] Vgl. *Selective Draft Law Cases*, 245 U.S. 366 (1918).

[109] Vgl. *Yakus v. United States*, 321 U.S. 414 (1944); *Hamilton v. Kentucky Distilleries and Warehouse Co.*, 251 U.S. 146 (1919); *Woods v. Cloyd W. Miller Co.*, 333 U.S. 138 (1948).

[110] Vgl. dazu unten § 7 IV 1 zu *United States v. Curtiss-Wright Export Corp.*

Politik eine exklusive Bundeszuständigkeit darstellt, die vom Kongreß und vom Präsidenten wahrzunehmen ist. Eine nähere Darstellung findet sich unten § 7 IV.

7. Legislative Untersuchungen: Um seine weiten Legislativbefugnisse effektiv wahrnehmen zu können, steht dem Kongreß das Recht zu, die notwendigen Fakten zu erheben und Verhältnisse näher zu untersuchen. Die Kompetenz hierfür ergibt sich aus dem jeweiligen Regelungstitel in Verbindung mit der necessary and proper-Klausel in Art. I § 8 Cl. 18. Die Erhebungen müssen sich auf das anstehende Thema beziehen und dürfen nicht generell das Privatleben einer Person erforschen.[111] Der Kongreß kann Personen zur Aussage vorladen und Aussageverweigerung bestrafen, doch können sich vorgeladene Personen auf einschlägige Grundrechte wie den 5. Zusatzartikel, die negative Redefreiheit oder due process-Rechte berufen.[112]

§ 6. Kompetenzen der Gliedstaaten

I. Begrenzte und unbegrenzte, exklusive und konkurrierende Kompetenzen

Die Kompetenzen der Gliedstaaten lassen sich, jedenfalls was die grundsätzliche Abgrenzung angeht, klar aus der föderalistischen Struktur der Verfassung erschließen: Die Zuständigkeiten des Bundes sind beschränkt, enumerativ aufgezählt; die Kompetenzen der Gliedstaaten dagegen sind grundsätzlich unbeschränkt, sie umfassen insbesondere die ‚police power'. Das sind Regelungen zum Schutz von Sicherheit, Gesundheit, Wohlfahrt und Moral der Bevölkerung.[1] Grenzen ergeben sich aus den einzelnen Kompetenzen des Bundes sowie sonstigen in der Verfassung gezogenen Grenzen. Am. 10 faßt diese Aufteilung gut zusammen: „The powers not delegated to the United States by the Constitution, nor prohibited by it to the States, are reserved to the States respectively, or to the people." Die Verfassung enthält in Art. I § 10 eine Aufzählung von Aktivitäten, die der Gliedstaatenkompetenz entzogen sind. Zu diesen Negativkompetenzen gehören auch Grundrechte, die

---

[111] Vgl. *United States v. Rumely*, 345 U.S. 41 (1953); *Deutch v. United States*, 367 U.S. 456 (1961).

[112] Vgl. *McGrain v. Daugherty*, 273 U.S. 135 (1927); *Jurney v. MacCracken*, 294 U.S. 125 (1935).

[1] Vgl. z.B. die Formulierung in *Lochner v. New York*, 198 U. S. 45, 53 (1905): „There are … certain powers, existing in the sovereignty of each State in the Union, somewhat vaguely termed police powers, the exact description and limitation of which have not been attempted by the courts. These powers [relate] to the safety, health, morals and the general welfare of the public", und oben § 5 IV zur Spannung zwischen der gliedstaatlichen und nationalen ‚police power'.

die Gliedstaaten binden; die moderne Rechtsprechung hat die meisten der in der Bill of Rights gegen die nationale Gewalt gerichteten Grundrechte inzwischen auf die Gliedstaaten ausgedehnt.[2] Die einzelnen Kompetenzen des Bundes sind im vorigen Kapitel dargelegt worden. Trotz des Enumerationsprinzips hat sich das Schwergewicht der legislativen Kompetenzen von den Gliedstaaten auf die nationale Gewalt verlagert. Ursache dafür ist vor allem der weite Umfang der interstate commerce- und der necessary and proper-Klausel, deren Inanspruchnahme durch den Kongreß in Verbindung mit der in Art. VI Cl. 2 enthaltenen Vorrangklausel dazu führt, daß in vielen Bereichen nationale Regelungen vorherrschen.[3]

Aber wie steht es mit Gliedstaatenkompetenzen, wenn die nationale Gewalt kein Gesetz erlassen hat? Kann sich der Gliedstaat dann generell oder in einzelnen (welchen?) Fällen auf seine ‚police power' stützen, um Sicherheit, Gesundheit, Moral und Wohlergehen seiner Bürger nach eigenem Gutdünken zu regeln? Diese Frage ist wegen des skizzierten föderalistischen Aufbaus der Verfassung im Grundsatz zu bejahen. Einschränkungen sind aber insoweit vorzunehmen, als Bundeskompetenzen exklusiv und nicht konkurrierend sind.

Die Verfassung enthält einige teils explizit, teils implizit exklusive Kompetenzen der nationalen Gewalt, die die Staaten selbst bei Untätigsein der Bundesgewalt nicht ausüben können. Nach der ausdrücklichen Formulierung in Art. I § 8 Cl. 17 steht dem Bund die exklusive Gewalt in bezug auf Hauptstadtregelungen zu; der District of Columbia untersteht demgemäß direkt dem Kongreß.[4] Art. I § 10 enthält einige Bereiche, in denen Gliedstaatengesetze ausdrücklich verboten sind bzw. deren exklusiv bundesrechtlicher Charakter daran deutlich wird, daß die Möglichkeit gliedstaatlicher Normierung von einer ausdrücklichen Ermächtigung durch den Kongreß abhängig gemacht wird. Implizite Beschränkungen der Gliedstaatenkompetenz ergeben sich daraus, daß einige der aufgeführten Bundeskompetenzen schon wegen der Natur der Sache nur von der nationalen Gewalt wahrgenommen werden können, etwa wenn es um Fragen der nationalen Staatsbürgerschaft, Einbürgerung und Währung (Art. I § 8 Cl. 4, 5) geht, wenn Aktivitäten von Bundesorganen angesprochen werden (Art. I § 8 Cl. 2, 6, 9, 15, 16), oder wenn es sich um Aufgaben handelt, die in einem Bundesstaat klassischerweise von der nationalen Gewalt wahrgenommen werden, wie Handel über die Staatsgrenzen hinweg, auswärtige Politik, Kriegserklärung und Kriegsführung (Art. I § 8 Cl. 10–16).

---

[2] Vgl. unten § 9 II

[3] Vgl. oben §§ 4; 5 IV 5, 6 und V 3. Allgemein zum Gliedstaatenverfassungsrecht *Marks/Cooper*, State Const. Law.

[4] Vgl. *Rotunda u. a.*, Const. Law, § 3.11.

Bei allen anderen Bundeskompetenzen stellt sich die Frage, ob diese von den Gliedstaaten in Anspruch genommen werden können, bis die nationale Gewalt selbst tätig wird. Der Text der Verfassung gibt hierauf keine eindeutige Antwort. Man könnte argumentieren, den Verfassungsgebern sei, wie Art. I § 8 Cl. 17 zu erkennen gebe, der Unterschied zwischen konkurrierender und exklusiver Gesetzgebung klar gewesen, so daß die Nichtbenutzung des Wortes „exclusive Legislation" in den anderen Zuständigkeitsnormen für eine nur konkurrierende Zuständigkeit des Bundes spricht. Aus den einzelnen Sachtiteln sowie aus der Natur der Sache der Kompetenzverteilung in einem Bundesstaat ergibt sich aber, wie dargelegt, die Kurzschlüssigkeit dieses Arguments. Ferner läßt sich historisch klar das Ziel der Verfassungsväter nachweisen, gerade im wirtschaftlichen Bereich die Handels- und Besteuerungskonflikte der Einzelstaaten auszuschalten und eine funktionierende nationale Wirtschaft zu fördern. Passen in diese Staatszielbestimmung konkurrierende Zuständigkeiten der Gliedstaaten im wirtschaftlichen und steuerlichen Bereich, die wieder zu Protektionismus zugunsten der Einheimischen und zu Diskriminierung der Personen anderer Gliedstaaten führen können? Die beiden folgenden Abschnitte skizzieren die Richtung der Rechtsprechung zur ‚dormant commerce clause', den Bereich der vom Kongreß (noch) nicht in Anspruch genommenen ‚interstate commerce clause'. Daneben ist auch noch der Fall zu erörtern, daß eine Bundesregelung zwar existiert, aber Raum läßt für ergänzende gliedstaatliche Normierungen.

II. Zuständigkeit zur Regulierung des zwischenstaatlichen Handels: Dormant Commerce Clause

1. Entwicklung der Rechtsprechung: Eine erste wichtige Richtlinie entwickelte der Supreme Court in *Willson v. Black Bird Creek Marsh Co.*[5] In diesem Fall akzeptierte das Gericht die Errichtung eines Dammes an einem auch dem zwischenstaatlichen Verkehr dienenden Fluß durch den Staat Delaware. Der Supreme Court sah in diesem Fall eine legitime Staatenregelung zur Förderung der Gesundheit der in Dammnähe lebenden Bevölkerung vorliegen, stellte also auf den Zweck der Regelung ab, der in diesem Fall als ‚police power regulation' und nicht als ‚interstate commerce regulation' charakterisiert wurde, obwohl ohne Zweifel auch der zwischenstaatliche Verkehr negativ betroffen war. Konsequenz dieses Ansatzes ist, daß Gliedstaaten im Bereich der ‚dormant commerce clause' Regelungen treffen können, soweit es sich um eine nicht diskriminierende, Einheimische wie Auswärtige betreffende Regelung handelt, die wichtige Ziele der Polizeigewalt betrifft,

[5] 27 U.S. (2 Pet.) 244 (1829).

auch wenn die Regelung negative Auswirkungen auf den zwischenstaatlichen Verkehr hat. Die Schwäche dieses Ansatzes ist, daß das Gericht gezwungen ist, jeweilige (exklusive, vorrangige?) Zwecke von staatlichen Regelungen zu untersuchen, und auch zu klären hat, wie subjektive Zwecke von objektiven Auswirkungen zu unterscheiden sind.

In *Cooley v. Board of Wardens of the Port of Philadelphia*[6] setzte das Gericht neue Schwerpunkte. Statt auf den Zweck der Regelung (,interstate commerce' oder ,police power'?) stellte der Supreme Court auf die Frage ab, ob das zu regelnde Problem nationalen oder lokalen Charakter hat, eine uniforme Regelung erfordert oder auch eine diversifizierte Lösung zuläßt. Im erstgenannten Fall liegt eine exklusive Zuständigkeit vor, im letztgenannten eine konkurrierende; die Entscheidung vertritt also eine differenzierende, selektive Form der Zuständigkeitsabgrenzung. Im zu entscheidenden Fall bestätigte das Gericht die Zulässigkeit einer Regelung des Staates Pennsylvania, die von Schiffen, die im Hafen von Philadelphia anlegen oder diesen wieder verlassen wollten, die Beschäftigung eines lokalen Schiffsführers verlangte. Dieser für sich genommen plausible und zum Teil bis heute zitierte Ansatz hat zwei Schwächen: Zum einen ist nicht jeder Fall so einleuchtend wie dieser; die Beantwortung der Frage, wann die Notwendigkeit einer uniformen Regelung vorliegt, kann streitig sein. Zum anderen blendet der Ansatz die Frage nach der Intensität der Auswirkung einer Regelung auf ,interstate commerce' aus. In manchen Entscheidungen hat das Gericht den letztgenannten Punkt dadurch auszugleichen versucht, daß es direkte Auswirkungen auf ,interstate commerce' als unzulässig angesehen (also eine exklusive Kompetenz des Bundes unterstellt) hat, indirekte Auswirkungen dagegen als zulässig.[7] Die Probleme auch dieser Abgrenzung[8] führten dazu, daß das Gericht insbesondere seit Mitte der 30er Jahre des 20. Jahrhunderts einen komplexen Abwägungsstandard entwickelt hat, dessen Struktur im folgenden vorgestellt wird.

2. *Der moderne Prüfungsmaßstab*: Eine repräsentative Formulierung des modernen Prüfungsmaßstabes findet sich in *Pike v. Bruce Church, Inc.*: „Where the statute regulates evenhandedly to effectuate a legitimate local public interest, and its effects on interstate commerce are only incidental, it will be upheld unless the burden imposed on such commerce is clearly excessive in relation to the putative local benefits … If a legitimate local purpose is found, then the question becomes one of degree. And the extent of the burden that will be tolerated will of course depend on the nature of the local interest involved, and on whether it could be promoted as well with a lesser impact on interstate

[6] 53 U.S. (12 How.) 299 (1851).
[7] Nachweise bei *Tribe*, Am. Const. Law, § 6–4.
[8] Vgl. dazu schon oben § 6 IV 4, 5 zu ,interstate commerce'.

activities."[9] Es kommt also darauf an, (1) ob die Regelung diskriminiert oder nicht, (2) ob die Auswirkungen auf den zwischenstaatlichen Handel erheblich oder nicht erheblich sind, (3) ob das lokale Interesse bedeutsam ist oder nicht, ferner (4) ob die Verwirklichung des lokalen Interesses auch durch eine den zwischenstaatlichen Handel weniger beeinträchtigende Maßnahme möglich ist.

3. Diskriminierende Regelungen: Das Gericht prüft, ob Gliedstaatenregelungen legitime Ziele der ‚police power' verfolgen oder aber darauf abstellen bzw. im Endeffekt darauf hinauslaufen, Personen anderer Gliedstaaten wirtschaftlich zu benachteiligen bzw. Einheimische zu bevorzugen. Liegt ein Diskriminierungsfall vor, wendet das Gericht einen strikten Prüfungsmaßstab („strict scrutiny test') an, der ein überragendes örtliches Interesse verlangt, dessen Verwirklichung durch kein anderes, insbesondere weniger eingreifendes oder nicht-diskriminierendes Mittel möglich ist. Anhand dieses Tests sind fast alle[10] diskriminierenden Regelungen verfassungswidrig, weil sie in den exklusiven Teil der ‚dormant commerce clause' hineinreichen. So kann ein Gliedstaat z.B. nicht unter Berufung auf gesundheitliche und ökologische Gesichtspunkte die Einlagerung von Abfall auf Müllhalden auf einheimischen Müll beschränken.[11] Der Staat könnte das Volumen beschränken, aber Einheimische Bürgern anderer Gliedstaaten vorzuziehen, verstößt nach Auffassung des Supreme Court gegen Sinn und Zweck der aktiven wie der ruhenden ‚interstate commerce clause'. Der Gliedstaat darf für auswärtigen Müll auch keine höheren Gebühren verlangen; er darf nicht einmal innerstaatliche Müllvorschriften erlassen, sofern diese den Wettbewerb mit außerstaatlichen Unternehmen beeinträchtigen.[12]

Sinn und Zweck ergeben sich nach Auffassung des Supreme Court vor allem aus zwei funktionellen Gesichtspunkten: (1) Die ‚interstate commerce clause' verfolgt wirtschaftlich das Ziel einer nationalen Konkurrenzwirtschaft, in der dem einzelnen die Möglichkeit geboten wird, möglichst günstig kaufen und verkaufen zu konnen, und in der auch das Gemeinwesen dadurch profitiert, daß möglichst produktiv und effektiv gewirtschaftet wird. Offener und unbehinderter zwischenstaatlicher Handel und Verkehr sollen eine Barriere gegen lokalen Protektionismus und gegen ökonomische Mißwirtschaft darstellen. (2) Eng damit verbunden ist eine politische Mißwirtschaft: Steht den Gliedstaaten die Möglichkeit offen, durch staatliche Regelungen Einheimische zu bevorzugen und dadurch gleichzeitig Auswärtige, die keine Mög-

[9] 397 U.S. 137, 142 (1970).

[10] Ein Ausnahmefall ist z.B. *Maine v. Taylor*, 477 U.S. 131 (1986).

[11] Vgl. *City of Philadelphia v. New Jersey*, 437 U.S. 617 (1978). Zu Problemen der Ablagerung von Atommüll siehe *New York v. United States*, 505 U. S. 144 (1992).

[12] Vgl. *Oregon Waste Systems v. Dep't of Environmental Quality*, 511 U. S. 93 (1994); *C&A Carbone, Inc. v. Clarkstown*, 511 U. S. 383 (1994).

lichkeit der politischen Mitbestimmung haben, zu benachteiligen, so führt dies zu einer Verzerrung des politischen Prozesses.[13] Beide Gesichtspunkte zusammengenommen lassen sich am besten durch das Ziel nationaler Zusammengehörigkeit und Verantwortlichkeit erklären, das der Supreme Court dazu benutzt, den exklusiv bundesrechtlichen, also uniformen Gehalt der ruhenden ‚commerce clause' zu bestimmen: „The Constitution was framed under the dominion of a political philosophy less parochial in range. It was framed upon the theory that the people of the several states must sink or swim together and that in the long run prosperity and salvation are in union and not division."[14]

4. Neutrale Regelungen: Liegt keine diskriminierende Staatenregelung vor, treffen ihre Vorteile und Nachteile Einheimische und Auswärtige gleichermaßen, schwächt der Supreme Court den strikten Prüfungsmaßstab zu einem Verhältnismäßigkeitstest ab, in dem es auf die Gewichtigkeit des lokalen Interesses, das Ausmaß der Beeinträchtigung der nationalen Wirtschaft sowie die Geeignetheit und Erforderlichkeit der Eingriffe ankommt.[15] Hierbei zeigt der Supreme Court größeres Entgegenkommen, wenn der Gliedstaat Anliegen der ‚police power' regeln will, als wenn es um ökonomische Belange geht.[16] Grund für die Abschwächung des Prüfungsmaßstabs ist die Tatsache, daß bei nichtdiskriminierenden Vorschriften die Einheimischen im Rahmen ihrer politischen Mitwirkungsmöglichkeiten aller Voraussicht nach auch die Interessen der Bürger anderer Gliedstaaten mit berücksichtigen werden. Die Resultate der Anwendung dieses Tests sind nicht immer vorhersehbar, weil vieles von den Umständen des Falles und von weitreichenden Prognoseurteilen abhängt. Die mangelnde ‚judicial manageability' dieses Maßstabs sollte nach Auffassung einer Minderheit des Gerichts dazu führen, entweder ganz auf eine gerichtliche Prüfung zu verzichten oder aber nur den losen ‚rational basis test' anzuwenden, dessen Voraussetzungen fast immer gegeben sind.[17] Erhebliche oder nicht wiedergutzumachende Verfassungsverstöße sind in diesem Bereich nicht zu befürchten, weil der Kongreß ja immer die Möglichkeit hat, sein Schweigen zu brechen und eine ihm mißfallende Regelung durch ein eigenes Gesetz zu ersetzen. Die Mehrheit des Gerichts ist dieser Aufforderung bisher nicht gefolgt; sie versucht, den Vorwurf mangelnder Vorhersehbarkeit und Berechenbarkeit des Prüfungsmaßstabs durch Herausarbeitung von Fallgruppen zu entkräften.

---

[13] Vgl. zusammenfassend *Tribe*, Am. Const. Law, § 6–5.

[14] *Baldwin v. G. A. F. Seelig, Inc.*, 294 U.S. 511, 523 (1935).

[15] Vgl. etwa *Southern Pacific Co. v. Arizona*, 325 U. S. 761 (1945).

[16] Vgl. *H. P. Hood & Sons v. DuMond*, 336 U. S. 525 (1949).

[17] Vgl. die abweichende Meinung von Richter Rehnquist in *Kassel v. Consolidated Freightways Corp.*, 450 U.S. 662, 687ff. (1981).

5. Der Gliedstaat als Teilnehmer am Wirtschaftsverkehr: Soweit der Gliedstaat nicht das Wirtschaftshandeln reguliert, sondern wie ein privater Anbieter oder Käufer auftritt, gelten nach Auffassung des Gerichts die Beschränkungen der ruhenden ‚commerce clause' nicht; der Staat darf Einheimische bevorzugen. Er darf etwa Autowracks an Landesautobahnen zu über dem Marktpreis liegenden Bedingungen aufkaufen und sich gleichzeitig weigern, Autowracks von Händlern aus anderen Staaten zu akzeptieren.[18] Oder ein Staat kann in Notstandszeiten beim Verkauf von Zement Einheimische bevorzugen.[19] Zweifelhaft ist, ob solches auch für unbearbeitete Bodenschätze gilt. Ferner ergeben sich in manchen Fällen Schwierigkeiten bei der Beantwortung der Frage, wann privates Handeln und wann staatliche Regulierung vorliegt.[20] Abschließend ist darauf hinzuweisen, daß sich der Gliedstaat auch als Teilnehmer am privaten Wirtschaftsverkehr bei Ungleichbehandlungen an der ‚interstate privileges and immunities clause' des Art. IV § 2 Cl. 1 messen lassen muß.[21]

6. Gliedstaatenkompetenz trotz oder wegen nationaler Regelung: In zwei Fällen steht dem Gliedstaat eine Regelungskompetenz zu, obwohl der Kongreß tätig geworden ist, die ‚interstate commerce clause' also nicht mehr ruht, sondern aktiviert worden ist. Der erste Fall liegt dann vor, wenn die nationale Regelung keinen abschließenden Charakter hat, sondern noch Raum lassen wollte für ergänzende, nicht widersprechende Gliedstaatenregelungen. Ist die nationale Regelung dagegen abschließend, greift die ‚preemption doctrine' ein, die Landesvorschriften ausschließt.[22] Ob ersteres oder letzteres der Fall ist, prüft der Supreme Court anhand verschiedener Faktoren: der legislativen Motivation der nationalen Normen, ihrer Regelungsdichte, dem kompatiblen oder nichtkompatiblen Charakter der Landesregelung, deren Nähe zum klassischen Bereich der ‚police power', dem Bedürfnis oder der Überflüssigkeit einer uniformen Regelung; auf einen abschließenden Charakter weist schließlich die Beauftragung einer Bundesbehörde zur Wahrnehmung der betreffenden Aufgabe hin.[23]

Genauso wie der Kongreß durch eine eigenständige Regelung oder durch das Verbot einer Gliedstaatenregelung den legislativen Spielraum

---

[18] Vgl. *Hughes v. Alexandria Scrap Corp.*, 426 U.S. 794 (1976).

[19] Vgl. *Reeves v. Stake*, 447 U.S. 429 (1980).

[20] Vgl. z.B. *White v. Massachusetts Council of Construction Employers*, 460 U.S. 204 (1983).

[21] Näher zu dieser Klausel *United Building & Construction Trades Council v. Camden*, 465 U.S. 208 (1984); *Tribe*, Am. Const. Law, § 6–34 und 35.

[22] Die ‚preemption doctrine' und der oben beschriebene Test gelten nicht nur für Fälle nationaler Regelungen im Bereich des zwischenstaatlichen Handelns, sondern auch für andere nationale Vorschriften, die Raum für landesrechtliche Regelungen lassen. Vgl. z.B. *Hines v. Davidowitz*, 312 U.S. 52 (1941).

[23] Vgl. z.B. *Pacific Gas & Electric v. State Energy Resources Conservation Comm'n*, 461 U.S. 190 (1983); *English v. General Electric Co.*, 110 S.Ct. 2270 (1990).

der Staaten beschränken kann, kann er ihn auch durch eine ausdrückliche Ermächtigung erweitern. Das ist der zweite Fall, in dem eine Kompetenz der Länder nur besteht, weil der Bund dies ausdrücklich festlegt.[24]

III. Zuständigkeit zur Besteuerung des zwischenstaatlichen Handels

Die gliedstaatliche oder kommunale Besteuerung des zwischenstaatlichen Handels kann in Widerspruch geraten zur entsprechenden Bundeskompetenz aus Art. I § 8 Cl. 1 und 3. Ergibt sich aus diesen Vorschriften eine exklusive oder nur eine konkurrierende Zuständigkeit der nationalen Gewalt? Wie bei der Regulierung, so vertritt der Supreme Court auch bei der Besteuerung eine mittlere, von einzelnen Kriterien abhängige Linie zur Beantwortung dieser Frage. Der Kongreß kann z.B. wie bei Regulierungsfragen eine abschließende Steuerregelung treffen oder eine bestimmte Besteuerung von ‚interstate commerce' ausschließen oder auch zulassen.[25] Soweit dies nicht der Fall ist, kommt es auf die folgenden, hier nur im Überblick zusammengefaßten Kriterien an.

Gliedstaatliche Steuern in diesem Bereich können verfassungsgemäß sein, auch wenn sie negative Auswirkungen auf den zwischenstaatlichen Handel haben. (1) Sie dürfen aber keinen diskrimierenden Charakter gerade in bezug auf den überörtlichen, zwischenstaatlichen Handel haben. (2) Die besteuerte Tätigkeit oder Person muß einen steuerlichen Anknüpfungspunkt im Staat haben. (3) Ferner muß der Besteuerungsstandard in einem vernünftigen, angemessenen Verhältnis zu den dafür gebotenen Vorteilen stehen. (4) Schließlich muß ein Staat auch berücksichtigen, daß eine im zwischenstaatlichen Handel tätige Person oder Organisation potentiell in jedem Staat besteuert werden kann, also eine Aggregation von Steuertatbeständen zustandekommen kann, die im Endeffekt den zwischenstaatlichen Handel substantiell beeinträchtigen kann. Deswegen muß der Umfang der Besteuerung dem Grad der innerstaatlichen Anknüpfung und Vorteilsausgleichung entsprechen.[26]

Ein Beispiel: In *Commonwealth Edison Co. v. Montana*[27] erklärte das Gericht eine Steuer für verfassungsgemäß, die auf den Abbau von Kohle im Staat Montana erhoben wird. Hier liegt ein enger Anknüpfungs-

---

[24] Vgl. etwa *Prudential Ins. Co. v. Benjamin*, 328 U.S. 408 (1946). Der Kongreß kann die Staaten aber nicht zu einem Verhalten ermächtigen, das außerhalb seiner eigenen Kompetenz liegt, etwa zu einem Verstoß gegen die equal protection-Klausel. Vgl. *Metropolitan Life Ins. Co. v. Ward*, 470 U.S. 869 (1985).

[25] Vgl. z.B. *Prudential Ins. Co. v. Benjamin*, 429 U.S. 408 (1946).

[26] Vgl. zu diesen Elementen *Complete Auto Transit, Inc. v. Brady*, 430 U.S. 274 (1977).

[27] 453 U.S. 609 (1981). Ein neueres Beispiel *ist Oklahoma Tax Comm'n v. Jefferson Lines, Inc.*, 514 U. S. 175 (1995).

punkt vor – Abbau im Staat. Die Steuer diskriminiert auch nicht, weil sie zu gleichen Preisen für alle Käufer führt. Der Umfang der Steuer bemißt sich nach dem Umfang des Abbaus; da der Abbau sich gänzlich innerstaatlich abspielt, brauchte Montana auch keine Abstriche wegen Besteuerungstatbeständen anderer Staaten zu machen. Was die Kompensation der Steuer durch innerstaatliche Vorteile angeht, so unterstellte das Gericht in diesem gänzlich innerstaatlich abgewickelten Fall, daß eine vernünftige Relation vorliegt. Was hinter der gerichtlichen Zurückhaltung in bezug auf diesen letztgenannten Punkt liegt, ist vermutlich folgendes: Der Supreme Court ersetzt die nähere Prüfung des Ausgleichsstandards durch das Abstellen auf den engen innerstaatlichen Anknüpfungspunkt, der wohl als Indikator des Ausgleichs dient. Das Gericht will sich offensichtlich trotz dieses postulierten Kriteriums auf keine nähere Untersuchung des Umfangs innerstaatlicher Besteuerung einlassen, weil bei näherem Hinsehen hierfür keine justitiablen Maßstäbe vorliegen. Sollte ein Gliedstaat übermäßig besteuern, so kann, wie immer in diesen Fällen, der Kongreß eingreifen.[28]

§ 7. Der Präsident

I. Wahl

Die Wahl des Präsidenten und des Vizepräsidenten ist in Art. II § 1 sowie in den Zusatzartikeln 12; 14 § 3; 20; 22; 23; 24 und 25 geregelt. Das Verfahren ist kompliziert und kann hier nur in Grundzügen dargestellt werden.[1] Wählbarkeitsvoraussetzungen für das Präsidentenamt sind nach Art. II § 1 Cl. 5 die Staatsbürgerschaft, ein Alter von 35 Jahren und ein Wohnsitz in den Vereinigten Staaten seit mindestens 14 Jahren. Die Amtszeit beträgt nach Art. II § 1 Cl. 1 vier Jahre. Sie ist nach Am. 22 auf eine Höchstdauer von zwei Amtsperioden beschränkt.

Präsident und Vizepräsident werden nicht direkt gewählt, sondern durch die in Art. II § 1 Cl. 2 genannten Wahlpersonen (‚electors'), die in ihrer Gesamtheit das ‚electoral college' bilden. Jedem Gliedstaat steht die Anzahl von Wahlpersonen und Stimmen zu, die der Zahl seiner Abgeordneten in Repräsentantenhaus plus Senat entspricht; diese selbst aber sowie sonstige Personen, die ein besoldetes Amt oder ein Ehrenamt der Vereinigten Staaten ausüben, sind von der Teilnahme am ‚electoral college' ausgenommen. Am. 23 sieht die Teilnahme von drei zusätz-

---

[28] Ausführlich hierzu *Tribe*, Am. Const. Law, § 6–15.

[1] Ausführlich *Loewenstein*, Verfassungsrecht, Kap. 11; *Magiera*, Vorwahlen; *Congressional Quarterly's* Guide to the Presidency, Ch. 5; *Rotunda/Nowak*, Const. Law, § 9.11–16; *Folz*, US-Präsidentschaft; die einschlägigen Artikel in: Encyclopedia of the American Presidency; sowie *Bush v. Gore*, 531 U.S. (2000).

lichen Wahlpersonen des District of Columbia vor, der ansonsten vom Kongreß regiert wird und in ihm keine wahlberechtigten Mitglieder hat.[2] Zur Zeit besteht das Gremium aus 538 Mitgliedern. Seine Funktion besteht nur in der Stimmabgabe für den jeweiligen Staat bei der Präsidenten- und Vizepräsidentenwahl (Am. 12).

Die Verfassung ordnet die Aufgabe, die Wahl zu organisieren, durch Art. II § 1 Cl. 2 und Am. 12 zum großen Teil den Gliedstaaten zu; einschlägig sind dann die landesrechtlichen Wahlgesetze sowie die Parteisatzungen. Die im einzelnen unterschiedlichen Regelungen lassen ein dreistufiges Verfahren erkennen: Im ersten Abschnitt versucht ein Kandidat, in den betreffenden Versammlungen (‚caucus', ‚convention') und Vorwahlen (‚primary') seiner Partei andere Konkurrenten zu überflügeln, um bei dem abschließenden nationalen Nominierungskonvent seiner Partei von der Mehrzahl der Delegierten aus den Gliedstaaten als Präsidentschaftskandidat aufgestellt zu werden und einen Kandidaten für das Amt des Vizepräsidenten benennen zu können. Der zweite Abschnitt umfaßt die Wahl der konkurrierenden Kandidaten durch das Volk in den Gliedstaaten. Der Sache nach stimmen die Wähler für zwei Personen einer bestimmten Partei, der Rechtskonstruktion nach werden in den Wahlen die Mitglieder des ‚electoral college' des jeweiligen Staates gewählt. In den meisten Staaten erhält der Gewinner der Wahl alle Stimmen des Wahlkollegiums, die Verliererstimmen werden also faktisch dem Gewinner zugeschlagen. Im dritten Abschnitt der Wahl versammeln sich die Mitglieder des Wahlkollegiums in den einzelnen Staaten, um ihre Stimme für den siegreichen Kandidaten abzugeben. Die Wahl zum Präsidenten und zum Vizepräsidenten setzt nach Am. 12 die absolute Mehrheit der Anzahl der Wahlpersonen, zur Zeit also 270, voraus. Kommt diese Mehrheit nicht zustande, fällt die Wahlkompetenz gemäß Am. 12 in die Hände des Repräsentantenhauses und des Senats. Zwei Teile dieses Wahlsystems werden oft angegriffen: Die winner takes all-Regel in den Gliedstaaten führt manchmal dazu, daß Kandidaten eine Mehrzahl der Wahlpersonen und damit die Präsidentschaft erringen, obwohl sie nur eine Minderheit der Wählerstimmen auf sich vereinigen können.[3] Die Mitglieder des ‚electoral college' sind in den meisten Fällen gesetzlich nicht dazu verpflichtet, ihre Stimme dem Kandidaten ihrer Partei zu geben[4]; in einzelnen Fällen ist es zu abweichenden Voten gekommen.

---

[2] Vgl. *Rotunda/Nowak*, Const. Law, § 3.11.

[3] In den Wahlen von 1824, 1876, 1888 und 2000 gelang es John Quincy Adams, Rutherford B. Hayes, Benjamin Harrison und Albert Gore nicht, die Mehrheit der Stimmen des Wahlkollegiums und damit die Präsidentschaft zu erringen, obwohl sie die meisten Wählerstimmen erhalten hatten.

[4] Zu den historischen Gründen, die zur Einführung des Wahlkollegiums geführt haben, vgl. die Federalist Papers, Nr. 64, 68.

II. Die Abgrenzung von Legislativ- und Exekutivgewalt

Die Abgrenzung der Legislativ- und Exekutivkompetenzen ist von der Struktur der Verfassung her klar getroffen: Erstere stehen dem Kongreß zu, letztere dem Präsidenten (§ 1 in Art. I und II). Von der Sache her ist die Unterscheidung nicht immer leicht zu treffen, weil es Akte gibt, deren Zuordnung unklar ist, was zu Konkurrenzen zwischen Kongreß und präsidialer Gewalt führt. Zudem sind die Gewalten in der Verfassung nicht nur geteilt, sondern auch verschränkt – so steht dem Präsidenten z.B. im Gesetzgebungsverfahren ein Vetorecht zu, und der Senat ist bei der Ernennung von wichtigen staatlichen Positionen beteiligt. Eine weitere Schwierigkeit tritt hinzu: Der Supreme Court hat bei weitem nicht alle Streitfragen klar entschieden und schwankt, überschlägig gesprochen, in seiner Rechtsprechung zwischen einer eher formalen, sprachlichen und einer eher pragmatischen, funktionellen Analyse der einschlägigen Vorschriften.[5] Schließlich ist seit jeher streitig, ob die Generalklausel des Art. II § 1 dem Präsidenten eine umfassende Kompetenz in all den Fällen verleiht, in denen funktionell Exekutivhandeln vorliegt und der Kongreß sich auf keine spezifische Ermächtigung stützen kann. Am besten läßt sich die Rechtsprechung zu den Kompetenzen des Präsidenten gliedern, wenn man den innenpolitischen Bereich vom Feld der Außenpolitik und der nationalen Sicherheit abgrenzt. In den letztgenannten Feldern gestehen Kongreß und Supreme Court dem Präsidenten in der Regel (aber nicht immer!) eine Entscheidungsprärogative zu, während in der Innenpolitik viel von den einzelnen Kompetenzzuweisungen und der einschlägigen Fallgruppe abhängt.

III. Kompetenzen im Bereich der Innenpolitik

1. Gesetzgebung: Alle Bundesgesetzgebung steht nach Art. I § 1 dem Kongreß zu. Die Kompetenzen sind in § 8 genannt, das Verfahren ist in § 7 geregelt. § 7 sieht ein Vetorecht des Präsidenten für alle Gesetzesvorlagen vor, das der Kongreß nur mit einer Zwei-Drittel-Mehrheit beider Häuser überwinden kann. Darüber hinaus kann der Präsident für Gesetzesinitiativen eintreten, ohne sie formell ‚einbringen' zu können; dazu bedarf es, wie in § 5 II dargelegt, der Einschaltung von Kongreßabgeordneten. Der Präsident kann auch aufgrund legislativer Ermächtigung materiell Legislativfunktionen wahrnehmen im Rahmen seiner Stellung als Oberhaupt der Bundesverwaltung und in dieser Kompetenz Verordnungen erlassen.[6]

---

[5] Vgl. weiter unten zum *Steel Seizure Case*, zu *INS v. Chadha* und zu *United States v. Curtiss-Wright Corp.*, ferner zu diesen unterschiedlichen Interpretationsansätzen schon oben § 5 IV 2.

[6] Dazu näher unten §§ 18 II; 19 II.

Die Leitentscheidung im Hinblick auf die Abgrenzung von Legislativ- und Exekutivkompetenzen ist der *Steel Seizure Case*.[7] Der Supreme Court-Entscheidung gingen Verhandlungen zwischen Arbeitgebern und Gewerkschaft über Lohnerhöhungen in der Stahlindustrie voraus, die trotz Vergleichsbemühungen zu einem Streikaufruf seitens der Gewerkschaft führten. Präsident Truman fürchtete, daß eine Stahlknappheit in der Rüstungsindustrie zu großen Gefahren für die nationale Verteidigung führen würde. Er wies seinen Handelsminister an, weite Teile der Stahlunternehmen in staatlicher Regie zu betreiben. Die dagegen gerichtete Klage der Stahlunternehmer war erfolgreich. Sechs Richter sahen einen Verfassungsverstoß vorliegen, wobei allerdings fünf Richter in ‚concurring opinions' unterschiedliche Begründungen für den Verfassungsverstoß abgaben.

Die Exekutive gestand vor Gericht zu, daß die Verfassung keine spezifische Ermächtigung für den Eingriff enthält, sah diesen jedoch gerechtfertigt durch eine Rechtsanalogie im Hinblick auf die spezifisch erwähnte Exekutivgewalt des Präsidenten, die Gesetzesanwendungskompetenz sowie seine Stellung als Oberbefehlshaber der Streitkräfte (Art. II § 1 Cl. 1, § 2 Cl. 1, § 3).

Diese Argumente überzeugten Justice Black nicht. Nach Blacks Mehrheitsvotum muß die Kompetenz des Präsidenten entweder auf einen Akt des Kongresses oder eine spezifische Ermächtigung der Verfassung zurückführbar sein. Ersteres war nicht der Fall (der Kongreß hatte bei früheren Gelegenheiten solche Ermächtigungen abgelehnt, in diesem Fall allerdings geschwiegen), letzteres verneinte Black ebenfalls im Rahmen seiner Interpretation der drei vom Beklagten genannten Vorschriften. Zudem sah Black in dem Eingriff einen klaren Fall von Gesetzgebung vorliegen, für die nach Art. I § 1 der Kongreß zuständig ist. Entscheidend für Black ist also eine Textanalyse der Verfassung.

Richter Frankfurter stimmte im Ergebnis Black zu, legte den Schwerpunkt seiner Begründung aber weniger auf eine abstrakte Analyse von Worten oder Funktionen der Verfassung. Ihm zufolge kommt es auf tief in der Tradition verankerte Praktiken der betroffenen Verfassungsorgane an.[8] Soweit diese Tradition eine klare Richtung und Gewichtung in der Zuweisung einer textlich nicht genau geregelten Kompetenz zu erkennen gibt, soll diese ständige Praxis, in loser Anlehnung an eine ständige Rechtsprechung, einer für sich genommen offenen und unklaren Kompetenzzuweisung klare Gestalt geben. „In short, a systematic, unbroken, executive practice, long pursued to the knowledge of the Congress and never before questioned, engaged in by Presidents who have also sworn to uphold the Constitution, making as it were such exercise

[7] *Youngstown Sheet & Tube Co. v. Sawyer*, 343 U.S. 579 (1952).
[8] Zu Traditionsargumenten in anderen Bereichen siehe unten §§ 9 II; 11 II.

of power part of the structure of our government, may be treated as a gloss on ‚executive Power' vested in the President by Sec. 1 of Art. II."[9] Weil diese ständige Praxis seiner Ansicht nach nicht vorlag, stimmte Frankfurter im Ergebnis Black zu.[10]

Einen dritten, noch einmal anders verankerten Ansatz wählte Richter Jackson in seinem Black zustimmenden Votum. Jackson lehnt zunächst die Relevanz einer historischen Analyse oder einer rein sprachlichen Auslegung ohne Bezug auf den Kontext der Regelung ab und beruft sich auf die doppelte Funktion von Gewaltenteilung – Machtmißbrauch zu verhindern, aber auch eine funktionierende Regierung zu verankern. Von diesem Ausgangspunkt aus formuliert er dann konsequent: „Presidential powers are not fixed but fluctuate, depending upon their disjunction or conjunction with those of Congress."[11] Drei Fallgestaltungen sind nach Jackson zu unterscheiden: (1) Ein Handeln des Präsidenten auf der Basis einer Ermächtigung des Kongresses, (2) ohne Ermächtigung des Kongresses und (3) gegen den Willen des Kongresses. Die Macht des Präsidenten ist im Fall (1) am größten, weil sie quasi die Kompetenzen zweier Zweige der Staatsgewalt umfaßt, im Fall (3) am geringsten, weil sie nur auf der eigenen Kompetenz minus der Kompetenz der Legislative aufbaut. Im Fall (2) sieht Jackson eine Grauzone vorliegen, in der viel vom faktischen Verhalten der konkurrierenden Staatsorgane abhängt. Die Einteilung ist nach Jackson auch für den Umfang gerichtlicher Kontrolle von Bedeutung: Im Fall (1) hat das Gericht weitestgehend der Beurteilung der beiden anderen Staatsorgane zu folgen, im Fall (3) ist Vorsicht, sprich genauere Kontrolle, geboten, im Fall (2) hält Jackson einen flexiblen Maßstab für angebracht. Bezogen auf den zu entscheidenden Fall sah Jackson Fall (3) und auch eine konkrete, allerdings nicht in Anspruch genommene Kompetenz des Kongresses zu solchen Übernahmeakten vorliegen, so daß gegen die Exekutive zu entscheiden war.

Die drei hier skizzierten Methoden der Verfassungsinterpretation führten im gegebenen Fall zum gleichen Ergebnis, stellen aber durchaus auf unterschiedliche Kriterien ab, die auch in Spannung zueinander geraten können: Geht man von der Textanalyse aus, wie sie Black vertritt, kommt es nicht auf eine ständige und damit offenbar bewährte Praxis der Verfassungsorgane an: der textlichen Anordnung ist Folge zu leisten, ‚komme, was wolle'. Verglichen mit Frankfurters Berufung auf die ständige Verfassungspraxis vertritt Jackson eine gemischt systematische und funktionsorientierte Interpretationsmethode: Es kommt auf die Zu-

[9] 343 U.S. 579, 610f. (1952).

[10] Der dissentierende Richter Vinson berief sich ebenfalls auf das Kriterium der ständigen Praxis, interpretierte diese aber anders als Frankfurter, nämlich zugunsten des präsidentiellen Anweisung: aaO, 667ff.

[11] AaO, 635.

stimmung oder Ablehnung des Kongresses an. Die Legislative kann im Rahmen ihrer Kompetenzen eventuell konkurrierende Kompetenzen des Präsidenten stärken oder schwächen, und die Gerichte haben dem Gesichtspunkt praktischer Bewährung starkes Gewicht zu geben.[12]

2. *Notstandskompetenz*: Im *Steel Seizure Case* ebenfalls diskutiert wurde die Kompetenz des Präsidenten für den Fall eines nationalen Notstandes. Steht ihm dann eine ‚emergency power' zu, mittels deren er Verordnungen erlassen, Administrativorgane einsetzen, Eigentum und Grundstücke beschlagnahmen und ähnliche ihm notwendig erscheinende Maßnahmen treffen kann? In dieser Frage stehen sich zwei alternative Theorien gegenüber. Nach der Sachwalter- oder Treuhändersicht hat der Präsident im Notstandsfall alle Kompetenzen, die ihm nicht spezifisch durch die Verfassung oder durch ihrerseits kompetenzgemäß getroffene legislative Anordnung entzogen sind. Nach der engeren Sicht beschränkt sich die präsidentielle Gewalt auf die spezifisch genannten Bereiche oder deren engeren Umkreis. Das heißt auf die Kompetenznormen umgesetzt: Nach der weiten Auffassung sind die spezifischen Kompetenzen des Art. II §§ 2 und 3 nur illustrativ, aber nicht abschließend; entscheidend ist die allgemeine Exekutivkompetenz in § 1; nach der engeren Sicht sind die §§ 2 und 3 im wesentlichen abschließend.[13]

Im *Steel Seizure Case* ging die Mehrheit des Supreme Court davon aus, die Beschlagnahmekompetenz des Präsidenten sei deswegen nicht gegeben, weil der Kongreß bei verschiedenen Anlässen (aber nicht im Fall der Beschlagnahme der Stahlunternehmen selbst!) solche Maßnahmen seinem eigenen Kompetenzbereich zugeordnet habe. Damit entfällt auch nach der weiten Sachwaltertheorie eine ungeschriebene Kompetenz des Präsidenten. Zu klären bleibt aber, ob im Falle fehlender oder nicht in Anspruch genommener Kongreßkompetenz dem Präsidenten Notstandskompetenzen zustehen könnten. Eine Mehrheit von teils zustimmenden, teils abweichenden Voten in dieser Entscheidung kann so gelesen werden, daß sie für einen solchen Fall dem Präsidenten Handlungsvollmachten geben würden. Die Frage ist durch das Gericht bislang nicht abschließend geklärt worden.[14]

3. *Executive Impoundment*: Aus Art. I § 7 Cl. 1 und § 8 Cl. 1 ergibt sich die Kompetenz des Kongresses für die staatliche Mitteleinnahme- und Mittelausgabenpolitik. Dieser Kompetenz entspricht auf der präsi-

[12] Jacksons dreistufiger Test wird vom Gericht immer noch benutzt. Vgl. *Dames & Moore v. Regan*, 453 U.S. 654 (1981), wo der Supreme Court den Jackson-Test benutzte, um in einer Ausnahmesituation (Verhandlungen von Präsident Carter mit dem Iran zur Freilassung amerikanischer Geiseln) die Anordnung des Präsidenten für verfassungsgemäß zu erklären, zuvor eingefrorene iranische Guthaben wieder freizugeben sowie gegen den Iran in den USA anhängige Gerichtsverfahren zu beenden und einem Schiedsgerichtsverfahren zu unterstellen.

[13] Vgl. *Tribe*, Am. Const. Law, § 4–2.

[14] Vgl. *Chemerinsky*, Const. Law, § 4.1 und unten IV. zu *Curtiss-Wright*.

dentiellen Seite die Pflicht der Gesetzesausführung in Art. II § 3: Der Präsident muß solche Ausgaben tätigen, soweit das Gesetz nicht explizit oder implizit der Exekutive einen Beurteilungs- oder Ermessensspielraum einräumt. Trotz dieser scheinbar klaren Aufgabenverteilung gab es in der Nixon-Ära Versuche, eigenständige Entscheidungskompetenzen auch gegen vom Kongreß vorgesehene Ausgaben in Anspruch zu nehmen, insbesondere die Anweisung von Geld oder sonstigen Leistungen dann zu verzögern oder ganz auszusetzen, wenn dies zu erhöhten Preisen und Steuern geführt hätte.[15] Verfassungsrechtliche Grundlage dieser nicht spezifisch erwähnten Kompetenz sollte die Generalklausel des Art. II § 1 sein.

Die Rechtsprechung des Supreme Court weist nur einen älteren Fall auf, in dem dem Präsidenten das Recht abgesprochen wurde, die Ausgabe von Mitteln zu verweigern, die auszugeben der Kongreß dem Präsidenten explizit aufgegeben hatte.[16] Von diesem Ausnahmefall abgesehen, gibt es nur eine neuere Entscheidung, in der es um die Frage ging, ob ein einfaches Gesetz dem Präsidenten ein Ermessen einräumt oder nicht; da der Präsident keine verfassungsrechtliche Sperrkompetenz ins Spiel gebracht hatte, war die verfassungsrechtliche Streitfrage nicht zu beurteilen.[17] Doch weisen diese beiden Entscheidungen sowie die Rechtsprechung der Untergerichte eher darauf hin, daß dem Präsidenten keine eigenständigen Kompetenzen zustehen.[18] Diese Folgerung wird auch durch die Tatsache bestärkt, daß die Einräumung einer ‚impoundment power' die Voraussetzungen unterlaufen würde, die die Verfassung für das Vetorecht des Präsidenten in Art. I § 7 Cl. 2 vorsieht. Hiernach steht dem Präsidenten im Bereich legislativen Tätigwerdens nur die Einflußnahme durch das Veto zur Verfügung, das mit qualifizierter Mehrheit zu überwinden ist; darüber hinausgehende Kompetenzen bedürfen der Legitimierung durch den Kongreß. Eine eigenständige, vom Kongreß nicht überwindbare ‚impoundment power' würde diese Machtbalance storen.[19]

4. Vetorecht: Nach Art. I § 7 müssen alle Gesetzentwürfe, die vom Repräsentantenhaus und vom Senat angenommen worden sind, dem

[15] Vgl. *Rotunda/Nowak*, Const. Law, § 7.4.

[16] Vgl. *Kendall v. United States ex rel. Stokes*, 37 U.S. (12 Pet.) 524 (1838).

[17] Vgl. *Train v. City of New York*, 420 U.S. 35 (1975).

[18] Vgl. *Tribe*, Am. Const. Law, § 4–12. Anderes mag möglicherweise gelten, soweit die Ausgaben mit spezifischen Regierungsfunktionen verbunden sind, wie etwa dem Bereich nationaler Sicherheit und auswärtiger Politik.

[19] Im Sinne dieser Kompetenzabgrenzung hat der Kongreß 1974 den Impoundment Control Act erlassen, der nähere Regelungen über die Abstimmung zwischen Präsident und Kongreß enthält und Ausgabensperren zum Teil von der Zustimmung des Kongresses abhängig macht: 2 U.S.C. §§ 681–688. Zweifel an der Verfassungsmäßigkeit dieses Verfahrens ergeben sich im Hinblick auf die in § 7 III 5 erörterte Entscheidung *INS v. Chadha*.

Präsidenten vorgelegt werden. Er kann dem Entwurf entweder zustimmen oder ihn unter Darlegung seiner Einwände zurückweisen. Im letztgenannten Fall geht der Entwurf zurück an den Kongreß. Das Veto des Präsidenten kann nur durch eine Zwei-Drittel-Mehrheit in beiden Häusern überwunden werden. Ziel des komplizierten Abstimmungsverfahrens ist die größtmögliche Gewährleistung allgemeinwohlfördernder Gesetze durch gegenseitige Balancierung der drei vom Volk gewählten Staatsorgane. Die Einschaltung des Präsidenten im besonderen soll dazu dienen, eine nationale und nicht nur wahlkreis- oder gliedstaatenbezogene Perspektive in das Gesetzgebungsverfahren einzubringen.[20]

5. Legislatives Veto: Nicht direkt, aber indirekt auf das Vetorecht des Präsidenten bezogen ist das legislative Veto. Hierbei handelt es sich um ein Kontrollrecht, das der Kongreß sich, einem der beiden Häuser oder einem Ausschuß in solchen Gesetzen vorbehält, die materielle Gesetzgebungs- und sonstige Regulierungsbefugnisse an Exekutivbehörden oder eigenständige Verwaltungsbehörden delegieren.[21] Trifft die Behörde dann Entscheidungen, die gegen die Vorstellungen des Kongresses verstoßen, kann dieser sein Veto geltend machen. Das geschieht in der Regel durch eine Resolution, die dem Präsidenten nicht vorgelegt wird. Der Präsident kann bei diesem Verfahren also sein eigenes Veto nicht geltend machen, wie das beim ursprünglichen Erlaß eines Gesetzes vorgesehen wäre.

Diese gängige Verfahrensweise wurde vom Supreme Court in *INS v. Chadha*[22] für verfassungswidrig erklärt. In diesem Fall wandte sich das Repräsentantenhaus gegen die Aussetzung einer Ausweisungsentscheidung. Da das Repräsentantenhaus keine legislative Maßnahme vorliegen sah, wurde das Veto von ihm allein eingelegt. Senat und Präsident wurden nicht eingeschaltet. Der Supreme Court ging von einem Legislativakt aus, der von beiden Häusern hätte beschlossen und dem Präsidenten hätte vorgelegt werden müssen. Die gegenseitigen Abstimmungen seien dazu gedacht, unkluge, überstürzte, einseitige Gesetze zu verhindern und eine nationale Perspektive zur Geltung zu bringen. Gegen diese Ziele verstoße das legislative Veto. Die weitreichende Entscheidung des Gerichts ist auf viel Kritik gestoßen. Lag hier wirklich Gesetzeshandeln vor, wie der Supreme Court annahm? Oder war es eine behördliche Einzelfallentscheidung, so daß nicht die legislativen Mitwirkungsrechte von Senat und Präsident im Streit gewesen wären, sondern die Frage angestanden hätte, ob Legislativorgane nach erfolgter Delegation auch exekutive Einzelfallentscheidungen treffen dürfen? Zumindest

---

[20] Vgl. *INS v. Chadha*, 462 U.S. 919, 947f. (1983), unter Hinweis auf Nr. 73 der Federalist Papers.

[21] Zur Zulässigkeit solcher Delegationen siehe unten § 19 II.

[22] 462 U.S. 919 (1983).

hätte das Gericht die Entscheidung des Falles auf das Problem ‚Einzelfallentscheidung' beschränken können, was es aber – im Gegensatz zu der von ihm propagierten Prämisse, verfassungsrechtliche Konflikte möglichst zu vermeiden[23] – nicht tat. Der Supreme Court berief sich auf die textlich klaren Zuständigkeiten im Bereich der Gesetzgebung; daß sich das legislative Veto in der Praxis eingebürgert hatte und viele pragmatische Gründe für dieses Institut sprachen, sah das Gericht als verfassungsrechtlich irrelevant an.[24]

Das führt zu der Frage: Wie ist die Rechtslage in bezug auf die annähernd 200 Gesetze[25], die ein solches legislatives Veto vorsehen? Die rechtliche Beurteilung hängt letztlich davon ab, unter welchen Voraussetzungen ‚legislatives Handeln' vorliegt und, falls man dies bejaht, ob die betroffenen Gesetze trotz einer verfassungswidrigen Vetovorschrift als im übrigen verfassungsgemäß angesehen werden können.[26] Die legislative Antwort liegt vor in dem 1996 beschlossenen Congressional Review Act.[27] Dieser sieht eine Vorlagepflicht von Verwaltungsträgern vor, die Verordnungen erlassen wollen. Regelungsintensive Normen können erst nach 60 Tagen in Kraft treten. Während dieser Zeit kann der Kongreß durch eine ‚joint resolution' der Verordnung widersprechen. Die Rechte des Präsidenten werden wie bei einem Gesetzentwurf gewahrt. Ziel dieses Gesetzes ist vorgängige Kontrolle von Verwaltungsnormen bei gleichzeitiger Achtung der *Chadha*-Prinzipien.

6. Ernennung und Entlassung: Nach Art. II § 2 Cl. 2 ernennt der Präsident auf Anraten und mit Zustimmung des Senats Botschafter, Gesandte und Konsuln, die Richter des Obersten Bundesgerichts und alle sonstigen Amtswalter der Vereinigten Staaten, deren Bestellung hierin nicht anderweitig geregelt ist und deren Ämter durch Gesetz geschaffen werden; doch kann der Kongreß nach seinem Ermessen die Ernennung von untergeordneten Amtswaltern durch Gesetz dem Präsidenten allein, den Gerichtshöfen oder den Leitern der Abteilungen der Bundesexekutive übertragen.

Diese Vorschrift läßt drei wichtige Merkmale erkennen: (1) Sie ist Ausdruck des komplizierten Systems von ‚checks and balances', nach dem die Gewalten nicht nur geteilt, sondern auch in fein abgestufter Weise aufeinander angewiesen sind. (2) Sie geht von der Unterscheidung

---

[23] Vgl. oben § 3 II 8.

[24] Vgl. zur Kritik an der Entscheidung das Minderheitsvotum von Justice White, aaO, 967 ff. Methodisch stehen in dieser Entscheidung also historische und textliche Analysen im Vordergrund, nicht Funktionsüberlegungen oder Aspekte erfolgreicher Praxis.

[25] Vgl. die Angaben aaO, 967 ff. Dazu zählen auch die in diesem Paragraphen angesprochene War Powers Resolution und der Impoundment Control Act: unten Fußn. 60 bzw. oben Fußn. 19.

[26] Vgl. *Nowak/Rotunda*, Const. Law, § 7.14; *Pierce u. a.*, Adm. Law, § 3.5.

[27] Vgl. 5 U.S.C. §§ 801–808. Hierzu *Fox*, Adm. Law, § 10.

von Organen/Ämtern und Organ- bzw. Amtswaltern aus: Soweit erstere nicht direkt von der Verfassung vorgesehen sind, kann der Kongreß neue Ämter schaffen, aber nicht Amtswalter bestellen. (3) Je nachdem, ob es sich um untergeordnete Amtswalter (2. Alternative) oder – im Umkehrschluß – um höhere Beamte handelt (1. Alternative), steht das Ernennungsrecht den vom Kongreß in Übereinstimmung mit der 2. Alternative ausgewählten Organen zu oder dem Präsidenten im Zusammenwirken mit dem Senat. Zusammengenommen ergeben diese Punkte wichtige Mitspracherechte der Legislativorgane, die aber doch in den meisten Fällen auf eine starke Stellung des Präsidenten hinauslaufen und in allen Fällen die Entscheidung von Ernennungen der exklusiven Kompetenz der Legislative entziehen.

Schwierigkeiten bereitet die Abgrenzung der ‚principal officers', die der Präsident mit Zustimmung des Senats zu ernennen hat, von den ‚inferior officers', deren Ernennung der Kongreß in die Hände des Präsidenten, der Gerichte oder der Spitzen der Bundesexekutive legen kann. Erstere umfassen Amtswalter, die weitreichende Kompetenzen innehaben, also insbesondere Regierungsfunktionen wahrnehmen oder bedeutsame administrative Kompetenzen im Hinblick auf Normerlaß oder Streitentscheidung besitzen. Letztere sind Beamte, deren Kompetenzen eng(er) sind, etwa im Hinblick auf den Umfang und das Gewicht der Geschäfte oder auch die zeitliche Begrenzung der Aufgabe. So sind die Mitglieder der Federal Election Commission, die komplexe und weitreichende Entscheidungen in bezug auf die Einhaltung der für Bundeswahlen verbindlichen Vorschriften zu treffen haben, als ‚principal officers' anzusehen, während speziell für einen Fall oder eine Fallgruppe eingesetzte Staatsanwälte, die nur die einschlägigen Vorschriften durchsetzen sollen, als ‚inferior officers' gelten.[28]

Die Kompetenz zur Entlassung von ‚principal officers'[29] ist verfassungstextlich nicht geregelt. Daraus kann man (wenn man von dem in Art. II § 4 geregelten Amtsenthebungsverfahren absieht) den Umkehrschluß ziehen, diese Kompetenz liege entweder in den Händen des Präsidenten allein oder in den Händen der jeweils zusammenwirkenden Ernennungssorgane. Die erstgenannte Linie hat der Supreme Court in *Myers v. United States* eingeschlagen. Das Gericht stellte die Frage, ob der Präsident „has the exclusive power of removing executive officers of the United States whom he has appointed by and with the advice and consent of the Senate"[30], und fand zu einer bejahenden Antwort.[31] Es

[28] Vgl. *Buckley v. Valeo*, 424 U.S. 1 (1976) gegenüber *Morrison v. Olson*, 487 U.S. 654 (1988).

[29] Die Entlassung der ‚inferior officers' wird inzwischen weitgehend beamtenrechtlich geregelt. Siehe dazu unten § 18 II, nach (4).

[30] 272 U.S. 52, 106 (1926).

[31] Vgl. aaO, 119, 125.

sah die Mitwirkungsbefugnisse des Senats nicht als entscheidend an, sondern die Aufgabe der Gesetzesdurchführung, deren Kontrolle dem Präsidenten nach Art. II § 3 obliegt. In späteren Entscheidungen schränkte das Gericht diese weitreichende Prämisse ein, um deren naheliegendes Resultat – unbeschränktes Ermessen des Präsidenten in allen Fällen – zu vermeiden. In *Humphrey's Executor v. United States*[32] stellte das Gericht darauf ab, ob es sich bei der fraglichen Person um ein reines Exekutivorgan handelt oder um ein vom Kongreß per Gesetz eingesetztes und mit spezifischen Pflichten beauftragtes quasi-legislatives oder quasi-judikatives Organ, das nicht der politischen Prärogative des Präsidenten unterstehen sollte. Die *Myers*-Prämisse wurde nur für den erstgenannten Fall aufrechterhalten; im letztgenannten Fall kann der Kongreß vorsehen, daß eine Entlassung nur bei Pflichtenverstoß (‚removal for cause') ausgesprochen werden kann.

Zweifelsfälle sind bei dieser Abgrenzung nicht ausgeschlossen: Welche Kategorie ist einschlägig, wenn das Gesetz keine Entlassungsregelung trifft und der Charakter oder Schwerpunkt der Aufgabe unklar ist? Von solchen Schwierigkeiten abgesehen, hat diese funktionelle Abgrenzung auf jeden Fall klare Vorteile gegenüber der rein verfassungstextlichen Analyse der für sich betrachteten ‚appointment power'. Sie erlaubt es, die notwendige Abgrenzung zwischen der Kompetenz des Kongresses, gesetzlich Administrativorgane einzurichten und deren Handlungsrahmen zu bestimmen, sowie der Aufgabe des Präsidenten, im Einzelfall für die Gesetzesdurchführung zu sorgen, zu thematisieren. Je nachdem, ob es sich um ein Amt handelt, das der Prärogative des Präsidenten untersteht, oder um eine Stelle, deren Aufgaben inhaltlich von der Legislative festgesetzt sind oder gar spezielle Garantien genießen[33], ist die Kompetenz des Präsidenten unbeschränkt oder beschränkt. Was auf jeden Fall auch bei der zuletzt genannten Fallgestaltung ausgeschlossen ist, ist eine Entlassung durch die Legislative selbst.[34]

7. Begnadigung: Nach Art. II § 2 Cl. 1 steht dem Präsidenten ein Begnadigungsrecht zu, soweit es sich um strafbare Handlungen gegen die Vereinigten Staaten handelt. „The President … shall have Power to Grant Reprieves and Pardons for Offenses against the United States, except in Cases of Impeachment." Die Begnadigung kann gegenüber einzelnen Personen oder gegenüber Gruppen von Personen ausgesprochen werden.[35] Sie kann auch Bedingungen enthalten, solange diese nicht gegen verfassungsrechtliche Vorschriften verstoßen.[36] Ihre Wirkung

---

32 295 U.S. 602 (1935).

33 Wie z.B. die Bundesrichter, deren Stellung nach Art. III § 1 „during good Behaviour" gesichert ist.

34 Vgl. *Bowsher v. Synar*, 478 U.S. 714 (1986).

35 Vgl. *United States v. Klein*, 80 U.S. 128 (1872).

36 Vgl. *Schick v. Reed*, 419 U.S. 256 (1974).

besteht im Ausschluß der Verurteilung oder der Aufhebung der angeordneten Sanktionen.[37] Dem Kongreß steht kein Mittel zur Verfügung, solche Begnadigungen zu verhindern.[38] Klagen vor Gericht gegen den Ausspruch einer Begnadigung haben kaum Aussichten auf Erfolg, weil der Präsident weitgehendes Ermessen hat. So ist z.B. die von Präsident Ford gegenüber dem Ex-Präsidenten Nixon ausgesprochene Begnadigung gerichtlich akzeptiert worden.[39]

8. Gesetzesausführung: Die allgemeinste Kompetenzklausel für den Präsidenten, von der allgemeinen Zuweisung der Exekutivgewalt in Art. II § 1 abgesehen, ist die take care-Klausel in Art. II § 3: „[H]e shall take Care that the Laws be faithfully executed ...". Umfaßt dieses Recht auch die Pflicht zur Gesetzesdurchführung? Solches ist für den Fall abzulehnen, wo das Gesetz zu erkennen gibt, daß der Exekutive ein Beurteilungsspielraum oder ein Ermessen zustehen soll. Auch dort, wo die Ausstattung der Exekutive es nicht erlaubt, alle Gesetzesverstöße zu ahnden, etwa im strafrechtlichen Bereich, muß ihr aus Gründen praktischer Notwendigkeit ein Ermessen zustehen. Die Rechtsprechung hat zum Teil zu erkennen gegeben, daß der Ermessensspielraum der Exekutive erheblich und gerichtlicher Kontrolle nicht zugänglich ist.[40] Zum Teil hat sie in Teilbereichen auch die Pflicht der Präsidenten bejaht, klaren gesetzlichen Anweisungen zu gehorchen, etwa im Bereich der Ausgabenpolitik.[41] Eine klare und verbindliche Linie hat sich in der Rechtsprechung nicht herausgeschält. Zumindest wird man sagen können, daß die systematische Nichtbeachtung eines Gesetzes durch die Exekutive einer Aufhebung des Gesetzes gleichkäme, und zu einem solchen – legislativen – Akt ist die Exekutive nicht berechtigt.

IV. Kompetenzen im Bereich der Außenpolitik

1. Allgemeines zur Verbands- und Organkompetenz: Für den Bereich der Außenpolitik[42] sind zunächst zwei grundlegende Fragen zu beantworten. Sind außenpolitische Entscheidungen exklusiv von der nationalen Gewalt zu treffen, und welche Bundesorgane sind zur Führung dieser Geschäfte berechtigt? Auf beide Fragen finden sich Antworten in der Leitentscheidung *United States v. Curtiss-Wright Corp.*[43] In dieser

---

[37] Vgl. *Ex parte Garland*, 71 U.S. 333 (1866).

[38] Vgl. Fußn. 35, 36.

[39] Vgl. *Murphy v. Ford*, 390 F. Supp. 1372 (W.D.Mich. 1975). Das Gericht geht nicht auf die ‚political question doctrine' ein, obwohl deren Voraussetzungen klar gegeben zu sein scheinen; vgl. oben § 3 II 7.

[40] Vgl. *Heckler v. Chaney*, 470 U.S. 821 (1985).

[41] Vgl. oben Abschnitt III 3.

[42] Hierzu allgemein *Henkin*, Foreign Affairs; *Buergenthal*, Public International Law, Ch. 8; *Restatement*, Foreign Relations Law.

[43] 299 U.S. 304 (1936).

Entscheidung ging es um eine durch Kongreßresolution unterstützte Anordnung des Präsidenten, Waffenexporte in bestimmte Gebiete zu unterbinden. Die Firma Curtiss-Wright wurde wegen eines Verstoßes gegen diese Anordnung angeklagt und verteidigte sich unter anderem mit dem Argument, in diesem Falle liege eine zu weitgehende Delegation legislativer Gewalt an die Exekutive vor. Das Gericht ließ die Entscheidung dieses Punktes offen, da es sich hier um eine Anordnung im Bereich der Außenpolitik handle, für die auf jeden Fall eine weitgehende Delegation möglich sei.

Im Hinblick auf den Umfang der nationalen Gewalt für die Außenpolitik vertrat der Supreme Court die These, die verfassungsrechtliche Grundlage der Bundesgewalt als ‚government of limited and enumerated powers' betreffe nur den Bereich der Innenpolitik. Im Feld der Außenpolitik basiere die Bundeskompetenz nicht auf einer verfassungsinternen Kompetenz, sondern auf einem verfassungsexternen Übergang der Kompetenz von Großbritannien auf die neugegründeten United States of America: „Rulers come and go; governments end and forms of government change; but sovereignty survives. A political society cannot endure without a supreme will somewhere. Sovereignty is never held in suspense. When, therefore, the external sovereignty of Great Britain in respect of the colonies ceased, it immediately passed to the Union."[44] Die Aussage basiert auf der Annahme, daß die in den Articles of Confederation zusammengeschlossenen Staaten keine außenpolitischen Kompetenzen besessen hätten, die Außenpolitik also mit der Gründung der Union vollständig und exklusiv auf die nationale Gewalt übergegangen ist. Diese historische Rekonstruktion ist nicht unumstritten, der Supreme Court hat aber inzwischen zu erkennen gegeben, daß er dem Resultat – der umfassenden und exklusiven Kompetenz der Bundesgewalt für die Außenpolitik – zustimmt.[45]

Was den Bereich der Organkompetenz angeht, so sind die rechtlichen Verhältnisse schwieriger einzuschätzen. Das liegt unter anderem daran, daß einige Aussagen des für die Mehrheit sprechenden Richters Sutherland in *Curtiss-Wright* widersprüchlich sind. Zum einen spricht er davon, „the President alone has the power to speak or listen as a representative of the nation", und erwähnt die „plenary and exclusive power of the President as the sole organ of the federal government in the field of international relations – a power which does not require as a basis for its exercise an act of Congress ...".[46] Zum anderen sieht er es als relevant an, daß in diesem Fall eine Ermächtigung des Kongresses plus eine Eigenkompetenz des Präsidenten vorlagen, bezieht sich damit also auf

[44] AaO, 316f.
[45] Vgl. *Zschernig v. Miller*, 389 U.S. 429 (1968).
[46] 299 U.S. 304, 319, 320 (1936).

die erste Kategorie des Drei-Stufen-Tests von Richter Jackson im *Steel Seizure Case*.[47]

Was Sutherland zu seiner These der exklusiven Macht des Präsidenten bewegt, ist wohl die von ihm betonte Tatsache, daß im Bereich der Außenpolitik die Regierung oft mit einer Zunge sprechen und in einer Person verhandeln muß, um das nationale Wohl fördern zu können. So richtig das ist, so ist doch auf der anderen Seite nicht zu übersehen, daß die Verfassung selbst an einigen Stellen eine Aufteilung einzelner Kompetenzen zwischen Kongreß und Präsident vornimmt. Der Kongreß kann den auswärtigen Handel regulieren, Kriegserklärungen abgeben, die Armee und die Seestreitkräfte organisieren und finanzieren; zudem steht ihm die generelle Legislativgewalt und die Steuer- und Ausgabenkompetenz zu (Art. I § 8 Cl. 1, 3, 11, 12, 13). Dem Präsidenten verleiht die Verfassung die generelle Exekutivgewalt, die Stellung als Oberbefehlshaber der Streitkräfte, das Recht, in Abstimmung mit dem Senat Staatsverträge abzuschließen und im Bereich der (Anerkennung auswärtiger Staaten und ihrer) Gesandten tätig zu werden (Art. II § 1 Cl. 1, §§ 2, 3).

Sutherland geht beiläufig auf einige dieser Vorschriften ein, der Schwerpunkt seiner Behauptung einer Exklusivkompetenz des Präsidenten liegt aber nicht auf dieser textlichen Analyse, sondern auf der Betonung funktioneller Überlegenheit des Präsidenten im Hinblick auf seine Stellung als gutinformiertes, mit einer Stimme sprechendes und über effektive Macht verfügendes Staatsorgan. Nimmt man noch hinzu, daß der Kongreß bis in die jüngste Vergangenheit oft geschwiegen und auch keine Klage erhoben hat, wenn der Präsident umstrittene Kompetenzen – etwa im Bereich der Kriegsführung – wahrgenommen hat, so führt dies zur Frage, ob und, falls ja, unter welchen näheren Bedingungen ein Schweigen des Kongresses dem Präsidenten die verfassungsrechtliche Legitimität für die Inanspruchnahme nicht spezifisch geregelter Kompetenzen verschaffen kann. Damit führt auch der außenpolitische Bereich auf die drei möglichen Ansatzpunkte interpretatorischer Konkretisierung, die das Gericht im *Steel Seizure Case* vertreten hatte: Text der Verfassung, Funktion der Staatsorgane, Praxis der Staatsorgane.

Mangels einer klaren verfassungstextlichen Abgrenzung der Kompetenzen und in Anbetracht der geringen Anzahl von Supreme Court-Entscheidungen sind in diesem Bereich zahlreiche verfassungsrechtliche Fragen umstritten; vieles hängt von einer politischen Austarierung der betroffenen Staatsorgane ab. Einige Eckpunkte der Rechtsprechung und ein besonders streitiger Fall von Kompetenzausübung werden im folgenden dargestellt.

---

[47] Vgl. oben nach Fußn. 11.

2. Staatsverträge: Art. II § 2 Cl. 2 sieht vor: Der Präsident „shall have Power, by and with the Advice and Consent of the Senate, to make Treaties, provided two-thirds of the Senate present concur...". Mit anderen Worten: Der Präsident handelt Staatsverträge aus; stimmt der Senat zu, ratifiziert der Präsident. Solche Verträge sind gemäß der ‚supremacy clause' (Art. VI Cl. 2) „the supreme Law of the Land". Sie haben Vorrang gegenüber Gliedstaatenrecht; im Verhältnis zu Bundesrecht kommt es auf die zeitlich letzte Äußerung von legislativer Gewalt an. Der Kongreß kann Vertragsverpflichtungen innerstaatlich abändern; davon unberührt bleibt allerdings die völkerrechtliche Verbindlichkeit solcher Staatsverträge.[48]

Die Verfassung enthält keine Entscheidung der Frage, wer zur Kündigung von Staatsverträgen befugt ist. Vier Richter des Supreme Court haben in einem Fall, in dem diese Kompetenz vom Präsidenten in Anspruch genommen worden ist, eine ‚political question' vorliegen sehen, mit dem Argument, es handele sich um eine außenpolitische Streitfrage, die mangels einer klaren verfassungsrechtlichen Regelung von den gleichberechtigten politischen Organen zu lösen und einer gerichtlichen Entscheidung nicht zugänglich sei.[49]

3. Regierungsverträge: Von den Staatsverträgen sind ‚executive agreements' zu unterscheiden, die vom Präsidenten allein abgeschlossen werden, entweder im Rahmen einer eigenen Kompetenz oder einer Ermächtigung durch die Legislative oder eines Staatsvertrages.[50] Generell läßt sich der Rechtsprechung die Linie entnehmen, daß Regierungsverträge, die eng mit einer anerkannten präsidentiellen Kompetenz wie z.B. der Anerkennung ausländischer Staaten zusammenhängen, verfassungsgemäß und von der Gerichtsbarkeit nicht inhaltlich zu kontrollieren sind.[51] Solche ‚executive agreements' haben unstreitig Vorrang gegenüber widersprechendem Gliedstaatenrecht, während die Vorrangfrage gegenüber Akten des Kongresses noch nicht abschließend geklärt ist.[52]

Staatsverträge wie Regierungsverträge können ‚self-executing' sein oder innerstaatlicher Umsetzung bedürfen. Da beide Vereinbarungen dem Bereich der auswärtigen Beziehungen und damit der nationalen Gewalt zugehören, sind die vertragsabschließenden Parteien nicht an die innerstaatliche Kompetenzaufteilung zwischen Bund und Gliedstaaten gebunden; im Rahmen der auswärtigen Gewalt kann der Bund also auch

---

[48] Vgl. *Hauenstein v. Lynham*, 100 U.S. 483 (1880); *Head Money Cases*, 112 U.S. 580 (1884); *Chae Chan Ping v. U.S.*, 130 U.S. 581 (1889); *Clark v. Allen*, 331 U.S. 503 (1947). Allgemein hierzu *Groß*, AVR 31 (1993), S. 409ff.

[49] *Goldwater v. Carter*, 444 U.S. 996 (1979).

[50] Vgl. näher *Kühner*, JöR NF 35 (1986), S. 365ff.

[51] Vgl. *United States v. Belmont*, 301 U.S. 324 (1937). In *Dames & Moore v. Regan*, 453 U.S. 654 (1981) lag ein ‚executive agreement' vor, das der Präsident mit Zustimmung des Kongresses abgeschlossen hatte.

[52] Vgl. *Nowak/Rotunda*, Const. Law, § 6.9.

Regelungen treffen, die nach der innerstaatlichen Kompetenzaufteilung den Gliedstaaten zufallen.[53] Ansonsten aber sind verfassungsrechtliche Grenzen, insbesondere grundrechtlicher Art, zu beachten.[54]

4. Anerkennung ausländischer Staaten: Unstreitig zu den präsidentiellen Kompetenzen gehört die Anerkennung ausländischer Staaten. Ansatzweise ist dies in Art. II § 3 angesprochen, wo es um die Akkreditierung von Botschaftern geht; wichtiger wohl ist in diesem Zusammenhang der Gedanke, daß eine solche Anerkennung einheitlich erfolgen muß und von Kriterien abhängig ist, die das höchste Exekutivorgan am besten einschätzen kann.[55]

5. War Power: Nach Art. I § 8 Cl. 11 steht dem Kongreß das Recht der Kriegserklärung zu; damit verbunden sind weitere Kompetenzen in den Cl. 1 und 12 bis 16 im Hinblick auf die Ausgabenpolitik und die Einrichtung und Unterstützung der Streitkräfte. Auf der anderen Seite ist der Präsident nach Art. II § 1 Cl. 1 das Exekutivorgan der Union und nach § 2 Cl. 1 Oberbefehlshaber der Streitkräfte. Welche Rechte stehen dem Präsidenten als Oberbefehlshaber in kriegerischen Auseinandersetzungen zu, in denen keine Kriegserklärung durch den Kongreß vorliegt, entweder weil das bis dato zeitlich nicht möglich war oder der Kongreß nicht bereit war, sich positiv oder negativ zu äußern, durch eine formelle Erklärung nach Art. I § 8 Cl. 11 oder eine Resolution?

Diese Frage ist streitig. Im Rahmen der Diskussion des Verfassungsentwurfs war die Kompetenz des Kongresses ‚to make war' umgeändert worden in ‚to declare war', was in Verbindung mit der Stellung des Präsidenten als Oberbefehlshaber der Streitkräfte darauf schließen läßt, daß die strategische Kriegsführung selbst in der Hand des Präsidenten liegen sollte. Die historische Analyse läßt auch erkennen, daß in Fällen unmittelbarer Bedrohung des Landes die Exekutive handeln sollte.[56] Wann aber liegt unter Voraussetzungen moderner Kriegsführung eine unmittelbare Bedrohung des Landes vor? Auch bei einem vorbeugenden Vergeltungsschlag, auch bei einem Schlag gegen einen Gegner im Ausland? Auch bei einer Bedrohung von Alliierten, mit denen man durch einen Militärpakt verbunden ist? Falls man dies mit funktionellen Argumenten bejaht: Soll es dann auf den – vorhersehbaren oder faktisch eintretenden – Umfang und die Intensität der kriegerischen Konfrontation ankommen, um einen ‚Krieg' im Sinne von Art. I § 8 Cl. 11 und nicht

---

53 Vgl. *Missouri v. Holland*, 252 U.S. 416, 433ff. (1920).

54 Vgl. *Reid v. Covert*, 354 U.S. 1 (1957).

55 Vgl. *Banco Nacional de Cuba v. Sabbatino*, 376 U.S. 398, 410 (1964); *United States v. Pink*, 315 U.S. 203, 230 (1942).

56 Nachweise bei *Nowak/Rotunda*, Const. Law, § 6.10. Eine solche Bedrohung sah der Supreme Court in den *Prize Cases*, 67 U.S. (2 Black) 635 (1863) vorliegen, als Präsident Lincoln ohne Kriegserklärung des Kongresses eine Blockade von Häfen der Südstaaten anordnete, um die Rebellion der Südstaaten niederzuschlagen.

nur eine kriegerische Auseinandersetzung als gegeben anzusehen und damit zumindest eine nachträgliche Kontrolle durch den Kongreß zu ermöglichen? Eine Beantwortung dieser Fragen jenseits der Fälle klarer unmittelbarer Bedrohung des Landes selbst ist deswegen nicht möglich, weil der Kongreß präsidentielle Anordnungen kriegerischer Handlungen in der Vergangenheit zumeist geduldet oder implizit oder explizit unterstützt hat, etwa durch Bewilligung von Geldern oder politische Erklärungen; zudem waren gerichtliche Auseinandersetzungen eher spärlich, weil die Legislative entweder keine Klage erhoben hat oder aber eingereichte Klagen als ‚political questions' zurückgewiesen worden sind.[57]

Eine Änderung der lange Zeit durch Duldung oder Unterstützung charakterisierten Haltung des Kongresses im Hinblick auf präsidentielle ‚war powers' ist mit dem Vietnamkrieg eingetreten. Der Kongreß hat gegen Nordvietnam nie eine formelle Kriegserklärung ausgesprochen. Die vom Präsidenten angeordneten Kriegshandlungen wurden zunächst vom Kongreß unterstützt. Je mehr aber das Ausmaß der Verwicklungen und der Blutzoll auf amerikanischer Seite zunahmen, desto mehr rückten die Kongreßmitglieder von der Exekutive ab und versuchten, durch politischen Widerstand wie die Nichtbewilligung von Geldern ein Ende der Kriegshandlungen zu erzwingen[58], was letztendlich auch gelang. Versuche, gerichtlich das Kriegsende zu erzwingen, scheiterten vor allem an der ‚political question doctrine'.[59]

Was dieser Entwicklung wohl zugrundeliegt, ist der Gedanke, daß zumindest weitreichende kriegerische Engagements, bei denen mit großen Opfern zu rechnen ist, soweit möglich vorgängig, zumindest aber nachträglich vom Kongreß als dem für legislative, also in der Regel folgenreiche Regelungen primär verantwortlichen Organ angeordnet bzw. gebilligt werden müssen; zumindest muß es in der Macht des Kongresses liegen, solche Engagements nachträglich zu unterbinden. In der Linie dieser Argumentation liegt die vom Kongreß 1973 gegen das Veto von Präsident Nixon verabschiedete War Powers Resolution.[60] In dieser Resolution beschränkt der Kongreß die Kompetenz des Präsidenten als Oberbefehlshaber der Streitkräfte zur Einleitung von Kriegshandlungen. Solche sollen nach der Resolution nur zulässig sein auf der Grundlage (1) einer Kriegserklärung des Kongresses, (2) einer spezifischen gesetzlichen Ermächtigung oder (3) einer unmittelbaren Bedrohung des Landes (§ 1541 (c)). Soweit der Präsident ohne vorherige formelle Kriegserklärung tätig wird, hat er sich binnen 48 Stunden schriftlich zu erklären (§ 1543 (a)). Liegen nicht näher dargelegte spezielle Bedingun-

---

[57] Vgl. *Tribe*, Am. Const. Law, S. 231, 237.
[58] Vgl. aaO, S. 236f.
[59] Nachweise in Fußn. 57.
[60] 50 U.S.C. §§ 1541–1548 (1973).

-K-U-N-D-E-N-B-E-L-E-G-

Ziehank
Universitätsbuchhandlung
Universitätsplatz 12
69115 Heidelberg , Necka
06221-90567 - 0

Terminal-ID 58038402
TA-Nr 007863 BNr 6127

Kartenzahlung
ELV Offline

EUR 58,30

######9709
Karte 0 gultig bis 12/14
Datum 26.10.10 14:20 Uhr

*** Zahlung erfolgt ***

Ermächtigung zum Lastschrifteinzug

Ich ermächtige hiermit das umseitig genannte Unternehmen, umseitig ausgewiesenen Rechnungsbetrag von meinem durch Konto-Nummer und Bankleitzahl bezeichnetem Konto durch Lastschrift einzuziehen

Ermächtigung zur Adressenweitergabe

Ich weise mein Kreditinstitut, das durch die umseitig angegebene Bankleitzahl bezeichnet ist, an, bei Nichteinlösung der Lastschrift oder bei Widerspruch gegen die Lastschrift dem Unternehmen oder einem von ihm beauftragten Dritten auf Aufforderung meinen Namen und meine Anschrift mitzuteilen, damit das Unternehmen seinen Anspruch gegen mich geltend machen kann

....

Unterschrift (Betrag siehe Vorderseite)

Ermächtigung zum Lastschrifteinzug

Ich ermächtige hiermit das umseitig genannte Unternehmen, umseitig ausgewiesenen Rechnungsbetrag von meinem durch Konto-Nummer und Bankleitzahl bezeichnetem Konto durch Lastschrift einzuziehen

Ermächtigung zur Adressenweitergabe

Ich weise mein Kreditinstitut, das durch die umseitig angegebene Bankleitzahl bezeichnet ist, an, bei Nichteinlösung der Lastschrift oder bei Widerspruch gegen die Lastschrift dem Unternehmen oder einem von ihm beauftragten Dritten auf Aufforderung meinen Namen und meine Anschrift mitzuteilen, damit das Unternehmen seinen Anspruch gegen mich geltend machen kann

....

Unterschrift (Betrag siehe Vorderseite)

gen vor, muß der Präsident bei fehlender legislativer Ermächtigung die Kriegshandlungen innerhalb von 60 Tagen einstellen (§ 1544 (b)).

Die War Powers Resolution versucht, einen tragfähigen Mittelweg zwischen den praktischen Notwendigkeiten moderner Kriegsführung und der vom Kongreß wieder stärker in Anspruch genommenen Kompetenz zur Legitimierung weitreichenden kriegerischen Engagements festzulegen. Trotzdem haben sich alle Präsidenten gegen die in der Resolution zum Vorschein kommende Verteilung der ‚war powers' gewehrt und sich implizit oder explizit auf die ihrer Ansicht nach weiter reichende Kompetenz als Oberbefehlshaber der Streitkräfte bzw. als Spitze der in solchen Situationen zum Handeln aufgerufenen Exekutive berufen. Das hat sie nicht daran gehindert, wann immer möglich, auch die Zustimmung des Kongresses zu suchen und oft auch zu finden, etwa 1990–91 im Krieg gegen den Irak. Mangels gerichtlicher Klärung der Verbindlichkeit der unterschiedlichen Standpunkte bleibt die genaue Abgrenzung der Kompetenzen auf beiden Seiten nach wie vor weithin eine Frage erfolgreicher politischer Praxis.

V. Privilegien und Immunitäten des Präsidenten

Der Präsident hat nach der Verfassung die im vorigen aufgeführten Aufgaben. Ihm spezielle Privilegien zuzugestehen, um diese Aufgaben effektiv durchführen zu können und dabei nicht von außen behindert zu werden, ist auf der einen Seite sinnvoll und wünschenswert. Auf der anderen Seite ist es in einem Rechtsstaat problematisch, einer Amtsperson Immunitäten zu verleihen, die diese Person auch für rechtlich vorwerfbare Handlungen ausnutzen könnte.

Diese Spannungslage liegt der Entscheidung *United States v. Nixon*[61] zugrunde. Hintergrund des Falles ist der Watergate-Skandal: Im Vorfeld von Präsidentschaftswahlen war in das Hauptquartier der Demokratischen Partei im Watergate-Hotel eingebrochen worden. Die polizeilichen Ermittlungen ergaben, daß Mitarbeiter von Präsident Nixon in den Einbruch verwickelt waren. In dem daraufhin eingeleiteten Strafverfahren gegen den damaligen Justizminister Mitchell hatte das Gericht gegen Nixon eine Vorlageverfügung in bezug auf im Präsidialamt aufgenommene Gespräche zwischen Nixon und den angeklagten Mitarbeitern erlassen, gegen die der Präsident Rechtsmittel einlegte. Nach Auffassung von Nixon gesteht die Verfassung dem Präsidenten das Privileg zu, vertrauliche Gespräche anderen Staatsorganen vorzuenthalten; sollte die Entscheidung dieser Frage doch nicht dem Präsidenten, sondern dem Gericht obliegen, hätte dieses nach Nixons Auffassung das in Anspruch genommene Privileg zu respektieren.

---

[61] 418 U.S. 683 (1974).

Das erste Argument interpretiert man am besten als eine Berufung auf die Kriterien der ‚political question doctrine'[62]: Nixons Auffassung nach bringen es die Gewaltenteilung und das Postulat effektiver Erfüllung der exekutiven Pflichten mit sich, daß der Präsident selbst über die Notwendigkeit der Vertraulichkeit seiner Gespräche entscheidet. Mangels einer in der Verfassung für solche Fälle vorfindbaren Vorschrift gibt es auch keine gerichtlich anwendbaren Maßstäbe. Die gerichtliche Inanspruchnahme dieser Entscheidungskompetenz und die Erfüllung der hier streitigen Pflicht würden den Präsidenten – und die Präsidenten nach ihm – in Verlegenheit bringen. Diese Argumente überzeugten den Supreme Court nicht. Das Gericht sieht es als sein Recht an, die Entscheidung über die Existenz und das Gewicht des Vertraulichkeitsprivilegs selbst zu treffen, und beruft sich dabei auf die – allerdings spezifisch geregelten – Fälle von Immunitäten für Kongreßmitglieder in Art. I § 6 Cl. 1.

Der Supreme Court geht von einem Vertraulichkeitsprivileg für präsidentielle Gespräche aus, sieht dieses aber im konkreten Fall als geringer gewichtig an als die konkurrierenden strafprozessualen Informationsinteressen. Während das von Nixon vorgebrachte Vertraulichkeitsinteresse nur allgemein und nicht in bezug auf konkrete Geheimhaltungsinteressen militärischer, diplomatischer oder die nationale Sicherheit betreffender Art in Anspruch genommen wurde, war das gerichtliche Interesse spezifisch und nach Auffassung des Supreme Court gewichtiger als das präsidentielle Anliegen: Im Rahmen des strafprozessualen antagonistischen Beweiserhebungsverfahrens hänge die Integrität dieses Prozesses von der Beibringung aller entscheidungserheblichen Sachverhalte durch Anklage und Verteidigung ab, während im konkreten Fall die vom Untergericht angeordnete Beweiserhebung das Vertraulichkeitsprivileg nicht erheblich beeinträchtige, insbesondere wenn das Tatsachengericht die beweiserheblichen Bänder unter Ausschluß der Öffentlichkeit anhöre und nur die einschlägigen Passagen ins Verfahren einbringe.

Charakterisiert man diese Argumente im Rahmen der Kriterien der ‚political question doctrine', so liegt in der hier getroffenen Abwägung die Festsetzung des ‚judicially discoverable and manageable standard'. Über das Ergebnis im konkreten Fall hinaus zeigt dieser Fall exemplarisch, daß das Gericht, wenn es dies für angebracht hält, gerichtlich anwendbare Standards dadurch entwickelt, daß es aus hochabstrakten strukturellen Abgrenzungen – die Funktionsfähigkeit der Spitze der Exekutive gegenüber der Integrität des strafprozessualen Systems – Fallgruppen für untergerichtliche Anwendung entwickelt. Letztlich leitend ist in diesem Fall die Vorstellung einer gerichtlich möglichen

---

[62] Vgl. oben § 3 II 7 zu den Punkten [1], [2], [4] und [6] in *Baker v. Carr*.

Abwägung der zwei konkurrierenden verfassungsrechtlichen Systeme Präsidentschaft und Strafprozeß unter größtmöglicher Wahrung der Funktionsfähigkeit beider Systeme. Obwohl Präsident Nixon in diesem Fall unterlag und kurz darauf wegen der drohenden Amtsenthebung zurücktrat, hat die Präsidentschaft in gewisser Weise doch einen Sieg errungen. Bis dahin war mangels einer ausdrücklichen verfassungsrechtlichen Regelung unklar und umstritten gewesen, ob und inwieweit dem Präsidenten spezielle Rechte zur Durchführung seiner Aufgaben zustehen. *Nixon* stellt klar, daß die Präsidenten Privilegien und Immunitäten haben, die zwar im konkreten Fall gegenüber konkurrierenden und gewichtigeren Interessen zurücktreten mußten, aber in anderen Fällen durchaus Vorrang beanspruchen könnten.

In neueren Entscheidungen hat der Supreme Court nähere Hinweise auf den Umfang der Privilegien und Immunitäten des Präsidenten bzw. allgemein sonstiger Regierungsorgane gegeben. Nach *Nixon v. Fitzgerald*[63] steht dem Präsidenten eine Immunität gegen zivilrechtliche Schadensersatzklagen zu, deren Haftungsgrund in der Wahrnehmung von Amtskompetenzen liegt – wobei letztere vom Gericht expansiv gelesen werden. Für Mitarbeiter des Präsidenten allerdings ist die Immunität enger. Sie greift nicht mehr ein, wenn klare legislative oder verfassungsrechtliche Maßstäbe verletzt werden, die die betreffenden Hilfsorgane hätten kennen müssen.[64] Hauptargument für diese absolute bzw. im Fall der Mitarbeiter qualifizierte Immunität ist die Wahrung der Funktionsfähigkeit der Präsidentschaft als einer herausragenden Regierungsfunktion, verbunden mit der Überlegung, daß es sonstige, außerrechtliche Mechanismen gibt, die die Präsidenten davon abhalten, unerlaubte Handlungen im Sinne des Haftungsrechts vorzunehmen – drohende Amtsenthebung, mediale Kritik, Gegenmaßnahmen des Kongresses, Wunsch nach Wiederwahl.[65]

Anderes gilt bei zivilrechtlichen Klagen auf Schadensersatz, die sich auf privates Verhalten eines Präsidenten vor Antritt seiner Amtsgeschäfte beziehen. So lag es im Fall *Clinton v. Jones*[66], als Paula Jones gegen Bill Clinton wegen einer angeblichen sexuellen Belästigung klagte. Die Klage bezog sich auf eine Zeit, als Clinton Gouverneur des Staates Arkansas war; sie wurde erst eingereicht, als Clinton Präsident war. Er beantragte beim Gericht unter Berufung auf das ‚executive privilege'‚

---

[63] 457 U. S. 731 (1982).

[64] Vgl. *Harlow v. Fitzgerald*, 457 U. S. 800 (1982); *Mitchell v. Forsyth*, 472 U. S. 511 (1985).

[65] Nach der *Nixon*-Entscheidung legte der Supreme Court fest, daß das Vertraulichkeitsinteresse des Präsidenten nicht so weit reicht, daß er ein Gesetz des Kongresses unterbinden kann, das eine Einsichtnahme und Archivierung präsidentieller Akten unter Einhaltung gewisser Geheimhaltungs- und Privatsphäreninteressen vorsieht: *Nixon v. Administrator of General Services*, 433 U. S. 425 (1977).

[66] 117 S.Ct. 1636 (1997).

den Prozeß für die Dauer seiner Präsidentschaft auszusetzen; dieser hindere ihn an der effektiven Wahrnehmung seiner Amtsgeschäfte. Der Supreme Court wies diese Berufung mit dem Argument zurück, die Durchführung eines solchen Prozesses sei nicht so zeitintensiv, daß die Effektivität der Präsidentschaft wirklich bedroht sei; es gebe in der Vergangenheit einige – wenngleich nicht viele – Fälle, in denen Präsidenten schon in vergleichbaren Prozessen ausgesagt hätten; ferner zeige die geringe Anzahl der einschlägigen Fälle, daß keine Prozeßflut drohe. Vergleiche man das mit der Gefahr, die der Klägerin durch eine längere Verzögerung des Prozesses drohe (etwa der Gefahr, daß die Beweislage sich verschlechtere), müsse der Anspruch des Präsidenten auf ‚executive privilege' scheitern; das schließe allerdings nicht aus, sondern ein, daß das zuständige Gericht im Rahmen seiner Terminierung auf konkret anstehende Aufgaben des Präsidenten Rücksicht nehme.

VI. Amtsenthebung des Präsidenten

Die einzige in der Verfassung explizit vorgesehene Möglichkeit, den Präsidenten und sonstige Exekutivorgane für Fehlverhalten verantwortlich zu machen, ist das in Art. II § 4 vorgesehene Amtsenthebungsverfahren. „The President, Vice President and all civil Officers of the United States, shall be removed from Office on Impeachment for, and Conviction of, Treason, Bribery, or other high Crimes and Misdemeanors." Das impeachment-Verfahren ist in Art. I § 2 Cl. 5 und § 3 Cl. 6 und 7 geregelt. Danach muß das Repräsentantenhaus die Anklage erheben. Über die Anklage entscheidet der Senat. Eine Amtsenthebung setzt eine Zwei-Drittel-Mehrheit voraus und führt nur zum Verlust des bislang besetzten Amtes sowie zur Disqualifizierung für andere öffentliche Ämter. Allerdings kann danach ein Strafverfahren eingeleitet werden.

Das impeachment-Verfahren gegen Präsidenten wurde bisher nur dreimal eingeleitet; in keinem der drei Fälle kam es zu einer Amtsenthebung. Die Amtsenthebung von Andrew Johnson 1868 scheiterte an einer Stimme im Senat; im Rückblick sehen die meisten ein parteipolitisch motiviertes Verfahren vorliegen, das keine Präzedenzwirkung entfalten sollte. 1972 wurde während des Präsidentschaftswahlkampfes in das Hauptquartier der Demokratischen Partei im Watergate-Hotel eingebrochen. Der Watergate-Skandal führte zu der in Abschnitt V. besprochenen Entscheidung *United States v. Nixon* und brachte Präsident Nixon 1974 dazu, zurückzutreten, bevor das Repräsentantenhaus über die von dem zuständigen Ausschuß formulierten ‚articles of impeachment' entscheiden konnte. 1998 wurde gegen Präsident Bill Clinton ein Verfahren zur Amtsenthebung eingeleitet. Er mußte angesichts überwältigender Beweise nach langem Leugnen eingestehen, eine außereheliche Affäre mit der Praktikantin Monica Lewinsky im Weißen Haus gehabt zu haben. Darüber hinaus hatte der Präsident seine Mitarbeiter zur Verheimlichung dieser Affäre eingesetzt. Clinton hatte auch in einem eine andere Affäre betreffenden Schadensersatzprozeß sowie vor einer Grand Jury nicht die ganze Wahrheit gesagt; er beharrte aber darauf, daß diese unter Eid gemachten Aussagen keinen Meineid darstellten. Das Repräsentantenhaus erhob mit der erforderlichen einfachen Mehrheit Anklage; im Senat erreichten die Ankläger nicht die erforderliche Zwei-Drittel-Mehrheit. Es gibt also keine verbindlichen Senatsentscheidungen, aus denen klare Richtlinien zur Interpretation der genannten Amtsenthebungsmaßstäbe zu gewinnen wären.

Immerhin scheint auf den beiden Seiten des Spektrums so viel klar zu sein: ‚High crimes and misdemeanors' setzen auf der einen Seite nicht unbedingt kriminelle Verfehlungen voraus; auf der anderen Seite ist nicht jede Straftat ein Amtsenthebungsgrund. Impeachment ist die verfassungsrechtliche Möglichkeit für den Kongreß, auf einen Präsidenten zu reagieren, der entweder nicht mehr in der Lage ist, sein Amt wahrzunehmen, oder der für das Amt nicht mehr tragbar erscheint. Letzteres liegt nach vorherrschender Meinung etwa vor, wenn der Präsident Mord und Totschlag begeht oder die im Text genannten Straftaten des Hochverrats und der Bestechung, nicht aber unbedingt bei einer Steuerstraftat.

Die Watergate-Affäre war nach Ansicht aller amtsenthebungswürdig. In ihr wurden für den politischen Zweck der Wiederwahl Richard Nixons Straftaten begangen. Diese umfaßten Einbruch, Bestechung, illegales Abhören und Behinderung der Justiz durch Falschaussagen und Manipulation des FBI sowie des Justizministeriums. Der Konnex zwischen Amtsmacht und politisch und rechtlich vorwerfbaren Taten war bei Präsident Clinton deutlich schwächer: Auslöser war eine sexuelle Affäre, aber dieser für sich genommen private Fehltritt wurde zu einem politischen und rechtlichen Fehlverhalten durch die Instrumentalisierung der Mitarbeiter zur Täuschung der Öffentlichkeit sowie durch die nicht die ganze Wahrheit enthüllenden eidlichen Aussagen des Präsidenten selbst. Nach Ansicht fast aller lag damit kein ‚Watergate' vor, andererseits schien vielen doch eine deutliche Reaktion des Kongresses notwendig, um zukünftige Präsidenten, deren Rolle ja diejenige des obersten Hüters der Gesetze umfaßt, von ähnlichen Taten abzuschrekken. Diskutiert wurde insbesondere eine offizielle Rüge des Präsidenten durch die beiden Häuser des Kongresses oder durch den Senat. Dazu kam es nach der Zurückweisung des Amtsenthebungsantrags im Februar 1999 nicht mehr. Grund dafür war vor allem die Skandalüberdrüssigkeit der amerikanischen Bevölkerung und deren Forderung, zu wichtigeren Geschäften überzugehen.

Würde ein Präsident durch den Senat des Amtes enthoben, wäre diese Entscheidung aller Voraussicht nach endgültig, eine gerichtliche Kontrolle käme nicht in Betracht. Dafür spricht, daß in Art. I § 3 Cl. 6 von der „sole Power" des Senats die Rede ist. Es liegt also eine klare Entscheidungszuweisung an ein politisches Organ im Sinne der ‚political question doctrine' vor. Ferner würde im Senat dann der Chief Justice des Supreme Court den Vorsitz innehaben, und die Senatsmitglieder handelten unter einem – offenbar quasirichterlichen – Eid. In diesem Sinne finden sich obiter dicta in *Nixon v. United States*[67], einem impeachment-Fall, der einen Richter betraf; allerdings treten dort zwei der der Entscheidung zustimmenden Richter für eine minimale Prozedurkontrolle des Senatsverfahrens ein.

Vierter Abschnitt: Grundrechte

§ 8. Allgemeine Grundrechtslehren

I. Die Skepsis gegenüber allgemeinen Rechts- und Grundrechtslehren

Von einem ‚Allgemeinen Teil' der Grundrechte[1] zu sprechen, ist in den Vereinigten Staaten unüblich.[2] Das hat mehrere Gründe: Zum ersten enthält der Text der Verfassung selbst nur einzelne, spezifische Grundrechtsgarantien, nicht aber einen ‚Allgemeinen Teil' oder eine Mehrzahl von Vorschriften, die auf einen ebensolchen hinweisen. Zum zweiten setzt ein ‚Allgemeiner Teil' einen relativ hohen Grad an Systematisierung und innerer Konsistenz voraus, der amerikanischem Rechtsdenken fremd ist: Nach wie vor beherrscht die vom ‚common law' her entwickelte Fallmethode[3] das Rechts- und auch Verfassungsverständnis, wonach die aus dem einzelnen Fall oder einer bestimmten Fallgruppe entwickelten Maßstäbe das eigentliche Recht sind, das nur beschränkt zur Abstraktion und Generalisierung taugt; die spezifische Rechtsregel steht vor dem abstrakten Rechtsprinzip. Zum dritten, und damit zusammenhängend, ist die amerikanische Gesellschaft im Hinblick auf Rasse, Religion und Einkommen überaus heterogen zusammengesetzt; das führt teilweise zu Disparitäten in der Bestimmung und Interpretation von kulturellen und Rechtswerten, die sich dann auch in der Setzung und Interpretation von Recht niederschlagen und

---

67 506 U. S. 224 (1993).

1 Hierzu ausführlich *Brugger*, Grundrechte, §§ 4–6; *Johnson*, USA.

2 Von den Standardlehrbüchern zum Verfassungsrecht, *Tribe*, Am. Const. Law, *Nowak/Rotunda*, Const. Law und *Chemerinsky*, Const. Law, enthalten nur die beiden letztgenannten Darstellungen in Kap. 10 bzw. 6 Ausführungen, die einen Teil der hier einschlägigen Fragen abdecken.

3 Vgl. *Blumenwitz*, Einführung, § 3; *Fikentscher*, Methoden II, Kap. 11 VI; *Hay*, US-Amerikanisches Recht, Kap. 2 B II.

das Maß an inhaltlichem Wertkonsens begrenzen. Es ist deshalb nicht verwunderlich, daß – viertens – der Prozeß der Rechtsgewinnung mehr aus der Perspektive realpolitischer Durchsetzung von Recht als aus dem Rückgriff auf gemeinsame inhaltliche Überzeugungen verstanden wird[4]; auch das stellt eine Grenze grundrechtlicher Verallgemeinerung dar, sofern es nicht gerade um justitielle oder politische Mitwirkungsrechte geht.[5]

Aus diesen Punkten ergibt sich, daß Vorsicht geboten ist bei der Verallgemeinerung von Grundrechtslehren, nicht aber, daß eine solche Verallgemeinerung unmöglich ist: In einzelnen Punkten ergeben sich aus dem Verfassungstext Hinweise allgemeiner Art. Soweit übergreifende Aussagen getroffen werden, um zumindest eine heuristische Struktur zu erarbeiten und nicht in den zahllosen Fällen die Übersicht zu verlieren, ist dies so lange unschädlich und nützlich, als diese Lehren auf den Ursprungsort zurückbezogen bleiben, und das ist in der Regel die Rechtsprechung zu bestimmten Grundrechtsgruppen oder -problemen. Diese Rechtsprechung kann sich aber ändern, und damit auch Richtung oder Gewichtung einzelner übergreifender Lehren! In diesem Sinn folgen hier einige Hinweise, die anhand des Textes der Verfassung, der einzelnen Fall- oder Problemgruppe und der jeweils neuesten Rechtsprechung zu ergänzen und zu überprüfen sind.

II. Grundrechtsbegriff

Unter ‚constitutional rights and liberties' fallen diejenigen Garantien der Verfassung, die dem Menschen oder Bürger Freiheiten, Mitwirkungsrechte, soziale Rechte oder Gleichheitsrechte gewährleisten. Solche Grundrechte sind zum Teil explizit in der Verfassung benannt, zum Teil auch als ‚non-textual' oder ‚fundamental rights' aus den Generalklauseln der Verfassung entwickelt worden.

Schon die Verfassung von 1787 enthält einige Vorschriften, die der Sache nach Grundrechtsgarantien darstellen: Wahlrechte in Art. I §§ 2–4, negative Grenzen der Bundes- und Gliedstaatengewalt in Art. I §§ 9 und 10 sowie eine bundesstaatliche Gleichheitsgarantie in Art. IV § 2. Ein inhaltlicher Grundrechtskatalog findet sich in den 1791 in Kraft getretenen ersten 10 Zusatzartikeln, der Bill of Rights.[6] Weitere wichtige Grundrechtsartikel finden sich in den Bürgerkriegszusatzartikeln 13–15 sowie in den Am. 19, 24 und 26; die Zusatzartikel enthalten zum Teil auch Modifizierungen des ursprünglichen Wahlmodus der Legislativ- und Regierungsorgane.[7]

---

[4] Vgl. *Fikentscher*, Methoden II, S. 452, 462f.
[5] Dazu *Brugger*, Grundrechte, §§ 28–30, 35.
[6] Vgl. oben § 1.
[7] Vgl. oben §§ 5 I; 6 I.

Neben diese im Text spezifizierten Grundrechte treten sogenannte ‚non-textual', ‚fundamental rights', die der Supreme Court insbesondere aus der due process-Klausel und der equal protection-Klausel des 14. Zusatzartikels entwickelt hat. Zu den wichtigsten Fallgruppen zählen die Übertragung von die Bundesgewalt bindenden Vorschriften auf die Gliedstaaten[8], der (inzwischen wieder weitgehend aufgegebene richterliche) Schutz wirtschaftlicher Interessen[9], der Schutz von Privatsphäre und Persönlichkeitsentfaltung[10], der über den Text des 14. Zusatzartikels hinausgehende Schutz von Gleichheitsinteressen[11] sowie die Herausarbeitung prozeduraler Garantien.[12] Dieser Bereich verfassungsgerichtlicher Rechtsfortbildung ist seit jeher stark umstritten, weil einer jeden Verstärkung gerichtlicher Macht eine Schwächung politischer Zuständigkeiten entspricht und diese Beschneidung demokratischer Macht von vielen als Problem oder gar als gerichtliche Anmaßung empfunden wird.[13]

III. Grundrechtsträger

Die Verfassung unterscheidet bei der Grundrechtsträgerschaft nach Rechten, die allen Personen aktuell oder potentiell zustehen (‚persons', ‚people', ‚accused'), und solchen, auf die sich nur ‚citizens' berufen können.

Die Staatsbürgerschaft ist in Am. 14 § 1 geregelt: „All persons born or naturalized in the United States, and subject to the jurisdiction thereof, are citizens of the United States and of the State wherein they reside."[14] Speziell auf den Staatsbürgerstatus zugeschnittene Rechte sind die privileges or immunities-Klausel in Am. 14 § 1, die bundesstaatliche Gleichheitsklausel in Art. IV § 2 Cl. 1 sowie die Wahlrechte in Am. 15, 19, 24 und 26; Ausländer und juristische Personen können sich auf diese Rechte nicht berufen.[15] Juristische Personen zählen aber als ‚citizens' im Sinne der bundesgerichtlichen Zuständigkeitsvorschrift des Art. III.[16]

Grundrechte, die sich explizit (‚person'[17], ‚people') oder implizit (etwa durch die Festsetzung einer Grenze der Staatsmacht, wie in Am. 1) auf

---

[8] Vgl. unten § 9 II zur Inkorporationsdebatte.

[9] Vgl. unten § 10 II.

[10] Vgl. unten § 11.

[11] Vgl. unten §§ 12 IV–VI; 13.

[12] Vgl. unten § 20.

[13] Vgl. oben § 2 III zur ‚countermajoritarian difficulty' und unten § 16 zu den Methoden der Verfassungsinterpretation.

[14] Ausführlich zu Einbürgerung und Staatsbürgerschaft *Rotunda u. a.*, Const. Law, § 22, ferner *Bass*, Das ‚Goldene Tor'.

[15] Vgl. *Blake v. McClung*, 172 U.S. 239 (1898); *Asbury Hospital v. Cass County*, 326 U.S. 207 (1945).

[16] Vgl. *Louisville, Cincinnati & Charleston Railroad Co. v. Letson*, 43 U.S. (2 How.) 497 (1944).

[17] Der Fötus zählt nicht als Person: *Roe v. Wade*, 410 U.S. 113, 157f. (1973).

jedermann beziehen, schützen auch Ausländer, jedenfalls wenn sich diese legal im Land befinden[18]: Zu diesen Rechten zählen die strafprozessualen Garantien der Am. 4–8, die due process- und equal protection-Klauseln der Am. 5 und 14 sowie die das Eigentum und die Vertragsfreiheit schützenden Rechte in Am. 5 und Art. I § 10 Cl. 1.[19]

Die Rechtsprechung zur Grundrechtsträgerschaft privatrechtlicher juristischer Personen scheint überschlägig durch die folgende Prämisse geprägt zu sein: Juristische Personen können sich auf Grundrechte berufen, soweit diese nicht höchstpersönlichen Charakter haben. Letzteres ist etwa der Fall bei Wahlrechten und dem Recht der Aussageverweigerung bei Gefahr der Selbstbezichtigung (Am. 5).[20] Dagegen können sich auch Geschäftsorganisationen berufen auf das Verbot der Doppelbestrafung (Am. 5), die Beschränkung von Hausdurchsuchungen und Beschlagnahmen (Am. 4), die Rede- und Pressefreiheit (Am. 1), die wirtschaftlich bedeutsamen Rechte (etwa Am. 5: Eigentum) sowie die due process- und equal protection-Garantien.[21]

Der Status als Grundrechtsträger geht nicht dadurch verloren, daß jemand in ein Sonderstatusverhältnis eintritt, etwa als Schüler, Soldat, Strafgefangener oder öffentlich Bediensteter. Der für den jeweiligen Eingriff geltende Grundrechtsschutz wird aber relativiert durch das im jeweiligen Bereich zu verwirklichende öffentliche Interesse.[22]

IV. Grundrechtsadressaten

Das Thema ‚Grundrechtsadressaten' deckt zwei Fragen ab. Zum einen: Binden die in der Bill of Rights aufgeführten Garantien nur die Bundesgewalt oder auch die Gliedstaaten? Die moderne Rechtsprechung geht davon aus, daß die meisten dieser Garantien über Am. 14 auch die Länder binden, wie die in § 9 II dargestellte Inkorporationsdebatte zeigt. Zum anderen: Erstreckt sich die unmittelbare Bindung der Grundrechte nur auf die staatliche Gewalt oder auch auf privates Handeln? Kommt den Grundrechten Drittwirkung zu? Diese zweite Frage wird im Rahmen der ‚state action doctrine' beantwortet.

Anknüpfungspunkt sind die einzelnen Grundrechtsgarantien, und eine Textanalyse zeigt, daß diese mit Ausnahme des 13. Zusatzartikels, der die Sklaverei mit Drittwirkung verbietet und unfreiwillige Dienstbarkeiten stark beschränkt, nur gegen staatliches Handeln gerichtet sind.

---

[18] Hierzu näher *Bass*, Das ‚Goldene Tor', S. 111ff., 149ff.; *Brugger*, Grundrechte, § 22 II; *Hay*, US-Amerikanisches Recht, Kap. 2 A VI; *Nowak/Rotunda*, Const. Law, § 14.11–13.

[19] Vgl. z.B. *Kwong Hai Chew v. Colding*, 344 U.S. 590 (1953); *Truax v. Raich*, 239 U.S. 33 (1915).

[20] Vgl. oben Fußn. 15 und *Bellis v. United States*, 417 U.S. 85 (1974).

[21] Vgl. dazu näher *Johnson*, USA, S. 924ff.; *Nowak/Rotunda*, Const. Law, § 10.5.

[22] Vgl. exemplarisch unten § 14 VIII zu Fragen der Redefreiheit.

Liegt staatliches Handeln vor, greift die Grundrechtsgarantie durch, unabhängig davon, ob es sich um legislative, exekutive oder judikative Aktivitäten handelt oder um nationale, staatliche oder kommunale Organe. Staatlich beherrschte Organe in Form von ‚public corporations' können ebenfalls als ‚state actors' gelten.[23] Auf die Legalität des Handelns des Staatsorgans kommt es nicht an.[24]

Dieser extensiven Deutung des Bereichs staatlicher Gewalt steht ein restriktives Verständnis der Drittwirkung gegenüber, wie die 1883 entschiedenen *Civil Rights Cases* zeigen. Diesen Fällen lag der im Anschluß an den Bürgerkrieg erlassene Civil Rights Act von 1875[25] zugrunde, der unter Berufung auf Am. 13 und 14 die rassische Diskriminierung in öffentlichen Plätzen (Gasthäusern, Versammlungs- und Vergnügungsstätten etc.) und öffentlichen Verkehrsmitteln verbot und damit sowohl in die Regelungskompetenz der Gliedstaaten wie auch den Umfang privater Freiheit eingriff. Das Gericht erklärte dies für verfassungswidrig. Am. 13 verbiete nur die Sklaverei, diese sei aber durch die bundesrechtlich vorgesehenen Regelungen nicht betroffen. Am. 14 könne durch privates Handeln nicht verletzt werden: „The wrongful act of an individual, unsupported by any [State] authority, is simply a private wrong, or a crime of that individual; an invasion of the rights of the injured party, it is true, whether they affect his person, his property, or his reputation; but if not sanctioned in some way by the State, or not done under State authority, his rights remain in full force, and may presumably be vindicated by resort to the laws of the State for redress."[26]

Der Entscheidung liegen zwei Argumente zugrunde, die bis in die moderne Diskussion hinein wirksam geblieben sind. Zum ersten: Grundrechtliche Drittwirkung würde privates Handeln generell einem uniformen und bundesrechtlich überwachten Standard unterstellen, und das verstößt gegen die amerikanische Freiheitskonzeption und die Stoßrichtung der Freiheitsrechte. Zum zweiten und damit verknüpft: Diese bundesrechtliche Uniformierung würde auch das föderalistische Gefüge verändern und die Kompetenzen der Gliedstaaten stark beschränken. Auf der anderen Seite lassen sich aber auch Gegenargumente vorbrin-

---

[23] Vgl. *Lebron v. Nat'l Railroad Passenger Corp.*, 513 U. S. 374 (1995), wonach die Eisenbahngesellschaft AMTRAK die Anforderungen der free speech-Klausel beachten muß, weil die Gesellschaft durch Bundesrecht gegründet wurde, weil Führungsorgane durch den Präsidenten ernannt sowie Zuschüsse an die Gesellschaft gezahlt werden. Als Gegenbeispiel siehe *San Francisco Arts & Athletics, Inc. v. United States Olympic Comm.*, 483 U. S. 522 (1987), wonach das amerikanische Olympische Komitee, obwohl durch Bundesgesetz eingerichtet, reguliert und finanziell unterstützt, kein ‚state actor' ist.

[24] Vgl. *Screws v. United States*, 325 U. S. 91, 107f. (1945).

[25] 18 Stat. 336 (1875).

[26] 109 U.S. 3, 17 (1883).

gen: Was individuellen Entfaltungsraum angeht, so soll dieser nach der Verfassung an Gleichheitsgarantien in Form von Diskriminierungsverboten eine Grenze finden. Und die Durchsetzung dieser Gleichheitsgarantien ist, wie die Tatsache der Notwendigkeit der Einfügung der Zusatzartikel 13 bis 15 nach dem Bürgerkrieg gerade zeigt, primär der Bundesgewalt zugesprochen worden; nicht zufällig enthalten alle drei Artikel explizite Durchsetzungskompetenzen für den Kongreß. Im Licht dieser Gegenargumente bestehen zwar noch immer Bedenken gegen eine durchgängige unmittelbare, ohne legislative Vermittlung konkretisierte Drittwirkung der Grundrechte; weniger bedenklich erscheinen aber (bundes-)staatliche Maßnahmen, die Nachwirkungen der früheren Sklaverei und Rassendiskriminierung beseitigen wollen. Diese Gegenargumente finden weitgehend Ausdruck in dem abweichenden Votum von Richter Harlan[27], der im 13. und 14. Artikel nicht nur ein negatives Verbot von gliedstaatlichem Handeln sieht, sondern eine positive Berechtigung der Bundeslegislative und -judikative, den in Am. 14 § 1 garantierten Bürgerstatus auch für Farbige effektiv abzusichern, sei es in bezug auf diskriminierende Gliedstaatenaktivitäten oder privates diskriminierendes Handeln, das durch das Untätigbleiben der Gliedstaaten ermöglicht wird.[28]

Die Spannung zwischen diesen Argumentationsreihen drückt sich in der Entwicklung der Rechtsprechung auf mehreren Gebieten aus: Die Inkorporationsrechtsprechung zeigt, daß das Gericht dem Föderalismusargument kaum mehr Bedeutung zuspricht; der Grundrechtsschutz auf nationaler und gliedstaatlicher Ebene ist inzwischen weitgehend gleichgestellt.[29] Die Macht des Bundes, auch privates rassendiskriminierendes Handeln zu regeln, das nach der föderalistischen Struktur ursprünglich klar in die Kompetenz der Gliedstaaten gefallen wäre, ist durch die extensive Deutung der ‚interstate commerce clause' erheblich ausgedehnt worden.[30] Was den Umfang der den Kongreß ermächtigenden Klauseln in Am. 13 bis 15 angeht, so hat der Supreme Court auch insoweit inzwischen die Macht der nationalen Gewalt verstärkt.[31] Was schließlich das hier einschlägige Problem unmittelbarer Drittwirkung angeht, so beharrt der Supreme Court zwar nach wie vor auf der Linie

---

[27] AaO, 26ff.

[28] Richter Bradley, der Autor der Mehrheitsmeinung, hatte in einer Korrespondenz mit einem anderen Richter 12 Jahre vor den *Civil Rights Cases* selbst noch eine weitergehende Sicht der Reichweite von Am. 14 vertreten: „Denying includes inaction as well as action, and denying the equal protection of the laws includes the omission to protect, as well as the omission to pass laws for protection", zitiert in *Bell v. Maryland*, 378 U.S. 226, 310 Fußn. 31 (1964).

[29] Vgl. unten § 9 II.

[30] Vgl. oben § 5 IV 5.

[31] Vgl. zu dieser hier nicht näher dargelegten Ausweitung *Brugger*, Grundrechte, § 31; *Nowak/Rotunda*, Const. Law, Ch. 15.

der *Civil Rights Cases*: Es bedarf zur Anrufung der Grundrechtsgarantien der ‚state action'. In der Ausdeutung dessen, was unter ‚state action' fällt, hat das Gericht aber insbesondere in der Ära unter Chief Justice Warren (‚Warren Court') eine extensivere Sichtweise vertreten; diese ist allerdings inzwischen durch den Burger Court und den Rehnquist Court[32] wieder eingeengt worden. Insgesamt vermittelt die Rechtsprechung des öfteren den Eindruck mangelnder Konsistenz, was zum einen mit der Vielzahl und Komplexität der Vermischung staatlicher und gesellschaftlicher Aktivitäten, zum anderen mit Konflikten im Gericht über das Ausmaß grundrechtlicher Uniformierung und damit einhergehender föderalistischer Einebnung zu hat. Nicht in Vergessenheit sollte aber geraten, daß von diesen Konflikten die Kompetenzen der nationalen Gewalt und der Gliedstaatenlegislativen unberührt bleiben, einfachgesetzlich grundrechtliche ‚Drittwirkungen' oder ‚Werte' auch im Bürger-Bürger-Verhältnis festzusetzen.[33]

Die generelle Linie des Gerichts wird in der folgenden Stellungnahme deutlich: „While the principle that private action is immune from the restrictions of the Fourteenth Amendment is well established and easily stated, the question whether particular conduct is ‚private' ... or ‚state action' ... frequently admits of no easy answer ... [The] inquiry must be whether there is a sufficiently close nexus between the State and the challenged action of the regulated entity so that the action of the latter may be fairly treated as that of the State itself. The true nature of the State's involvement may not be immediately obvious, and detailed inquiry may be required in order to determine whether the test is met."[34] Das Zitat benennt die beiden wichtigsten Schlagworte: Der Standard ‚sufficiently close nexus' zeigt, daß es auf die Nähe zwischen oder die Vermischung von staatlichem und privatem Handeln ankommt, aber die Vagheit des Wortes ‚sufficiently' macht auch deutlich, daß der Standard genügend Flexibilität enthält, um wechselnden Philosophien der Mehrheit des Gerichts Spielraum zu gewähren. Das zweite Stichwort bestätigt und bestärkt diese Diagnose: ‚Detailed inquiry' heißt Abstellen auf den Einzelfall, und wenn man genau genug analysiert, lassen sich immer Unterschiede zwischen Fällen diagnostizieren und strikte Festlegungen vermeiden.[35]

Eine ausreichende Vermischung von staatlichem und privatem Handeln hat der Supreme Court insbesondere in zwei Fallgruppen angenommen. In der ersten Fallgruppe geht es um Gestaltungen, in denen Private staatliche Funktionen (‚public functions') wahrnehmen, etwa im

[32] Vgl. ausführlich *Giegerich*, Privatwirkung, und unten § 16 I Fußn. 5.

[33] Vgl. *Chemerinsky*, Const. Law, §§ 3.6; 6.4.1 und 2 sowie unten Fußn. 46 zu den Durchführungsklauseln der Bürgerkriegszusatzartikel.

[34] *Jackson v. Metropolitan Edison Co.*, 419 U.S. 345, 349ff. (1974).

[35] Vgl. oben Abschnitt I. und *Brugger*, Grundrechte, S. 34ff., 434f.

Bereich der Durchführung von parteiinternen Vorwahlen als Vorstufe der allgemeinen Wahlen[36], oder in denen die Sachlage dergestalt war, daß private Gesellschaften in von ihnen errichteten und verwalteten Städten (‚company towns') der Sache nach kommunale Kompetenzen wahrnahmen.[37] Läßt sich die ‚public functions doctrine' in der Weise erweitern, daß immer dann, wenn ein privater Handlungsbereich vorliegt, der für die Öffentlichkeit wichtig ist oder auf der Staatsebene einen Gegenpart hat, eine ausreichend enge Verbindung mit dem Staat oder ein funktionelles Äquivalent von Staatshandeln vorliegt? Das verneint der Supreme Court inzwischen[38]: Nach der modernen Rechtsprechung liegt nur dann ‚state action' vor, wenn ein Privater mit staatlicher Billigung Aufgaben wahrnimmt, die traditionell und exklusiv von der öffentlichen Gewalt wahrgenommen worden sind.[39]

In der zweiten Fallgruppe geht es um staatlich unterstütztes oder mit Staatshandeln ausreichend eng verwobenes privates Handeln. Die umfangreiche Rechtsprechung läßt sich im Überblick in folgenden Maximen zusammenfassen: (1) Die staatliche Duldung oder Hinnahme von privaten (etwa diskriminierenden) Akten stellt noch nicht ‚state action' dar; darin liegt eine Zurückweisung der Gleichstellung von positivem Handeln und Unterlassen.[40] (2) Die Tatsache, daß Private traditionelle staatliche Jedermannsleistungen wie Feuerwehr, Polizeischutz, Wasser und Elektrizität erhalten, reicht noch nicht zur Annahme von ‚state action' aus. (3) Weder partielle Regelungen noch finanzielle Unterstützung des privaten Handelns durch den Staat genügen für sich schon zur Einschätzung als staatliches Handeln. (4) Erforderlich ist vielmehr, daß im konkreten Einzelfall (a) die öffentliche Gewalt ihre Macht, ihr Eigentum oder ihr Prestige hinter das grundrechtswidrige private Handeln stellt und dieses unterstützt oder daß (b) eine symbiotische oder partnerschaftliche Beziehung zwischen privatem und staatlichem Handeln vorliegt.[41] (5) Ge-

---

[36] Vgl. *Smith v. Allright*, 321 U.S. 649 (1944); *Terry v. Adams*, 345 U.S. 461 (1953).

[37] Vgl. *Marsh v. Alabama*, 326 U.S. 501 (1946).

[38] Vgl. das Schwanken des Gerichts in der Frage, ob große Einkaufszentren die Redefreiheit des Am. 1 beachten müssen oder ob die Eigentümer redewillige Personen ausschließen können: *Amalgamated Food Employees Union v. Logan Valley Plaza*, 391 U.S. 308 (1968) gegenüber *Hudgens v. National Labor Relations Board*, 424 U.S. 507 (1976).

[39] Dies verneinte das Gericht etwa bei einer privaten Elektrizitätsgesellschaft und einer privaten Schule: *Jackson v. Metropolitan Edison Co.*, 419 U.S. 345 (1974); *Rendell-Baker v. Kohn*, 457 U.S. 830 (1982).

[40] Vgl. oben Fußn. 26 sowie *DeShaney v. Winnebago County Dep't of Social Services*, 489 U.S. 189 (1989): Kein staatliches Handeln liegt vor, wenn staatliche Behörden im Wissen, daß ein Vater sein Kind mißhandelt, nicht eingreifen. Erst wenn eine Person gegen ihren Willen in staatliche Obhut genommen wird, ist die öffentliche Gewalt für deren Wohlergehen zuständig: *Youngberg v. Romeo*, 457 U.S. 307 (1982).

[41] Vgl. Fußn. 34ff. sowie *Burton v. Wilmington Parking Authority*, 365 U.S. 715, 725 (1961); *Moose Lodge No. 107 v. Irvis*, 407 U.S. 163, 177 (1972); *National Collegiate Athletic Ass'n v. Tarkanian*, 488 U.S. 179, 191f. (1988).

nerell scheint der Supreme Court eher geneigt, ‚state action' anzunehmen, wenn Grundrechtsinteressen, insbesondere gegen Rassendiskriminierung, betroffen sind, als bei anderen Fallgruppen.

Eine besonders instruktive, aber auch umstrittene Fallgruppe ist der Weg zum Gericht zur Durchsetzung einer Privatrechtsposition, die staatliche Organe in eigener Regie nicht festsetzen dürften, weil sie verfassungsrechtlichen Geboten widerspräche. Wird eine jede solche Privatrechtsstreitigkeit mit der gerichtlichen Geltendmachung und Durchsetzung zu ‚state action'? Die Leitentscheidung *Shelley v. Kraemer*[42] könnte in dieser Weise gelesen werden. In ihr ging es um eine privatrechtliche Vereinbarung von Grundstückseigentümern, nur an Weiße weiterzuverkaufen (‚racially restrictive covenant'); diese Pflicht war mit Schadensersatzansprüchen abgesichert. Als Eigentümer an farbige Familien verkaufen wollten, wandten sich die anderen an das Gericht, um die Vereinbarung durchzusetzen. Die dem Rechtsschutzbegehren entsprechende Gerichtsentscheidung wurde vom Supreme Court als ‚state action' angesehen. Die Frage ist, ob die Entscheidung für die generelle Aussage steht, daß alle Privatrechtsstreitigkeiten durch gerichtliche Durchsetzung zu ‚state actions' werden. Das ist zu verneinen, obwohl nicht klar ist, wo genau die Grenze zu ziehen ist. Manchmal wird darauf verwiesen, daß in *Shelley* ein Eigentümer durch das Gericht gegen seinen Willen dazu gezwungen wurde, Farbige zu diskriminieren; das sei zu unterscheiden von Fällen, in denen dieses Element fehle, etwa wenn ein Eigentümer Farbige von seinem Grundstück verweisen will und nach Weigerung eine Schadensersatzklage wegen Besitzstörung einreicht.[43] Es lassen sich aber über diese Fallgestaltung hinaus weitere Fälle gerichtlicher ‚state action' im Bereich von Privatrechtsstreitigkeiten aufweisen, die anhand der oben genannten generellen Kriterien zu entscheiden sind.[44]

Vom Supreme Court nicht übernommen, aber von Stimmen in der Literatur vorgeschlagen wird, von der ‚formalistischen' Frage nach der Nähe eines privaten Akteurs zu Staatshandeln abzusehen. Statt dessen sollte ‚realistisch' in Rechtskonflikten jeder Art, die vor Gericht gelangen, auf die Frage geachtet werden, ob ein bestimmtes privates Interesse grundrechtlich ausgezeichnet sei und eine deutliche Präponderanz gegenüber dem jeweiligen konkurrierenden privaten Interesse habe. Wenn das der Fall sei, müsse das zuständige Gericht in der Abwägung diesen Vorrang durchsetzen; in der Abwägung selbst liege das erforderliche Staatshandeln. Damit würde der Sache nach eine ‚Werttheorie der Grundrechte' vertreten, in der die legislative, exekutive oder judikative

[42] 334 U. S. 1 (1948).
[43] Vgl. *Bell v. Maryland*, 378 U. S. 226, 330ff. (1964) (J. Black, dissenting).
[44] Vgl. etwa die Zusammenstellung bei *Chemerinsky*, Const. Law, § 6.4.4.3.

Nichtbeachtung oder Fehleinschätzung eines grundrechtlich thematisierten Interesses letztlich verfassungsgerichtlich überprüfbar wäre.[45]

V. Stufen und Standards verfassungsgerichtlicher Kontrolle

Modernen Grundrechts- und Menschenrechtskatalogen unterliegt meistens die Abstufung von Schutzbereich und Schranken (sowie eventuell Schrankenschranken), die zur folgenden Prüfungsreihenfolge führt: Liegt ein ausreichend intensiver *Eingriff* in den *Schutzbereich* der Norm vor? Falls ja: Läßt sich dieser Eingriff anhand der einschlägigen *Schranken* rechtfertigen oder liegt eine Grundrechtsverletzung vor? Die amerikanische Verfassung benutzt dieses Schema jedenfalls nicht durchgängig und explizit. Der Schutzbereich der Grundrechte ist im Text, wenn auch meist nur kurz, umrissen. Speziell von Durchführung durch angemessene, also nicht-eingreifende, sondern schützende, verstärkende Gesetzgebung sprechen die Bürgerkriegszusatzartikel 13 § 2, 14 § 5 und 15 § 2.[46] Die Eingriffe sind oft, aber nicht immer, erwähnt: Der zentrale 1. Zusatzartikel zum Beispiel scheint überhaupt keine staatlichen Beschränkungen zuzulassen. Die Schutzbereich-Schranken-Terminologie läßt sich in einigen Grundrechten (etwa in Am. 3–5) aufweisen; sie hat aber nicht zu einer einzelne Gewährleistungen übergreifenden Dogmatik mit vorrangig textgebundener Verankerung geführt. Was sich statt dessen im Laufe der letzten zwei Jahrhunderte richterrechtlich herausgebildet hat, sind auf einzelne Grundrechte oder Grundrechtsgruppen bezogene spezifische Prüfungsmaßstäbe, anhand deren der Supreme Court untersucht, ob ein ausreichend intensiver Eingriff vorliegt, um den Schutzbereich eines Grundrechts zu aktualisieren, ferner welche Schranken die öffentliche Gewalt bei diesen Eingriffen einzuhalten hat. Mit anderen Worten: Die Formulierung der Grundrechtsschranken ist nur marginal durch den Verfassungstext festgelegt; sie findet sich im Regelfall erst im jeweils einschlägigen Prüfungsmaßstab des Gerichts.

Hält man sich dies vor Augen, so läßt sich skeptisch fragen: Hat es dann noch Sinn, allgemeine Prüfungsmaßstäbe zu entwickeln? Dies ist zu bejahen, wenn man einen jeden solchen Maßstab als heuristischen Standard ansieht, der jeweils anhand der einschlägigen Fallgruppe zu überprüfen ist. Mit dieser Einschränkung läßt sich folgendes festhalten: Die Rechtsprechung hat lange mit einem zweistufigen Prüfungsmaßstab gearbeitet, dem (1) ‚rational basis test' und dem (2) ‚strict scrutiny test'.

---

[45] Vgl. *Nowak/Rotunda*, Const. Law, § 12.5, S. 508: „If the right is guaranteed by the Amendment the state is not permitted to maintain a legal system which legitimates or tolerates the challenged practice. The Amendment's granting of the right directly to individuals would place the state under a duty to protect its existence, and its failure to do so would constitute a deprivation of the right by an ‚act' of omission."

[46] Zu diesen hier nicht näher behandelten Normen siehe *Brugger*, Grundrechte, § 31; *Nowak/Rotunda*, Const. Law, Ch. 15.

(3) Inzwischen hat sich für einige Bereiche ein dritter, vermittelnder Standard herausgebildet: ‚intermediate level of scrutiny'. (4) Einzelne Richter plädieren immer wieder für einen flexiblen ‚sliding scale test'.[47]

(1) Der ‚rational basis test' zielt auf eine bloße Willkürkontrolle ab: Eine staatliche Regelung ist verfassungsgemäß, wenn sie zugunsten irgendeines legitimen öffentlichen Interesses vorgenommen wird und das gewählte Mittel möglicherweise zur Verwirklichung dieses Gemeinwohlinteresses taugt. Daß diese Voraussetzungen nicht vorliegen, muß der Kläger nachweisen. Der rational basis-Test kommt in der Regel zur Anwendung, wenn unbenannte Freiheitsinteressen durch staatliche Maßnahmen eingeschränkt werden, die vom Supreme Court nicht als grundrechtsgleiche fundamentale Rechte angesehen werden, sowie wenn im Bereich der Gleichheitsprüfung sogenannte ‚unverdächtige Klassifizierungen' benutzt werden.

(2) Der ‚strict scrutiny test' ist das Gegenteil von (1): Nach ihm muß der Staat zur Rechtfertigung seiner Regelung ein wichtiges, drängendes öffentliches Interesse verwirklichen wollen, und das gewählte Mittel muß erforderlich und geeignet sein. Die Beweislast liegt beim Staat. Im Bereich der Gleichheitsprüfung muß die gewählte Klassifizierung die betreffende Klasse ziemlich genau erfassen – erhebliche ‚over-inclusion' oder ‚under-inclusion' ist verfassungswidrig. Dieser Test kommt in der Regel zur Anwendung, wenn der Staat in spezifisch erwähnte oder vom Gericht entwickelte Grundrechte eingreift oder wenn er im Gleichheitsbereich ‚verdächtige Klassifizierungen' wie etwa Rasse benutzt.

Die Anwendung dieses zweistufigen Tests führt in der Praxis zu folgendem Ergebnis: Nach dem Willkürtest ist fast jede staatliche Regelung verfassungsgemäß, die Anwendung des strikten Tests dagegen führt in der Regel zur Verfassungswidrigkeit. Die Zweistufigkeit hat erhebliche Vorteile: Das verfassungsgerichtliche Geschäft ist relativ einfach, übersichtlich, für alle Beteiligten vorhersehbar, und führt in den Fällen der Nichtanwendung des strikten Tests zu einer klaren Zuweisung von politischer Verantwortlichkeit an die legislativen Organe. Trotzdem ist das Gericht nicht bei diesem einfachen Schema stehengeblieben, vermutlich weil es die Zweistufigkeit in manchen Fällen als zu einengend ansah und weil es sich durch eine differenziertere Prüfung eine Zunahme an Verfassungsgerechtigkeit erhoffte, der gegenüber die abnehmende Vorhersehbarkeit seines eigenen Tuns als unwichtiger erschien.

(3) Soweit das Gericht den mittleren Test anwendet (‚intermediate level of scrutiny'), muß das zu verwirklichende öffentliche Interesse

[47] Vgl. unten §§ 12 II; 14 I, II sowie bei den einzelnen Grundrechten; vergleichend im Hinblick auf die Prüfungsmaßstäbe des BVerfG *Rau*, Grenzen; *Simons*, Grundrechte; *Stoevesandt*, Aktivismus; *Schefer*, Konkretisierung; *Haltern*, Verfassungsgerichtsbarkeit.

erheblich, aber nicht (überragend) wichtig sein; ferner muß das gewählte Mittel mehr als nur die Chance der Förderung des Gemeininteresses haben, ohne daß die Geeignetheit oder Erforderlichkeit streng geprüft wird.

(4) Nach dem ‚sliding scale test' schließlich, der von einzelnen Richtern vorgeschlagen wird, ohne bisher eine Mehrheit gewonnen zu haben, sollen das erforderliche Gewicht des öffentlichen Interesses und die Strenge der Zweck-Mittel-Prüfung je nach der Eingriffsintensität des staatlichen Aktes und der Fundamentalität des betroffenen Grundrechtsinteresses festgelegt werden.[48] Der damit angezielten Flexibilisierung der verfassungsgerichtlichen Prüfung entspricht offensichtlich eine Minimierung der Vorhersehbarkeit dessen, was das Gericht jeweils entscheiden wird.[49]

Eine letzte Unterscheidung bezieht sich auf die Frage, ob das Gericht eine prozedurale oder eine inhaltliche Prüfung vornimmt[50]: Bei der ersteren kontrolliert das Gericht nur die Einhaltung des einschlägigen Verfahrens, unabhängig von der behaupteten (Un-)Gerechtigkeit oder (Un-)Erwünschtheit des Ergebnisses. Bei der letzteren dagegen wird (auch) die Verfassungsgemäßheit des staatlich erzielten Ergebnisses überprüft. Diese Differenzierung ist insbesondere deshalb wichtig, weil der Supreme Court bei der due process-Klausel in Am. 5 und 14 auch eine inhaltliche Prüfung (‚substantive due process') vornimmt, obwohl der Wortlaut eher auf eine prozedurale Kontrolle hinweist.[51]

§ 9. Grundrechte, Föderalismus und fundamentale Rechte

I. Die Privileges or Immunities-Klausel im 14. Zusatzartikel

Die Bill of Rights ist neben den Bestimmungen zur Einrichtung einer horizontalen und vertikalen Gewaltenteilung der wichtigste Bestandteil zur Beschränkung der staatlichen Gewalt und zur Absicherung einer Entfaltungssphäre für das Individuum. Ihr Adressat ist allerdings nur die nationale Regierung, nicht die Gliedstaatengewalt. Letztere mußte nach der Rechtslage im Jahr 1787 bzw. 1791 den gewaltenteiligen Aufbau, einige grundrechtsgleiche Vorschriften vor allem in Art. I §§ 9 und

---

[48] Eine Annäherung an diesen Test enthält die von drei Richtern getragene ‚plurality opinion' in *Planned Parenthood of Southeastern Pennsylvania v. Casey*, unten § 12 III.

[49] Auch wenn sich der angewandte Prüfungsmaßstab aus dem Text einer Entscheidung ergibt, ist Vorsicht geboten und eine genaue Analyse angezeigt: In einigen Fällen wird der strikte Test etwas abgeschwächt, der mittlere Test etwas variiert oder der Willkürtest etwas verschärft.

[50] Vgl. ausführlich *Nowak/Rotunda*, Const. Law, § 10.6.

[51] Vgl. unten § 11 I.

10 sowie die eigene Gliedstaatenverfassung achten, war aber nicht an die Bill of Rights gebunden, die im Hinblick auf die Bedrohung durch die neueingerichtete nationale Gewalt aufgenommen worden war.[1] Diese beschränkte Abwehrrichtung ist vom Supreme Court im Jahr 1833 bekräftigt worden.[2]

Der 1868 im Anschluß an den Bürgerkrieg erlassene 14. Zusatzartikel bot die Gelegenheit, das Verhältnis von gliedstaatlichem zu bundesstaatlichem Grundrechtsschutz neu zu befragen. Möglich wurde dies durch die ‚privileges and immunities clause' im ersten Abschnitt: „No State shall make or enforce any law which shall abridge the privileges or immunities of citizens of the United States ...".[3] Die Generalklausel könnte so verstanden werden, daß alle die Bundesgewalt bindenden Grundrechtsvorschriften auch für die Gliedstaaten verbindlich sind.

Diese extensive Interpretation hat der Supreme Court aber in den *Slaughterhouse Cases*[4] abgelehnt. Die Privilegien und Immunitäten wurden eng umrissen und umfassen nach der Entscheidung nur einige speziell auf die Bundeszuständigkeiten bezogene Rechte, etwa das Recht des Bürgers, Petitionen beim Kongreß einzubringen, sich friedlich zu versammeln, sich auf Habeas Corpus-Garantien zu berufen, die US-Gewässer zu befahren, Vorteile aus US-Verträgen mit auswärtigen Staaten zu genießen, im zwischenstaatlichen Verkehr reisen zu können, den Schutz des 13. und 15. Zusatzartikels einfordern sowie bei nationalen Wahlen teilnehmen zu können. Das Gericht wollte mit seiner engen Interpretation den föderalen Aufbau absichern und die Gliedstaaten vor einer Uniformierung des Grundrechtsschutzes und der damit verbundenen nationalen Kontrolle bewahren. Durch das Festhalten an dieser Rechtsprechung ist die privileges or immunities-Klausel weitgehend der Wirkung beraubt worden. Trotzdem ist der Grundrechtsschutz zwischen nationaler und föderaler Ebene inzwischen weitgehend angeglichen worden – allerdings über eine andere Schiene, die ebenfalls in Am. 14 § 1 enthaltene due process-Klausel.

II. Die Inkorporationsdebatte

Am. 14 § 1 setzt fest: „[No State shall] deprive any person of life, liberty, or property, without due process of law ...". Die due process-Klausel kann prozedural[5] oder substantiell gelesen werden; in der sub-

---

[1] Vgl. oben § 1.

[2] Vgl. *Barron v. Mayor and City Council of Baltimore*, 32 U.S. (7 Pet.) 243 (1833).

[3] Die Verfassung enthält noch eine zweite ‚privileges and immunities clause', die das Verhältnis zwischen den Gliedstaaten betrifft und auch ‚comity clause' genannt wird. Art. IV § 2 Cl. 1 bestimmt: „The Citizens of each State shall be entitled to all Privileges and Immunities of Citizens in the several States."

[4] 83 U.S. (16 Wall.) 36 (1873). Vgl. auch *Twining v. New Jersey*, 211 U.S. 78, 97 (1908).

[5] Dazu unten § 22.

stantiellen Lesart sind eine frühe, ökonomische und eine moderne, auf Autonomie und Privatsphäre bezogene Richtung zu unterscheiden.[6] Die hier zu besprechende Inkorporationsdebatte fand chronologisch nach der Absage an den ‚economic due process' und bis zum Aufkommen des ‚modern substantive due process' statt, also im wesentlichen von den ausgehenden 30er bis zu den beginnenden 70er Jahren des 20. Jahrhunderts. Ihr Thema waren die Fragen, ob und, falls ja, warum die Grundrechte der Bill of Rights auch die Gliedstaaten binden sollten, ferner ob die due process-Klausel es auch erlaubt, über die spezifischen Garantien der Bill of Rights hinaus weitere fundamentale Interessen als Grundrechte zu charakterisieren und als Grenze sowohl der Bundes- wie Gliedstaatengewalt aufzuzeigen. Die letztgenannte Frage betraf vor allem strafprozessuale Garantien.[7]

In dieser Debatte standen sich die Doktrinen der totalen und der selektiven Inkorporation gegenüber. Die Doktrin der totalen Inkorporation wurde von Justice Black[8] vertreten. Nach seiner Auffassung ergibt sich aus dem Wortlaut des 14. Zusatzartikels sowie aus den historischen Intentionen des damaligen Ratifizierungsverfahrens, daß die due process-Klausel alle Grundrechte der Bill of Rights für die Gliedstaaten verbindlich machen sollte, aber auch nur diese Grundrechte. Auf diese Weise stehen sowohl der Umfang der Inkorporation – die Bill of Rights im Gesamt – als auch der Transformationsmodus fest – Sprache und historischer Wille.

Diese Auffassung wurde von der Mehrheit des Gerichts zurückgewiesen. Die Mehrheit trat für eine selektive Inkorporation ein. Selektionsmechanismus sollte eine jeweils fallgebundene Analyse der Frage sein, ob die betreffende Garantie einen unaufgebbaren, fundamentalen Bestandteil des traditionellen Freiheits- und Gerechtigkeitsverständnisses des amerikanischen Gemeinwesens oder der englischsprachigen Völker darstellt. Die jeweilige Garantie muß „of the very essence of a scheme of ordered liberty"[9] sein, den „canons of decency and fairness" entsprechen, „which express the notions of justice of English-speaking peoples."[10] Es ist evident, daß diese Auffassung den Richtern mehr an Interpretationskompetenz zuspricht und den Verfassungswandel stärker berücksichtigt als der Ansatz totaler Inkorporation. Kernpunkt des Streits um die Inkorporation war demgemäß auch die Frage, ob es

---

[6] Vgl. unten §§ 10 I, II; 11.

[7] Wir gehen nicht näher auf die strafprozessualen Garantien ein. Dazu etwa *Schmid*, Strafverfahren; *Hermann*, Strafprozeß; *Brugger*, Grundrechte, § 28.

[8] Vgl. vor allem *Adamson v. California*, 332 U.S. 46, 68ff. (1947) (Black, J., dissenting); *In re Winship*, 397 U.S. 358, 377ff. (1970) (Black, J., dissenting).

[9] *Palko v. Connecticut*, 302 U.S. 319, 325 (1937) (Cardozo, J.). Vgl. auch aaO, 328 und schon vorher *In re Kemmler*, 136 U.S. 436, 448 (1890); *Twining v. New Jersey*, 211 U.S. 78, 99ff., 106 (1908).

[10] *Adamson v. California*, 332 U.S. 46, 67 (1947) (Frankfurter, J., concurring).

Aufgabe der Richter sein solle, solche substantiellen Abwägungen von Fall zu Fall neu zu treffen. Black kritisierte diese auf fundamentale Fairneß abstellende Rechtsprechung als willkürlich und unvorhersehbar; die Mehrheit war aber der Ansicht, diese substantielle Ausdeutung von ‚due process' durch das Gericht bleibe im Rahmen seiner institutionellen Kompetenz; sie lasse sich auch nicht auf die Durchsetzung jeweiliger subjektiver Präferenzen der Richter reduzieren, sondern sei anhand der leitenden Gerechtigkeits- und Freiheitsvorstellungen zu rechtfertigen.

Ende der 60er Jahre läßt sich eine gewisse Verschiebung der Argumente feststellen. Ohne das Kriterium der fundamentalen Fairneß aufzugeben, betont das Gericht seit der Leitentscheidung *Duncan v. Louisiana*[11], es komme im Bereich der strafprozessualen Garantien darauf an, ob die jeweilige Garantie als unaufgebbarer Bestandteil gerade des amerikanischen strafprozessualen Systems einzustufen sei. Das Gericht hat dabei die relativ zahlreichen Vorschriften in den Zusatzartikeln 4 bis 6 und 8 im Auge, die sich mit strafprozessualen Fragen befassen. An dieser Sichtweise hat der Supreme Court bis heute festgehalten. Ergebnis der umfangreichen Rechtsprechung ist, daß fast alle Garantien der Bill of Rights auch die Länder binden und daß die Gliedstaaten im gleichen Umfang gebunden sind wie die nationale Gewalt.[12] Ausgenommen sind nur noch der 2., 3. und 7. Zusatzartikel sowie das im 5. Zusatzartikel enthaltene Erfordernis der Grand Jury-Anklage. Diese Rechtsprechung führt im Grunde zu dem Ergebnis, das das Gericht bei der Auslegung der ‚privileges or immunities clause' vermeiden wollte – die weitgehende Uniformierung des Grundrechtsschutzes.

Das Gericht hat die due process-Klausel sogar dazu benutzt, strafprozessuale Rechte zu entwickeln, die über die spezifischen Garantien der Bill of Rights hinausgehen. Unter Hinweis auf das System des Strafprozesses der amerikanischen Verfassung hat der Supreme Court in dem Fall *In re Winship*[13] das Erfordernis eines Schuldspruches ‚beyond a reasonable doubt' als in diesem System implizit mit verankert angesehen. Dieser Fall illustriert treffend den Kontrast zu Justice Blacks auf den spezifischen Wortlaut und die Intentionen der Verfassungsgeber abstellenden Ansatz: Wenn man darüber hinausgehend auf übergreifende Argumente wie fundamentale Fairneß rekurriert und die Interpretation den Verfassungswandel berücksichtigt, dann kommt den als Rechtfertigung herangezogenen Generalklauseln eine „independent potency" oder

[11] 391 U.S. 145 (1968).

[12] Zu einer der wenigen strafprozessualen Ausnahmen siehe *Apodaca v. Oregon*, 406 U. S. 404 (1972).

[13] 397 U.S. 358 (1970).

„independent function“[14] gegenüber spezifisch textlich Gesagtem und historisch Gewolltem zu.

§ 10. Der grundrechtliche Schutz wirtschaftlicher Interessen

I. Due Process und der Weg zu Lochner

Wirtschaftliche Interessen werden in der Verfassung durch generalklauselartige und durch spezifische Vorschriften geschützt. Generalklauselartig sind die due process-Klauseln in Am. 5 und Am. 14 § 1 gefaßt, die die nationale bzw. gliedstaatliche Gewalt binden: State power shall not „deprive any person of life, liberty, or property, without due process of law ...“ (Am. 14 § 1). Spezielle Schutzvorschriften finden sich für das Eigentum (Am. 5) und für vertraglich begründete Rechte (Art. I § 10 Cl. 1). Ferner regelt die Verfassung die Zulässigkeit von rückwirkenden Gesetzen, von Einzelpersonengesetzen (Art. I § 9 Cl. 3; § 10 Cl. 1) und von Zwangsdienstbarkeiten (Am. 13). Die folgende Darstellung beschränkt sich auf eine Skizze der due process-Klausel sowie der das Eigentum betreffenden taking-Klausel.[1]

Die due process-Klauseln wurden lange als Vorschriften verstanden, die rein prozeduralen Charakter hatten.[2] Sie setzten unabhängig vom Ergebnis Erfordernisse gehörigen staatlichen Verfahrens fest, wenn Regelungen der öffentlichen Gewalt in Leben, Freiheit oder Eigentum eingriffen (‚procedural due process‘). Doch gab es in der Rechtsprechung des Gerichts immer wieder vereinzelte Stimmen, die ‚due process‘ substantiell verstanden wissen wollten – als inhaltliche Grenze staatlicher Eingriffsmacht in Leben, Freiheit oder Eigentum (‚substantive due process‘). Gegen Ende des 19. Jahrhunderts wurden diese Stimmen stärker, vermutlich als Reaktion auf die zunehmende Industrialisierung des Landes, die die öffentliche Gewalt auch zu einer stärkeren Regulierung des Wirtschaftslebens veranlaßte. Das Aufkommen des ‚administrative state‘[3] führte zu der Frage, ob und inwieweit der Staat den Marktmechanismus von Nachfrage und Angebot im Hinblick auf Arbeitsverträge und Arbeitsbedingungen regulieren durfte.

Die rechtliche Analyse dieser Frage ging von zwei Prämissen aus: Von der Individualseite aus gesehen war klar, daß der Begriff Freiheit in der due process-Klausel weit zu verstehen war und die Vertragsfreiheit so-

---

[14] Vgl. *Adamson v. California*, 332 U.S. 46, 66, 67 (1947) (Frankfurter, J., concurring) gegenüber Justice Black in *In re Winship*, 397 U.S. 358, 377 (1970) (dissenting): „I shall not at any time surrender my belief that that document itself should be our guide, not our own concept of what is fair, decent, and right.“

[1] Zu den anderen Vorschriften siehe *Brugger*, Grundrechte, § 8 II–V.

[2] Zur prozeduralen Deutung der due process-Klausel siehe unten § 20.

[3] Vgl. dazu unten § 17.

wie das Bestreben, einen Beruf nach eigener Wahl auszuüben, umfaßte.[4] Von der Staatsseite aus war unbestritten, daß die öffentliche Gewalt sich auf die ‚police power' berufen konnte, die Regelungen zum Schutz der öffentlichen Gesundheit, Moral, Sicherheit und des allgemeinen Wohlergehens legitimierte. Streitig wurde dagegen gegen Ende des 19. und zu Beginn des 20. Jahrhunderts, wie die Abwägung dieser beiden Gesichtspunkte zu treffen ist, insbesondere im Hinblick auf arbeitsrechtlich und sozialstaatlich motivierte Regelungen, die darauf abzielten, die ungleiche Verhandlungsmacht der Vertragspartner auszugleichen und für ‚angemessene' Arbeitsbedingungen zu sorgen. Sollten solche Maßnahmen noch unter ‚allgemeine Wohlfahrt' fallen, und welchen Prüfungsstandard sollte das Gericht anwenden?

Die Antworten des Supreme Court auf diese Fragen lassen sich chronologisch gliedern: Bis zu der Entscheidung in *Lochner v. New York* im Jahre 1905 hielt sich das Gericht bei der Beurteilung und Kritik der neuen administrativen Regelungen weitgehend zurück. Mit *Lochner* setzte eine Rechtsprechung ein, die viele dieser Normen genauer überprüfte und für verfassungswidrig erklärte; diese Phase wird als ‚early' oder ‚economic substantive due process' bezeichnet. Mitte der 30er Jahre bricht diese Rechtsprechung ab. Der Supreme Court gibt aufgrund neuer, besserer Einsicht und politischen Drucks diese strenge Kontrolle der Wirtschaftsgesetzgebung auf und schwört dem ökonomischen ‚substantive due process' ab.[5]

II. Economic Due Process in der Lochner-Ära

Lochner[6] erklärte unter Berufung auf die due process-Klausel des 14. Zusatzartikels ein Gesetz des Staates New York für verfassungswidrig, das die Arbeitszeit von Angestellten in Bäckereien auf höchstens 10 Stunden pro Tag und 60 Stunden pro Woche beschränkte. New York hatte diese Regelung gesundheitsrechtlich begründet; dieses Motiv ließ der Supreme Court aber nicht gelten. Er vermutete hinter der Regelung eine rein arbeits- und sozialrechtliche Motivation, und eine solche fiel nach Auffassung des Gerichts nicht unter die ‚police power'. Damit setzte sich die Vertragsfreiheit von Arbeitgebern und Arbeitnehmern als Teil der substantiell verstandenen due process-Klausel gegen die Berufung auf die sozialstaatlich interpretierte ‚police power' durch: „[The]

---

[4] Dies hatte der Supreme Court in *Allgeyer v. Louisiana*, 165 U.S. 578, 589, 591 (1897) deutlich gemacht.

[5] Der Aufgabe des ‚economic substantive due process' folgen aber die ebenfalls auf der due process-Klausel aufbauende Inkorporationsrechtsprechung sowie die moderne substantielle Deutung der due process-Klausel nach. Vgl. oben § 9 II und unten § 11 I. Eine ausführliche Analyse des ökonomischen ‚due process' findet sich bei *Ehmke*, Wirtschaft und Verfassung.

[6] Vgl. *Lochner v. New York*, 198 U.S. 45 (1905).

liberty of contract relating to labor includes both parties to it. The one has as much right to purchase as the other to sell labor."[7]

Die Entscheidung benutzt zwei Kriterien, die sich auch in den Folgeentscheidungen wiederfinden: Zum einen interpretiert das Gericht die ‚police power' in einem engen Sinn – bestimmte Ziele fallen nicht unter ‚allgemeine Wohlfahrt' oder ‚öffentliches Interesse', nämlich rein arbeits- und sozialstaatlich motivierte Maßnahmen, die die ungleiche Stellung der Vertragspartner ausgleichen sollen und damit redistributiven Charakter haben – falls man die ursprüngliche Ausgangslage der Parteien als ‚natürlich' oder als Resultat einer sonstwie gerechtfertigten Verteilung ansieht. Zum anderen ergänzt das Gericht diese Zielanalyse durch eine relativ strikte Mittel-Zweck-Analyse: „The act must have a more direct relation, as a means to an end, and the end itself must be appropriate and legitimate ...".[8] Beide Kriterien vermögen nur zu überzeugen, wenn wenigstens zwei weitere Annahmen zutreffen oder zumindest plausibel von einem Gericht dem Gesetzgeber entgegengehalten werden können: Inhaltlich setzt diese Rechtsprechung implizit auf die Leistungsfähigkeit des Marktes im Sinne der klassisch-liberalen Erwartung, das Leistungs- und Konkurrenzprinzip führe zu einer wohlhabenden und gerechten Gesellschaft. Institutionell setzt sie voraus, daß die empirische und normative Einschätzung der relevanten Wirtschaftsdaten von einem Gericht mindestens genauso gut getroffen werden kann wie von einer Legislative. Beide Annahmen stoßen schon in *Lochner* in den abweichenden Meinungen der Richter Harlan und Holmes auf heftigen Widerspruch. Beide Richter sehen in der Mehrheitsentscheidung einen institutionellen Fehlgriff und wollen die Prüfungskompetenz des Gerichts auf eine bloße Willkürkontrolle beschränken.

III. Der Verzicht auf gerichtliche Prüfung in der modernen Rechtsprechung

Das Gericht hielt bis Mitte der 30er Jahre an dieser Rechtsprechung fest und erklärte ungefähr 200 legislative Regelungen für verfassungswidrig. Es sah freilich auch viele Gesetze als verfassungsgemäß an, und zwar immer dann, wenn eine Sachlage vorlag, die nicht oder nicht nur machtausgleichend erschien, sondern nach dem klassischen Verständnis der ‚police power' zu rechtfertigen war. Oft war die Grenze schwer zu ziehen, was dem Gericht viel Kritik einbrachte. Ferner brachte die Weltwirtschaftskrise in den 30er Jahren zu Bewußtsein, daß der Marktmechanismus doch nicht so trefflich funktionierte, wie dies der klassische ökonomische Liberalismus postulierte. Der wachsende politische Druck auf das Gericht führte schließlich zu Präsident Roosevelts ‚court packing

[7] AaO, 56.
[8] AaO, 57.

plan', dem letztendlich gescheiterten, aber aufgrund des Nachgebens des Gerichts auch nicht mehr bedeutsamen Versuch, das Gericht durch eine Änderung der Richterzahl und durch die Neubestellung ‚progressiver' Richter zur Aufgabe seiner Lochner-Rechtprechung zu zwingen.[9]

Die 1934 und 1937 erlassenen Entscheidungen *Nebbia v. New York* und *West Coast Hotel Co. v. Parrish* markieren das Ende der Lochner-Ära. In *Nebbia* wird die Herabsetzung des Prüfungsmaßstabs deutlich: „Price control, like any other form of regulation, is unconstitutional only if arbitrary, discriminatory, or demonstrably irrelevant to the policy the legislature is free to adopt, and hence an unnecessary and unwarranted interference with individual liberty."[10] Es kommt also nur noch der lose ‚rational basis test' zur Anwendung, und der Kläger hat die Willkürlichkeit darzulegen.

In *West Coast Hotel* gab das Gericht explizit die Prämisse auf, auf Machtausgleich zwischen den Vertragsparteien abzielende Maßnahmen fielen nicht unter die ‚police power', und spricht von der „exploitation of a class of workers who are in an unequal position with respect to bargaining power and are thus relatively defenseless against the denial of a living wage ...".[11] Weitere Entscheidungen machten deutlich, daß das Gericht sogar bereit war, einer angegriffenen Regelung Sachverhaltsgestaltungen zu unterlegen, die dem Gesetzgeber gar nicht vor Augen standen, um die Norm vor dem Willkürlichkeitsurteil zu retten.[12] Selbst wenn eine Regulierung „needless, wasteful requirements in many cases" mit sich bringt, führt der ‚rational basis test' nicht zur Verfassungswidrigkeit.[13]

Im Ergebnis führt diese Rechtsprechung zur faktischen Abdankung gerichtlicher Kontrolle im Bereich der Wirtschaftsgesetzgebung, was die inhaltliche Ausdeutung der due process-Klausel angeht. Seit 1937 hat der Supreme Court kein Gesetz mehr unter Hinweis auf die due process-Klausel für verfassungswidrig erklärt. Anderes gilt, soweit nicht die Legislative regelt, sondern eine Jury Strafschadensersatz (‚punitive damages') gegen Firmen festsetzt, was bei groben Sorgfaltspflichtsverletzungen in Betracht kommt. Hier gebietet die Due Process Clause, daß der Jury Anweisungen an die Hand gegeben werden, die den Nexus zwischen Grad der Beeinträchtigung, Grad der Sorgfaltspflichtverletzung und Abschreckungswirkung gewährleisten; einer gerichtlichen Beschränkung unterliegen ‚grossly excessive damages'.[14]

---

[9] Vgl. dazu oben S. 47.
[10] 291 U.S. 502, 539 (1934).
[11] 300 U.S. 379, 399 (1937).
[12] Vgl. *United States v. Carolene Products Co.*, 304 U.S. 144, 152 (1938).
[13] Vgl. *Williamson v. Lee Optical of Oklahoma*, 348 U.S. 483, 487 (1955).
[14] Vgl. *Honda Motor Co. v. Oberg*, 512 U. S. 415 (1994); *TXO Production Corp. v. Alliance Resources Corps.*, 509 U. S. 443 (1993).

Ein Verstoß gegen die Verfassung kommt nur in Betracht, wenn eine ökonomische Regulierung gegen eine spezifische verfassungsrechtliche Vorschrift oder ein sonstiges verfassungsrechtlich anerkanntes fundamentales Interesse verstößt oder eine verdächtige Klassifizierung benutzt.

Wie läßt sich diese Beschränkung verfassungsgerichtlicher Kontrolle erklären? Mehrere Möglichkeiten sind denkbar: Entweder sieht das Gericht wirtschaftliche Entfaltung nicht mehr als fundamentales Interesse im Rahmen der due process-Klausel an, oder dieses Interesse ist zwar fundamental, seine gerichtliche Durchsetzung stößt aber auf funktionelle Grenzen, weil informierte ökonomische Analyse, Prognose und Bewertung eher von der Legislative zu erwarten sind als von der Judikative. Handelt es sich weiterhin bei der Wirtschaftsregulierung nur oder doch vorrangig um Zweckmäßigkeitsprobleme und nicht oder weniger um Gerechtigkeitsprobleme, so daß auch aus diesem Grund eher die Legislative als die Judikative zuständig sein sollte? Letzteres ist nicht unbestritten, während die funktionelle Überlegung nach vorherrschender Ansicht gerichtliche Zurückhaltung im Bereich der Wirtschaftsregulierung anempfiehlt. Die Frage stellt sich freilich: Muß Zurückhaltung im Sinne totaler Aufgabe gerichtlicher Kontrolle verstanden werden?[15]

IV. Eigentum und Enteignung

Am. 5 setzt fest: „[P]rivate property [shall not] be taken for public use, without just compensation." Aus dieser Formulierung[16] ergibt sich indirekt, daß der nationalen Gewalt das Recht zur Enteignung (‚eminent domain') zusteht; dies gilt allerdings nur, soweit die Enteignung ein Mittel zur Erreichung eines Zwecks ist, der durch einen der Kompetenztitel der Bundesgewalt abgedeckt ist.[17] Was alles unter den Begriff des Eigentums fällt, ist nicht aus der Verfassung abzuleiten; vielmehr muß dazu auf allgemeine Quellen im Gliedstaaten- oder nationalen Recht zurückgegriffen werden.[18]

Am. 5 setzt zwei Voraussetzungen für Enteignungen fest: Sie müssen dem öffentlichen Gebrauch dienen und führen zur Pflicht einer gerechten Entschädigung. Diese Kriterien gelten auch für die Gliedstaaten, deren Enteignungskompetenz in der weiten ‚police power' gründet: Zwar gibt es keine dem Am. 5 vergleichbare Vorschrift für die Länder; die

---

15 Vgl. zu dieser Diskussion *Stone u.a.*, Const. Law, S. 839ff.; *Brugger*, Grundrechte, § 7 III.

16 Vgl. allgemein *Dolzer*, Eigentum, S. 229ff.; *Kokott*, JöR N. F. 35 (1986), S. 335ff.

17 Zu diesen siehe oben § 5 III.

18 Vgl. *Ruckelshaus v. Monsanto Co.*, 467 U. S. 986, 1001 (1984).

Voraussetzungen dieses Zusatzartikels sieht die Rechtsprechung aber als durch die due process-Klausel des 14. Zusatzartikels inkorporiert an.[19]

Der 5. Zusatzartikel gibt einen Grundgedanken zu erkennen, dessen gerichtliche Konkretisierung allerdings zu keiner als konsistent einzuschätzenden Dogmatik geführt hat. Ziel der taking-Klausel ist es zum einen, ungerechtfertigte Enteignungen zu verhindern, zum anderen, bei im öffentlichen Interesse gerechtfertigten Enteignungen auch die Öffentlichkeit und nicht nur den Betroffenen für den Schaden einstehen zu lassen. In diesem Sinn bekräftigt die Garantie klassisch-naturrechtliche Postulate der Schutzwürdigkeit von Eigentum und sichert gleichzeitig eine faire Verteilung von Vorteilen und Lasten ab. Wann aber liegt eine Enteignung von Eigentum vor? Was ist unter öffentlichem Gebrauch zu verstehen? Und worin besteht die gerechte Entschädigung?

Die Rechtsprechung in bezug auf das Vorliegen einer Enteignung ist nicht leicht zu systematisieren. Viele Entscheidungen haben einen starken ad-hoc-Einschlag. Die folgende Darstellung skizziert einige Grundlinien der Rechtsprechung:

Soweit die staatliche Regelung zu einer Eigentumsübertragung oder zu einer permanenten Entziehung führt, liegt in aller Regel eine entschädigungspflichtige Enteignung vor; Sonderregeln gelten für störendes Eigentum.[20] Eine Enteignung liegt im Regelfall auch vor, wenn physisch unbefristet in Privateigentum eingegriffen wird; auf den – vielleicht geringen – Grad des Eingriffs kommt es nicht an.[21]

Schwieriger ist die Sachlage bei staatlichen Regelungen, die Art und Weise sowie Umfang der Eigentumsnutzung beschränken und zu zum Teil erheblichen Wertminderungen führen. Solches geschieht insbesondere durch bauplanungsrechtliche, umweltschutzrechtliche, denkmalsrechtliche und erbrechtliche[22] Regelungen. In diesen Fällen kommt es auf eine Abwägung im Einzelfall an, für die u.a. folgende Gesichtspunkte in Anschlag zu bringen sind: die Intensität des Eingriffs, das Vorliegen berechtigter Erwartungen einer bestimmten Eigentumsnutzung, die Gleichmäßigkeit der Belastung für gleichgeartetes Eigentum, die Störerqualität des Eigentums und das die Regulierung rechtfertigende öffentliche Interesse[23]; eine Regulierung, die jede Ausübung des Eigentums ausschließt, indiziert in der Regel eine Enteignung.[24] Die Stichworte lassen erkennen, daß hier nicht mehr das Alltagsverständnis

---

[19] Seit *Chicago, Burlington & Quincy R.R. Co. v. Chicago*, 166 U.S. 226 (1897).

[20] Vgl. *Calero-Toledo v. Pearson Yacht Leasing Co.*, 416 U. S. 663 (1974); *Bennis v. Michigan*, 516 U. S. 442 (1996).

[21] Vgl. *Loretto v. Teleprompter Manhattan CATV Corp.*, 458 U. S. 419 (1982).

[22] Zum Erbrecht, das Teil des Eigentums ist, siehe *Hodel v. Irving*, 481 U. S. 704, 715ff. (1987); *Babbit v. Youpee*, 117 S.Ct. 727 (1997).

[23] Vgl. z.B. die Zusammenfassung der Rspr. in *Penn Central Transportation Corp. v. New York City*, 438 U.S. 104, 124ff. (1978).

[24] Vgl. *Lucas v. South Carolina Coastal Council*, 505 U. S. 1003, 1015f. (1992).

eines Wortes (‚taking') entscheidend ist, sondern ein Konglomerat von Überlegungen: Schutzwürdigkeit des Eigentums, Vertrauensschutz des Eigentümers, Ausmaß der ökonomischen Wertminderung, Gleich- oder Ungleichbehandlung. Steuerliche Belastungen führen nicht zu entschädigungspflichtigen Enteignungen, nicht einmal im Falle exzessiver Besteuerung.[25]

Was das Kriterium des ‚public use' angeht, so hatte die Rechtsprechung dieses Erfordernis zunächst eng verstanden im Sinne des buchstäblich öffentlichen Gebrauchs der enteigneten Sache. Die neuere Rechtsprechung hat diese Beschränkung aufgegeben und die gerichtliche Prüfungskompetenz, vergleichbar der unter III. dargelegten Ausweitung der ‚police power', auf einen Willkürtest zurückgestuft. In *Hawaii Housing Authority v. Midkiff* setzt der Supreme Court den Begriff ‚public use' mit der weiten ‚police power' gleich, und deren Inhaltsbestimmung steht in aller Regel der Legislative und nicht der Judikative zu. Das Gericht betont zwar, daß auch hier verfassungswidrige Grenzfälle denkbar sind, insbesondere wenn die Enteignung lediglich dazu dient, ökonomische Vorteile von einer Privatperson auf die andere zu verlagern, ohne daß ein rechtfertigendes öffentliches Interesse vorliegt.[26] Davon abgesehen gilt aber: „[W]here the exercise of the eminent domain power is rationally related to a conceivable public purpose, the Court has never held a compensated taking to be proscribed by the Public Use Clause".[27] Diese Formulierung klingt nach der Art von Preisgabe gerichtlicher Prüfungsbefugnis, wie sie das Gericht in der modernen economic due process-Rechtsprechung praktiziert, Grenzen gerichtlicher Zurückhaltung werden aber sichtbar, wenn staatliche Behörden Koppelungsgeschäfte durch Auferlegung von ‚unconstitutional conditions' eingehen wollen. Es geht hier um Fälle, in denen Behörden die erforderliche Genehmigung zur Nutzung einer Eigentumsposition (etwa in Form der Bebauung eines Grundstücks) von der Eingehung einer Verpflichtung des Eigentümers (z.B. zur Duldung eines öffentlichen Wegs) abhängig machen wollen. Solches ist nach der Rechtsprechung nur zulässig, wenn zwischen den beiden Rechtsakten eine ausreichend enge Verbindung in Form einer ‚rough proportionality' besteht.[28]

---

[25] Vgl. *City of Pittsburgh v. Alco Parking Corp.* 417 U. S. 369 (1974).

[26] In der Nach-Lochner-Ära zählen dazu aber auch sozialstaatlich motivierte Ausgleichsmaßnahmen. Es ist zweifelhaft, ob diese Beschränkung Wirkung entfalten kann.

[27] *Hawaii Housing Authority v. Midkiff*, 467 U.S. 229, 241 (1984). In dieser Entscheidung hielt der Supreme Court ein öffentliches Interesse für gegeben, obwohl Nutznießer der staatlichen Beschränkung Private waren.

[28] Vgl. *Nollan v. California Coastal Comm'n*, 483 U. S. 825 (1987); *Dolan v. City of Tigard*, 512 U. S. 374 (1994). Siehe generell zu einer eigentumsfreundlichen Sicht *Epstein*, Takings.

Für Enteignungen ist eine gerechte Entschädigung zu zahlen. Nach einer vielzitierten Formulierung kommt es darauf an, was der Eigentümer verloren hat, und nicht auf das, was der Begünstigte gewonnen hat.[29] Entscheidend ist der faire Marktpreis. Ist dieser nicht festzustellen, sind Eigentümer- und Öffentlichkeitsinteressen gerecht abzuwägen. Speziell auf staatlicher Verleihung beruhende Vorteile sind beim Entschädigungsumfang in Anschlag zu bringen.[30]

§ 11. Der grundrechtliche Schutz von Privatsphäre und Persönlichkeitsentfaltung über die Due Process-Klausel

I. Frühe und moderne substantielle Deutung der Due Process-Klausel

Ein die politische und wissenschaftliche Diskussion immer wieder bewegender Punkt ist die Frage, ob und, falls ja, inwieweit die Verfassung über die textlich erwähnten Grundrechte hinaus weitere grundrechtsgleiche, fundamentale Rechte enthält, die zu konkretisieren in der Macht der Richter und letztlich des Supreme Court liegt. Die Verneinung dieser Frage setzt ein enges und isoliertes Verständnis der einzelnen Verfassungsnormen voraus, die Bejahung dagegen eine ganzheitliche, integrierende und die unabhängige Funktion der Generalklauseln betonende Lesart der Verfassung. Der Verneinung der Frage entspricht eine Beschränkung gerichtlicher Macht, verbunden mit einer Stärkung der Verantwortlichkeit der politischen Organe, der Bejahung umgekehrt die Stärkung gerichtlicher Macht auf Kosten von Kongreß und Präsident.

Die Rechtsprechung des Supreme Court läßt sich nicht im Ganzen auf eine der beiden Sichtweisen festlegen: Viel hängt von der Periode und dem betreffenden Sachgebiet ab; ferner gibt es auch einige fundamentale Interessen, die sich in Analogie zu textlich verankerten Grundrechten formulieren lassen und so quasi zwischen ‚textual rights' und ‚non-textual rights' bzw. ‚fundamental interests' liegen.[1] Eine weitere Komplikation tritt hinzu. Die Verfassung enthält einige Generalklauseln, die eine – wenn auch lose – textliche Anknüpfung für die Ausarbeitung nicht spezifisch erwähnter Grundrechte erlauben. Was den verfassungsrechtlichen und -gerichtlichen Schutz von Freiheitsinteressen angeht, ist insbesondere der Begriff Freiheit in der due process-Klausel des 5. und des 14. Zusatzartikels von Bedeutung, die der Supreme Court nicht nur prozedural ausdeutet[2], sondern in einigen Bereichen auch sub-

---

[29] *Boston Chamber of Commerce v. Boston*, 217 U.S. 189, 195 (1910).
[30] Vgl. *United States v. 564.54 Acres of Land*, 441 U.S. 506 (1979); *United States v. Fuller*, 409 U.S. 488 (1973).
[1] Vgl. unten § 14 zu Erweiterungen der Rede- und Pressefreiheit.
[2] Dazu unten § 20.

stantiell, als inhaltliche Grenze staatlicher Regelungsmacht, versteht. Die Einschränkung ‚in einigen Bereichen' ist wichtig: Soweit der Staat unbenannte Freiheitsinteressen beschränkt, die lediglich unter ‚liberty' im Sinne von Am. 5 und 14 fallen, benutzt der Supreme Court nur den weiten, durchlässigen ‚rational basis test', der meistens zur Aufrechterhaltung der staatlichen Regelung führt. Anderes gilt in Fällen, in denen das Gericht spezielle Fallgruppen unbenannter Freiheitsinteressen als (verfassungsrechtlich) fundamental anerkennt und damit als grundrechtsgleich ansieht. Dann kommt ein strengerer Test und in der Regel der ‚strict scrutiny test' zur Anwendung, an dem die meisten Vorschriften scheitern.

Eine solche substantielle Auslegung der due process-Klauseln des 5. und 14. Zusatzartikels hat der Supreme Court im ersten Drittel des 20. Jahrunderts für den verfassungsrechtlichen Schutz ökonomischer Interessen vertreten; diesem ‚economic due process' hat das Gericht aber inzwischen entschieden abgeschworen.[3] Einer nach wie vor bedeutsamen und anerkannten Fallgruppe von ‚substantive due process' begegnen wir in der Inkorporationsrechtsprechung.[4] Eine dritte bedeutsame und teilweise höchst streitige Fallgruppe betrifft Fälle, in denen Privatsphärenaspekte, generelle Interessen an autonomer Persönlichkeitsentfaltung sowie Ehe und Familie im Mittelpunkt stehen.

Die im folgenden dargestellte moderne Rechtsprechung ist einerseits mit dem heiklen Faktum der Aufgabe gerichtlicher Kontrollkompetenz im Bereich des ‚economic due process' konfrontiert: Wie läßt sich diese Zurückhaltung mit dem Vorpreschen im Bereich etwa von Privatsphäre und Abtreibung in Einklang bringen? Andererseits hat der Supreme Court in Parallele zur Lochner-Rechtsprechung und zum Teil schon vorher Formulierungen benutzt, die auf eine ganzheitliche und inhaltliche Sicht von ‚liberty' abzielten. So findet sich etwa in *Meyer v. Nebraska*, einem 1923 entschiedenen Fall, in dem es um das Verbot des Unterrichtens von bestimmten Fremdsprachen in Schulen ging, folgende Aussage: „[The ‚liberty' guaranteed by the Due Process Clause of the Fourteenth Amendment] denotes not merely freedom from bodily restraint but also the right of the individual to contract, to engage in any of the common occupations of life, to acquire useful knowledge, to marry, establish a home and bring up children, to worship God according to the dictates of his own conscience, and generally to enjoy those privileges long recognized at common law as essential to the orderly pursuit of happiness by free men ... [This] liberty may not be interfered with ... [by] legislative action which is arbitrary or without reasonable relation to some purpose within the competency of the state

[3] Vgl. oben § 10 III.
[4] Vgl. oben § 9 II.

to effect."[5] 38 Jahre später, 1961, formuliert Justice Harlan, ein konservativer und nicht als aktivistisch angesehener Richter, eine vergleichbare Sicht: „[The liberty protected by the Due Process Clause of the 14th Amendment] is not a series of isolated points pricked out in terms of the [explicitly guaranteed rights]. It is a rational continuum which, broadly speaking, includes a freedom from all substantial arbitrary impositions and purposeless restraints ... and which also recognizes, what a reasonable and sensitive judgment must, that certain interests require particularly careful scrutiny of the state needs asserted to justify their abridgment."[6]

Die beiden Zitate machen das Problem deutlich: Freiheit in den beiden due process-Klauseln umfaßt mehr als die textlich spezifizierten Freiheiten, aber wieviel mehr genau? Mit welchen Begründungen kann ein Gericht neue Grundrechte konkretisieren, die dann dem politischen Prozeß und den demokratisch verantwortlichen Organen entgegengehalten werden können? Und welche Kontrolldichte soll der Supreme Court in Anspruch nehmen – eine bloße Willkürkontrolle (so in *Meyer*) oder eine strengere, vielleicht sogar strikte Kontrolle (so *Harlan*)?

II. Das fundamentale Recht auf Schutz der Privatsphäre

Die Leitentscheidung für das textlich nicht spezifisch erwähnte Recht auf Privatsphäre ist *Griswold v. Connecticut.*[7] Dem Fall lag ein Staatengesetz zugrunde, das die Benutzung von Verhütungsmitteln verbot. Die für eine Familienberatungsstelle tätigen Kläger hatten Ehepaare über Verhütungsmittel informiert, Rezepte für Verhütungsmittel ausgestellt und waren deshalb angeklagt worden. Darin sah der Supreme Court einen Verstoß gegen das Recht auf Privatsphäre; die Begründungen des Ergebnisses weichen aber erheblich voneinander ab.

Relativ textnah argumentiert die von Justice Douglas formulierte Mehrheitsmeinung: Regelungen des intimen Ehelebens seien mit ökonomischen Regelungen à la *Lochner* nicht zu vergleichen. Zudem lasse sich der Rechtsprechung der Gesichtspunkt der Optimierung textlich spezifisch erwähnter Rechte durch Einbeziehung damit verknüpfter Bereiche oder Aktivitäten (wie etwa der Einbezug der Vereinigungsfreiheit in die Redefreiheit) entnehmen. Darum gehe es auch hier. Die Verfassung schütze in einigen Vorschriften einzelne Aspekte von Privatsphäre, etwa bei dem Recht, seine Assoziationen nicht offenlegen zu müssen, oder in den Am. 3, 4 und 5; zudem sei hier der 9. Zusatzartikel zu berücksichtigen, der die Möglichkeit nicht spezifisch erwähnter Grundrechte anerkenne. Diese einzelnen Aspekte benutzt Douglas zu einer

---

[5] 262 U.S. 390, 399f. (1923).
[6] *Poe v. Ullmann*, 367 U.S. 497, 543 (1961) (Harlan, J., dissenting).
[7] 381 U.S. 479 (1965).

Rechtsanalogie: „The present case ... concerns a relationship within the zone of privacy created by several fundamental constitutional guarantees ... Would we allow the police to search the sacred precincts of marital bedrooms for telltale signs of the use of contraceptives? The very idea is repulsive to the notions of privacy surrounding the marriage relationship."[8]

In den zustimmenden Voten der Richter Goldberg und Harlan steht nicht die Analogie zu explizit geschützten Rechten im Vordergrund, sondern eine Bestimmung des Prinzips von Persönlichkeitsentfaltung, das ihrer Ansicht nach dem Begriff ‚liberty' in Am. 5 und 14 zugrundeliegt. Goldberg verweist zunächst wie Douglas auf Am. 9 und formuliert dann seine Rechtfertigung richterlicher Rechtsfortbildung: „In determining which rights are fundamental, judges are not left at large to decide cases in light of their own personal and private notions. Rather, they must look to the ‚traditions and [collective] conscience of our people' to determine whether a principle is ‚so rooted [there] ... as to be ranked as fundamental.'"[9] „The entire fabric of the Constitution and the purposes that clearly underlie its specific guarantees demonstrate that the rights to marital privacy and to marry and raise a family are of similar order and magnitude as the fundamental rights specifically protected."[10] Dieser Bezug auf Argumente aus der Inkorporationsdebatte und die eigenständige Funktion verfassungsrechtlicher Generalklauseln wie der due process-Klausel findet sich auch bei Justice Harlan: Unter Bezugnahme auf das in Abschnitt I zitierte Minderheitsvotum in *Poe v. Ullman* stellt er bei seiner Auslegung der liberty-Klausel auf die „basic values ‚implicit in the concept of ordered liberty'"[11] ab.

In den *Griswold* nachfolgenden Privatsphäreentscheidungen war der Supreme Court mit zwei Fragen konfrontiert. Zum einen: Welches Recht genau wurde durch die Entscheidung garantiert? Häusliche Privatsphäre, eheliche Privatsphäre (auch außerhalb des Hauses?), informationelle Selbstbestimmung, sexuelle Selbstbestimmung (in welchem Ausmaß, nur für Eheleute?)? Die Beantwortung dieser Frage hängt von dem engeren oder weiteren Verständnis des Privatsphäreninteresses ab.[12] Zum anderen und damit zusammenhängend: Welche Erwägungen sollten die weitere Behandlung des Schutzes von Privatsphäre leiten? Das Gericht beantwortete in zwei Folgeentscheidungen beide Fragen in einem den Umfang des Rechts erheblich erweiternden und die in

---

[8] AaO, 485f.
[9] AaO, 493.
[10] AaO, 495.
[11] AaO, 500.
[12] Zu Problemen des ‚level of generality' in der Bestimmung von Rechten generell siehe *Tribe/Dorf*, On Reading the Constitution, Ch. 3.

Griswold angeführten Begründungen auswechselnden Sinn. Nach *Eisenstadt v. Baird*[13] und *Carey v. Population Services International*[14] erstreckt sich der Privatsphärenschutz auch auf die Verteilung von Verhütungsmitteln an Nichtverheiratete; ferner darf ein Gliedstaat den Verkauf von Verhütungsmitteln nicht auf Apotheker beschränken. Der liberal eingestellte Richter Brennan, der die Mehrheitsmeinung in beiden Entscheidungen schrieb, stellte nicht auf häusliche Aspekte oder eheliche Privatsphäre ab, sondern auf ein individuelles Recht eines jeden auf Schutz seiner intimen Entscheidungen betreffend die Zeugung von Kindern: „It is true that in *Griswold* the right of privacy in question inhered in the marital relationship. Yet the marital couple is not an independent entity with a mind and heart of its own, but an association of two individuals each with a separate intellectual and emotional makeup. If the right of privacy means anything, it is the right of the *individual*, married or unmarried, to be free from unwarranted governmental intrusion into matters so fundamentally affecting a person as the decision whether to bear or beget a child.“[15]

III. Das Recht auf Abtreibung

Von diesen Entscheidungen ausgehend, war es nur noch ein kleiner Schritt zur Verankerung des Rechts auf freie Wahl einer Abtreibung, das der Supreme Court 1973 einer jeden schwangeren Frau zusprach. In *Roe v. Wade*[16] erklärte der Supreme Court eine Regelung des Staates Texas für verfassungswidrig, die eine Abtreibung nur im Fall einer Gefahr für das Leben der Schwangeren erlaubte. Das von Justice Blackmun geschriebene Mehrheitsvotum betont zunächst, daß diese umstrittene Frage „by constitutional measurement, free of emotion and of predilection“[17] zu lösen sei. Danach folgt eine historische Analyse der Abtreibungsgesetzgebung, aus der sich ergibt, daß bis ungefähr zur Mitte des 19. Jahrhunderts Abtreibung weitgehend erlaubt war. Anschließend wurden restriktivere Gesetze erlassen. Zur Zeit der Gerichtsentscheidung war einerseits in der Mehrzahl der Gliedstaaten Abtreibung weitgehend verboten durch Regelungen, die mehr oder weniger dem Gesetz von Texas ähnelten. Andererseits gab es Anzeichen einer Liberalisierung dieser Gesetze durch einige der Gliedstaaten.

Blackmun gesteht zu, daß die Verfassung nicht explizit von einem Recht auf Privatsphäre spricht, rekurriert dann aber auf mehrere einzelne

---

[13] 405 U.S. 438 (1972).
[14] 431 U.S. 678 (1977).
[15] *Eisenstadt v. Baird*, 405 U.S. 438, 453 (1972).
[16] 410 U.S. 113 (1973). Generell und rechtsvergleichend hierzu *Brugger*, NJW 1986, S. 896ff.; *Glendon*, Abortion; *Tribe*, Abortion; *Kaup*, Schwangerschaftsabbruch.
[17] 410 U.S. 113, 116.

Aspekte von Privatsphäre, die vom Gericht schon anerkannt wurden. Dann begründet er, warum auch Abtreibung verfassungsrechtlich zu schützen sei: „This right of privacy, whether it be founded in the Fourteenth Amendment's concept of personal liberty ... [as] we feel it is, or ... in the Ninth [Amendment], is broad enough to encompass a woman's decision whether or not to terminate her pregnancy."[18] Dies ergebe sich daraus, daß die Versagung dieses Rechts den Lebensplan der Frau erheblich einschränke und medizinische oder psychologische Probleme mit sich bringen könne; all das seien Faktoren, die „the woman and her responsible physician necessarily will consider in consultation".[19]

Nachdem Abtreibung ein verfassungsrechtlich geschütztes fundamentales Interesse darstellt, das der Staat nur bei Vorliegen zwingender Gründe einschränken darf, kommt es auf die konkurrierenden Gründe für die Beschränkung dieses Rechts an. Blackmun verneint, daß der Fötus eine ‚Person' im Sinne des 14. Am. ist. Trotzdem könne der Staat entscheiden, daß „at some point in time another interest, that of the health of the mother or that of potential human life, becomes significantly involved".[20] Diese Interessen seien unabhängig voneinander, nähmen aber an Gewicht mit der Dauer der Schwangerschaft zu: (1) Bis zum Ende des ersten Trimesters liegt die Entscheidung über die Abtreibung allein bei der Schwangeren und ihrem Arzt. (2) Danach kann der Staat Regelungen im Hinblick auf die Durchführung der Abtreibung erlassen, die in vertretbarer Weise die Gesundheit der Schwangeren schützen. (3) Ab dem Stadium der Lebensfähigkeit des Fötus kann der Staat zum Schutz des ungeborenen Lebens die Abtreibung regeln oder auch verbieten. Eine Ausnahme von einem Verbot ist aber für den Fall vorzusehen, daß es sich um den Schutz des Lebens oder der Gesundheit der Schwangeren handelt.

Roe v. Wade ist eine der meistumstrittenen Entscheidungen in der Geschichte des Supreme Court: heftig verteidigt von den Befürwortern einer ‚freedom of choice', genauso heftig angegriffen von den Verteidigern des ‚right to life'. Das Gericht hat *Roe* über fast zwei Jahrzehnte bestätigt und viele legislative Versuche einer partiellen Beschneidung des weitgehenden Abtreibungsrechts zurückgewiesen, etwa Mitspracherechte des Ehemannes oder Wartezeiten.[21] Soweit das Gericht staatliche Regelungen akzeptierte, handelte es sich im wesentlichen um Vorschriften, die auf übliche ärztliche Standards abstellten und auch bei anderen Behandlungen einzuhalten waren, also nicht spezifisch Abtrei-

---

[18] AaO, 153.
[19] AaO, 153.
[20] AaO, 159.
[21] Vgl. *Planned Parenthood of Central Missouri v. Danforth*, 428 U.S. 52 (1976); *Akron v. Akron Center for Reproductive Health, Inc.*, 462 U.S. 416 (1983).

bung beschränken wollten.[22] Viele Juristen, unter ihnen auch solche, die mit dem Ergebnis von *Roe* sympathisierten, äußerten aber Bedenken hinsichtlich des in dieser Entscheidung deutlich werdenden gerichtlichen Aktivismus.

Die Bedenken knüpfen an mehreren Punkten an, die zum Teil schon in den zwei abweichenden Meinungen geäußert wurden. Justice White diagnostizierte das Fehlen von textlichen und historischen Argumenten: „I find nothing in the language or history of the Constitution to support the Court's judgment. The Court simply fashions and announces a new constitutional right for pregnant mothers and, with scarcely any reason or authority for its action, invests that right with sufficient substance to override most existing state abortion statutes."[23] Dieses Argument läßt sich erweitern: Nicht nur die Ratifizierungsgeschichte, sondern auch die amerikanische Tradition im Sinne von ‚ordered liberty' spricht nicht für, sondern gegen ein Abtreibungsrecht, wie sich aus Blackmuns geschichtlichem Abriß selbst ergibt. Ferner: Abtreibung hat textlich wenig mit der in *Griswold* angesprochenen Privatsphäre zu tun; es geht dort eher um sexuelle Autonomie und Freiheit in Zeugungsentscheidungen. Blackmuns Hinweis auf den verantwortlichen Arzt verfängt ebenfalls nicht: Dessen Interesse ist beruflicher und ökonomischer Art, und solche Interessen unterliegen in der Nach-*Lochner*-Ära weitgehender staatlicher Regulierung. In der abweichenden Meinung von Richter Rehnquist[24] wird die Konsequenz dieser Kritik gezogen: Weil es nicht eigentlich um ‚Privatsphäre', sondern um den Bereich sozialer und ökonomischer Regulierung gehe, sollte nicht der ‚strict scrutiny test', sondern der ‚rational basis test' zur Anwendung kommen, anhand dessen das Texas-Statut ohne weiteres zu rechtfertigen wäre.

Aus dieser Kritik ergibt sich, daß die von der Mehrheit herangezogene Rechtfertigung der Entscheidung maßgeblich auf der in den Nachfolgeentscheidungen von *Griswold* diagnostizierbaren Auswechslung der Begründung durch die liberale Mehrheit des Supreme Court liegt: Statt eher zurückhaltend auf anerkannte amerikanische Traditionen als Richtpunkt von ‚liberty' abzustellen, stützt sich die Mehrheit auf ihr liberalistisches Verständnis von ‚choice maximization' in Sachen Zeugung und, darin vielleicht umfaßt, in Sachen sexuelle, intime Selbstbestimmung.[25]

---

[22] Von staatlichen Einschränkungen sind nach der Rechtsprechung Verweigerungen staatlicher Zuwendungen zu unterscheiden. In der staatlichen finanziellen Förderung von Schwangerschaft und Geburt, nicht aber von Abtreibung, sieht das Gericht keinen Verstoß gegen das Abtreibungsrecht: *Maher v. Roe*, 432 U.S. 464 (1977); *Harris v. McRae*, 448 U.S. 297 (1980); *Rust v. Sullivan*, 500 U. S. 173 (1991).

[23] 410 U.S. 113, 221 f. (1973).

[24] AaO, 171 ff.

[25] Vgl. insoweit die zustimmende Meinung von Justice Douglas, aaO, 211 ff., nach dem Freiheit im Sinne des 14. Zusatzartikels (1) autonome Kontrolle über die Entwicklung und den Ausdruck der Persönlichkeit, (2) Wahlfreiheit in Sachen Heirat,

Eine weitere Rechtfertigung des Ergebnisses von *Roe* wird in den letzten Jahren in der wissenschaftlichen Diskussion zum Teil vertreten: *Roe* stehe nicht nur oder nicht primär für eine substantielle Erweiterung von ‚due process', sondern für die Zurückweisung einer Diskriminierung der schwangeren Frau, die im Falle einer erzwungenen Geburt weitgehend allein die Verantwortung für das ungewollte Kind tragen müsse; es gehe also primär um ein equal protection-Problem.[26]

Die politische und wissenschaftliche Kritik ist nicht ohne Auswirkungen auf das Gericht geblieben; Änderungen in der Besetzung des Supreme Court kamen hinzu. In einigen Entscheidungen der 80er Jahre deutete sich eine Abschwächung der *Roe*-Prinzipien und eine neue, konservativere Sichtweise an.[27] In dem 1992 entschiedenen Fall *Planned Parenthood of Southeastern Pennsylvania v. Casey*[28] erwarteten die meisten Beobachter des Gerichts den Durchbruch der neuen, konservativen Mehrheit und die Außerkraftsetzung von *Roe v. Wade*. Dazu kam es aber nicht. Eine abtreibungswillige Frau hat nach *Casey* nach wie vor das Recht, vor der Lebensfähigkeit des Fötus eine Abtreibung durchführen zu lassen. Daran darf sie weder vom Staat noch von Privaten gehindert werden. Nach diesem Zeitpunkt besteht dieses Recht fort, soweit das Leben und die Gesundheit der Schwangeren betroffen sind. Was den Zeitpunkt vor der Lebensfähigkeit angeht, so liegt eine Änderung der *Roe*-Entscheidung insofern vor, als die Potentialität des ungeborenen Lebens betont und der Trimesterrahmen aufgegeben wird. Ferner wird nicht mehr der strict scrutiny-Test angewendet; vielmehr soll es darauf ankommen, ob einer abtreibungswilligen Frau ‚undue burdens' oder ‚substantial obstacles' in den Weg gelegt werden. Diese neuen Maßstäbe werden von einer Gruppe von drei Richtern unter Führung von Justice O'Connor formuliert, die von zwei anderen Gruppen umrahmt wird. Zwei Richter sprechen sich für eine Beibehaltung des *Roe*-Standards aus; vier Richter wollen *Roe* außer Kraft setzten.

Die Anwendung dieses offenen, unbestimmten Prüfungsmaßstabs ist auf Konkretisierung durch den Supreme Court angewiesen, und die Ergebnisse in *Casey* selbst sind geprägt von wechselnden Mehrheiten gemäß den genannten Fraktionen. Als verfassungsgemäß wurden folgende Regelungen angesehen: Informationspflichten des Arztes über Risiken der und Alternativen zur Abtreibung; eine Wartefrist von 24 Stunden; ein elterliches Zustimmungserfordernis bei minderjährigen Schwange-

---

Scheidung, Zeugung, Verhütung und Kindererziehung sowie (3) allgemeine Handlungsfreiheit umfaßt; in all diesen Bereichen soll ein strikter Prüfungsmaßstab zur Anwendung kommen.

[26] Vgl. *Tribe*, Am. Const. Law, S. 1350ff.; *Stone u.a.*, Const. Law, S. 963ff., 1016.

[27] Vgl. insbesondere *Thornburgh v. American College of Obstetricians*, 476 U. S. 747 (1986); *Webster v. Reproductive Health Services*, 492 U. S. 490 (1989).

[28] 505 U. S. 833 (1992). Rechtsvergleichend hierzu *Brugger*, Persönlichkeitsentfaltung.

ren, sofern im Weigerungsfall ein gerichtliches Ersatzverfahren zur Verfügung steht; ärztliche Berichtspflichten, soweit das Anonymitätsinteresse der Schwangeren beachtet wird. Als verfassungswidrige unangemessene Belastung sieht das Gericht eine Benachrichtigungspflicht des Ehemannes an. In vielen Fällen könne es dadurch zu einem privaten Verhinderungsrecht kommen; was aber dem Staat selbst verboten sei, dürfe er auch einem Dritten nicht zusprechen.[29]

Casey ist in vieler Hinsicht ein außergewöhnlicher Fall. Die drei Richtergruppen lassen sich auch in der Bevölkerung und in den vom Volk gewählten Gliedstaatenlegislativen finden: Kritiker und Befürworter einer weitgehenden Abtreibungsfreiheit sowie Vertreter ‚vernünftiger' Kompromisse. Die Frage läßt sich stellen: Warum sollte bei einem verfassungsrechtlich so umstrittenen ‚Grundrecht' ein Gericht entscheiden? Warum soll nicht der politische Prozeß vernünftige Kompromißlösungen finden? Die Anwendung des undue burdens-Prinzips in den Legislativen würde mehr oder weniger zu den gleichen Ergebnissen führen wie im Supreme Court. Allerdings: Uniformität ist nur durch ein Bundesorgan, hier: das höchste Gericht, zu erreichen. Und eine Mehrheit des Gerichts, die *Roe*-Befürworter sowie die zentristische Dreiergruppe, beruft sich in der Entscheidung auf das Prinzip des ‚stare decisis' bzw. die ‚doctrine of precedence'[30]: Solange eine Entscheidung nicht klar falsch sei und sich in den Erwartungen der Bevölkerung verfestigt habe, müsse auch ein Verfassungsgericht sich gebunden sehen. Die vier *Roe*-Kritiker sehen das genau anders: Alle Entscheidungen nach *Roe* bauen auf *Roe* auf, und diese Entscheidung stelle eine klare Überschreitung richterlicher Kompetenzen dar, weil in der Verfassung eben nichts Konkretes zu Abtreibung enthalten sei und die Freiheit zur Abtreibung nicht zu den hochgehaltenen Traditionen des amerikanischen Volkes zähle. Zudem habe die gerichtliche Erfindung eines Abtreibungsgrundrechts die Lösung dieses Problems nicht erleichtert, sondern den Konflikt nur verschärft.

Die Entscheidung ist auch deshalb interessant, weil die vermittelnde Meinung deutlich auf die besondere Rolle der Frau, gerade auch in bezug auf die Gebärfähigkeit, abstellt. Die Akzeptanz der Mutterrolle aber müsse wegen der enormen Belastungen freiwillig sein, dürfe vom Staat nicht erzwungen werden, selbst wenn dies eine vorherrschende Kultur anders sehe.[31] Damit wird auf equal protection-Probleme angespielt, ohne daß

---

[29] Vgl. aus der neueren Rspr. *Mazurek v. Armstrong*, 117 S.Ct. 1865 (1997) (Verfassungsgemäßheit der Vorschrift, daß nur zugelassene Ärzte die Abtreibung vornehmen dürfen); *Lambert v. Wicklund*, 117 S.Ct. 1169 (1997) (Umfang elterlicher Benachrichtigungspflichten bei minderjährigen Schwangeren) sowie die Zusammenfassung bei *Chemerinsky*, Const. Law, § 10.3.3.2.

[30] Vgl. 505 U. S. 833, 854 ff., 953 ff.

[31] Vgl. aaO, 852.

der Gleichheitsmaßstab explizit thematisiert wird. Statt dessen werden die Gedanken der Autonomie und der Würde genannt, die dem Freiheitsbegriff des 14. Zusatzartikels unterlägen und für Zeugungs- und Geburtenfragen eben persönliche Entscheidung und Zustimmung verlangten sowie eine strengere gerichtliche Kontrolle rechtfertigten als bei sonstigen unbenannten Freiheiten.[32]

IV. Das Recht auf sexuelle Persönlichkeitsentfaltung

Geht man von der nach *Griswold* einsetzenden Individualisierung und Subjektivierung des Privatsphärenschutzes aus, so läßt sich tendenziell ein Dreischritt richterlicher Rechtsfortbildung erkennen: (1) von ehelicher Privatsphäre und Selbstbestimmung in bezug auf Zeugung von Kindern (*Griswold*) zu (2) genereller Selbstbestimmung in Zeugungsfragen (*Roe*) zu (3) sexueller Selbstbestimmung und intimer Assoziation für jedermann, zumindest in der häuslichen Privatsphäre.[33] Mit der letztgenannten Folgerung war der Supreme Court 1986 in *Bowers v. Hardwick*[34] konfrontiert. In diesem Fall hatte das Gericht über eine Norm zu entscheiden, die Sodomie verbot. Unter Sodomie fiel nach der weiten Definition des Gesetzes „any sexual act involving the sex organs of one person and the mouth or anus of another". Betroffen von dieser Vorschrift war ein Homosexueller, der mit einem anderen Mann im häuslichen Schlafzimmer Sexualverkehr hatte.

Die angesprochene Ausweitung des Privatsphärenschutzes wurde von vier der neun Richter befürwortet. Sie sahen das Recht auf sexuelle Selbstbestimmung und intime Assoziation zwischen konsentierenden Erwachsenen als verfassungsrechtlich geschützt an, soweit es sich in der häuslichen Privatsphäre abspielt. „The fact that individuals define themselves in a significant way through their intimate sexual relationships with others suggests, in a Nation as diverse as ours, that there may be many ‚right' ways of conducting those relationships, and that much of the richness of a relationship will come from the freedom an individual has to *choose* the form and nature of these intensely personal bonds ... [What] the Court ... has refused to recognize is the fundamental interest all individuals have in controlling the nature of their intimate associations with others."[35]

---

[32] Vgl. aaO, 851.

[33] Für ein solches Recht *Karst*, 89 Yale L.J. 624 (1980).

[34] 478 U.S. 186 (1986).

[35] AaO, 205f. Eine zweite Kritik der Minderheit setzt an der selektiven Durchsetzung der Sodomieregelung an, die ‚unnatürlichen' Geschlechtsverkehr ja auch für Heterosexuelle, und auch für Ehepaare, verbot, aber Anlaß zu selektiver Durchsetzung nur gegen Homosexuelle bot. Von hier aus ergeben sich Diskriminierungsprobleme und stellt sich auch die Frage, ob ‚unnatürlicher' Geschlechtsverkehr zumindest unter Eheleuten nicht schon durch *Griswold* abgesichert ist. Zum Thema Homosexualität siehe *Romer v. Evans*, unten § 12 IV am Ende.

Eine Mehrheit von fünf Richtern lehnte ein solches Recht auf intime Assoziation und sexuelle Selbstbestimmung ab: Die Präzedenzfälle hätten nie ein so breites Recht befürwortet, und zu entscheiden sei nicht über die Freiheit intimer Assoziation, sondern über die Freiheit zu homosexueller Betätigung. Diese lasse sich nicht als anerkannter Wert in der amerikanischen Tradition nachweisen; das sei schon daran zu erkennen, daß zum Zeitpunkt der Entscheidung 24 der Gliedstaaten solche Aktivitäten strafrechtlich sanktionierten. Nachdem weder Text, Geschichte noch Tradition homosexuelle Aktivitäten als verfassungsrechtlich geschützt qualifizieren, sieht sich die Mehrheit am Ende ihrer richterlichen Aufgabe und Kompetenz: „The Court is most vulnerable and comes nearest to illegitimacy when it deals with judge-made constitutional law having little or no cognizable roots in the language or design of the Constitution." Unter Hinweis auf die leidvollen Erfahrungen mit der *Lochner*-Ära fährt das Gericht fort: „There should be, therefore, great resistance to expand the substantive reach of [the Due Process Clause], particularly if it requires redefining the category of rights deemed to be fundamental. Otherwise, the Judiciary necessarily takes to itself further authority to govern the country without express constitutional authority. The claim pressed on us today falls far short of overcoming this resistance."[36]

Die Entscheidung in diesem Fall hängt wesentlich davon ab, auf welcher Abstraktionshöhe[37] man das Problem definiert: Geht es um das Recht und die Kompetenz, intime, höchstpersönliche Fragen der Lebensführung, zumindest in der häuslichen Privatsphäre, autonom zu entscheiden, egal wie die Bevölkerung zu faktischen Konsequenzen eines solchen Rechts steht (so die Minderheit), oder geht es um das Recht auf den Vollzug homosexueller Akte (so die Mehrheit)? Viele der Privatsphärenentscheidungen benutzen die Rhetorik der abstrakteren Redeweise, und in der Abtreibungsfrage ist die Rhetorik zum verbindlichen Verfassungsrecht erklärt worden, obwohl man auch dort sagen könnte, daß die Verfassung nicht von einem Recht auf Vollzug der Tötung ungeborener Kinder spricht. Nimmt man noch hinzu, daß bei der Abtreibung ‚auf der anderen Seite' ein Opfer steht, dessen Leben genommen wird, während beim einverständlichen sodomitischen Sexualverkehr von Erwachsenen nicht nur kein Opfer vorhanden ist, sondern sogar noch Lust erzeugt wird, so zeigt sich die Spannung zwischen *Roe* und *Bowers*. Beide Entscheidungen zusammen können schwerlich richtig sein.

---

[36] 478 U.S. 186, 194f. (1986).

[37] Vgl. schon oben Fußn. 12 und unten am Ende von Fußn. 38.

V. Der Schutz sonstiger Weisen der Persönlichkeitsentfaltung

Anders als beim Interesse an sexueller Persönlichkeitsentfaltung lassen sich nach der Rechtsprechung des Supreme Court Traditionsargumente anführen für den im Text der Verfassung nicht erwähnten Schutz von Ehe und Familie. In mehreren Entscheidungen wertete das Gericht eheliche und familiäre Interessen als solche, die von der ‚liberty' im Sinne der due process-Klauseln als fundamentale Interessen geschützt sind. ‚Familie' umfaßt dabei nicht nur die Kleinfamilie, sondern auch den weiteren Kreis der Familie: „Our decisions establish that the Constitution protects the sanctity of the family precisely because the institution of the family is deeply rooted in this Nation's history and tradition. It is through the family that we inculcate and pass down many of our most cherished values, moral and cultural."[38]

Die Zurückhaltung des Gerichts im Hinblick auf die ‚Fundamentaisierung' von Persönlichkeitsinteressen im Rahmen der substantiellen Ausdeutung der Freiheitsklausel in Am. 5 und 14 mit der Folge der Ersetzung des ‚rational basis test' durch einen strengeren oder gar den strikten Prüfungsmaßstab wird auch daran deutlich, daß es bisher weder ein Grundrecht auf Informationsfreiheit noch ein Grundrecht auf Achtung aller Lebensstilentscheidungen (etwa in bezug auf Kleidung, Haarstil oder ähnliches) anerkannt hat.[39] Das Gericht ist auch zurückhaltend, was staatliche Schutzverpflichtungen zur Förderung individueller Persönlichkeitsentfaltungen angeht: Solche Schutzpflichten werden anerkannt, soweit der Staat eine geistig behinderte Person gegen ihren Willen in ein Heim einweist[40] oder soweit es um ärztliche Versorgung von Strafgefangenen geht[41]; sie werden verneint, wenn staatliche Organe nicht tätig werden, obwohl sie wissen, daß ein Kind von seinem Vater mißhandelt wird und Gefahr für

---

[38] *Moore v. City of East Cleveland*, 431 U.S. 494, 503f. (1977). Vgl. zum fundamentalen Interesse am Abschluß der Ehe *Zablocki v. Redhail*, 434 U.S. 374 (1978) und zum noch nicht endgültig geklärten rechtlichen Status des Interesses an einer Scheidung *Brugger*, Grundrechte, § 17 II. Die Vermutung der Ehelichkeit eines in der Ehe geborenen Kindes gilt auch angesichts starker Indizien im Hinblick auf dessen außereheliche Zeugung; dem leiblichen Vater stehen keine fundamentalen Freiheitsinteressen im Sinne von Am. 14 zu: *Michael H. v. Gerald D.*, 491 U.S. 110 (1989). In dieser Entscheidung plädiert Justice Scalia für die interpretatorische Maxime, den Abstraktionsgrad der im Rahmen von Traditionsargumenten legitimierten fundamentalen Interessen auf der niedrigstmöglichen Stufe zu halten: aaO, 127 Fußn. 6.

[39] Vgl. *Whalen v. Roe*, 429 U.S. 589 (1977); *Kelley v. Johnson*, 425 U.S. 238 (1976) und *Brugger*, Grundrechte, § 18. Dagegen vertritt *Chicago v. Jesus Morales*, 67 U.S. Law Week 4415 (1999) eine weite Sicht geschützter Handlungsfreiheit: In dieser Entscheidung wurde eine gemeindliche Satzung, die eine Platzverweisung enthielt, für verfassungswidrig erklärt, obwohl es ‚rationale Gründe' für deren Rechtfertigung gab.

[40] Vgl. *Youngberg v. Romeo*, 457 U.S. 307 (1982).

[41] Vgl. *Estelle v. Gamble*, 429 U. S. 97 (1976). Die Verweigerung ärztlicher Hilfe stellt nach dieser Entscheidung eine Verletzung des 8. Am. dar.

Leib und Leben besteht.[42] Entscheidend ist also die Eingliederung in einen staatlichen Organisationsbereich, die erhöhte Pflichten mit sich bringt.

Besondere Schutzpflichten hat die Bundesgewalt gegenüber den Indianerstämmen und z.B. gegenüber der hawaiianischen Urbevölkerung übernommen[43]; Autonomie- und Privatsphärenschutz gewährleistet der Supreme Court auch, wenn es um die Verweigerung medizinischer Behandlung geht. In *Cruzan v. Director, Missouri Dep't of Health*[44] gingen 8 der 9 Richter davon aus, ein solches Recht könne früheren Entscheidungen des Gerichts entnommen werden. In Fällen, in denen es um Todkranke geht, die nicht mehr selbst entscheiden können, stellt es der Supreme Court den Gliedstaaten frei, strikte prozedurale Regeln aufzustellen, die absichern, daß Entscheidungen von Verwandten in einer solchen Situation wirklich dem Willen des Todkranken entsprechen. Von dieser Situation zu unterscheiden ist die Frage, ob die Verfassung etwas zu einem Recht zur Selbsttötung oder zur Hilfestellung bei einer Selbsttötung (‚assisted suicide') aussagt, das Gliedstaatenregelungen entgegengehalten werden könnte, die solches untersagen oder beschränken. Der Supreme Court verneinte in *Washington v. Glucksberg*[45] die verfassungsrechtliche Fundamentalität dieses Freiheitsinteresses. Damit unterliegen Gliedstaatenregelungen, die Selbsttötung oder Hilfestellung hierbei beschränken, nur dem rational basis-Test. Zweifellos vertretbare legitime öffentliche Interessen sah das Gericht in der Regelung des Staates Washington vorliegen: Schutz menschlichen Lebens; Schutz der Integrität und der Ethik des ärztlichen Berufs; Schutz besonders gefährdeter Gruppen (Alte, Kranke, Behinderte); Schutz gegen soziale Indifferenz; Schutz gegen Abgleiten in Euthanasie. Den Unterschied zwischen *Cruzon* und ‚(assisted) suicide' sieht das Gericht darin, daß es im erstgenannten Fall um die Abwehr von fremdbestimmten Eingriffen geht, während im letztgenannten Fall ein Recht auf Verkürzung des Lebens im Vordergrund steht. Wie auch sonst ist zwischen dem abwehrrechtlichen Aspekt und dem Fürsorgeaspekt zu unterscheiden. Die Verfassung enthält nach Auffassung des Supreme Court kein Recht auf ärztliche (Mindest-)Versorgung.[46]

---

[42] Vgl. *DeShaney v. Winnebago County Dept. of Social Services*, 489 U.S. 189 (1989) und unten § 13 IV. Allgemein zu Schutzpflichten im amerikanischen Verfassungsrecht *Currie*, AöR 111 (1986), S. 230ff.

[43] Vgl. *Rice v. Cajetano*, 68 U.S. Law Week 4138 (2000).

[44] Vgl. 497 U. S. 261 (1990).

[45] 117 S.Ct. 2258 (1997). Rechtsvergleichend hierzu *Nußbaum*, The Right to Die.

[46] Vgl. Fn. 40–42 zu *Youngberg*, *Estelle* und *DeShaney*, unten § 13 V und *Chemerinsky*, Const. Law, § 10.5.

§ 12. Gleichheitsschutz nach der Equal Protection-Klausel

I. Recht und Rasse bis Brown v. Board of Education

Die wichtigste Gleichheitsgarantie findet sich in Am. 14 § 1: „No state shall ... deny to any person within its jurisdiction the equal protection of the laws." Diese nach dem Bürgerkrieg (1861–1865) eingefügte Vorschrift steht nicht nur im Mittelpunkt der Rechtsprechung des Supreme Court zu Gleichheitsproblemen, sie bildet auch geschichtlich die Mitte zwischen der Verfassung von 1787 und der modernen Gleichheitsrechtsprechung. Sowohl für die Einfügung des 14. Zusatzartikels als auch für ein angemessenes Verständnis der Entscheidungen des Supreme Court zur Gleichheitsproblematik ist ein kurzer Rückblick auf die Rassenfrage unentbehrlich.[1]

Zur Zeit der Gründung der Republik war die Sklaverei in den Südstaaten sozial weitgehend akzeptiert und rechtlich legitimiert. In den nördlichen Staaten wurde die Sklaverei im letzten Viertel des 18. Jahrhunderts und im ersten Viertel des 19. Jahrhunderts zum großen Teil abgeschafft, aus moralischen, aber durchaus auch aus wirtschaftlichen Erwägungen. Die Verfassung selbst basierte auf einem Kompromiß in der Sklavenfrage; sie enthielt mehrere Vorschriften, die den Interessen der Sklavenstaaten entgegenkamen.[2] Die Auseinandersetzungen zwischen den Verteidigern der Sklaverei und den ‚abolitionists', die die Sklaverei gänzlich abschaffen wollten, wogten im Laufe des 19. Jahrhunderts hin und her und waren nur mühsam durch Kompromisse[3] auszugleichen. In diese Auseinandersetzung wurden auch die Gerichte hineingerissen, die meist eine zurückhaltende Linie vertraten und sich an die politischen Regelungen anpaßten.[4]

Das bekannteste und berüchtigste Beispiel für diese Haltung ist der 1857 entschiedene Fall *Dred Scott v. Sandford*.[5] Dred Scott war als Sklave im Staat Missouri aufgewachsen. Sein Eigentümer hatte ihn über einen längeren Zeitraum hinweg nach Illinois und Louisiana – zwei ‚freie' Staaten – mitgenommen, bevor er wieder nach Missouri zog und Scott an den neuen Eigentümer Sandford verkaufte. Scott klagte vor dem für Missouri zuständigen Bundesgericht auf Befreiung aus dem Sklavenstatus. Der Supreme Court hätte die Möglichkeit gehabt, man-

---

[1] Vgl. *Loewenstein*, Verfassungsrecht, Kap. 20; *Regents of University of California v. Bakke*, 438 U.S. 265, 387ff. (1978) (Marshall, J., concurring).

[2] Vgl. oben § 1.

[3] Das bekannteste Beispiel ist der Missouri Compromise von 1820, 3 Stat. 545, in dem der Kongreß unterschiedliche Regelungen für die Einzelstaaten akzeptierte; die Sklaverei wurde nur für geographisch festgelegte Territorien verboten.

[4] Vgl. *Brugger*, JZ 1989, S. 809ff.

[5] 60 U.S. (19 How.) 393 (1857).

gels Zuständigkeit der Bundesgerichte sich einer Sachentscheidung zu entziehen, zog es aber vor, den Fall auf breiter Grundlage zu entscheiden. Maßgebend für die Zuständigkeit des Bundesgerichts nach Art. III § 2 war der Bürgerstatus von Dred Scott im Staat Missouri. Diesen lehnte das Gericht mit dem Argument ab, der Begriff Bürger sei so zu bestimmen, wie ihn die Verfassungsväter verstanden hätten, und zu jener Zeit sei es die Überzeugung aller gewesen, daß Schwarze nicht zum souveränen Volk zählten; diese Ansicht komme auch in mehreren Bestimmungen der Verfassung zum Ausdruck. Aufgabe des Gerichts sei es nicht, über die Gerechtigkeit oder Ungerechtigkeit dieser Ansicht aus gegenwärtiger Sicht zu entscheiden, vielmehr komme es auf „true intent and meaning“ der Verfassung an, „when it was adopted“.[6]

Dred Scott führte nicht zu der von den Richtern wohl erhofften Beruhigung der Sklavenfrage, sondern fachte die politischen Auseinandersetzungen noch an, die kurz darauf zur Sezession der Südstaaten und zum Bürgerkrieg führten. Die siegreichen Nordstaaten setzten ihre Vorstellungen rassischer Gleichstellung in drei Zusatzartikeln durch: Am. 13 sieht die Abschaffung der Sklaverei und der Zwangsdienstbarkeit vor, und zwar mit Drittwirkung. Am. 14 enthält u.a. eine Regelung des Bürgerstatus, ein an die Gliedstaaten gerichtetes Verbot der Beeinträchtigung der „privileges and immunities“ der Bürger der Vereinigten Staaten sowie die due process- und equal protection-Klauseln. Am. 15 verbietet eine Beeinträchtigung von Wahlrechten aufgrund von Rasse, Hautfarbe oder früherer Zwangsdienstbarkeit. Alle drei Zusatzartikel enthalten Durchführungskompetenzen für die Bundesgewalt.

Eine vergleichbar zurückhaltende Position nahm der Supreme Court 1896 in *Plessy v. Ferguson*[7] ein. Diesem Fall lag eine Regelung des Staates Louisiana zugrunde, die den Eisenbahngesellschaften aufgab, gleiche, aber getrennte Unterbringung für die weiße und farbige Rasse bereitzustellen. Verstöße gegen die Vorschrift waren strafrechtlich bewehrt. Plessy, ein Farbiger, hatte sich trotz Aufforderung nicht aus dem Abteil für Weiße entfernt und war bestraft worden. Er hielt dies für einen Verstoß gegen Am. 13 und 14; seine Ansicht wurde aber vom Supreme Court nicht geteilt. Nach Auffassung des Gerichts muß jedes Gesetz ein Gemeinwohlinteresse verfolgen und darf nicht nur eine bestimmte Klasse unterdrücken wollen. Was zum Gemeinwohl zähle, sei allerdings

[6] AaO, 405. AaO, 452 erklärte das Gericht – nachdem es zuvor die Zuständigkeit der Bundesgerichte abgelehnt hatte –, daß der oben Fußn. 3 erwähnte Missouri Compromise, der unter anderem für Louisiana ein Verbot der Sklaverei enthielt, verfassungswidrig sei. Zu diesem offensichtlichen Verstoß gegen den Grundsatz gerichtlicher Zurückhaltung *Nowak/Rotunda*, Const. Law, S. 609; *Tribe*, Am. Const. Law, S. 356 Fußn. 12. *Dred Scott* ist nach *Marbury v. Madison* der zweite Fall, in dem der Supreme Court die Macht in Anspruch nahm, Bundesgesetze für verfassungswidrig zu erklären.

[7] 163 U.S. 537 (1896).

durch Rückgriff auf die überkommenen Bräuche zu bestimmen, und zu dieser Tradition zähle auch die Rassentrennung. Diese präge den Farbigen nicht, wie der dissentierende Richter Harlan meinte, einen Stempel der Minderwertigkeit auf. Es könne auch nicht Aufgabe von Gesetzen sein, gesellschaftliche Vorurteile zu überwinden und Schwarz und Weiß zusammenzuzwingen. „If the two races are to meet upon terms of social equality, it must be the result of natural affinities, a mutual appreciation of each other's merits and a voluntary consent of individuals ... [Legislation] is powerless to eradicate racial instincts or to abolish distinctions based upon physical differences, and the attempt to do so can only result in accentuating the difficulties of the present situation. If the civil and political rights of both races be equal one cannot be inferior to the other civilly or politically. If one race be inferior to the other socially, the Constitution of the United States cannot put them upon the same plane."[8] All diese Punkte zusammengenommen führten das Gericht dazu, die ‚separate but equal doctrine' als verfassungsgemäß anzusehen.

Die Maxime ‚separate but equal' führte in der Folge zu einer weitreichenden Trennung von Schwarz und Weiß in den Südstaaten. Staatliche Regelungen sahen eine Rassentrennung vor für Gerichte, Schulen, Büchereien, Parks, Theater, Hotels, Krankenhäuser, Gehwege und Friedhöfe. Im Bereich der Leistungsverwaltung hielt der Supreme Court eine Rassentrennung für verfassungsgemäß, solange die bereitgestellten Einrichtungen gleichwertige Leistungen und Gelegenheiten anboten. Dies änderte sich grundlegend erst im Jahr 1954, als *Brown v. Board of Education*[9] zu entscheiden war. In dieser Entscheidung wandelte sich der zurückhaltende Supreme Court, der bei der Interpretation die überkommene Tradition, die Vorstellungen der Verfassungsväter und die spezifischen Vorschriften der Verfassung respektierte, zu einem aktivistischen Gericht, das all diese Kriterien als sekundär ansah gegenüber einer gegenwartsbezogenen Interpretation und Ausweitung der equal protection-Klausel. In *Brown* hatten schwarze Schüler gegen die Rassentrennung im öffentlichen Schulbereich geklagt und eine Verletzung der equal protection-Klausel behauptet. Der Supreme Court gab ihnen recht. Das Gericht hielt die Entstehungsgeschichte von Am. 14 im Hinblick auf das von den Verfassungsvätern gewollte Ausmaß der Aufhebung der Rassentrennung für unklar. Wie auch immer diese Frage zu entscheiden sei, auf jeden Fall könne es nicht mehr auf das Verständnis der Jahre 1787, 1868 (Am. 14) oder 1896 (*Plessy*) ankommen, da sich die Bedeutung der öffentlichen Schulen im Laufe dieser Jahre dramatisch geändert habe. In der Gegenwart sei Schulbildung elementar für staats-

---

[8] AaO, 551 f.

[9] 347 U.S. 483 (1954).

bürgerliche Haltung, soziale Integration und berufliche Qualifikation. Deswegen sei sie auch rassenintegriert anzubieten. Geschehe dies nicht, drücke dies der farbigen Rasse (wie schon der dissentierende Richter Harlan in *Plessy* betont hatte) einen Stempel der Minderwertigkeit auf. Rassentrennung habe auch schädliche Auswirkungen auf die schulischen Leistungen der farbigen Schüler. All dies zusammengenommen zeige, daß Rassentrennung gegen die equal protection-Klausel verstoße.

In der Parallelentscheidung *Bolling v. Sharpe*[10] übertrug das Gericht dieses Verbot segregierter staatlicher Schulen von der Gliedstaatenebene auf die Bundesebene. Für den Bund sieht die Verfassung zwar keine equal protection-Klausel vor; die in dieser Formel enthaltenen Gebote sind aber nach Auffassung des Gerichts implizit in der due process-Klausel des 5. Am. enthalten. In dieser Entscheidung rekurriert das Gericht auch auf den strengen gerichtlichen Prüfungsmaßstab, den es zehn Jahre zuvor in *Korematsu v. United States*[11] zum ersten Mal formuliert hatte, als neuen und doch schon ‚traditionellen' Maßstab für gesetzliche Klassifizierungen, die auf Rasse abstellen: „Classifications based solely upon race must be scrutinized with particular care, since they are contrary to our traditions and hence constitutionally suspect."[12]

II. Equal Protection of the Laws und die Methodologie der Gleichheitsprüfung

Von der textlichen Formulierung her scheint die equal protection-Klausel nur die Rechtsanwendungsgleichheit zu garantieren und nicht auch eine Gleichheit der Gesetze selbst. Diese enge Interpretation hat der Supreme Court aber von Anfang an überschritten, und zwar unter Hinweis auf die weitergehende historische Absicht des Zusatzartikels, rechtliche Benachteiligungen der farbigen Bevölkerung auszuschalten: „The words of the amendment ... contain ... the right to exemption from unfriendly legislation against them distinctively as colored, – exemption from legal discriminations, implying inferiority in civil society, lessening the security of their enjoyment of the rights which others enjoy, and discriminations which are steps towards reducing them to the condition of a subject race."[13]

Dieses historische Anliegen bildet den Kern der modernen Gleichheitsrechtsprechung des Supreme Court, deren Beginn man mit *Brown v. Board of Education* datieren kann. Die Rechtsprechung des Gerichts

---

[10] 347 U.S. 497 (1954).

[11] Dazu näher unten Fußn. 23.

[12] 347 U.S. 497, 499 (1954).

[13] *Strauder v. Virginia*, 100 U.S. 303, 308 (1879), zitiert in *Brown v. Board of Education*, 347 U.S. 483, 490 Fußn. 5 (1954). Wie *Plessy* exemplarisch zeigte, interpretierte der Supreme Court dieses Anliegen aber lange in einem engen, soziale Diskriminierungen nicht umfassenden Sinn.

geht aber inzwischen weit über diese historische Anreicherung des Textes der Vorschrift hinaus; sie benutzt im Rahmen analoger Ausweitung des ursprünglich historisch Gewollten teleologische Argumente, um zu einem allgemeinen Gleichheitsgebot zu gelangen, dessen verfassungsgerichtliche Überprüfbarkeit von der jeweiligen Fallgruppe abhängt. Bevor wir diese Rechtsprechung skizzieren, soll die Methodologie des Gerichts bei der Überprüfung von Gleichheitsproblemen zur Sprache kommen.

Alle gesetzlichen Regelungen klassifizieren und behandeln die geregelten Fälle anders als die nicht geregelten. Schon darin kann man eine Ungleichbehandlung sehen, eine solche Sichtweise kann aber noch nicht zur Feststellung einer Verfassungswidrigkeit ausreichen. Die Gleichheitsprüfung muß vielmehr enger ansetzen.[14] Eine jede gesetzliche Klassifizierung ist ein Mittel, um einen bestimmten Erfolg herbeizuführen, den Zweck des Gesetzes zu fördern. Gleichheitsprobleme können sich in beiden Hinsichten ergeben: (1) Der Zweck des Gesetzes kann verfassungswidrig sein. (2) Das gewählte Mittel, die Klassifizierung, eignet sich nicht oder nicht optimal zur Herbeiführung des Erfolges. Die Klassifizierung kann zu weit oder zu eng im Hinblick auf das Ziel des Gesetzes sein – sie erfaßt auch (einige, viele) Situationen bzw. Personen, deren Einbeziehung in bezug auf den Gesetzeszweck nicht notwendig oder angemessen ist (‚overinclusion'), oder die Regelung nimmt (einige, viele) Personen aus, deren Einbeziehung den Gesetzeszweck fördern würde (‚underinclusion').

Eine gerichtliche Gleichheitsprüfung kann sich demgemäß auf die Fragen erstrecken, (1) ob es Zwecke gibt, die von der Verfassung ausgeschlossen sind und wie solche illegitimen Zwecke von einem Gericht festgestellt werden können, ferner (2) wie eng die Beziehung zwischen Klassifizierung und Gesetzeszweck sein muß: Reicht eine lose Beziehung (‚loose fit') aus oder muß eine enge, wenn schon nicht hundertprozentige, so doch fast perfekte Übereinstimmung (‚close fit') vorliegen? Die Fragestellung (1) führt zu einer Ergänzung für den Fall verfassungsgemäßer Zwecke: (3) Kann und soll ein Gericht die Gewichtigkeit des jeweiligen Gesetzeszwecks überprüfen und gegebenenfalls die legislatorische oder (im Fall einer Delegation) administrative Prioritätensetzung hinterfragen?

Diese Fragen spiegeln sich in den Prüfungsmaßstäben wider, die der Supreme Court für die Gleichheitsprüfung entwickelt hat.[15] Das Gericht hat in seiner modernen Rechtsprechung lange eine Zweiteilung vertreten: Danach war entweder der traditionelle, durchlässige ‚rational basis

---

[14] Vgl. die im folgenden zusammengefaßte klassische Abhandlung von *Tussman/tenBroek*, 37 Cal. L. Rev. 339 (1949).

[15] Zusammenfassend *Nowak/Rotunda*, Const. Law, § 14.3.

test' oder der anhand von Rassenklassifizierungen entwickelte enge ‚strict scrutiny test' anzuwenden. In den letzten Jahrzehnten hat sich eine Mehrheit des Supreme Court in einigen Fallgruppen für einen mittleren Prüfungsmaßstab (‚intermediate level of scrutiny') entschieden. Einzelne Richter vertreten auch immer wieder die Ansicht, im Grunde gebe es nur einen Test; dessen strengere oder durchlässigere Anwendung durch das Gericht hänge von den Umständen des Falles ab – der Art der Klassifizierung, der Mittel-Zweck-Beziehung und der Gewichtigkeit des Gemeinwohlinteresses (‚sliding scale test').[16] Dieser ad hoc-Ansatz hat aber bisher keine Mehrheit im Gericht finden können. Schließlich gibt es einige – in der Sache wichtige – Entscheidungen, in denen die Richter sich zwar auf einen der anerkannten Tests berufen, der Sache nach aber entweder den strict scrutiny-Test abschwächen oder den rational basis-Test verschärfen.[17] Das ruft dann doch den Eindruck einer ideologisch oder politisch beeinflußten ad hoc-Rechtsprechung hervor; es kann aber auch der bewußte Versuch des Gerichts vorliegen, über einen längeren Zeitraum unauffällig eine strukturelle Änderung des Prüfungsmaßstabs herbeizuführen, die dann dem Publikum zum geeigneten Zeitpunkt als implizit schon in der früheren Rechtsprechung verankert und somit nicht als ‚Bruch' der bisherigen Doktrin präsentiert werden kann.

(1) Nach dem *rational basis test* reicht es für die Verfassungsmäßigkeit einer Regelung aus, wenn die Klassifizierung in einem ‚rationalen' Verhältnis zum Gesetzeszweck steht, d.h. wenn sie in irgendeiner Weise den Gesetzeszweck fördern kann. Der Gesetzeszweck darf allerdings nicht verfassungswidrig sein, was im Gleichheitsbereich vor allem heißt: Er darf sich nicht darin erschöpfen, eine mißliebige Gruppe nur benachteiligen oder schädigen zu wollen.[18] Liegt ein legitimer Gesetzeszweck vor, kann die Regelung zu weit sein, und der Autor der Regelung kann das Problem Schritt für Schritt angehen – er braucht nicht alles auf

---

[16] Vgl. *San Antonio School District v. Rodriguez*, 411 U.S. 1, 70, 98ff. (1972) (Marshall, J., dissenting); *Craig v. Boren*, 429 U.S. 190, 211f. (1976) (Stevens, J., concurring) und oben § 11 III zu *Planned Parenthood of Southeastern Pennsylvania v. Casey*.

[17] Vgl. beispielsweise zum erstgenannten Fall *Korematsu v. United States*, unten Fn. 23 und *Adarand Constructors, Inc. v. Pena*, unten Fn. 24, 50, wo sich der Supreme Court betont gegen die herrschende Ansicht wehrt, daß ‚strict scrutiny strict in theory, but fatal in practice' ist. Zum letztgenannten Fall siehe etwa *Reed v. Reed*, unten Fn. 54 und *Romer v. Evans*, unten Fn. 74.

[18] Vgl. schon oben Fn. 7 zu *Plessy v. Ferguson*, unten Fn. 74 zu *Romer v. Evans* und *Brugger*, Grundrechte, S. 166ff.; *Stone u.a.*, Const. Law, S. 587ff. So einleuchtend das ist, so schwierig ist es, ‚nur negative' oder ‚schädigende' Absichten nachzuweisen, wie die Auseinandersetzungen zwischen der Mehrheit und der Minderheit in *Romer* exemplarisch zeigen. Die Darlegungspflicht für die leitenden Gesetzeszwecke variiert je nach Prüfungsmaßstab. Sie liegt beim ‚rational basis test' beim Kläger, beim ‚strict scrutiny test' beim Staat.

einmal zu lösen. Nach diesem Test muß der Kläger nachweisen, daß die staatliche Regelung entweder einen verfassungswidrigen Zweck verfolgt oder in der Mittel-Zweck-Relation willkürlich ist, d.h. in keiner Weise den Gesetzeszweck fördern kann. Dieser Nachweis ist kaum einmal zu führen, so daß die Anwendung dieses Tests in der Praxis in dem meisten Fällen[19] dazu führt, daß die angegriffene Regelung aufrechterhalten wird. Typische Formulierungen des Tests lauten etwa: „The constitutional safeguard is offended only if the classification rests on grounds wholly irrelevant to the achievement of the State's objective. State legislatures are presumed to have acted within their constitutional power despite the fact that, in practice, their laws result in some inequality. A statutory discrimination will not be set aside if any state of facts reasonably may be conceived to justify it."[20] Oder: Den Anforderungen der equal protection-Klausel wird eine Regelung gerecht, solange die betreffende Klassifizierung „rationally related" ist „to a legitimate state interest".[21]

In Gleichheitsfragen kommt grundsätzlich dieser lose Test zur Anwendung.[22] Nur wenn sogenannte verdächtige Klassifizierungen (‚suspect classifications') vorliegen, wie etwa im Fall von Rassendiskriminierungen, benutzt das Gericht strengere Maßstäbe bzw. den ‚strict scrutiny test'. Bei allen nichtverdächtigen Klassifizierungen kommt der ‚rational basis test' zur Anwendung; das umfaßt insbesondere den gesamten Bereich der Wirtschafts- und Sozialgesetzgebung.

(2) Nach dem *strict scrutiny test* muß die gesetzliche Klassifizierung in einem engen Verhältnis zum Gesetzeszweck stehen, müssen Mittel und Zweck mit anderen Worten so optimal wie möglich aufeinander bezogen sein; ferner muß ein überragendes Gemeinwohlinteresse vorliegen. Der Sache nach liegt hier eine strenge Verhältnismäßigkeitsprüfung vor: Das gewählte Mittel (die jeweilige Klassifizierung) muß geeignet und erforderlich sein zur Verwirklichung eines überragend wichtigen Gemeinschaftszweckes. Das Vorliegen dieser Anforderungen ist vom Staat darzulegen. Die Anwendung dieses strengen Maßstabs führt in aller Regel zur Feststellung der Verfassungswidrigkeit der Regelung.

Eine der Ausnahmen ist der Fall *Korematsu v. United States*, in dem Anordnungen der Bundesregierung während des Zweiten Weltkrieges zu beurteilen waren, die eine Internierung von Amerikanern japanischer Herkunft aus Furcht vor Spionage und militärischen Anschlägen vorsa-

---

[19] Allerdings nicht in allen Fällen! Wenn Verfassungswidrigkeit diagnostiziert wird, liegt dann aber in der Regel eine Anhebung des Prüfungsmaßstabs vor.

[20] *McGowan v. Maryland*, 366 U.S. 420, 425f. (1961).

[21] *New Orleans v. Dukes*, 427 U.S. 297, 303 (1976).

[22] Ebenso im Bereich der Freiheitsrechte, soweit nur ein Eingriff in die allgemeine Handlungsfreiheit und nicht in ein textlich verankertes oder vom Supreme Court anerkanntes fundamentales Recht vorliegt.

hen. In diesem Fall hat der Supreme Court zum ersten Mal explizit die Anwendung von ‚strict scrutiny' mit dem Vorliegen einer ‚suspect classification' gekoppelt, gleichzeitig aber das Vorliegen eines überragend wichtigen öffentlichen Interesses – der Landesverteidigung – bejaht: „[A]ll legal restrictions which curtail the civil rights of a single racial group are immediately suspect. That is not to say that all such restrictions are unconstitutional. It is to say that courts must subject them to the most rigid scrutiny. Pressing public necessity may sometimes justify the existence of such restrictions; racial antagonism never can."[23] Eine neuere Formulierung lautet: „[F]ederal racial classifications, like those of a State, must serve a compelling governmental interest, and must be narrowly tailored to further that interest ... ‚[b]ecause racial characteristics so seldom provide a relevant basis for disparate treatment, and because classifications based on race are potentially so harmful to the entire body politic, it is especially important that the reasons for any such classification be cleary identified and unquestionably legitimate' and that ‚[r]acial classifications are simply too pernicious to permit any but the most exact connection between justification and classification.'"[24]

(3) Ein *intermediate level of scrutiny* liegt vor, wenn die gesetzliche Klassifizierung nicht nur möglicherweise, sondern wirklich zur Förderung des gesetzlichen Ziels beitragen muß. Ein optimales Zweck-Mittel-Verhältnis ist nicht erforderlich, gewisse Grade von ‚overinclusion' oder ‚underinclusion' schaden nicht. Ferner muß das zu verwirklichende öffentliche Interesse bedeutsam, aber nicht überragend wichtig sein. Der Staat trägt die Beweislast. Eine typische Formulierung dieses Tests lautet wie folgt: „The State must show at least that the [challenged] classification serves ‚important governmental objectives and that the discriminatory means employed' are ‚substantially related to the achievement of those objectives.' The justification must be genuine, not hypothesized or invented post hoc in response to litigation. And it must not rely on overbroad generalizations about the different talents, capacities, or preferences of males and females."[25] Zur Anwendung kommt dieser Test bei quasiverdächtigen Klassifizierungen; dazu zählen insbesondere Geschlechterklassifizierungen.[26]

III. Die Verdächtigkeit rassischer Klassifizierungen

Die obigen Darlegungen lassen erkennen, wie wichtig für die Erfolgsaussichten einer Klage es ist, ob die gesetzliche Klassifizierung unverdächtig oder verdächtig ist: Im erstgenannten Fall liegt in aller Regel

---

[23] 323 U.S. 214, 216 (1944).
[24] *Adarand Constructors, Inc. v. Pena*, 515 U. S. 200, 235f. (1995).
[25] *United States v. Virginia*, 518 U. S. 515, 533 (1996).
[26] Vgl. unten Abschnitte V. und VI.

Verfassungsgemäßheit, im letztgenannten Verfassungswidrigkeit vor; zu dieser Zweiteilung tritt inzwischen noch der mittlere Prüfungsmaßstab hinzu.

Die idealtypische verdächtige Klassifizierung ist die rassische Benachteiligung, wie der Kampf der schwarzen Bevölkerung um rechtliche Gleichstellung exemplarisch belegt. Rassische Klassifizierung zählt als Diskriminierung im verfassungsrechtlichen Sinn. Der rechtlichen Diskriminierung Schwarzer hat der Supreme Court Benachteiligungen anderer ethnischer Gruppen gleichgesetzt.[27] Voraussetzung einer verdächtigen Diskriminierung ist aber vorsätzliches Staatshandeln (‚de jure discrimination'); rein gesellschaftliche Benachteiligungen oder Hinweise darauf, daß ein Gesetz bestimmte Rassen oder Gruppen überproportional benachteiligt (‚de facto discrimination', ‚disproportionate impact'), reichen nicht aus.[28] Die Diskriminierungsabsicht kann sich aus dem expliziten Wortlaut einer Vorschrift ergeben; das ist aber nicht notwendig. Auch ein textlich rassenneutrales Statut kann verfassungswidrig sein, etwa wenn es in rassendiskriminierender Weise angewandt wird.[29] In diesen Fällen hängt viel von der Beweislage ab: Liegt eine erhebliche Ungleichbehandlung der rassischen Gruppe vor? Falls der Kläger dies nachweisen kann, kann dies zur Pflicht des Staates führen, eine rassenneutrale Erklärung für die ungleiche Belastung zu geben.[30] Ungleich betroffenen Rassen steht es auch offen nachzuweisen, daß Ziel der textlich rassenneutralen Regelung eine Rassendiskriminierung ist; dann kommt es auf einzelne Faktoren an, die der Supreme Court als Indikatoren einer Diskriminierungsabsicht ansieht.[31] In all diesen Fällen wendet das Gericht ‚strict scrutiny' an. Führt dagegen eine staatliche Regelung lediglich dazu, daß bestimmte Minoritäten stärker als andere Gruppen benachteiligt werden (ohne daß die zuvor genannten Kriterien vorliegen), so kommt der ‚rational basis test' zur Anwendung.

Warum benutzt das Gericht letztlich den strikten Prüfungsmaßstab bei rassischen Klassifizierungen? Weil solche erfahrungsgemäß Diskriminierungen indizieren und eine Belastung nicht bei dem Kriterium ‚Rasse' anknüpfen soll. Dieser Grundgedanke bedarf noch näherer Analyse, weil die Anwendung eines strikteren bzw. sogar des strikten Prüfungsmaßstabs nicht bei rassischen und ethnischen Diskriminierungen stehengeblieben ist, sondern inzwischen weitere Fallgruppen um-

---

[27] Vgl. zusammenfassend *Regents of University of California v. Bakke*, 438 U.S. 265, 292f. (1978).

[28] Vgl. *Washington v. Davis*, 426 U.S. 229 (1976).

[29] Vgl. *Yick Wo v. Hopkins*, 118 U.S. 356 (1886).

[30] Vgl. *Snowden v. Hughes*, 321 U.S. 1 (1944); *Mayor of Philadelphia v. Educational Equality League*, 415 U.S. 605 (1974); *Castaneda v. Partida*, 430 U.S. 482 (1977); *McCleskey v. Kemp*, 481 U.S. 279 (1987).

[31] Vgl. *Washington v. Davis*, 426 U.S. 229 (1976); *Village of Arlington Heights v. Metropolitan Housing Development Corp.*, 429 U.S. 252 (1977).

faßt: positive, rassenfördernde Maßnahmen sowie Klassifizierungen, die die Merkmale Geschlecht, Unehelichkeit und Ausländerstatus benutzen. Diese Ausdehnung verfassungsgerichtlicher Macht kann sich nicht auf den expliziten Text der Verfassung stützen; sie geht auch über das konkret geschichtlich Gewollte hinaus; bleibt also nur noch die teleologische Anreicherung eines ‚in' oder ‚hinter' der equal protection-Klausel angesiedelten allgemeinen Gleichheitsgebots.

Die Gleichsetzung von rassischen Klassifizierungen mit rechtlicher Diskriminierung und die Notwendigkeit strikter gerichtlicher Kontrolle lassen sich mit folgenden Argumenten begründen[32]: (1) Solche Klassifizierungen knüpfen an ein unveränderliches Persönlichkeitsmerkmal (Hautfarbe, nationale Herkunft) an; die Rechtsordnung sollte aber auf Merkmale abheben, die zu beeinflussen in der Macht des einzelnen liegt. (2) Solche Klassifizierungen basieren auf irrationalen Gruppenklischees (Schwarze sind minderwertige Menschen – ein vom Supreme Court in *Dred Scott* geteiltes Vorurteil; Amerikaner japanischer Herkunft sind potentielle Verräter – *Korematsu*); die Rechtsordnung sollte solche Unterstellungen vermeiden. (3) Rassische Klassifizierungen deuten auf Stigmatisierungen hin; gleichwertige, aber rassisch getrennte Schulen (die Sachlage vor *Brown*) signalisieren der farbigen Bevölkerung ihre Minderwertigkeit. (4) Die Interessen der farbigen Rassen in den USA werden aufgrund der bestehenden Vorurteile von den anderen politischen Gruppen trotz Wahlrechtsgleichheit nicht angemessen gewürdigt und in politischen Verhandlungen unzureichend berücksichtigt; wegen dieser Defizite des politischen Prozesses bedarf es besonders strikter gerichtlicher Kontrolle.[33] (5) Rassische Klassifizierungen, die bewußt eine bestimmte Rasse benachteiligen, sind rückgängig zu machen; diese Pflicht ist gerichtlich zu kontrollieren. (6) Weitergehend: Auch nach Garantie der Wahlrechtsgleichheit, und ohne daß eine konkret nachweisbare de jure-Diskriminierung vorliegt, sind für die schwarze Bevölkerung ausgleichende Maßnahmen notwendig und geboten, weil nach wie vor erhebliche soziale Ungleichheiten als Folge früherer und fortbestehender staatlicher oder gesellschaftlicher Diskriminierung existieren; staatliche oder gesellschaftliche Maßnahmen, die dieses Ziel fördern, sind verfassungsrechtlich zumindest möglich, wenn nicht sogar geboten.

---

[32] Vgl. *Brugger*, Grundrechte, S. 173 ff.; *Stone u.a.*, Const. Law, S. 601 ff., 684 ff. und z.B. *Regents of University of California v. Bakke*, 438 U.S. 265, 287 ff., 357 ff. (1978).

[33] Vgl. Justice Stones berühmte Fußnote 4 in *United States v. Carolene Products Co.*, 304 U.S. 144, 152 Fußn. 4 (1938), in der dieser Gedanke klassisch ausgedrückt ist: „[P]rejudice against discrete and insular minorities may be a special condition, which tends seriously to curtail the operation of those political processes ordinarily to be relied upon to protect minorities, and which may call for a correspondingly more searching judicial inquiry."

Versetzt man sich in die 50er und 60er Jahre des 20. Jahrhunderts, so wird deutlich, daß die farbige Bevölkerung sich auf die Punkte (1) bis (3) berufen kann. Was den Vorwurf defizitärer politischer Repräsentation angeht (4), so wird dieser Vorwurf genauso schwer zu belegen wie zu widerlegen sein; immerhin ist festzuhalten, daß die Wahlrechtsgleichheit inzwischen effektiv verfassungsrechtlich verankert ist und bundesrechtlich durchgesetzt wird.[34] Die (5) Rückgängigmachung konkreter de jure-Diskriminierung stellt angesichts der Punkte (1) bis (3) kein argumentatives Problem dar[35]. Streitig dagegen ist Punkt (6), weil er dazu führt, daß rassenspezifische Klassifikationen, die die Verfassung ja möglichst ausschalten will, nunmehr auf unabsehbare Zukunft als notwendiges Mittel zur Überwindung des Rassismus eingesetzt werden. Einerseits ist damit den benachteiligten Rassen sicher geholfen (etwa im Fall finanzieller oder beruflicher Vorteile), auf der anderen Seite können solche rassenspezifischen Programme auch Klischees in bezug auf die betroffene Gruppe (Punkt 2) hervorrufen oder verstärken: ‚Auf sich gestellt schaffen sie es eben nicht!' Nimmt man diese Kriterien als Anhaltspunkt sowohl für die Verdächtigkeit gesetzlicher Klassifizierungen als auch für die Notwendigkeit dichterer verfassungsgerichtlicher Kontrolle, so läßt sich die Ausweitung der Kategorien der Verdächtigkeit durch den Supreme Court im großen und ganzen nachvollziehen.

IV. Affirmative Action

Aus dem bisher Dargelegten ergibt sich, daß rassische Diskriminierungen in aller Regel verfassungswidrig und deshalb rückgängig zu machen sind. Diese Folgerung hat der Supreme Court im Anschluß an *Brown v. Board of Education* in ständiger Rechtsprechung vertreten und auch gegen anfängliche Widerstände durchgesetzt. Ein Schwerpunkt der Rechtsprechung bezieht sich auf die Integration der staatlichen Schulen. Die zuständigen Schulbehörden haben beim Vorliegen von de jure-Segregierung effektive Integrationsmaßnahmen zu treffen; wird diese Pflicht verletzt, greifen die Bundesgerichte selbst ein und treffen in quasi-administrativer Funktion die notwendigen Vorkehrungen.[36] Legislative Regelungen, die sogenannten Civil Rights Statutes[37], haben diese verfassungsrechtliche Pflicht abgesichert und auf einige Bereiche mit Drittwirkung erweitert.

---

[34] Vgl. insbes. den Voting Rights Act von 1965, mit zwischenzeitlichen Änderungen abgedruckt in 42 U.S.C. §§ 1971 ff.

[35] Oft aber ein Problem für den Nachweis intentionaler früherer Diskriminierung durch staatliche Organe.

[36] Vgl. aus jüngerer Zeit *Missouri v. Jenkins*, 110 S.Ct. 1651 (1990); *Spallone v. United States*, 493 U.S. 265 (1990); *Jenkins v. Missouri*, 515 U. S. 70 (1995).

[37] Vgl. die im Anhang von *Vieira*, Const. Civil Rights, und *Abernathy*, Civil Rights, abgedruckten Gesetze.

Die verfassungsrechtliche Einschätzung rassendiskriminierender Maßnahmen und ihre gesellschaftliche Beurteilung ändern sich, wenn der Bereich ‚Rückgängigmachung spezifischer de jure-Diskriminierung' verlassen und ausgedehnt wird auf ‚positive Ausgleichung flächendekkender de facto-Diskriminierung bzw. sozialer Ungleichheit'. Diese beiden Punkte bilden sozusagen die Endpunkte des Spektrums an Rassenproblemen: auf der einen Seite der namentlich bekannte Kläger X, den eine staatliche Behörde Y durch den Akt Z diskriminiert hat; auf der anderen Seite die ganze Gruppe der schwarzen Bevölkerung, die im Laufe der Geschichte viele staatliche und gesellschaftliche Benachteiligungen hat erleiden müssen. Viele Fälle behaupteter Diskriminierung liegen zwischen diesen Extremen, betreffen etwa einzelne Berufsgruppen oder Wirtschaftsbereiche, in denen Schwarze stark unterrepräsentiert sind. Das führt zu der Frage: Wenn es bei sozialen Ausgleichsmaßnahmen auf das Vorliegen früherer Diskriminierung ankommt, wem steht die Kompetenz zu, solche festzustellen? Nur staatlichen Stellen (und innerhalb dieser: vielleicht vorrangig dem Kongreß)? Oder auch privaten Personen und Organisationen? Reicht die (begründete) Vermutung früherer Diskriminierung aus oder muß ein (wie genauer?) Nachweis geführt werden? Reicht gesellschaftliche Diskriminierung aus oder müssen staatliche Organe mitbeteiligt gewesen sein?

Diese Fragen haben den Supreme Court seit den 60er Jahren des vorigen Jahrhunderts beschäftigt und lange zu keiner konsistenten Antwort geführt. Die Uneinigkeit des Gerichts spiegelte den Dissens auf gesellschaftlicher Ebene wider. Streitig war und ist nicht die Kompetenz der staatlichen Organe, zugunsten Armer und Schwacher Programme zu entwickeln, sondern der Einsatz rassischer Kriterien und deren behauptete/vermutete/bewiesene Verbindung zu früherer Benachteiligung. Wenn solche Förderprogramme jenseits nachgewiesener einzelpersonenbezogener Sachverhaltsgestaltungen zulässig sind, dann führt das notwendigerweise auch dazu, daß die betreffenden Vorteile anderen Bevölkerungsgruppen ebenfalls aufgrund rassischer Merkmale (der Nichtzugehörigkeit zu der geförderten Rasse) versagt werden, was wiederum zu negativen Reaktionen dieser ‚innocent victims' führen kann.

Die wichtigsten Fallgruppen betreffen die bevorzugte Zulassung von Rassen im Hochschulbereich[38], den beruflichen Einstieg und Aufstieg[39] sowie die bevorzugte Auftragsvergabe für Minderheitenunternehmen.[40] Der Kernpunkt der Auseinandersetzung im Supreme Court war die Bestimmung des anwendbaren Prüfungsmaßstabs: Sollte für ‚affirmative

---

[38] Vgl. *Regents of University of California v. Bakke*, 438 U.S. 265 (1978).
[39] Vgl. *Wygant v. Jackson Board of Education*, 476 U.S. 267 (1986).
[40] Vgl. *Fullilove v. Klutznick*, 448 U.S. 448 (1980).

action' bzw. ‚benign discrimination'[41] ebenfalls der ‚strict scrutiny test' zur Anwendung kommen (mit der Konsequenz einer erheblichen Einschränkung der Zulässigkeit solcher Programme), oder sollte das Gericht den Befürwortern solcher Programme mehr Spielraum einräumen? Die Anwendung des ‚rational basis test' stand nicht ernsthaft zur Debatte, weil eine klare Mehrheit des Gerichts allen rassischen Differenzierungen eine gewisse Verdächtigkeit zusprach: Sie stellen nicht auf die individuelle Persönlichkeit und deren Verdienst ab und können Vorurteile sowie Ressentiments hervorrufen oder verstärken. Aber fast die Hälfte der Richter votierte lange für die Anwendung des mittleren Prüfungsmaßstabs, der affirmative action-Programme in vielen Fällen erlaubt, lassen sich gewichtige Gründe doch meist sinnvoll formulieren: die Wichtigkeit rassischer Diversifizierung im Hochschulbereich als eine Voraussetzung sozialer Integration, repräsentativer Erfahrung und Diskussion; die Wichtigkeit der angemessenen Repräsentanz der jeweiligen Bevölkerungsgruppen in den verfügbaren Arbeitsstellen; der Aufbau einer angemessenen Infrastruktur in den benachteiligten Gruppen mit der Folge wirtschaftlichen Aufschwungs und beruflicher Integration. Nimmt man noch hinzu, daß die betreffenden Förderprogramme meist nur gewisse Abstriche an den bis dahin geltenden Qualitätsmerkmalen vornehmen und nicht etwa von vornherein ungeeignete Studienbewerber, Stellenbewerber oder Firmen fördern, so wird der mittlere Prüfungsmaßstab in vielen Fällen affirmative action-Programme zulassen.

Bis zum Jahr 1989 hat sich im Gericht keine klare Mehrheit für einen der beiden Prüfungsmaßstäbe durchgesetzt. Die Entscheidungen liegen mehr oder weniger zwischen den beiden Maßstäben: Rassische Klassifizierungen sind verdächtig, doch sind trotzdem nicht alle affirmative action-Programme unzulässig. Benachteiligungen von ‚innocent victims', denen keine individuelle Rassendiskriminierung nachzuweisen ist, sind zulässig, aber nur bis zu einem gewissen Grad. Eine Verbindung zu früherer Diskriminierung ist nachzuweisen, aber wie überzeugend der Nachweis sein muß und von welcher staatlichen Stelle er zu führen ist, blieb zwischen den Richtern streitig.[42] 1989 entschied der (inzwischen stärker konservativ besetzte) Supreme Court den Fall *City of Richmond v. J. A. Croson Co.*[43], in dem die Stadt Richmond bei Auftragsvergaben an private Generalunternehmer eine 30%ige Vergabe von Aufträgen an Subunternehmer bestimmter Minoritäten vorgesehen hatte: „Blacks, Spanish-speaking, Orientals, Indians, Eskimos, or Aleuts". Dies sah eine Mehrheit des Gerichts als Verstoß gegen die equal protection-Klausel an. Der

---

[41] Vgl. allgemein *Haller*, ‚State Action' und ‚Affirmative Action'; *Suerbaum*, Der Staat 28 (1989), S. 419ff.; *Pietzcker*, Gleichheitsprobleme; *Nieli*, Racial Preference.

[42] Vgl. zusammenfassend *Stone u. a.*, Const. Law, S. 641.

[43] 488 U.S. 469 (1989).

leitende Prüfungsmaßstab war ‚strict scrutiny'. Wesentliches Argument war, daß Rassenkriterien immer verdächtig seien und es große Schwierigkeiten mache, zwischen wohlwollenden und bösartigen Rassenklassifizierungen zu unterscheiden: „[There] is simply no way of determining what classifications are in fact motivated by illegitimate notions of racial inferiority or simple racial politics. Indeed, the purpose of strict scrutiny is to ‚smoke out' illegitimate uses of race by assuring that the legislative body is pursuing a goal important enough to warrant use of a highly suspect tool. The test also ensures that the means chosen ‚fit' this compelling goal so closely that there is little or no possibility that the motive for the classification was illegitimate racial prejudice or stereotype."[44]

Was die Beweispflichten angeht, so war das Gericht mit den Darlegungen der Stadt Richmond nicht zufrieden. Die Stadt hatte diverse Statistiken über die Benachteiligung von Minderheitsunternehmen im Baubereich generell vorgelegt, aber nicht im einzelnen plausibel gemacht, daß in ihrem Zuständigkeitsbereich die entsprechenden Unternehmen aus Rassengründen benachteiligt worden waren. Das war dem Gericht zu wenig: „[An] amorphous claim that there has been past discrimination in a particular industry cannot justify the use of an unyielding racial quota."[45] „The 30% quota cannot in any realistic sense be tied to any injury suffered by anyone."[46] Gleichzeitig betonte der Supreme Court jedoch, daß diese Einschränkungen Städte und Gliedstaaten nicht daran hindern, Ausgleichsmaßnahmen zu treffen, falls plausible konkrete Nachweise über staatliche oder gesellschaftliche Rassendiskriminierungen im jeweiligen Zuständigkeitsbereich vorliegen. Dann könnten, wenn rassenneutrale Kompensationen nicht ausreichten, notfalls auch eng begrenzte und dem Problem angepaßte rassische Präferenzen benutzt werden.[47]

In dem 1990 entschiedenen Fall *Metro Broadcasting, Inc. v. Federal Communications Commission*[48], in dem es um die bevorzugte Vergabe einer Rundfunklizenz für Minderheitenunternehmen ging, scheint dagegen eher der mittlere Prüfungsmaßstab einschlägig gewesen zu sein: „We hold that benign race-conscious measures mandated by Congress – even if those measures are not ‚remedial' in the sense of being designed to compensate victims of past governmental or society discrimination – are constitutionally permissible to the extent that they serve important go-

[44] AaO, 493.
[45] AaO, 499.
[46] AaO, 499.
[47] Die Minderheit war der Ansicht, daß die Mehrheitsentscheidung in Widerspruch zu *Fullilove v. Klutznick* (oben Fn. 40) steht, daß ein weniger strenger Prüfungsmaßstab zur Anwendung kommen sollte, aber daß selbst bei Anwendung von ‚strict scrutiny' ausreichende Beweise für frühere Diskriminierungen vorlagen.
[48] 497 U. S. 547 (1990).

vernmental objectives within the power of Congress and are substantially related to the achievement of those objectives."[49] Dieser Fall betraf allerdings eine bundesrechtliche affirmative action-Regelung, an die das Gericht offenbar geringere Anforderungen stellt als an vergleichbare kommunale oder gliedstaatliche Programme wie in *Croson*. Eine mögliche Rechtfertigung für diese unterschiedliche Behandlung kann man in Am. 14 § 5 sehen, der ja gerade und nur dem Bund Ausführungskompetenzen zuspricht für ‚equal protection of the laws', gegen die aus Sicht der Bürgerkriegszusatzartikel ‚verdächtigeren' Organe unterhalb der nationalen Ebene.

Diese Sicht der Dinge wurde allerdings im Jahr 1995 durch *Adarand Constructors, Inc. v. Pena*[50] widerlegt. Die Baufirma Adarand war in einer Ausschreibung einem konkurrierenden Minderheitenunternehmen unterlegen, obwohl sie ein niedrigeres Angebot vorgelegt hatte. Grund für die Wahl des anderen Unternehmens war, daß eine bundesrechtliche Regelung die Beauftragung bestimmter, auch rassisch festgelegter Minderheitenunternehmen finanziell förderte. Dies hielt Adarand für eine Verletzung des verfassungsrechtlichen Gleichheitssatzes. Der Supreme Court stimmte ihm zu. Das Gericht wendet nunmehr ‚strict scrutiny' bei jeder Rassenklassifizierung an, ob es sich um kommunale Träger von Staatsgewalt, Gliedstaaten oder den Bund handelt. Seine Rekonstruktion der bisherigen Rechtsprechung und die Zurückweisung des mittleren *Metro Broadcasting*-Standards stellt auf drei einschlägige Prinzipien ab – Skeptizismus, Konsistenz und Kongruenz: „First, skepticism: ‚any preference based on racial or ethnic criteria must necessarily receive a most searching examination' ... Second, consistency: ‚the standard of review under the Equal Protection Clause is not dependent on the race of those burdened or benefited by a classification' ... And third, congruence: ‚equal protection analysis in the Fifth Amendment area is the same as that under the Fourteenth Amendment' ... Taken together, these three propositions lead to the conclusion that any person, of whatever race, has the right to demand that any governmental actor subject to the Constitution justify any racial classification subjecting that person to unequal treatment under the strictest judicial scrutiny ...".[51] Trotz dieser Anhebung des Prüfungsmaßstabs betont die Gerichtsmehrheit an mehreren Stellen, daß dieser strenge Maßstab nicht, wie ihm immer nachgesagt wird, ‚tödlich' sein muß – es komme eben auf den Nachweis besonders bedeutsamer öffentlicher Interessen und die Notwendigkeit gerade auf Rasse abstellender Mittel an. Was genau als solches überragendes öffentliches Interesse

[49] AaO, 564 f.
[50] 515 U. S. 200 (1995).
[51] AaO, 223 f.

zählt und wie genau der ‚fit' zwischen Mittel und Zweck sein muß, bleibt streitig, wie die Argumente der dissentierenden Richter in *Croson* und *Adarand* und andere Entscheidungen des Supreme Court deutlich machen, in denen es um ‚affirmative action' im Bereich des Wahlrechts durch Bildung von Wahlkreisen mit einer Mehrheit von farbigen Wählern geht.[52]

V. Geschlechtsklassifizierungen

Wenn staatliche Regelungen Geschlechtsklassifizierungen[53] benutzten, so hat der Supreme Court diese Regelungen bis zu Beginn der 70er Jahre des 20. Jahrhunderts nur dem ‚rational basis test' unterworfen und viele Gesetze als verfassungsgemäß angesehen, die Frauen benachteiligten. Ein vielzitiertes Beispiel ist das zustimmende Votum von Justice Bradley in *Bradwell v. Illinois*, wo das Gericht eine Staatenregelung aufrechterhielt, die Frauen vom Anwaltsberuf ausschloß: „The natural and proper timidity and delicacy which belongs to the female sex evidently unfits it for many of the occupations of civil life. The constitution of the family organization, which is founded in the divine ordinance, as well as in the nature of things, indicates the domestic sphere as that which properly belongs to the domain and functions of womanhood ... The paramount destiny and mission of woman are to fulfil the noble and benign offices of wife and mother. This is the law of the Creator."[54] Noch im Jahre 1961 betonte das Gericht: „[The] woman is still regarded as the center of home and family life."[55]

10 Jahre später benutzte das Gericht zum ersten Mal die equal protection-Klausel, um eine Frauen benachteiligende Nachlaßverwaltungsregel für verfassungswidrig zu erklären[56], und nahm damit offiziell Kenntnis von dem gesellschaftlichen Wandel in bezug auf Geschlechtsrollen. In der Folgezeit erklärte der Supreme Court einige weitere (aber bei weitem nicht alle) Geschlechtsklassifizierungen für verfassungswidrig. Zwei Punkte stehen im Zentrum dieser Rechtsprechung: Welcher gerichtliche Prüfungsmaßstab soll zur Anwendung kommen? Und: Was sind Geschlechtsklassifizierungen, die auf wirklichen Unterschieden zwischen den Geschlechtern beruhen, im Gegensatz zu solchen, die auf überholten, klischeehaften Stereotypen aufbauen und deshalb verfassungsrechtlich verdächtig sind?

---

[52] Vgl. *Miller v. Johnson*, 515 U. S. 900 (1995); *Shaw v. Hunt*, 517 U. S. 899 (1996), oben § 5 I 2 und unten § 13 II.

[53] Hierzu allgemein *Bungert*, ZVglRWiss 89 (1990), S. 441 ff.; *Sacksofsky*, Gleichberechtigung, Kap. 3; *Doehring*, Frauenquoten; *Wisskirchen*, Diskriminierung.

[54] 83 U.S. (16 Wall.) 130, 141 (1873).

[55] *Hoyt v. Florida*, 368 U.S. 57, 62 (1961).

[56] *Reed v. Reed*, 404 U.S. 71 (1971).

Auf die erste Frage gab Justice Brennan in *Frontiero v. Richardson*[57] eine Antwort, allerdings nur für vier Richter: Er plädierte für die Anwendung des ‚strict scrutiny test'. Geschlechtsklassifizierungen seien rassischen Diskriminierungen vergleichbar. Zum ersten habe die Nation eine lange Geschichte der Unterdrückung von Frauen, wenn auch in paternalistisch verbrämter Gestalt. Zum zweiten und in Konsequenz davon spiegelten viele gesetzliche Regelungen überzogene und unzutreffende Stereotypen in bezug auf die Rolle der Frau wider. Zum dritten sei das Geschlecht, wie Rasse und nationale Herkunft, ein unveränderliches Persönlichkeitsmerkmal, an das anzuknüpfen möglichst verboten werden sollte. Zum vierten habe der Kongreß inzwischen selbst in Gesetzen betreffend die Gleichstellung der Frau im Berufsleben zum Ausdruck gebracht, daß Geschlechtsklassifizierungen verdächtig seien. Die Mehrheit des Gerichts konnte sich allerdings nicht auf die Anwendung des strikten Tests einigen, befürwortete aber 1976, in *Craig v. Boren*, einen mittleren Prüfungsmaßstab: „[C]lassifications by gender must serve important governmental objectives and must be substantially related to achievement of those objectives."[58]

Die Abweisung des strikten Tests läßt sich am besten erklären, wenn man die Argumente sammelt, die gegen die Analogie zur Rassendiskriminierung sprechen: Zwar ist richtig, daß Frauen in einigen Bereichen rechtlich benachteiligt waren, doch spiegelten diese Regelungen über lange Zeit Geschlechtsrollen wider, die weitgehend als richtig und verbindlich angesehen worden waren und nicht auf eine generelle Minderwertigkeit der Frauen abstellten. Was die Tatsache angeht, daß der Kongreß inzwischen selbst Geschlechtsdiskriminierungen im beruflichen Bereich ausgeschlossen hat, so spricht dies einerseits für die Verdächtigkeit von Geschlechtsklassifizierungen; auf der anderen Seite spricht dies auch dafür, daß der politische Prozeß selbst in der Lage ist, diese Probleme zu lösen, und daß es dafür nicht der richterlichen Intervention bedarf. Nimmt man noch hinzu, daß Frauen seit 1920 das Wahlrecht und inzwischen mehr Stimmen als Männer haben, so wird dieses Argument noch stärker: Wenn sich die Frauen einig sind über die Notwendigkeit bestimmter gesetzlicher Änderungen, so können sie dies politisch durchsetzen.[59]

---

[57] 411 U. S. 677 (1973).

[58] 429 U.S. 190, 197 (1976).

[59] Die Frauen waren sich nicht einig über die Einfügung eines Equal Rights Amendment in die Verfassung. Die dafür erforderliche Mehrheit kam nicht zustande, weil offensichtlich auch Teile der weiblichen Bevölkerung nicht zustimmten. Folgender Wortlaut war vorgesehen gewesen: „Section 1. Equality of rights under the law shall not be denied or abridged by the United States or by any State on account of sex. Section 2. The Congress shall have the power to enforce, by appropriate legislation, the provisions of this article ...". Der Entwurf erreichte zwischen 1972 undd 1982 nicht die nach Art. V erforderliche Mehrheit von drei Vierteln der Gliedstaatenlegislativen. Statt der erforderlichen 38 Staaten stimmten nur 35 zu.

Sie bilden keine Paria-Gruppe im politischen Leben, deren Gewicht durch festsitzende Vorurteile von seiten der Männer von vornherein geschmälert wäre. Die letztgenannten Gründe sprechen eher für die Anwendung des ‚rational basis test', aber die Mehrheit des Gerichts hält am mittleren Prüfungsmaßstab fest.

Die Rechtsprechung ist komplex und im Rahmen des mittleren Prüfungsmaßstabs vor allem an der Frage orientiert, ob eine explizite oder implizite Geschlechtsklassifizierung ein überzogenes und unzutreffendes Klischee der Frauenrolle widerspiegelt. In den Bereichen des Wahlrechts und des Berufslebens ist die Gleichstellung rechtlich abgesichert. Was das Recht auf eine der equal protection-Klausel entsprechende Ausbildung angeht, so hat der Supreme Court 1996 in *United States v. Virginia*[60] seine bisherige Rechtsprechung zusammengefaßt, gleichzeitig aber Verunsicherung bezüglich des anwendbaren Prüfungsmaßstabs hervorgerufen. Trotz Berufung auf ‚interediate scrutiny' und die dafür typischen Formulierungen spricht das Gericht an mehreren Stellen dieser Entscheidung davon, ein Staat müsse, wenn er, wie in diesem Fall, eine nur Männern offenstehende quasimilitärische Ausbildungsstätte anbietet, eine außergewöhnlich überzeugende Begründung vortragen. „Focusing on the differential treatment or denial of opportunity [between men and women] ... the reviewing court must determine whether the proffered justification is ‚exceedingly persuasive'. The burden of justification is demanding and it rests entirely on the State ... The State must show at least that the [challenged] classification serves ‚important governmental objectives and that the discriminatory means employed' are ‚substantially related to the achievement of those objectives' ... The justification must be genuine, not hypothesized or invented post hoc in response to litigation. And it must not rely on overbroad generalizations about different talents, capacities, or preferences of males and females."[61] Das klingt so, als ob ein überragendes öffentliches Interesse vorliegen muß, um zwischen den Geschlechtern Unterschiede machen zu können, statt wie bisher nur ein starkes, substantielles. Nicht zufällig stoßen diese Formulierungen auf Kritik bei dem zustimmenden Richter

---

[60] 518 U. S. 515 (1996). Dem Fall zugrunde lag eine Klage gegen das 1839 gegründete Virginia Military Institute, eine nur männlichen Bewerbern offenstehende höhere Ausbildungsstätte, die ‚citizen soldiers' heranbilden will und dazu eine ‚adversative method' benutzt, die von intensiven körperlichen und psychologischen Belastungsproben über eine strikte Hierarchie bis zu starker gegenseitiger Überwachung und erheblichen Körperstrafen für Regelverstöße reicht.

[61] AaO, 533. Eine weitere Fallfrage war, ob Virginia die Verfassungsmäßigkeit des VMI hätte dadurch erreichen können, daß es eine gleichwertige Ausbildungsstätte nur für Frauen bereitstellt. Das läßt die Entscheidung offen; zu klären wäre insoweit, ob wie bei Rassentrennung im Erziehungsbereich ‚separate but equal' für sich schon als Verstoß gegen die equal protection-Klausel zählt. Vgl. oben I. zu *Brown v. Board of Education*.

Rehnquist und bei dem dissentierenden Richter Scalia. Ob es bei dem bisher angelegten mittleren Prüfungsmaßstab bleibt, ob doch ‚strict scrutiny' anzuwenden ist oder ob es sich um eine Stufe zwischen diesen beiden Formen handelt, bleibt abzuwarten. Klar ist, daß beim mittleren Prüfungsmaßstab die leitenden öffentlichen Interessen und Ziele vom Staat vorgetragen und plausibel gemacht werden müssen (Darlegung des ‚actual purpose'); der Supreme Court unterlegt dem zu prüfenden Gesetz keine hypothetischen legitimen Zwecke und läßt bloße Behauptungen solcher Zwecke durch die öffentliche Gewalt nicht ausreichen, wie das bei Anwendbarkeit des ‚rational basis test' üblicherweise geschieht.

Von der Anwendung des mittleren Prüfungsmaßstabs profitieren nicht nur Frauen, sondern auch Männer. So hat der Supreme Court eine gliedstaatliche Regelung für verfassungswidrig erklärt, die nur weibliche Krankenpfleger zur Ausbildung zuließ. Eine solche Regelung baue auf überholten Vorurteilen über Geschlechtsrollen auf.[62] Größere Schwierigkeiten hat das Gericht, was den Bereich sexuellen Verhaltens und der dort (auch im Gericht) anzutreffenden Klischees angeht.[63] Soweit staatliche Stellen frühere Diskriminierungen von Frauen durch affirmative action-Programme ausgleichen wollen, ist dies nach Auffassung des Gerichts legitim, falls die einschlägigen Programme ausreichend spezifisch und die Belastungen für Männer nicht zu schwer sind.[64] Ob es bei dieser dem mittleren Prüfungsmaßstab entsprechenden Rechtsprechung bleibt, ist offen, nachdem der Supreme Court nunmehr bei rassenspezifischen Klassifizierungen auch im affirmative action-Bereich den strikten Prüfungsmaßstab anwendet[65] und, wie oben zu *United States v. Virgina* ausgeführt, das Gericht vielleicht nunmehr auch bei Geschlechterungleichbehandlungen nur noch ‚exceedingly persuasive justifications' ausreichen läßt.

VI. Weitere verdächtige und quasiverdächtige Klassifizierungen?

Die rassische Klassifizierung ist die idealtypische verdächtige Klassifizierung, die zur Anwendung des strikten Prüfungsmaßstabs führt. Ihr stellt das Gericht die Klassifizierung nach ethnischer Herkunft gleich.[66] Die Geschlechtsklassifizierung ist bzw. war bisher die idealtypische quasiverdächtige Klassifizierung, die zur Anwendung des mittleren Prüfungs-

[62] Vgl. *Mississippi University for Women v. Hogan*, 458 U. S. 718 (1982), ferner *J. E. B. v. Alabama ex rel. T.B.*, 511 U. S. 127 (1994) zum Ausschluß von Männern als Jurymitglied.

[63] Vgl. *Michael M. v. Sonoma Superior Court*, 450 U. S. 464 (1981) und hierzu *Brugger*, Grundrechte, S. 193 f.

[64] Vgl. *Kahn v. Shevin*, 416 U. S. 351 (1974); *Califano v. Webster*, 430 U. S. 313 (1977).

[65] Vgl. oben Fn. 50 f.

[66] Vgl. *Yick Wo v. Hopkins*, 118 U. S. 356 (1886); *Hernandez v. Texas*, 347 U. S. 475 (1954).

maßstabs führt. Der mittlere Prüfungsmaßstab wird auch bei Regelungen angewendet, die auf Unehelichkeit abstellen.[67] Neben diesen beiden ziemlich fest in der Rechtsprechung verankerten Fallgruppen gibt es weitere Klassifizierungen[68], für die zum Teil eine strengere gerichtliche Kontrolle eingefordert wird: Ausländerstatus, Alter, Armut, Reichtum, körperliche und geistige Behinderung. Vom Ausländerstatus abgesehen, hat der Supreme Court es für den Regelfall[69] abgelehnt, bei den genannten Unterscheidungsmerkmalen über den ‚rational basis test' hinauszugehen. Für Ausländerklassifizierungen gilt zusammenfassend folgendes: Der Supreme Court hat in einigen Entscheidungen gliedstaatliche Regelungen, die Ausländer benachteiligen, dem ‚strict scrutiny test' unterworfen. Dieser kommt indes nicht zum Zuge bei eng mit dem politischen Prozeß oder der Ausübung staatlicher Gewalt zusammenhängenden Positionen, die auf staatsbürgerlicher Gesinnung aufbauen. Der strikte Test kommt weiterhin nicht zur Anwendung, soweit bundesrechtliche Regelungen auf die weiten legislativen Kompetenzen im Bereich der Einwanderung und der Verleihung der Staatsbürgerschaft gestützt sind.[70]

Große Aufmerksamkeit erregt in den letzten Jahren die Frage, ob staatliche Regelungen gegen Homosexuelle als ‚suspect classification' eingestuft und folglich gerichtlich streng überprüft werden sollten.[71] Untergerichtliche Entscheidungen vertreten dies zum Teil. So sah etwa der 9. Circuit Court in der aufgrund neuer Richtlininen vorgenommenen Entlassung eines sich als homosexuell bekennenden Soldaten einen Verstoß gegen die equal protection-Klausel.[72] Homosexuelle bildeten

---

[67] Vgl. *Weber v. Aetna Casualty & Surety Co.*, 406 U. S. 164 (1972); *Gomez v. Perez*, 409 U. S. 535 (1973); *Mathews v. Lucas*, 427 U. S. 495 (1976); *Clark v. Jeter*, 486 U. S. 456 (1988).

[68] Diese können, wie bei der Rassenproblematik dargestellt, explizit oder implizit sein (‚disproportionate impact'). Im letzteren Fall kommt es auf eine Untersuchung der Motivation an: Liegt oder lag eine de jure-Diskriminierung vor?

[69] Zu einigen Ausnahmefällen, in denen der Staat nicht nach arm oder reich unterscheiden darf, siehe in § 13 II, III, V. Zu ‚Behinderung' in einem einfachgesetzlichen Fall siehe *Cedar Rapids Community School Distict v. Garrett F.*, 67 U. S. Law Week 4165 (1999). Zur Anwendbarkeit des American with Disabilities Act, 42 U. S. C. § 12101 et seq. siehe etwa *Sutton v. United Airlines, Inc.*, 67 U. S. Law Week 4537 (1999); *Murphy v. United Parcel Service, Inc.*, 67 U. S. Law Week 4549 (1999); *Albertsons, Inc. v. Kirkingburg*, 67 U. S. Law Week 4560 (1999).

[70] Näher zu diesen Fallgruppen die einschlägige Literatur, etwa *Nowak/Rotunda*, Const. Law, § 14.11–14.25; *Tribe*, Am. Const. Law, § 16–23 bis 16–37.

[71] Vgl. allgemein *Rubenstein*, Sexual Orientation.

[72] Vgl. *Watkins v. United States Army*, 847 F. 2d 1329 (9 th Cir. 1988); 875 F. 2d 699 (1989); cert. denied, *U. S. Army v. Watkins*, 498 U. S. 957 (1990). Homosexueller war definiert als „a person, regardless of sex, who desires bodily contact between persons of the same sex, actively undertaken or passively permitted, with the intent to obtain or give sexual gratification". Die Vorschrift sah vor, daß eine „person who has committed homosexual acts or is an admitted homosexual but as to whom there is no evidence that they have engaged in homosexual acts either before or during military services is included."

eine von der Mehrheit abgelehnte Minderheit, die schon seit langem unter bewußter und gewollter Diskriminierung zu leiden habe. Diese Benachteiligungen seien auch als bösartig einzustufen, weil sie erstens nichts mit dem wirklichen Können der Gruppenmitglieder (etwa als Armeeangehörige) zu tun hätten, weil sie zweitens auf Vorurteilen und überzogenen Stereotypen aufbauten, und weil sie drittens auf ein unveränderliches Persönlichkeitsmerkmal abstellten. Das zusammengenommen seien die Merkmale, die auch für die Einstufung anderer Minderheiten als besonders schutzwürdige Gruppen maßgebend gewesen seien.[73]

Der Supreme Court ist diesen Argumenten – noch – nicht gefolgt. Im Jahr 1996 entschied das Gericht den Fall *Romer v. Evans*[74], in dem es vorgeblich noch den ‚rational basis test' anwendete, einige Indizien aber darauf hinweisen, daß eine strengere Prüfung stattfand.[75] Nachdem mehrere Städte des Staates Colorado Satzungen gegen die Diskriminierung von Homosexuellen in den Bereichen von Wohnung, Arbeit, Erziehung und öffentlichen Stätten erlassen hatten, votierte eine knappe Mehrheit der Wähler in einem Referendum für eine Verfassungsergänzung gegen solche Satzungen. Amendment 2 hatte folgenden Wortlaut: „No Protected Status Based on Homosexual, Lesbian, or Bisexual Orientation. – Neither the State of Colorado, through any of its branches or departmens, nor any of its agencies, political subdivisions, municipalities or school districts, shall enact, adopt or enforce any statute, regulation, ordinance or policy whereby homosexual, lesbian or bisexual orientation, conduct, practices or relationships shall constitute or otherwise be the basis of or entitle any person or class of persons to have or to claim any minority status, quota preferences, protected status or claim of discrimination. This Section of the Constitution shall be in all respects self-executing."

Eine Mehrheit des Supreme Court sah in diesem Verfassungszusatz einen Verstoß gegen die equal protection-Klausel vorliegen, weil die

---

[73] Vgl. demgegenüber z.B. *Steffan v. Perry*, 41 F. 3d 677 (D.C.Cir., 1994), wo das Gericht in Einklang mit der bisherigen höchstricherlichen Rechtsprechung in einem ähnlich gelagerten Fall den ‚rational basis test' anwendete. Wenn es, im Anschluß an *Bowers v. Hardwick* (oben § 11 IV), zulässig ist, homosexuelles Verhalten zu kriminalisieren, müsse es auch erlaubt sein, bei Ausbildungs- und Mitgliedschaftsentscheidungen im Armeebereich auf dieses Merkmal abzustellen. Von zugegebener homosexueller Neigung auf homosexuelles Verhalten zu schließen, sei jedenfalls nicht irrational. – Die zur Zeit geltenden Armeeregelungen gründen auf der Prämisse: Don't ask, don't tell. Bei Bewerbungen und Einstellungen in die Armee wird nicht mehr nach sexueller Orientierung gefragt. Homosexuelle Akte und, unter gewissen Bedingen, auch propagierte homosexuelle Orientierung sind aber nach wie vor Nichteinstellungs- oder Entlassungsgründe. Vgl. Pub. L. No. 103–160, 107 Stat. 1547, 1670, Sec. 571.

[74] 517 U. S. 620 (1996).

[75] Der Supreme Court des Staates Colorado hatte ‚strict scrutiny' angewendet und den Verfassungszusatz anhand dieses Tests für verfassungswidrig erklärt. Vgl. *Evans v. Romer*, 854 P.2d 1270 (Colo. 1993); 882 P.2d 1335 (Colo. 1994).

Norm schon gegen den rational basis-Test verstoße. Wesentlicher Streitpunkt zwischen Mehrheit und Minderheit war die Frage, ob die neue Verfassungsnorm den Homosexuellen lediglich eine aus Sicht der Bevölkerung überzogene ‚spezielle Förderung' entzieht, ansonsten aber den Schutz der allgemeinen Gesetze (etwa gegen Gewalt) nicht beschneidet (so die Minderheit des Gerichts) oder ob in der Norm eine ‚spezielle Diskriminierung' gerade der Homosexuellen vorliegt. Letzteres bejahte die Gerichtsmehrheit: Die Norm wolle einer unpopulären Gruppe schaden. Das ergebe sich daraus, daß ein solches Verbot nur den Homosexuellen auferlegt werde; Nichtdiskrimierungsregelungen des Staates Colorado, die auf andere Merkmale wie etwa Alter, Personenstand, Schwangerschaft oder Behinderung abstellten, seien davon nicht betroffen. Ein solcher rein negativer Zweck sei aber illegitim und im Sinne des rational basis-Tests irrational. Ferner seien die gewählten Mittel zum Teil zu weitgehend, zum Teil zu eng, also auch insoweit irrational. „[Amendment 2] is at once too narrow and too broad. It identifies persons by a single trait and then denies them protection across the board. The resulting disqualification of a class of persons from the right to seek specific protection from the law is unprecedented in our jurisprudence ... ‚[D]iscriminations of an unusual character especially suggest careful consideration to determine whether they are obnoxious to the constitutional provision'."[76] Die Formulierung ‚careful consideration' macht deutlich, daß das Gericht trotz der Berufung auf den ‚rational basis test' der Sache nach ‚heightened scrutiny' anwendete.

Die Minderheit sah keinen illegitimen Zweck vorliegen: „The constitutional amendment ... is not the manifestation of a ‚bare ... desire to harm' homosexuals, but it is rather a modest attempt by seemingly tolerant Coloradians to preserve traditional sexual mores against the efforts of a politically powerful minority to revise those mores through the use of the laws."[77] Zu seiner Unterstützung zitiert die Minderheit den Fall *Bowers v. Hardwick*, in dem der Supreme Court 1986 es als verfassungsrechtlich zulässig angesehen hatte, daß Gliedstaaten Analverkehr unter Strafe stellen.[78] Wenn schon strafrechtliche Sanktionen nicht ausgeschlossen sind, so dürfen aus Minderheitssicht spezielle Förderungen um so mehr mit demokratischen Mitteln zurückgenommen werden. In der Tat liegt hier ein ungelöstes Problem. Die beiden Entscheidungen widersprechen sich: Entweder darf eine staatliche Einheit homosexuelles Handeln als unmoralisch und sozial schädlich ansehen; dann liegt zwar eine Benachteiligung der davon Betroffenen im Vergleich etwa zu Alten und Behinderten vor, aber keine verfassungswidrige Diskriminierung

[76] 517 U. S. 620, 633 (1996).
[77] AaO, 636.
[78] Vgl. oben § 11 IV.

(oder Freiheitsbeschränkung, so die Mehrheit in *Bowers*), solange die Benachteiligung nicht irrational im Sinne des rational basis-Tests ist. Oder aber solche Moralvorstellungen der Mehrheit und die daraus folgenden rechtlichen Konsequenzen sind ‚verdächtig' – dann stellen Homosexuelle benachteiligende Maßnahmen illegitime, irrationale Zwecke dar, sofern nicht von der Mehrheitsmoral unabhängige gewichtige oder gar überragende öffentliche Interessen vorliegen.

Diese Auseinandersetzungen werden vermutlich in eine Entscheidung des Supreme Court über die Notwendigkeit der Öffnung des Instituts der Ehe für gleichgeschlechtliche Personen aus Gleichheitsgründen einmünden. Hintergrund ist die Tatsache, daß der Supreme Court von Hawaii die equal protection-Klausel seiner Verfassung auf gleichgeschlechtliche Ehen angewendet und den strict scrutiny-Test benutzt hat.[79] Die Gegenreaktion war heftig. Hawaii selbst, mehrere andere Staaten sowie auch der Kongreß haben Gesetze erlassen, die gleichgeschlechtliche Ehen ausdrücklich ausschließen.[80] Diese Gesetze haben vermutlich nur Bestand, wenn das Gericht für solche Benachteiligungen nicht den strict scrutiny-Test anwendet und zugesteht, daß die Anknüpfung in Rechtsnormen an überkommene Sexualmoralvorstellungen und damit verknüpfte Institutionen wie die Ehe nicht für sich verdächtig und illegitim ist. Der Supreme Court wird dann Stellung beziehen müssen zu den Fragen: Welcher Prüfungsmaßstab kommt wirklich zur Anwendung?[81] Und: Ist *Bowers* oder *Romer* verbindliches Verfassungsrecht?

Die im vorigen dargestellte Entwicklung der equal protection-Klausel stellt ein politisch und verfassungsrechtlich folgenreiches Beispiel aktivistischer Rechtsprechung dar.[82] Der Wortlaut scheint nur von Rechtsanwendungsgleichheit zu sprechen: ‚equal protection' gibt es auch unter ‚unequal laws'. Der Supreme Court hat diese Generalklausel aber von vornherein als substantielles Gebot an die Legislative gelesen und berief sich dabei auf das historische Ziel der Bürgerkriegszusatzartikel: die Eliminierung von rechtlicher Diskriminierung der schwarzen Bevölkerung, ihre staatsbürgerliche Gleichstellung mit der weißen Rasse. Dieses

---

[79] Vgl. *Baehr v. Lewin*, 852 P.2d 44 (Haw. 1993); *Baehr v. Miike*, Hawai Circuit Court, 1st Cir., 1996, 1996 WL 694235. Rechtsvergleichend hierzu: *Heun*, Gleichgeschlechtliche Ehen.

[80] Vgl. den Defense of Marriage Act, Pub. L. No. 104–199, 110 Stat. 2419 (1996).

[81] Manche Beobachter meinen, das vorgebliche Festhalten am rational basis-Test trotz Anwendung einer strengeren Prüfung sei keine Fehlleistung der Gerichtsmehrheit gewesen, sondern ein bewußter Schachzug: Nur wenn ‚rational basis' Prüfungsmaßstab sei, könne das Gericht die traditionelle Eheform gegenüber homosexuellen Partnerschaften privilegieren, und das wolle oder müsse das Gericht auch, weil der politische Widerstand gegen jede andere Lösung zu groß sei bzw. weil die Eheprivilegierung nicht so schlimm sei wie die breite Colorado-Diskriminierung.

[82] Vgl. *Brugger*, Grundrechte, §§ 22 VI; 23.

historische Ziel wurde zunehmend überschritten: Von der Ausschaltung bürgerlicher Diskriminierung zur Eliminierung sozialer Diskriminierung, auch generell bestehender sozialer Nachteile, im Fall von ‚affirmative action'. Von der Rassendiskriminierung hat der Supreme Court Analogien gezogen zu ethnischer Herkunft, zu Geschlecht, Unehelichkeit und Ausländerstatus; sexuelle Orientierung könnte folgen. All diese Erweiterungen sind teleologisch, anhand der dargelegten Kriterien von Verdächtigkeit, begründet worden, über den Wortlaut und das historisch Gewollte hinaus. Diese Ausdehnung verfassungsrechtlicher Prüfungsbefugnisse mag man für legitim oder illegitim halten. Auf jeden Fall stellt sich die Frage: Soll ein Verfassungsgericht so aktivistisch sein dürfen? Hätte der politische Prozeß nicht das gleiche Ergebnis erreicht, wenn auch etwas später? Geht man mit dieser weitgehenden Akzeptanz teleologischer Weiterschreibung der Verfassung nicht das Risiko ein, mit ‚falschen' gerichtlichen Ergebnissen konfrontiert zu werden, die dann, anders als im Gesetzgebungsverfahren, nur langfristig wieder zu beheben sind? Daß Gerichte sich in Verfassungsfragen nicht nur ‚bewähren', sondern aus heutiger Sicht auch folgenreiche Fehler machen, zeigen *Dred Scott* und *Plessy*, die allerdings keine ‚aktivistischen', sondern ‚passive' Entscheidungen waren. Aber Beispiele für aktivistische Entscheidungen, die sich nicht zu festen Überzeugungen der Bevölkerung entwickelten, finden sich ebenfalls, wie die umstrittene weitgehende Abtreibungsfreigabe in *Roe v. Wade* zeigt.

§ 13. Gleichheitsschutz und fundamentale Rechte

I. Allgemeines

Im vorigen Paragraphen haben wir die Frage behandelt, welche Klassifizierungen in staatlichen Regelungen eine strenge gerichtliche Überprüfung auslösen, und die Antwort war: Verdächtige Klassifizierungen lösen den ‚strict scrutiny test' aus, quasi-verdächtige Klassifizierungen können zu ‚intermediate scrutiny' führen. Negativ mitenthalten in diesen Festsetzungen ist die Prämisse: Unverdächtige Klassifizierungen führen nur zur Anwendung des ‚rational basis test', und zu ihnen zählen in der Nach-Lochner-Ära insbesondere wirtschaftsregulierende Gesetze.[1] Was bei der Analyse der equal protection-Klausel bisher ausgeblendet wurde, ist die Frage, ob es bei der Gleichheitsprüfung auch auf die Fundamentalität des betroffenen Interesses ankommt. Ist mit anderen Worten neben der *Art der Klassifizierung* auch auf das abzustellen, *was* durch die Regelung für bestimmte Personen oder Gruppen *verlorengeht*?

---

[1] Vgl. oben § 10 III.

Die Rechtsprechung der Lochner-Ära bejahte diese Frage für die Fundamentalität des Interesses an wirtschaftlicher Persönlichkeitsentfaltung, rückte von dieser Position aber gegen Ende der 30er Jahre des vorigen Jahrhunderts wieder ab. Der Supreme Court hat aber schon kurz darauf für andere Bereiche zu erkennen gegeben, daß staatliche Eingriffe nicht nur in spezifisch erwähnte Grundrechte[2], sondern auch in sonstige verfassungsrechtlich (insbesondere durch die due process-Klausel) implizierte fundamentale Interessen zu einer strengeren gerichtlichen Kontrolle in bezug auf Gleich- und Ungleichbehandlung führen können. Der charakteristische Zug dieser Rechtsprechung ist, daß die hier zu erörternden Interessen in der Regel nicht explizit von der Verfassung garantiert werden; wenn der Staat aber in sie eingreift, dann führt die implizierte Fundamentalität des betroffenen Interesses zu einer strikteren und oft strikten Gleichheitsprüfung anhand der equal protection-Klausel.

Dieses Charakteristikum der Rechtsprechung wird schon in dem fünf Jahre nach dem Ende der Lochner-Ära entschiedenen Fall *Skinner v. Oklahoma* deutlich, in dem es um eine nur für bestimmte Straftaten vorgesehene Sterilisierung ging. Der Supreme Court hielt dies für einen Verstoß gegen die equal protection-Klausel, weil Sterilisierung das Menschenrecht auf Zeugung betreffe. Ehe und Fortpflanzung seien fundamental für die Existenz und das Überleben der Gattung Mensch. Staatliche Eingriffe solcher Art seien unwiderruflich und könnten je nach Sachlage auch zu Exzessen führen. Deswegen ist nach Auffassung des Gerichts „strict scrutiny of the classification which a State makes in a sterilization law ... essential, lest unwittingly, or otherwise, invidious discriminations are made against groups or types of individuals in violation of the constitutional guaranty of just and equal laws. The guaranty of ‚equal protection of the laws is a pledge of the protection of equal laws'."[3] Wie schon bei der equal protection-Prüfung ist auch hier die teleologische Anreicherung der Klausel von der textlich möglichen oder gebotenen engen Auslegung als Rechtsanwendungsgleichheit hin zu einem substantiellen Gebot gleicher und fairer Gesetze selbst leitend. Bis zu welchem Umfang nimmt der Supreme Court diese Interpretationskompetenz gegen legislative Regelungen in Anspruch? Welche Rechtfertigung benutzt das Gericht in Ausübung dieser Kompetenz?

II. Das Wahlrecht als fundamentales Recht

Weder die ursprüngliche Verfassung noch die Zusatzartikel enthalten ein positives Wahlrecht. Es finden sich lediglich spezifische Diskrimi-

---

[2] Wie etwa die Meinungsfreiheit, vgl. *Nowak/Rotunda*, Const. Law, § 14.39–14.40.
[3] 316 U.S. 535, 541 (1942).

nierungsverbote in den Am. 15 und 19, ein Verbot von Wahlsteuern für Wahlen auf der Bundesebene in Am. 24 sowie eine Festsetzung des Wahlalters auf 18 Jahre in Am. 26. Soweit nicht diese spezifischen Vorschriften betroffen waren, gestand der Supreme Court den Gliedstaaten bis in die 60er Jahre des 20. Jahrhunderts die Kompetenz zu, die Wählerqualifikation nach eigenem Ermessen zu regeln. Das Gericht nahm keinen Anstoß an Vorschriften, die z.B. eine Wahlsteuer, einen Lese- und Schreibtest, eine bestimmte Wohnsitzdauer oder ein bestimmtes Alter als Wahlrechtsvoraussetzung festsetzten. Dies änderte sich mit der 1964 erlassenen Entscheidung *Reynolds v. Sims*[4]. Seit diesem Zeitpunkt verfolgt das Gericht eine Rechtsprechung, die auf ein die Einzelvorschriften überschreitendes allgemeines und gleiches Wahlrecht abzielt und ihm selbst eine aktive Rolle in der Formulierung und Überwachung dieses Rechts zuspricht.

Die Rechtsprechung zum Wahlrecht sowie zur Wahlkreisfestsetzung zeichnet sich durch drei Charakteristika aus: (1) Das Wahlrecht ist ein (von der Verfassung vielleicht implizit vorausgesetztes, aber nicht spezifisch geregeltes) fundamentales Recht. (2) Aus der equal protection-Klausel ergibt sich ein Recht auf gleiche Wahlchancen. (3) Zur Durchsetzung dieses Rechts bedarf es eines strikten Prüfungsmaßstabs. Entscheidend ist das Zusammenwirken der Komponenten (1) und (2): Das Gericht geht nicht von einem für sich bestehenden Wahlrecht aus, sondern stellt auf die Gleichheitskomponente ab, um einfachgesetzlich bestehende Wahlrechte auf ihre Fairneß hin zu kontrollieren.

Die Rechtsprechung in bezug auf aktives und passives Wahlrecht kann hier nicht im einzelnen dargelegt werden.[5] Was aber für die Entwicklung dieses ganzen Rechtsprechungszweigs wichtig ist, ist die Begründung für die richterliche Aktivität in diesem Bereich: Entscheidend für die verfassungsrechtliche Einstufung als fundamentales Interesse, die zusammen mit der Gleichheitskomponente dann den strikten Prüfungsmaßstab auslöst, ist die These, daß das Wahlrecht Voraussetzung der anderen spezifisch erwähnten Rechte ist: „Long ago ... the Court referred to ‚the political franchise of voting‘ as a ‚fundamental political right, because preservative of all other rights.‘ Recently ... we said ... ‚[A]ny alleged infringement of the right of citizens to vote must be carefully and meticulously scrutinized‘ ... Wealth, like race, creed, or color, is not germane to one's ability to participate intelligently in the electoral process. Lines drawn on

---

[4] 377 U.S. 533 (1964).

[5] Vgl. die Hinweise oben § 5 I, ferner *Brugger*, Grundrechte, §§ 9–14; *Nowak/Rotunda*, Const. Law, § 14.31–14.46; *Chemerinsky*, Const. Law, Ch. 10 – auch zu den folgenden Fallgruppen –; sowie jüngst *Bush v. Gore*, 531 U.S. (2000).

the basis of wealth or property, like those of race ... are traditionally disfavored."[6]

III. Zugang zum Gericht als fundamentales Recht

Ausgehend von dem Kriterium, daß der Zugang zur Wahlurne Voraussetzung aller anderen Rechte ist und deswegen nicht von Bedingungen wie einer Wahlsteuer abhängig gemacht werden kann, die Arme gegenüber Reichen benachteiligt, läßt sich ohne große Schwierigkeiten auch der Zugang zum Gericht als fundamentales Recht aufweisen: Was nützen alle denkbaren Rechte, wenn man sie im Verweigerungsfall nicht gerichtlich einklagen kann, weil die erforderlichen finanziellen Mittel fehlen? Der Supreme Court hat diese Argumentation in der Tat aufgenommen, prononciert im Bereich der Strafverfahren, etwas abgeschwächter bei Zivilrechtsstreitigkeiten.

Die Leitentscheidungen für das Strafverfahren[7] sind *Griffin v. Illinois* und *Douglas v. California*. In *Griffin* verlangte ein in erster Instanz Verurteilter eine kostenlose Abschrift der Verhandlungsunterlagen, weil er zu arm war, die Gebühren dafür aufzubringen. Die Vorlage der Abschrift war Voraussetzung einer Berufungsverhandlung; das Gesetz sah für diesen Fall keine Kostenerstattung vor. Darin erblickte der Supreme Court einen Verstoß gegen die due process- und equal protection-Klausel: „In criminal trials a State can no more discriminate on account of poverty than on account of religion, race, or color."[8] „There can be no equal justice where the kind of trial a man gets depends on the amount of money he has."[9] Ähnliche Formulierungen finden sich in *Douglas*, wo es um eine Regelung ging, die die Bestellung eines Verteidigers für Mittellose im Berufungsverfahren davon abhängig machte, daß das Berufungsgericht dies als hilfreich ansah: „There is lacking that equality demanded by the Fourteenth Amendment ... The indigent, where the record is unclear or the errors are hidden, has only the right to a meaningless ritual, while the rich man has a meaningful appeal."[10]

---

[6] *Harper v. Virginia State Board of Elections*, 383 U.S. 663, 667f. (1966). Der Fall betraf eine Wahlsteuer. Wohnsitzerfordernisse für die Inanspruchnahme des Wahlrechts sind verfassungsgemäß; sie dürfen aber keine längere Dauer im Land verlangen. Dies würde gegen das unter IV. dargestellte Recht auf ‚interstate travel' verstoßen. Vgl. *Dunn v. Blumstein*, 405 U. S. 330 (1972); *Marston v. Lewis*, 410 U. S. 679 (1973). Zur Berücksichtigung von Herkunft bzw. Rasse bei besonders schutzwürdigen Volksgruppen (Indianern, hawaiianische Urbevölkerung) siehe *Rice v. Cayetano*, 68 U.S. Law Week 4138 (2000).

[7] Zu Zivilverfahren vgl. *Boddie v. Connecticut*, 401 U.S. 371 (1971); *United States v. Kras*, 409 U.S. 434 (1973); *Ortwein v. Schwab*, 410 U.S. 656 (1973). Zu Familienrechtsstreitigkeiten siehe *M. L. B. v. S. L.J.*, 519 U. S. 102 (1996).

[8] 351 U.S. 12, 17 (1956).

[9] AaO, 19.

[10] 372 U.S. 353, 357f. (1963).

Die Frage stellt sich dann: Wie weit reicht diese Pflicht des Staates zur Ausgleichung der Unterschiede zwischen Arm und Reich? Spätere Entscheidungen[11] machten deutlich, daß diese Verpflichtung eher eng zu verstehen ist und nicht auf eine generelle verfassungsrechtliche Pflicht zur Ausgleichung aller finanziellen Ungleichheiten hindeutet[12]; dies entspricht auch der schon erwähnten Tatsache, daß der Supreme Court die Kriterien Armut/Reichtum nicht als ‚verdächtig' ansieht.[13]

Die beiden eben erörterten Fallgruppen geben zu erkennen, daß zumindest unter beschränkten Voraussetzungen eine verfassungsrechtliche Pflicht zu sozialstaatlichen Leistungen zwecks Ausgleichung des Unterschieds von Arm und Reich vorliegen kann: (1) Der Staat gewährt ein Recht, etwa zu wählen oder eine Klage einzureichen. (2) Dieses Recht ist zwar in der Verfassung nicht spezifisch erwähnt, implizit aber läßt sich im Rahmen der Verfassung für seine fundamentale Bedeutung eintreten, etwa mit dem Argument, die Innehabung dieses Rechts sei Voraussetzung aller anderen Rechte. (3) Die Regelung benachteiligt bestimmte Gruppen, vor allem Arme. (4) Aus der Ablehnung der Verdächtigkeit der Arm-Reich-Klassifizierung ergibt sich aber, daß nicht jedes Gesetz, das Arme intensiver betrifft als Reiche, verfassungsrechtlich verdächtig ist. Es müssen weitere Kriterien hinzutreten: In den beiden bisher erörterten Fallgruppen war dies die Nähe zum politischen Prozeß der Wahl und zum gerichtlichen Prozeß in Strafverfahren, zwei klassischen ‚staatlichen' Veranstaltungen.

IV. Freizügigkeit als fundamentales Recht

Die Bedeutung des Elements (4), eines zusätzlichen eng mit der Verfassung verwobenen Kriteriums, wird auch im Bereich der innerstaatlichen Freizügigkeit erkennbar. Hierbei geht es meistens um Fälle, in denen eine Person oder Familie von einem Gliedstaat in einen anderen Gliedstaat zieht, um dort die verglichen mit dem Herkunftsland besseren Sozialleistungen in Anspruch zu nehmen; diesem Ziel stehen staatliche Warteregelungen entgegen. Sind diese rechtmäßig? Wie lose oder strikt ist die gerichtliche Kontrolle?

Die Leitentscheidung ist *Shapiro v. Thompson*. In diesem Fall sah der Supreme Court eine einjährige Wartezeit zur Inanspruchnahme von Sozialleistungen als verfassungswidrig an, die zur Ungleichbehandlung zwischen den Einwohnern und den neu Eingewanderten führte. Diese

---

[11] Vgl. z.B. *Ross v. Moffitt*, 417 U.S. 600 (1974) (keine kostenlose Verteidigerbestellung in Revisionssachen), aber auch *Ake v. Oklahoma*, 470 U.S. 68 (1985) (Bestellung eines Psychiaters als Gutachter in Strafverfahren, die mit der Todesstrafe enden können).

[12] Diese Linie ist in *Griffin* und *Douglas* schon von dem dissentierenden Richter Harlan vertreten worden.

[13] Vgl. oben § 12 VI.

Ungleichbehandlung betraf auch ein fundamentales Interesse: „[The] second class is denied welfare aid upon which may depend the ability of the families to obtain the very means to subsist – food, shelter, and other necessities of life ... [This scheme] constitutes an invidious discrimination denying them equal protection of the laws."[14] Der Rekurs auf „the very means to subsist" macht die Nähe zum oben genannten Fundamentalitätskriterium deutlich: Auch für diese Lebensnotwendigkeiten kann angeführt werden, daß ohne ihre Sicherung die Inanspruchnahme aller anderen Rechte gefährdet wäre.

Das zusätzliche Kriterium, das der Supreme Court als verfassungsrechtliche Rechtfertigung der richterlichen Intervention in den politischen Prozeß ansah, war das aus der föderalistischen Struktur des Gemeinwesens erschlossene Recht der Freizügigkeit: „This Court long ago recognized that the nature of our Federal Union and our constitutional concepts of personal liberty unite to require that all citizens be free to travel throughout the length and breadth of our land uninhibited by statutes, rules, or regulations which unreasonably burden or restrict this movement ...".[15] Die vom Staat vorgebrachten Argumente, etwa Verhinderung der Erschleichung von Sozialleistungen und bessere Planung des Budgets, prüfte das Gericht am ‚strict scrutiny test'; daran gemessen schienen ihm diese Argumente nicht ausreichend zwingend.[16]

V. Ein fundamentales Recht auf sozialstaatliche Unterstützung und Erziehung?

In allen bisherigen Fallgruppen kamen zwei Elemente zusammen, die das Gericht zur Anerkennung einer verfassungsrechtlichen Pflicht zur Ausgleichung finanzieller Macht benutzte: die Fundamentalität des betroffenen Interesses, am umfassendsten in *Shapiro* umschrieben mit „the very means to subsist – food, shelter, and other necessities of life", und eine besondere Nähe zum Staat oder zur Verfassung, sei es das Wahl- und Gerichtssystem oder die deutlich umrissene föderalistische Struktur der Verfassung. Was die Interessen an sozialstaatlichem Ausgleich und staatlicher Erziehung angeht, so läßt sich die Fundamentalität dieser Interessen anhand des in den bisherigen Entscheidungen

[14] 394 U.S. 618, 627 (1969).

[15] AaO, 629.

[16] Zu weiteren Entscheidungen, in denen das Gericht verfassungswidrige Eingriffe in die Freizügigkeit vorliegen sah, vgl. etwa *Memorial Hospital v. Maricopa County*, 415 U.S. 250 (1974); *Zobel v. Williams*, 457 U.S. 55 (1982); *Attorney General of New York v. Soto-Lopez*, 476 U.S. 898 (1986). Verfassungsgemäß sind demgegenüber Regelungen, die die Erlangung von Leistungen vom Vorliegen eines Wohnsitzes abhängig machen: *McCarthy v. Philadelphia Civil Service Comm'n*, 424 U.S. 645 (1976); *Martinez v. Bynum*, 461 U.S. 321 (1983). Zur Ausreisefreiheit, deren Beschränkungen vom Gericht weniger streng als bei der innerstaatlichen Freizügigkeit geprüft werden, siehe *Kent v. Dulles*, 357 U. S. 116 (1958); *Regan v. Wald*, 468 U. S. 222 (1984).

herangezogenen Kriteriums klar belegen: Ohne finanzielle Hilfe und angemessene Erziehung ist die Inanspruchnahme aller oder jedenfalls vieler anderer Rechte gefährdet. Fraglich aber ist das Vorliegen einer engen Beziehung zu Staat oder Verfassung. Armut oder Reichtum werden im wesentlichen durch den gesellschaftlichen Marktmechanismus gesteuert; die Verfassung enthält kein Sozialstaatsprinzip. Die Verfassung enthält auch keine Vorschriften über staatliche Schulen. Sollen die due process- und die equal protection-Klausel trotzdem so verstanden werden, daß sie eine verfassungsrechtliche Komponente zur sozialstaatlichen und schulischen Ausgleichung von Wohlstandsdefiziten enthalten?

Eine sozialstaatlich orientierte Minderheit des Gerichts hat diese Ansicht vertreten und wurde darin von Teilen der Literatur unterstützt. Die Mehrheit des Supreme Court allerdings wollte nicht so weit gehen und hat insbesondere seit der Ablösung des Warren Court durch den Burger Court im Jahr 1969 eine einschränkende Linie vertreten. Dies wird insbesondere in den beiden Entscheidungen *Dandridge v. Williams* und *San Antonio Independent School District v. Rodriguez* deutlich.

In *Dandridge* erklärte der Supreme Court eine Regelung für verfassungsgemäß, die die Obergrenze von Sozialleistungen an der Untergrenze des Verdienstes eines regelmäßig Beschäftigten ausrichtete. Das Gericht erkannte an, daß die Gewährung von solchen Leistungen „the most basic economic needs of impoverished human beings“[17] betrifft, wandte aber trotzdem nur den losen ‚rational basis test‘ an, anhand dessen die Norm ohne weiteres zu rechtfertigen war, wollte sie doch keinen Anreiz zur Flucht in den Sozialstaat bieten. In *Rodriguez* erhob das Gericht keine Bedenken gegen ein System der Schulfinanzierung, das auf lokalen Steuern aufbaute und deswegen ärmere Schulbezirke benachteiligte. Das Gericht sah weder ein fundamentales Recht auf Erziehung vorliegen noch eine Absicht, Arme zu benachteiligen; deswegen sei nur der Willkürtest anzuwenden, anhand dessen das Statut zu rechtfertigen sei. „[T]he key to discovering whether education is ‚fundamental‘ is not to be found in comparisons of the relative societal significance of education as opposed to subsistence or housing. Nor is it to be found by weighing whether education is as important as the right to travel. Rather, the answer lies in assessing whether there is a right to education explicitly or implicitly guaranteed by the Constitution.“[18] Und das verneinte das Gericht. Weiterhin sei die Justiz überfordert, sollte sie in komplexe steuerliche und soziale Sachverhalte eingreifen, wie dies in diesem Fall notwendig wäre. Schließlich gehe es hier auch nur um

[17] 397 U.S. 471, 485 (1970).
[18] 411 U.S. 1, 33f. (1973).

ein Mehr oder Weniger an Erziehung und nicht um ein Alles oder Nichts.[19]

Die beiden Entscheidungen markieren die Grenze dessen, was der Supreme Court aus impliziten substantiellen oder Gleichheitsgarantien glaubt begründen zu können. Was das Ausmaß und die Grenze dieser Rechtsprechung wohl leitet, ist einerseits die Annahme, daß das Gericht in eng mit staatlicher Organisation oder verfassungsrechtlicher Struktur verbundenen Bereichen sich besonders dazu aufgerufen fühlt, für Gerechtigkeit und Gleichheit zu sorgen. Je loser diese Beziehung aber ist und je mehr es sich um Probleme handelt, die im sozialen und wirtschaftlichen Bereich generell angesiedelt sind und polyzentrischen Charakter haben, desto mehr hält das Gericht sich zurück und appelliert an den politischen Prozeß zur Lösung der Probleme.[20]

§ 14. Der Schutz kommunikativer Freiheit nach dem 1. Zusatzartikel

I. Textliche Ausformung und Wortlautauslegung

Der erste Zusatzartikel enthält zwei Teile: Der erste Teil schützt die Religionsfreiheit, der zweite die hier einschlägige Rede-, Presse- und Versammlungsfreiheit sowie das Petitionsrecht[1]: „Congress shall make no law ... abridging the freedom of speech, or of the press, or the right of the people peaceably to assemble, and to petition the Government for a redress of grievances." Blickt man auf die Schutzbereichsseite dieses Artikels, so fällt auf, daß einige kommunikative Freiheiten nicht erwähnt sind, die moderne, meist detaillierter formulierte Grundrechtskataloge oder Menschenrechtspakte enthalten: die Vereinigungsfreiheit mit der wichtigen Fallgruppe politische Vereinigungen/Parteien[2], die Freiheit der Kunst[3], die Wissenschaftsfreiheit[4], die Informationsfrei-

[19] Vgl. demgegenüber *Plyler v. Doe*, 457 U.S. 202 (1982), ein Zugang-zur-Schule-Fall, in dem es um Alles oder Nichts ging und der Supreme Court mit einer engen Begründung ein Zugangsrecht bejahte.

[20] Vgl. auch oben § 11 V.

[1] Hierzu allgemein *Steinberger*, Konzeption und Grenzen; *Stock*, Meinungs- und Pressefreiheit; *Brugger*, Grundrechte, §§ 24–26. Rechtsvergleichend: *Kommers*, 53 S. Cal. L.Rev. 657 (1980); *Quint*, 48 Md. L.Rev. 247 (1989); *Ehrentraut*, Versammlungsfreiheit. Speziell zur akademischen Freiheit siehe *Alstyne*, 53 Law and Cont. Problems 1 (1990).

[2] Vgl. *NAACP v. Alabama*, 357 U.S. 449 (1958); *Eu v. San Francisco County Democratic Central Committee*, 489 U.S. 214 (1989) und oben § 5 I 4, ferner für den Schutz von „expressive associations" *Boy Scouts of America v. Dale*, 68 U.S. Law Week 4625 (2000).

[3] Vgl. *Miller v. California*, 413 U.S. 15, 24 (1973); *National Endowment for the Arts v. Finley*, 118 S. Ct. 2168 (1998).

[4] Vgl. *University of Pennsylvania v. Equal Employment Opportunity Commission*, 493 U.S. 182 (1990).

heit[5] sowie zum Zeitpunkt der Verfassungsgebung noch nicht bekannte Formen moderner Medienfreiheit, die sich auf Radio, Fernsehen, Film und das Internet beziehen[6]. All diese nicht ausdrücklich erwähnten Formen kommunikativer Freiheit hat der Supreme Court inzwischen als Teil der free speech- oder free press-Klausel angesehen und deren Regeln unterstellt[7], von einigen erheblichen Einschränkungen für den Rundfunk- und Fernsehbereich abgesehen.[8]

Von der Schrankenseite des Zusatzartikels aus gesehen, scheint die Redefreiheit absolut geschützt zu sein und keiner Einschränkung zu unterliegen. Diese vom Text her naheliegende Interpretation hat der von 1937 bis 1971 amtierende Richter Hugo Black mit Verve vertreten: Nach ihm meint ‚no law' tatsächlich, was der Text sagt: das absolute Verbot staatlicher[9] Eingriffe in den Schutzbereich des 1. Zusatzartikels.[10] Ein solcher Interpretationsansatz hat unleugbare Vorteile: Er ist streng am Text orientiert und minimiert, wenn er strikt durchgehalten wird, unvorhersehbare richterliche Abwägungen. Trotzdem kam auch Black um Abwägungen nicht herum. Diese traf er, nachdem sie über die Schrankenseite nicht einzubringen waren, beim Schutzbereich: Bestimmte Äußerungsformen, die über das bloße Reden hinausgingen, wie etwa Demonstrationen, ließ Black nicht unter ‚Rede' oder ‚Versammlung' fallen, mit der Folge, daß sie verfassungsrechtlich nicht geschützt waren.[11]

Dieser Alles-oder-Nichts-Ansatz hat nie eine Mehrheit im Supreme Court gefunden. Das Gericht hat in seiner Rechtsprechung die absolute Formulierung des 1. Zusatzartikels nur als einen von mehreren Anhaltspunkten genommen, um die besondere, aber nicht absolute Schutzwür-

---

[5] Vgl. *Virginia State Board of Pharmacy v. Virginia Citizens Consumer Council*, 425 U.S. 748 (1976).

[6] Vgl. *Burstyn v. Wilson*, 343 U.S. 495 (1952); *Freedman v. Maryland*, 380 U.S. 51 (1965); *Reno v. American Civil Liberties Union*, 117 S. Ct. 2329 (1997).

[7] Vgl. die vorangehenden Fußnoten und die entsprechenden Abschnitte in den Lehrbüchern, ferner *Bussmann*, Elektronische Medien.

[8] Hierzu *Red Lion Broadcasting Co. v. FCC*, 395 U.S. 367 (1969) und *Hoffmann-Riem*, Kommerzielles Fernsehen, S. 49ff.; *ders.*, Regulating Media.

[9] Am. 1 bindet nur die Bundesgewalt („Congress"), nicht die Gliedstaaten. Letztere sind aber nach Auffassung des Supreme Court über die due process-Klausel des 14. Zusatzartikels gebunden, der Am. 1 inkorporiert: *Gitlow v. New York*, 268 U.S. 652 (1925).

[10] Vgl. *Konigsberg v. State Bar of California*, 366 U.S. 36, 56, 61 (1961) (dissenting): „[I] believe that the First Amendment's unequivocal command that there shall be no abridgment of the rights of free speech and assembly shows that the men who drafted our Bill of Rights did all the ‚balancing' that was to be done in this field ... it certainly cannot be denied that the very object of adopting the First Amendment ... was to put the freedoms protected there completely out of the arena of any congressional control ...".

[11] Vgl. *Cox v. Louisiana*, 379 U.S. 536, 581 (1965) (dissenting): „Standing, patrolling, or marching back and forth on streets is conduct, not speech, and as conduct can be regulated or prohibited."

digkeit von Rede und Presse insbesondere im Bereich politischer Argumentation zu begründen sowie die oben genannten weitergehenden kommunikativen Aktivitäten in den 1. Zusatzartikel zu integrieren. Das Gericht hat aber auch ohne textliche Unterstützung, genauer gesagt sogar gegen den Text der Verfassung, eine differenzierte gerichtliche Schrankenlehre entwickelt und höherwertige von geringerwertigen Redearten unterschieden. Wenn diese differenzierte Dogmatik auch nicht annäherungsweise im Verfassungstext zum Ausdruck kommt, woran hat sich der Supreme Court dann orientiert?

Systematische Argumente lassen sich nicht anführen – der 1. Zusatzartikel ist der einzige Artikel, der den Schutz menschlicher Kommunikation betrifft, wenn man einmal von strafprozessualen Sondervorschriften in Am. 5 und 6 und vom Schutz der Rede von Amtsträgern absieht. Historische Argumente helfen auch nur beschränkt weiter: Klar ist, daß der 1. Zusatzartikel gegen die Vorzensur gerichtet war, aber wie weit darüber hinaus kritische Äußerungen gegen Mehrheitsvorstellungen gesichert werden sollten, ist umstritten; in der Kolonialzeit und in den Anfangsjahren der Republik jedenfalls waren noch Regelungen in Kraft, die regierungsfeindliche Propaganda („seditious libel") unterdrükken sollten.[12] Damit bleibt nur noch eine teleologische Rechtfertigung dieser Rechtsprechung: Der Supreme Court muß eine ‚Theorie' bzw. ‚Theorien' der kommunikativen Freiheit benutzen, um die angedeuteten Erweiterungen bzw. Beschränkungen des Verfassungstextes darlegen und verteidigen zu können, und tut dies in der Tat auch, indem er unterschiedliche Funktionen der kommunikativen Freiheiten herausarbeitet und gewichtet.

II. Funktionen kommunikativer Freiheit und Skizze der gerichtlichen Fallgruppen

Die wichtigsten Funktionen kommunikativer Freiheit in der Rechtsprechung des Supreme Court und in der Literatur lassen sich in zwei Gruppen sowie diverse Untergruppen[13] gliedern:

(1) *Folgenorientiert, aposteriorisch* läßt sich Kommunikation daraufhin befragen, ob sie das Gemeinschaftsleben qualitativ verbessert und fördert. Tut sie das, so ergibt sich daraus die Schutzwürdigkeit der Kommunikation. Die einzelnen Ziele können weiter oder enger gefaßt sein: (a) Am meisten genannt und zum zentralen Ziel des 1. Zusatzartikels gezählt wird die Notwendigkeit kommunikativer Auseinander-

---

[12] Vgl. den Sedition Act of July 14, 1798, 1 Stat. 596, der von den Untergerichten als verfassungsgemäß angesehen wurde; der Supreme Court hatte über dieses Gesetz nicht zu entscheiden.

[13] Vgl. etwa *Stone u. a.*, Const. Law, Kap. VII A; *Brugger*, Grundrechte, §§ 24 II; 26; *ders.*, Kampf der Meinungen.

setzung für den politischen Prozeß in einer offenen, demokratischen Gesellschaft, um zu richtigen, akzeptablen Ergebnissen zu gelangen oder zumindest Auswüchse staatlichen Machtmißbrauchs zu entdecken und zu begrenzen. (b) Damit oft verknüpft ist das Ziel der Wahrheitssuche und Wahrheitsfindung durch Rede und Gegenrede, durch den Kampf der Meinungen und den Austausch von Informationen, die zu einem aufgeklärten Diskurs führen sollen. Dieser Gedanke läßt sich natürlich auch für jeden anderen Bereich – Wissenschaft, Kunst, Wirtschaft, Privatleben usw. – vorbringen und erweitert demgemäß den Bereich schutzwürdiger Rede.[14] (c) Rede und Gegenrede und deren Rezeption im politischen und sozialen Prozeß können auch eine Balance zwischen Stabilität und friedlichem Wandel hervorbringen, auf die gerade eine offene Gesellschaft angewiesen ist. Kommunikativer Protest, auch rüder Art, kann zum Beispiel Ausdruck von Unrechtserfahrungen sein, die Umwelt sensibilisieren und gleichzeitig für den Betroffenen entlastend sein.

(2) Kommunikative Äußerung hat aber auch mit dem Individuum selbst zu tun. Der Mensch muß, um sich in seiner Umwelt zu orientieren und zu definieren, mit den Mitmenschen reden, sich austauschen, seine Meinung vortragen und testen, vielleicht auch schlicht einmal seinen Gefühlen freien Lauf lassen können. Ohne diese Möglichkeit könnte er seine Identität nicht finden, seine Autonomie nicht entfalten. Diese Rechtfertigung der Redefreiheit ist allein am Entfaltungs- und Äußerungsinteresse des Individuums orientiert und abstrahiert von den – positiven oder negativen – Folgen der Äußerung, auf die es nach (1) ankommt. Deswegen läßt sich dieser Ansatz als *individualistischer, apriorischer oder autonomieorientierter* Ansatz charakterisieren. Zu unterscheiden ist, ob man, konsequent von dieser Sichtweise aus, bei dem isolierten einzelnen Redner stehenbleibt, oder ob man, in folgen- und gleichheitsorientierter Erweiterung, die von der Rede Betroffenen in die Abwägung mit einbezieht, was etwa bei ‚hate speech' zu prüfen ist. Dann ist, wie in jedem ‚hard case' kontroverser Äußerung, eine Abwägung zu treffen.

Erkennt man diese beiden Gedankenstränge als wesentliche Strategien zur Rechtfertigung der Redefreiheit, so wird deutlich, daß für den Fall des Zusammentreffens beider Gesichtspunkte sehr viel für einen weitgehenden Schutz der Kommunikation spricht. Treten sie in Konkurrenz, so sind die Argumente für verfassungsrechtlichen Schutz schwächer; das gleiche gilt, wenn im Rahmen des folgenorientierten Ansatzes von einer bestimmten Art von Rede eher Schaden als Nutzen für das

---

[14] Für reine Unterhaltungsberichte oder -sendungen in den Massenmedien reichen die genannten Rechtfertigungen wohl nicht aus. Eine gewisse Unterstützung finden sie in der gleich zu erörternden Kategorie der Identitätsbildung.

Gemeinwesen zu erwarten ist. Hält man sich diese Möglichkeiten funktioneller Verstärkung bzw. Abschwächung vor Augen, so läßt sich der Grundaufbau der Rechtsprechung des Supreme Court nachvollziehen:

Das Gericht unterscheidet im Hinblick auf den Schutzbereich der Redefreiheit Äußerungen, die im Kernbereich des First Amendment angesiedelt sind und meist sowohl dem Gemeinwesen als auch dem Individuum dienen; das ist der Bereich von ‚high-value speech' (dazu III.). Daneben gibt es aber auch Äußerungen, die entweder nicht als Rede im Sinne von Am. 1 anerkannt sind oder zwar von Am. 1 umfaßt sind, aber geringeren Schutz verdienen; solche werden als ‚low-value speech' oder ‚speech minus' charakterisiert (dazu IV.). Übersetzt auf die Schrankenproblematik, heißt dies: Die betreffenden Äußerungen verdienen entweder strikten oder abgeschwächten Schutz gegen staatliche Beschränkungen.

Ferner ist nach der Rechtsprechung auch noch auf die Art der staatlichen Regulierung zu achten: Ist die Regulierung der unter Am. 1 fallenden Rede neutral in bezug auf Rede allgemein oder eine bestimmte Meinung (‚content-neutral regulation', ‚general law'), ist sie mit anderen Worten an der Verwirklichung eines nicht rede- oder meinungsspezifischen öffentlichen Interesses orientiert, so kommt in der Regel nur der abgeschwächte Prüfungsmaßstab zur Anwendung (dazu V.). Anders ist dies bei staatlichen Eingriffen, die gerade Rede oder eine bestimmte Meinung ausschalten wollen (‚content-based or viewpoint-based regulation'); diese sind in der Regel am strikten Prüfungsmaßstab zu messen, insbesondere wenn es um ‚high-value speech' geht. Spezielle Probleme der Redefreiheit betreffen die Fragen, ob und inwiefern symbolische Akte (‚symbolic speech', ‚speech plus') den Schutz des First Amendment genießen (dazu VI.); ob der Staat bei der Förderung von Rede an die gleichen Maßstäbe gebunden ist wie bei deren Beschränkung (dazu VII.); und wie weit der Schutz der Rede in Sonderstatusverhältnissen reicht (dazu VIII.).

III. Der Kernbereich geschützter Rede

Politisch motivierte Rede gehört zum Kern der Redefreiheit und muß deshalb starken Schutz genießen. Dies ist eine Wertung, für die das amerikanische Verfassungsrecht zu Recht berühmt ist und als Vorbild zitiert wird. Dieser Schutz wurde im wesentlichen erst im zweiten Drittel des 20. Jahrhunderts entwickelt. Ferner ist er nicht absolut: Die Beschränkung politischer Rede in Grenzbereichen wird vom Supreme Court akzeptiert – selbst wenn es sich um Regelungen handelt, die gerade auf die Ausschaltung bestimmter Meinungen oder Informationen abzielen.

Am deutlichsten wird dies an der Behandlung von Rede, die heftige Kritik an einer bestimmten Regierungspolitik (etwa dem Eintritt Amerikas in den I. und II. Weltkrieg) oder der Regierung als solcher übt und die Bevölkerung dazu aufruft, diese kritische Sicht zu teilen, Widerstand zu leisten, eventuell sogar die Regierung zu stürzen. Solche dem klassischen ‚seditious libel‘ verwandte Äußerungen führten zwischen dem I. Weltkrieg und den Nachwehen des II. Weltkriegs zu vielen staatlichen Repressalien, die den Wirkungsbereich systemkritischer Rede durch diverse Sanktionen bis hin zur Kriminalisierung beschneiden wollten.[15] Der Supreme Court hat diese Gesetze weithin als verfassungsgemäß angesehen und erst allmählich zu einer redefreundlicheren Einstellung gefunden.

Die Entwicklung der Rechtsprechung läßt sich am besten anhand der Prüfungsmaßstäbe kennzeichnen: Zunächst stellten die Gerichte darauf ab, ob die natürliche und wahrscheinliche Tendenz und Wirkung einer Äußerung zu dem von der Legislative für gesetzwidrig erklärten Ziel führt (‚bad tendency test‘)[16]; eine konkurrierende Deutung stellte auf den ausdrücklichen Wortlaut der Äußerung ab.[17] Der Supreme Court hielt die Urteile gegen die Systemkritiker weithin für verfassungsgemäß; allmählich jedoch setzte eine Umbesinnung ein, die in abweichenden Meinungen der Richter Holmes und Brandeis begann. Sie befürworteten einen ‚clear and present danger test‘, nach dem es darauf ankommen sollte, ob die Befürwortung eines gesetzwidrigen Handelns zu einer klaren und gegenwärtigen Gefahr der Herbeiführung dieses Handelns führt.[18] Die Anwendung dieses ab 1927 von der Mehrheit übernommenen Tests schwankte allerdings. Sollte jedwede Gefahr ausreichen, oder mußte eine erhebliche Bedrohung staatlicher Aktivitäten und Institutionen vorliegen? In späteren Entscheidungen vertrat das Gericht die engere Sicht; dafür wurde das temporale Element der Unmittelbarkeit für den Fall der Aktivitäten von systemfeindlichen Organisationen gelockert.[19] Wichtig in diesen Entscheidungen ist die Unterscheidung des Aufrufs zur (gesetzwidrigen) Tat von der Befürwortung einer systemfeindlichen Doktrin: Ersterer ist nicht geschützt, letztere hingegen schon, sofern sie sich nicht im Gesamt zu einem Aufruf zur Tat summiert.[20] Was

---

[15] Etwa den Espionage Act of June 15, 1917, 40 Stat. 219, und den Sedition Act of May 16, 1918, 40 Stat. 553.

[16] Vgl. *Shaffer v. United States*, 255 Fed. 886 (9th Cir. 1919).

[17] Vgl. *Masses Pub. Co. v. Patten*, 244 Fed. 535 (S.D.N.Y. 1917). Diese Entscheidung wurde in der Berufungsinstanz aufgehoben: 246 Fed. 24 (2d Cir. 1917).

[18] Vgl. *Schenck v. United States*, 249 U.S. 47, 52 (1919); *Abrams v. United States*, 250 U.S. 616, 628ff. (1919); *Whitney v. California*, 274 U.S. 357, 372ff., 377 (1927). In *Abrams* und *Whitney* finden sich gute Darlegungen der oben II. genannten Funktionsüberlegungen.

[19] Vgl. *Dennis v. United States*, 341 U.S. 494 (1951); *Yates v. United States*, 354 U.S. 298 (1957).

[20] Vgl. die Beispiele in *Scales v. United States*, 367 U.S. 203, 232 (1961): Geschützt sind die Befürwortung der Lehren des Marxismus-Leninismus, die Benutzung marxistisch-leninistischer Lehrbücher oder offizieller Parteiverlautbarungen sowie Sympathiekundgebungen für die UdSSR.

in dieser Unterscheidung zur Wirkung kommt, ist das Kriterium der Möglichkeit von Rede und Gegenrede, deren positive Wirkungen (Ausschaltung ‚schlechter' Werturteile, zumindest Zurückweichen vor gesetzwidrigen Handlungen) beim Aufruf zur Tat weniger zu erwarten sind als bei einem Plädoyer zur Änderung einer Einstellung, die dann erst in einem weiteren Schritt zu einer Straftat führen mag.

Seit der 1969 erlassenen Entscheidung *Brandenburg v. Ohio* benutzt der Supreme Court einen etwas umformulierten Test zur Begrenzung von Aufrufen zu gesetzwidrigen Handlungen. In *Brandenburg* hob das Gericht die Verurteilung eines Ku-Klux-Klan-Führers auf, der nach dem Syndikalismusgesetz von Ohio verurteilt worden war. Ihm war vorgeworfen worden, er habe eine gewaltsame Veränderung der gesellschaftlichen Verhältnisse befürwortet und sich mit einer Vereinigung zur Förderung dieser Ziele zusammengetan. Nach dem *Brandenburg*-Test kann „advocacy of the use of force or of law violation" nur dann kriminalisiert werden, wenn dieser Aufruf „is directed to inciting or producing imminent lawless action and is likely to incite or produce such action"[21], und diese Voraussetzungen lagen nach Auffassung des Gerichts nicht vor.

Diese Fallgruppe ist paradigmatisch[22] für den Schutz politisch oder gesellschaftlich bedeutsamer Rede, Versammlung und Vereinigung. Soweit die genannten engen Voraussetzungen nicht vorliegen, sind die betreffenden kommunikativen Äußerungen geschützt, auch wenn es sich um abweichende, anstößige Meinungen und rigorose Kritik handelt. Von diesem Grundsatz der Schutzwürdigkeit von ‚offensive speech' gibt es eine enge Ausnahme für den Bereich von ‚fighting words': Darunter sind Äußerungen zu verstehen, die entweder für sich genommen, unabhängig vom Anlaß, beleidigend sind und eine Formalbeleidigung darstellen, oder aber auch unter Berücksichtigung des Anlasses so aggressiv sind, daß mit einer unmittelbaren tätlichen Reaktion der Angesprochenen zu rechnen ist.[23] In der Regel aber ist auch die Freiheit provozierender Rede gewährleistet, und die staatlichen Organe müssen das ihnen Mögliche tun, den Redner zu schützen.

In dem Bereich politisch und gesellschaftlich bedeutsamer Rede sind mehrere dogmatische Lehren zu beachten, die den Umfang zulässiger Einschränkungen betreffen: Nach der ‚overbreadth doctrine'[24] und der ‚vagueness doctrine'[25] ist besondere Vorsicht geboten bei Regelungen,

---

[21] 395 U.S. 444, 447 (1969).

[22] Eine weitere hier einschlägige Fallgruppe betrifft die Veröffentlichung von Staatsgeheimnissen und die Frage der Zulässigkeit der Zensur. Vgl. *Brugger*, Grundrechte, S. 234 ff.

[23] Vgl. unten Fn. 28 zu *Chaplinsky*.

[24] Vgl. *Broadrick v. Oklahoma*, 413 U.S. 601 (1973); *Los Angeles Police Dep't v. United Reporting Co.*, 68 U.S. Law Week 4005 (1999).

[25] Vgl. *Grayned v. Rockford*, 408 U.S. 104 (1972).

die entweder zu weit oder zu vage gefaßt sind. Folge solcher Regelungen ist, daß sowohl vom Schutzbereich des 1. Zusatzartikels umfaßte wie ausgenommene Aktivitäten erfaßt werden. Üblicherweise neigt der Supreme Court bei der Prüfung der Verfassungsmäßigkeit von staatlichen Gesetzen im Zweifelsfall zu einer engen, verfassungskonformen Auslegung. In First Amendment-Fällen ist das Gericht strenger: Besteht die Gefahr, daß durch zu weit gefaßte oder zu vage Regelungen erhebliche negative Auswirkungen im Bereich geschützter Rede zu erwarten sind (‚chilling effect'), so erklärt das Gericht die Regelungen für verfassungswidrig. In diesen Urteilen ist das Kriterium der Erforderlichkeit der Einschränkung impliziert, und zum Teil spricht das Gericht auch ausdrücklich von der Pflicht der staatlichen Organe, soweit möglich ‚less drastic means' zu benutzen.[26] Ein weiteres Mittel zum Schutz der Redefreiheit ist die vom Supreme Court vertretene These, daß Fälle von Vorzensur (‚prior restraint') der starken Vermutung der Verfassungswidrigkeit unterliegen; diese Vermutung ist nur bei Vorliegen besonders drängender öffentlicher Interessen zu widerlegen.[27] Im Gesamt führen diese dogmatischen Kriterien zu einem strikten Prüfungsmaßstab, anhand dessen nur wenige Einschränkungen der Redefreiheit möglich sind.

IV. Der Schutz geringwertiger Rede

Geringeren Schutz als diese ‚high value speech' genießt ‚low-value speech', manchmal auch ‚speech minus' genannt. Gemeint ist damit, wie schon unter I. dargestellt, daß für eine bestimmte Art von Rede nicht die einschlägigen Rechtfertigungen für den starken Schutz menschlicher Kommunikation durchgreifen – demokratische Mitwirkung, offener Kampf der Meinungen und unbegrenzter Austausch von Information, Wahrheitssuche, Selbstverwirklichung, in unterschiedlicher Gewichtung. Dann liegt zwar Rede im umgangssprachlichen Sinn vor, aber nicht unbedingt schutzwürdige Rede im Sinne des 1. Zusatzartikels, oder aber – und die Unterscheidung wird nicht immer klar getroffen – es liegt zwar verfassungsrechtlich ‚Rede', aber eben weniger schutzwürdige Rede vor. Zur Rechtfertigung eines Eingriffs muß das öffentliche Interesse dann nicht unbedingt überragend sein, und die Zweck-Mittel-Korrelation wird vom Gericht nicht strikt überprüft.

Welche Fallgruppen sind ‚non-speech' oder ‚speech minus' zuzurechnen? Die immer noch klassische, wenngleich im Detail restriktiv interpretierte Formulierung findet sich in *Chaplinsky v. New Hampshire*:

---

[26] Vgl. *Shelton v. Tucker*, 364 U.S. 479, 488 (1960).

[27] Vgl. *Near v. Minnesota*, 283 U.S. 697 (1931); *New York Times Co. v. United States (The Pentagon Papers Case)*, 403 U.S. 713 (1971); *FW/PBS, Inc. v. City of Dallas*, 493 U.S. 215 (1990).

„Allowing the broadest scope to the language and purpose of the Fourteenth Amentment, it is well understood that the right to free speech is not absolute at all times and under all circumstances. There are certain well-defined and narrowly limited classes of speech, the prevention and punishment of which have never been thought to raise any Constitutional problem. These include the lewd and obscene, the profane, the libelous, and the insulting or ‚fighting' words – those which by their very utterance inflict injury or tend to incite an immediate breach of the peace. It has been well observed that such utterances are no essential part of any exposition of ideas, and are of such slight social value as a step to truth that any benefit that may be derived from them is clearly outweighed by the social interest in order and morality."[28] Von der Prämisse des starken Schutzes für politisch oder gesellschaftlich bedeutsame Rede aus gesehen ist klar, daß nicht alle für jeweilige Mehrheiten oder Traditionen anstößige Äußerungen verboten sein können; auch muß genügend Raum für emotional gefärbte, aggressive Kommentare vorhanden sein, sind es doch gerade diese, in denen sich die Empörung von Bürgern widerspiegelt, auch und gerade die Empörung jener, die nicht die Gabe haben, sich zurückhaltend und wohlformuliert zu äußern. ‚Offensive speech' und ‚profane speech' müssen also im Regelfall voll geschützt werden, jedenfalls soweit es um öffentlich bedeutsame Äußerungen geht.[29] Zu den anderen in dem *Chaplinsky*-Zitat genannten Fallgruppen nehmen die folgenden Abschnitte Stellung:

1. Kommerzielle Rede: Rede, die kommerzielle Ziele verfolgt, ist vom Supreme Court lange nicht als unter Am. 1 fallend angesehen worden. Dies änderte sich 1976 mit der Entscheidung *Virginia State Board of Pharmacy v. Virginia Citizens Consumer Council*[30], in der der Supreme Court eine Staatenregelung als verfassungswidrig ansah, die die Veröffentlichung von Preisen für verschreibungspflichtige Medikamente untersagte. Das Gericht sah sowohl die Apotheker als auch das Publikum als durch Am. 1 geschützt an und stützte die Inkorporierung von kommerzieller Rede in den verfassungsrechtlichen Schutz mit dem Argu-

---

[28] 315 U. S. 568, 571 f. (1942). In dem Fall hatte ein Zeuge Jehovas auf einer öffentlichen Straße geäußert: „You are a God damned racketeer", „a damned Fascist and the whole government of Rochester are Fascists or agents of Fascists". Er wurde nach einem Staatengesetz wegen Störung der öffentlichen Ordnung verurteilt. Der Supreme Court hielt dies in der oben angegebenen engen Lesart für verfassungsgemäß.

[29] Vgl. hierzu *Terminiello v. Chicago*, 337 U. S. 1 (1949): Die Redefreiheit soll gerade bisherige Verständnisse aufbrechen und kann zu Bürgerunruhe führen; *Cohen v. California*, 403 U. S. 15 (1971): Schutz für die Aufschrift ‚Fuck the Draft' auf einer Jacke bei einem Besuch im Gericht. Die Beschränkbarkeit von ‚offensive speech' ist also eng; soweit Beschränkbarkeit vorliegt, wird dann meistens die Kategorie der ‚fighting words' betroffen sein. Vgl. dazu unten Fn. 64 zu der *R.A.V.*-Entscheidung. In diesen Zusammenhang gehören auch die flag-burning-Entscheidungen, vgl. Abschnitt VI.

[30] 425 U.S. 748, 761 ff. (1976).

ment ab, der freie Fluß auch von kommerzieller Information sei zu schützen, weil von ihm sowohl der einzelne Konsument als auch die Gesamtwirtschaft profitieren. Von dieser Begründung aus ergibt sich gleichzeitig die Grenze: Falsche oder irreführende Werbung kann die staatliche Gewalt verbieten oder Voraussetzungen unterwerfen, die die Korrektheit der gemachten Angaben sichern.

Welcher Prüfungsmaßstab genau zur Anwendung kommt, hat das Gericht in *Central Hudson Gas & Electric Corp. v. Public Service Comm'n*[31] verdeutlicht: Danach muß die kommerzielle Rede gesetzlich erlaubte Aktivitäten betreffen und darf nicht irreführend sein. Sie darf nur zugunsten eines substantiellen öffentlichen Interesses beschränkt werden. Die Beschränkung muß das öffentliche Interesse direkt verwirklichen und notwendig sein. Die letztgenannte Einschränkung klingt nach einem strikten Verhältnismäßigkeitstest; aus der Rechtsprechung ergibt sich aber, daß nicht unbedingt und in jedem Fall ‚the least restrictive means' angewendet werden muß; die ‚overbreadth doctrine' gilt also nicht.[32] Die öffentliche Gewalt hat die Beweispflicht bezüglich der genannten Voraussetzungen.[33]

Unter kommerzielle Rede fallen kommunikative Aktivitäten, deren dominierendes Thema der Verkauf eines Produktes oder die Anbietung einer Leistung ist. Das Vorliegen einer Anzeige als solcher, der Hinweis auf ein bestimmtes Produkt oder die Erwerbsmotivation des Anbieters sind für sich genommen nicht schon ausreichend, indizieren aber zusammengenommen das Vorliegen kommerzieller Rede. Ein bloßer Zusammenhang der Werbung mit einer die Öffentlichkeit bewegenden Diskussion reicht dann nicht schon aus, um den ‚öffentlichen', ‚politischen' Charakter der Äußerung zu begründen.[34]

In neueren Entscheidungen gibt es Hinweise auf eine Verschärfung des Prüfungsmaßstabs. Dies betrifft Fälle, in denen es um die Verbreitung wahrheitsgemäßer Information über legale kommerzielle Leistungen geht. Dann wendet der Supreme Court den *Central Hudson*-Test im Regelfall strikt an, zumindest was den Nachweis der Tauglichkeit des Mittels zu dem Gesetzeszweck sowie dessen Nichtersetzbarkeit durch ein geringer eingreifendes Mittel angeht. So sah das Gericht in *44 Liquormart v. Rhode Island*[35] eine Staatenregelung als verfassungswidrig an, die Alkoholwerbung in Form von Information über die Preise außerhalb des eigenen Geschäftes verbot. Der Staat wollte mit diesem

[31] 447 U.S. 557, 563ff. (1980).

[32] Vgl. *Board of Trustees of State University of New York v. Fox*, 492 U.S. 469 (1989); *Bates v. State Bar*, 433 U.S. 350 (1977).

[33] Vgl. *Ibanez v. Florida Dep't of Business and Professional Regulation*, 512 U. S. 136 (1994).

[34] Vgl. *Bolger v. Youngs Drug Products Corp.* 463 U.S. 60 (1983).

[35] 517 U. S. 484 (1996).

Verbot einen Preiskrieg in den Massenmedien verhindern, der aus seiner Sicht den Alkoholkonsum gesteigert hätte. Obwohl Rhode Island nach dem 21. Zusatzartikel die Einfuhr von Alkohol selbst hätte verbieten können, gilt dies nicht für das Weniger des Verbots von Alkoholwerbung, weil diese die Redefreiheit, also den 1. Zusatzartikel berührt.[36] Die ohne abweichende Meinung ergangene Entscheidung besteht allerdings aus mehreren Begründungen, so daß nur im Ergebnis Klarheit besteht: Das gewählte Mittel war zu eingriffsintensiv. Das öffentliche Interesse hätte genauso gut durch Aufklärung oder höhere Besteuerung verwirklicht werden können, die beide ohne Eingriff in die Redefreiheit auskommen. Vier Richter begründen dieses Ergebnis mit dem bisherigen Prüfungsmaßstab, wobei allerdings die Zweck-Mittel-Prüfung ziemlich strikt ausfällt. Drei Richter scheinen einer Verschärfung des *Central Hudson*-Standards selbst zuzuneigen; ein Richter spricht sich explizit für die Anwendung des ‚strict scrutiny test' aus. Auf jeden Fall durchzieht diese Entscheidung die Ansicht, daß im Regelfall paternalistische Zwecke – hier: die Vorenthaltung von wahrheitsgemäßer Information, damit das Publikum nicht Lastern wie übermäßigem Alkoholgenuß verfällt – nicht ausreichen, um kommerzielle Rede zu beschneiden.

Von solchen ‚bevormundenden' Zwecken im Bereich von ‚commerial speech' zu unterscheiden sind staatliche Maßnahmen, die gerade auf eine Verbesserung des Informationsstandes abzielen, etwa durch Aufklärungspflichten des Verkäufers einer Ware oder durch Verbote aggressiver Werbung.[37] Für die letztgenannten Fälle darf der Staat weiterreichende Regulierungen treffen, oder, anders gesagt, wird der *Central Hudson*-Test nicht strikt angewendet, während für den erstgenannten Fall die erwähnte Verschärfung oder Ersetzung dieses Prüfungsmaßstabs durchgreift. Sollte der Supreme Court tatsächlich in zukünftigen Fällen ‚strict scrutiny' für wahrheitsgemäße kommerzielle Rede anwenden, so hätte dies konsequenterweise zur Folge, daß der *Brandenburg*-Test zur Anwendung käme.[38] Dann müßte auch Werbung für verbotene Produkte oder Leistungen geschützt sein, sofern nicht die *Brandenburg*-Voraussetzungen gegeben sind. Dann müßten auch überragend wichtige Gemeinschaftszwecke vorliegen, um Restriktionen zu rechtfertigen.

2. *Obszönes Material*: Nach einem frühen Diktum des Supreme Court gibt es bestimmte kommunikative Aktivitäten, die mangels Darstellung einer Idee höchstens einen geringen sozialen Wert haben und deswegen

---

[36] Diesen Punkt hatte der Supreme Court in *Posadas de Puerto Rico Associates v. Tourism Co. of Puerto Rico*, 478 U. S. 328 (1986) noch anders gesehen. Danach sollte das Mehr der rechtlichen Möglichkeit, ein bestimmtes Verhalten selbst zu verbieten zu können, das Weniger des Verbots der Werbung für das einschränkungsfähige (aber im konkreten Fall nicht verbotene) Verhalten mitenthalten.

[37] Vgl. *Florida Bar v. Went For It*, 115 S.Ct. 2371 (1995).

[38] Vgl. oben Fußn. 21 f.

im Namen von Moralität und Ordnung reguliert oder strafrechtlich sanktioniert werden können. Dazu sollen neben den schon erwähnten ‚fighting words'[39] u.a. auch obszöne und unzüchtige Darstellungen gehören.[40] Diese Linie hat der Supreme Court beibehalten. In *Roth v. United States* betonte das Gericht zunächst den weiten, bis zu ‚hate speech' reichenden Schutz von Kommunikation: „All ideas having even the slightest redeeming social importance – unorthodox ideas, controversial ideas, even ideas hateful to the prevailing climate of opinion – have the full protection of the guarantees, unless excludable because they encroach upon the limited area of more important interests." Dann allerdings verweist das Gericht auf die Geschichte des 1. Zusatzartikels, aus der sich „the rejection of obscenity as utterly without redeeming social importance" ergebe.[41] „[Accordingly,] obscene material [may be suppressed] without proof [that it will] create a clear and present danger of antisocial conduct."[42]

Die Schwierigkeiten bei der Anwendung dieses Maßstabs veranlaßten das Gericht zu einer Klarstellung in *Miller v. California*. Danach sollte es dabei bleiben, daß obszönes Material nicht unter Am. 1 falle. Trotzdem seien Regelungen solchen Materials sorgfältig zu treffen. Das Gericht legt drei Kriterien für das Vorliegen von Obszönität fest: „(a) whether ‚the average person, applying contemporary community standards' would find that the work, taken as a whole, appeals to the prurient interest …; (b) whether the work depicts or describes, in a patently offensive way, sexual conduct specifically defined by the applicable state law; and (c) whether the work, taken as a whole, lacks serious literary, artistic, political, or scientific value".[43]

Die scheinbar widersprüchliche Feststellung, trotz Fehlens verfassungsrechtlichen Schutzes seien Beschränkungen sorgfältig zu fassen, erklärt sich dadurch, daß nicht-obszöne, nicht-pornographische[44] Darstellungen und Diskussionen zweifellos von Am. 1 geschützt sind; das hatte das Gericht in *Roth* betont: „Sex, a great and mysterious force in human life, has indisputably been a subject of absorbing interest to mankind through the ages; it is one of the vital problems of human in-

[39] Vgl. oben Fußn. 23, 28.

[40] Vgl. *Chaplinsky v. New Hampshire*, 315 U.S. 568, 571 f. (1942), Fußn. 28.

[41] 354 U.S. 476, 484 (1957).

[42] AaO, 486. Das Urteil wurde von Richter Brennan geschrieben, einem Richter, der ansonsten meistens die vorrangige Rolle teleologischer Argumente gegenüber historischen Analysen betonte.

[43] 413 U.S. 15, 24 (1973).

[44] Der Terminus Pornographie wird oft unterschiedlich verwendet: In einem engeren Sinn ist er mit der verfassungsgerichtlichen Sicht von Obszönität gleichzusetzen, also dem *Miller*-Standard. In einem weiteren Sinn erfaßt er alle sexuell expliziten Darstellungen. In diesem Sinn wird der Begriff oft von Feministinnen verwendet, die den Bereich regulierungsfähiger sexueller Rede ausdehnen wollen.

terest and public concern."[45] Daraus ergibt sich eine erhebliche Spannungslage: Sexuelle Kommunikation ist zur Entfaltung der Persönlichkeit und für das Zusammenleben wichtig, ist also als ‚high-value speech' einzustufen und verfassungsrechtlich stark zu schützen; obszönes Material dagegen ist nicht geschützt oder fällt nur unter ‚low-value speech', kann also weitgehend reguliert und verboten werden. Eine weitere Schwierigkeit tritt hinzu: Beschränkungen sexuell orientierter Kommunikation sollen gerade eine bestimmte Art von Rede eliminieren, sind also prinzipiell verdächtig.

Die Schwierigkeiten lassen sich exemplarisch an der von vielen Feministinnen befürworteten weitreichenden Eliminierung[46] rein sexuell orientierten Materials festmachen. Von ihnen wird auf Untersuchungen hingewiesen, wonach solches Material zu einer Degradierung des Bildes der Frau führt und auch Auswirkungen auf Gewaltverbrechen gegen Frauen hat. Letzteres ist umstritten, und das macht einen erheblichen Unterschied: Liegt nach dem eben dargestellten, relativ weiten Begriff von Obszönität nicht-geschützte Rede vor, so wäre ein staatliches Verbot von darunter fallendem sexuellen Material nach dem ‚rational basis test' nicht irrational. Kommt dagegen ein enger Prüfungsmaßstab zur Geltung, weil nach dem *Miller*-Test kein obszönes Material vorliegt (oder weil dieses, weil es einen bestimmten, wenn auch von weiten Teilen der Bevölkerung abgelehnten Standpunkt zur Sexualität impliziert, doch Schutz verdient), so muß gemäß dem ‚clear and present danger test' ein direkter und unmittelbarer Schaden für ein erhebliches Rechtsgut drohen. Für den Fall der hier ins Spiel gebrachten Sexual- und Nötigungsdelikte liegen einschlägige strafrechtliche Vorschriften vor; die Möglichkeit indirekter Auswirkung sexuellen Materials auf die Begehung dieser Delikte reicht für ein staatliches Verbot nicht aus.

Abgesehen von dieser anhaltenden Diskussion[47] hat der Supreme Court den *Miller*-Test für viele Fallgruppen konkretisiert: Klar ist z.B., daß der Staat Kinder und Jugendliche stärker als Erwachsene vor sexuellem Material schützen kann. Die öffentliche Gewalt kann in solchen Fällen eine weitergehende Definition von Obszönität wählen als bei Erwachsenen bzw., nach anderer dogmatischer Auffassung, solches nicht-obszöne Material beschränken oder verbieten. Hintergrund dieser Sicht sind zwei Überlegungen, die sich zwar nicht im Text der Verfassung, wohl aber in den teleologischen Abwägungen des Supreme Court wiederfinden: Die Staaten dürfen im Rahmen ihrer ‚police power', die

---

[45] 354 U.S. 476, 487 (1957).

[46] D.h. über den *Miller*-Test hinausgehend. Vgl. etwa die Anti-Pornographie-Regelung in *American Booksellers Ass'n v. Hudnut*, 771 F. 2d 323 (7th Cir. 1985), die vom Gericht als verfassungswidrig angesehen wurde.

[47] Vgl. die Materialien in *Stone u. a.*, Const. Law, Ch. VII D 6, Note: Pornography and the Victimization of Women.

auch Moral und Wohlergehen umfaßt, Kinder und Jugendliche vor sexueller Verrohung schützen und Eltern bei dieser Aufgabe unterstützen. So formuliert der Supreme Court z.B. in *New York v. Ferber*: „It is evident beyond the need for elaboration that a State's interest in ‚safeguarding the physical and psychological well-being of a minor' is ‚compelling' ... [The] use of children as subjects of pornographic materials is harmful to the physiological, emotional, and mental health of the child."[48] Während der Besitz von obszönem Material aus Privatsphärengründen in der eigenen Wohnung generell geschützt ist, gilt dies nicht für den Besitz von Kinderpornographie: Bei solcher darf nicht nur die Herstellung und Verbreitung, sondern auch der Besitz verboten werden. Leitendes Argument ist, daß die Nichtstrafbarkeit solchen Materials dessen Herstellung fördern würde, was wiederum den berechtigten Interessen der Kinder und Jugendlichen schade.[49]

Weitere Einzelpunkte sind etwa: Der Staat kann auch bauplanungsrechtliche Regelungen erlassen, um bestimmte Orte – etwa Wohngebiete – von sexuell explizitem Material (auch nicht-obszönen Charakters) freizuhalten. Es kommt aber auf die Örtlichkeit an: Handelt es sich um ein kommerzielles Gebiet, dürfen Darbietungen sexuellen Charakters nicht generell verboten werden.[50] Für pornographische Filme gelten spezielle prozedurale Anforderungen.[51] Im Bereich des Rundfunks kann der Staat auch anstößige sexuelle Rede (‚indecent speech') beschränken, soweit dadurch Minderjährige betroffen werden.[52] Der Schutz von Minderjährigen muß dabei allerdings abgewogen werden mit dem Zugangsrecht von Erwachsenen zu sexuell eindeutigem Material. So darf die öffentliche Gewalt kein totales Verbot anstößiger Telephonangebote (‚dial-a-porn') verhängen, die auch von Jugendlichen in Anspruch genommen werden könnten.[53] Ferner sind auch entsprechende totale Verbote solcher Inhalte im Internet zugunsten des Minderjährigenschutzes zu weitgehend.[54] Den Jugendschutz in diesen Bereichen müssen also vor

[48] 458 U. S. 747, 756f., 758 (1982). Vgl. auch *Ginsberg v. New York*, 390 U. S. 629 (1968).

[49] Vgl. *Stanley v. Georgia*, 394 U. S. 557 (1969) gegenüber *Osborne v. Ohio*, 495 U. S. 103 (1990).

[50] Vgl. *Young v. American Mini Theatres, Inc.*, 427 U. S. 50 (1976); *City of Renton v. Playtime Theatres, Inc.*, 475 U. S. 41 (1986); *Schad v. Borough of Mount Ephraim*, 452 U. S. 61 (1986).

[51] Vgl. *Freedman v. Maryland*, 380 U. S. 51 (1965).

[52] Vgl. *FCC v. Pacifica Foundation*, 438 U. S. 726 (1978).

[53] Vgl. *Sable Communications of California, Inc. v. FCC* 492 U. S. 115 (1989).

[54] Vgl. *Reno v. American Civil Liberties Union*, 117 S.Ct. 2329 (1997). Die Entscheidung erklärte u. a. eine Bestimmung des Communications Decency Act von 1996 für verfassungswidrig, die ein Verbot enthielt „from making any communication over the Internet, which is obscene or indecent, knowing that the recipient of the communication is under 18 years of age". Das Gericht betonte, daß es nach wie vor den Jugendschutz als gewichtig ansehe, doch seien die hier vorliegenden Gebote, verglichen

allem Eltern wahrnehmen, die mit Hilfe entsprechender Techniken – etwa einer Kindersicherung – für die Erziehung ihrer Kinder im Sexualbereich zuständig sind.[55]

3. Falsche, ehrverletzende Äußerungen: Solche Äußerungen wurden traditionellerweise als nicht von Am. 1 geschützt angesehen. Sie fielen unter die Ehrverletzungsvorschriften (‚defamation' mit den Untergruppen ‚libel' und ‚slander') im Recht der unerlaubten Handlungen der Gliedstaaten; sie konnten auch strafrechtlich verfolgt werden. Der Grund für die Sanktionierung ist einleuchtend: Die persönliche Ehre ist ein legitimes Schutzgut, und wie sollen falsche Äußerungen zur Wahrheitsfindung beitragen können? Diese Auffassung ist aber bei näherem Hinsehen zu simpel, wie insbesondere der Bereich der Massenmedien zeigt. Eine der Hauptaufgaben der Massenmedien ist es, den Bürger über politische Ereignisse zu informieren und eine Art von ‚vierter Gewalt' zu bilden, die als Kontrolle der staatlichen Organe dienen kann. Die Massenmedien müssen aber oft unter Zeitdruck arbeiten, und die betreffenden Sachverhalte können nicht immer gänzlich aufgeklärt werden. Wollte man unter solchen Umständen das mit politischen Behauptungen einhergehende Risiko einseitig den Massenmedien aufbürden, würde das wegen der drohenden Prozesse zu einer Art von Selbstzensur führen und dem Bürger wichtige Information vorenthalten.

Diese Überlegungen brachten den Supreme Court in *New York Times v. Sullivan* dazu, die Voraussetzungen für Ehrverletzungsdelikte enger zu fassen und auf böswilligen Vorsatz oder grobe Fahrlässigkeit abzuheben: Der in seiner Ehre Verletzte muß nachweisen, daß der Berichterstatter mit „actual malice" vorgegangen ist, „that is, with knowledge that [the statement] was false or with reckless disregard of whether it was false or not".[56] Als Rechtfertigung dieser Beschneidung des Ehrenschutzes zitierte das Gericht die politische Bedeutung der Massenmedien: Das amerikanische Gemeinwesen sei geprägt durch „a profound national commitment to the principle that debate on public issues should be uninhibited, robust, and wide-open, and that it may well include vehement, caustic, and sometimes unpleasantly sharp attacks on government and public officials."[57] Die Meinungsfreiheit brauche Raum zum Atmen; ein gewisser Mißbrauch müsse deshalb in Kauf genommen

---

mit den weiter oben zitierten Entscheidungen zugunsten des Jugendschutzes, zu weitgehend. Anders als etwa bei Rundfunk und Fernsehen werde man mit dem Internet nicht unfreiwillig konfrontiert. Zudem seien die Grenzen des Verbots nicht klar und könnten für eine unbegrenzte Zahl von erwachsenen Interessenten einen ‚chilling effect' haben.

[55] So für den Kabelfernsehbereich *United States v. Playboy Entertainment Group, Inc.*, 68 U.S. Law Week 4409 (2000).

[56] 365 U.S. 254, 279f. (1964).

[57] AaO, 270.

werden; alles andere würde zu einer unerwünschten Selbstzensur und Beschneidung des kritischen Bürgerdialogs führen.

In nachfolgenden Entscheidungen erweiterte das Gericht diese Doktrin von ‚public officials' auf ‚public figures', Personen wie Film-, Fernseh- oder Sportstars, die allgemeinen Bekanntheitsgrad haben und sich deshalb über die Medien verteidigen können. Ebenfalls erfaßt sind Privatpersonen, die sich freiwillig ins Rampenlicht begeben, nicht aber sonstige Privatpersonen: deren Ehrenschutz kann durch das Staatenrecht weitergehend gesichert werden; allerdings muß Fahrlässigkeit vorliegen, jedenfalls soweit es um Angegenheiten von öffentlichem Interesse geht. In aller Regel kann bei einer Schadensersatzklage nur der aktuelle Schaden verlangt werden, kein Strafschadensersatz in Form von ‚punitive damages'; anderes kann gelten, falls ‚actual malice' gemäß dem *New York Times*-Standard vorliegt. Eine weitere Überlegung, die für oder gegen die Anwendung des *New York Times*-Standards spricht, bezieht sich auf den politischen oder privaten Charakter des betreffenden Ereignisses.[58]

4. Gruppendiffamierungen – Hate Speech: Oft spielen sich Auseinandersetzungen nicht zwischen einzelnen Personen ab, sondern zwischen Gruppen: Bestimmte Tatsachenbehauptungen in bezug auf eine Gruppe (z.B. deren Lebensstil, Kriminalitätsrate etc.) dienen der anderen Gruppe als Anlaß für heftige Kritik, die bis zur Verunglimpfung und sozialen Ausgrenzung reichen kann und besonders dann trifft, wenn Rassen-, Religions- oder Geschlechtsmerkmale zur Gruppenabgrenzung dienen. Werden solche Gruppendiffamierungen, in ihrer extremen Form ‚hate speech' genannt, durch Am. 1 geschützt?

Wie 3. gezeigt hat, kann solche Rede beschränkt werden, wenn sie sich gegen eine Einzelperson richtet; nach einer frühen Entscheidung des Gerichts gilt dies auch für Gruppendiffamierungen: „[If] an utterance directed against an individual may be the object of criminal sanctions, we cannot deny to a State power to punish the same utterance directed at a defined group, unless we can say that this is a wilful and purposeless restriction unrelated to the peace and well-being of the State."[59] Nach

[58] Vgl. zu alledem *Gertz v. Robert Welch, Inc.*, 418 U.S. 323 (1974); *Dun & Bradstreet v. Greenmoss Builders*, 472 U.S. 749 (1985); *Philadelphia Newspapers v. Hepps*, 475 U.S. 767 (1986); *Hustler Magazine v. Falwell*, 485 U.S. 46 (1988) und ausführlich *Nolte*, Beleidigungsschutz; *Kretschmer*, Ehrenschutz. – Eine weitere hier einschlägige Fallgruppe betrifft die Veröffentlichung wahrer privater Tatsachen und die Frage, ob den Massenmedien insoweit Grenzen gesetzt sind. Vgl. dazu *Brugger*, Grundrechte, S. 249ff.

[59] Vgl. *Beauharnais v. Illinois*, 343 U.S. 250 (1952). AaO, S. 263 fährt das Gericht fort: „[Moreover, it would be] quite outside the scope of our authority ... for us to deny that the Illinois legislature may warrantably believe that a man's job and his educational opportunities and the dignity accorded him may depend as much on the reputation of the racial and religious group to which he nilly-willy belongs, as on his own merits."

New York Times v. Sullivan und der Beschränkung der fighting words-Doktrin[60] kann dies aber nicht mehr uneingeschränkt gelten: Die öffentliche Diskussion soll gerade robust sein und Werturteile umfassen, die von der Mehrheit als anstößig angesehen werden. Die herrschende Doktrin sieht diese Aussagen als Kern des First Amendment an, für die nur die genannten engen Ausnahmen gelten. Bestätigt wird diese Haltung durch Entscheidungen von Gerichten, die Nazi-Propaganda und Nazi-Märsche in jüdischen Wohngebieten als verfassungsrechtlich geschützt ansahen[61], sowie die Verfassungswidrigkeitserklärung von Anti-Pornographie-Satzungen, die gegen Frauendiffamierungen im sexuellen Bereich gerichtet waren.[62] Die moderne Diskussion[63] zeigt ein deutliches Zunehmen an Sensibilität für die Opfer von ‚hate speech'. Die verfassungsrechtlichen Argumente für eine stärkere Beschränkbarkeit von Gruppendiffamierungen knüpfen an dem Schaden an, den solche Äußerungen für die Betroffenen haben können. Ihre Persönlichkeitsentfaltung wird eingeschränkt; ihre gleichberechtigte Mitwirkung im politischen Prozeß ist bedroht, mit anderen Worten: Würde, Freiheit und Gleichheit sind betroffen. Die Therapie für solche Gefahren besteht nach vorherrschender amerikanischer Auffassung in der Möglichkeit passender Gegenrede: Mehr Rede statt weniger Rede, und im Endeffekt wird die richtige Meinung gewinnen. Vertreter einer größeren Beschränkbarkeit von ‚hate speech' sehen in dem Kampf-der-Meinungen-Modell jedoch nicht das einzige und nicht immer das beste Modell: Dem Staat wird insoweit eine aktive Rolle bei der Sicherung gleicher Mitwirkung unter Achtung der Menschenwürde aller zugesprochen.

Diesem Modell hat der Supreme Court allerdings 1992 in *R.A.V. v. St. Paul*[64] eine Abfuhr erteilt, allerdings nicht unter Berufung auf das überkommene Modell der Maximierung freier Rede, sondern auf die Nichtneutralität der gewählten Kategorien von ‚hate speech'. In dem Fall war ein Jugendlicher, der ein Kreuz im Garten eines Hauses einer schwarzen Familie verbrannt hatte, aufgrund einer kommunalen Satzung verurteilt worden. Die Bias-Motivated Crime Ordinance verbot das Zeigen u.a. von brennenden Kreuzen (einem Ku-Klux-Klan-Symbol) und des Hakenkreuzes, soweit der Betroffene wußte oder wissen mußte, daß dieses Symbol ‚arouses anger, alarm or resentment in others' wegen seines Bezugs zu Rasse, Hautfarbe, Glauben, Religion

---

[60] Vgl. oben Fußn. 23, 28f.

[61] Vgl. *Skokie v. Nationalist Party of America*, 366 N.E.2d 347 (1977) und 373 N.E.2d 21 (1978); *Collin v. Smith*, 578 F. 2d 1197 (7th Cir. 1978), cert. denied, *Smith v. Collin*, 436 U.S. 953 (1978).

[62] Vgl. oben Fußn. 46.

[63] Vgl. *Stone u.a.*, Const. Law, Kap. VII B 6. Rechtsvergleichend *Kübler*, AöR 125 (2000), S. 109ff.

[64] 505 U. S. 377 (1992).

oder Geschlechtszugehörigkeit. Der Supreme Court sah dieses Statut als verfassungswidrig an. Dabei ließ er dahinstehen, ob die Normen, eng ausgelegt, der Kategorie der nicht geschützten ‚fighting words' zuzuschlagen sind, also Ausdrücken, deren Äußerung erfahrungsgemäß unmittelbar zu tätlichen Auseinandersetzungen mit den Angegriffenen führt. Vielmehr gründe die Verfassungswidrigkeit in der Tatsache, daß St. Paul mit seiner Satzung sich selektiv einzelne Kriterien herausgesucht habe, andere aber, die man ebenfalls der Kategorie von ‚hate speech' hätte zuschlagen können (etwa basierend auf politischer oder Gewerkschaftszugehörigkeit oder Homosexualität), nicht erwähnte. Solche ‚content-based discriminations' seien nicht zulässig, weil die Regierung im Kampf der Meinungen Stellung beziehe. Unzulässig selektiv sei die Satzung auch in bezug auf die sanktionierten Ausdrucksmittel. Damit solle jedoch nicht die Gewichtigkeit des öffentlichen Interesses am Schutz der Menschenrechte von traditionell unterdrückten Gruppen geleugnet werden. Dieses Interesse hätte St. Paul hier aber, der Redefreiheit angemessen, durch eine inhaltsneutrale, alle inhaltlichen Positionen und Ausdrucksmittel umfassende Formulierung der entsprechenden ‚fighting words' verwirklichen können und müssen. „The reason why fighting words are categorically excluded from the protection of the First Amendment is not that their content communicates any particular idea, but that their content embodies a particularly intolerable (and socially unnecessary) *mode* of expressing *whatever* idea the speaker wishes to convey."[65] Die Stadt hätte also mehr statt weniger Rede verbieten müssen, um die Satzung im Rahmen der Verfassung zu halten.

Diese zuletzt genannte Folgerung erscheint vier Richtern des Supreme Court absurd. Wenn hier, wie unterstellt, ‚fighting words' vorliegen, dann seien diese gerade nicht geschützt, unterliegen also keiner strengen gerichtlichen Kontrolle. Selbst unter Gesichtspunkten von ‚equal protection' sei gegen die Satzung nichts vorzubringen, weil sie sich für Gruppen einsetze, die in der amerikanischen Geschichte besonders unter Diskriminierung zu leiden gehabt hätten und immer noch zu leiden hätten. Schließlich liege auch ein besonders dringendes öffentliches Interesse an Nichtdiskriminierung bezüglich der genannten Gruppen vor, was bei Anwendung von ‚strict scrutiny' gegenüber inhaltsselektiven Kommunikationsbeschränkungen dazu führe, daß im Zweifelsfall weniger statt mehr Rede zu beschränken ist. Trotz dieser Kritik halten auch die zustimmenden Richter die Satzung für verfassungswidrig: Aus ihrer Sicht ist die Satzung unverhältnismäßig, ‚overbroad', weil die strafrechtliche Sanktion schon bei durch die angegriffene Rede verursachtem Ärger und entsprechender Er-

---

[65] AaO, 393.

regung, ‚offensive speech', einsetzt. „Our fighting words cases have made clear ... that such generalized reactions are not sufficient to strip expression of its constitutional protection. The mere fact that expressive activity causes hurt feelings, offense, or resentment does not render the expression unprotected ... The ordinance is therefore fatally overbroad and invalid on its face."[66]

Nach *R. A. V.* scheint klar zu sein, daß die Kategorie der ‚fighting words' doch wieder einen Stellenwert hat oder bekommen könnte. Wie weit dieser aber bei ‚hate speech' reicht, bleibt angesichts der sich weitgehend widersprechenden Begründungen unklar. Müssen alle möglichen hate speech-Kategorien genannt werden, um solche Regelungen verfassungsgemäß zu machen? Oder können es, müssen es vielleicht sogar möglichst wenige Kategorien sein, die dann aber für Gruppen gelten, die entweder besonders stark als Opfer von Diskriminierung betroffen waren oder sind, oder für deren bevorzugte Erwähnung die Tatsache sprechen könnte, daß sie im Text der Verfassung (wie etwa Gleichberechtigung der Rassen und Religionen) oder in der Dogmatik des Supreme Court (über die Kriterien der ‚verdächtigen' oder ‚quasiverdächtigen' Kriterien) besonders hervorgehoben sind?

Während die Antwort auf diese Frage noch offen ist, ist ein anderes mit ‚hate speech' zusammenhängendes Problem durch den Supreme Court einstimmig entschieden worden: Speziell harte Strafen für ‚hate crimes' sind verfassungsgemäß.[67] Etwa die Hälfte der Staaten der USA haben spezielle Hate Crime Statutes erlassen. Das sind Gesetze, in denen für Straftaten wie etwa Körperverletzung, Totschlag und Mord die üblicherweise geltenden Strafen erhöht, manchmal sogar verdoppelt werden. ‚Hate crimes' sind Straftaten, die der Täter wegen seines Hasses gegenüber bestimmten Minderheitengruppen begeht. Die einschlägigen Gesetze nennen meist die Anknüpfungspunkte Rasse, Hautfarbe, ethnische Herkunft und Religion. Einige erwähnen zusätzlich Geschlecht und sexuelle Orientierung. Behinderung sollte nach Ansicht mancher ebenfalls in den Katalog aufgenommen werden. Der Supreme Court sieht hier Handeln, keine Rede, vorliegen. Für ‚conduct' gelten die Maßstäbe der Redefreiheit nicht. Die öffentliche Gewalt darf von der Ansicht ausgehen, solche Strafverschärfungen seien legitim, weil die einschlägigen Straftaten eine besondere Gefährlichkeit haben – sie bedrohen ganze Gruppen von Bürgern, sie stacheln zur Nachahmung oder auch zu Gegengewalt an und untergraben die Idee gleichberechtigter und friedlicher Mitwirkung am Gemeinschaftsleben.

---

[66] AaO, 414. Vgl. schon oben Fn. 29 zu ‚offensive speech'. Zu weiteren Fällen, in denen es um die Spannung zwischen einem Mehr an (dann neutralitätsunbedenklicher) Redeeinschränkung und einem Weniger an (dann aber nicht mehr neutraler) Redeeinschränkung geht, siehe *Stone u. a.*, Const. Law, S. 1356 ff.

[67] Vgl. *Wisconsin v. Mitchell*, 508 U. S. 476 (1993).

V. Inhaltsneutrale Beschränkungen

Soweit staatliche Regelungen nicht spezifisch Kommunikation oder eine bestimmte Art von Äußerung unterdrücken, also ‚content-neutral' oder ‚viewpoint-neutral' sind, wird der gerichtliche Prüfungsmaßstab etwas gelockert. Meistens handelt es sich um Vorschriften, die andere, legitime öffentliche Interessen verwirklichen wollen, aber gleichzeitig negative Auswirkungen auf die Rede- und Pressefreiheit haben. Zu denken ist etwa an Vorschriften zugunsten der familiären Privatsphäre, der Flüssigkeit des Verkehrs oder der Sauberkeit der Straßen, die eine bestimmte Modalität der Kommunikation, etwa die Postzusendung, die Dauer einer Demonstration oder die Möglichkeit der Flugblattverteilung beschränken oder ausschließen. Die weitergehende Zulässigkeit solcher ‚time, place, and manner regulations' ist wohl darin begründet, daß das hinter Am. 1 stehende Mißtrauen gegen staatliche Lenkung der Kommunikation nicht geweckt wird, solange die betreffende Regelung wirklich durch ein nicht-kommunikatives positives öffentliches Interesse gesteuert wird und der Verlust an Redefreiheit sich in Grenzen hält.

Damit sind auch schon zwei wichtige Einschränkungen genannt: Staatliche Regelungen können auf den ersten Blick inhaltsneutral sein, bei näherem Hinsehen aber eine Diskriminierung bestimmter Standpunkte zu erkennen geben, etwa wenn Demonstrationen vor Schulen während des Unterrichts verboten werden, gleichzeitig aber für gewerkschaftliche Aufzüge eine Ausnahme gilt.[68] Ob sich der Verlust an Kommunikation durch eine inhaltsneutrale Regelung in akzeptablen Grenzen hält, prüft der Supreme Court anhand des folgenden Tests: Die Regelung muß einem gewichtigen öffentlichen Interesse dienen, das durch kein weniger stark einschneidendes Mittel zu verwirklichen ist.[69] Dieser Test wird vom Gericht bei ‚high-value speech' strikter, bei ‚low-value speech' lockerer angewendet. Auf der strikten Erforderlichkeit des Eingriffs beharrt das Gericht nur bei hochwertiger Rede. Wichtig ist ferner, ob nach der staatlichen Einschränkung Raum für die Verbreitung der Botschaft verbleibt.

Diese allgemeinen Grundsätze hat der Supreme Court für einige Fallgruppen näher ausdifferenziert. So wird etwa Kommunikation auf öffentlichen Straßen, Wegen und Parks stark geschützt, weil diese öffentlichen Foren traditionellerweise den Bürgern zum Meinungsaustausch offenstehen; das staatliche Eigentumsinteresse kann insoweit im Regelfall nicht zum Ausschluß von Rede führen; Beschränkungen

[68] Vgl. *Chicago Police Department v. Mosley*, 408 U.S. 92 (1972).

[69] Vgl. etwa *Metromedia, Inc. v. San Diego*, 453 U.S. 490 (1981); *Ward v. Rock Against Racism*, 491 U.S. 781 (1989).

müssen verhältnismäßig sein.[70] Wird etwa vor einer Abtreibungsklinik auf dem Gehweg einer öffentlichen Straße gegen die Tötung ungeborener Kinder demonstriert, so liegt einerseits besondere Schutzwürdigkeit vor, weil es sich um eine die Gesellschaft bewegende Frage handelt und ein klassisches öffentliches Forum in Anspruch genommen wird. Auf der anderen Seite liegen aber ebenfalls legitime Interessen vor: Schutz der Frauen, die ihr Recht auf Abtreibung wahrnehmen bzw. der Klinikmitarbeiter, die den Eingriff vornehmen; Schutz der Patienten in der Klinik vor gesundheitsgefährdendem Lärm; Schutz der öffentlichen Ordnung auf dem Gehweg und des Verkehrs auf der Straße; je nach Lage Schutz der anliegenden privaten Grundstücke. Die Abwägung führt in solchen Fällen dazu, daß die Polizei eine nicht zu große Zone freihalten darf, in der Demonstrationen verboten sind. Zu groß wäre eine Zone, die die Gegner von Abtreibung ‚unsichtbar' machen würde.[71]

Der Rechtslage bei der Fallgruppe ‚traditional public forum' im wesentlichen vergleichbar ist die Lage bei einem ‚designated public forum'. Darunter fallen Örtlichkeiten, die die öffentliche Hand entweder faktisch oder per Widmung der Allgemeinheit zur Verfügung stellt, etwa ein Messegelände.[72] Aber es kommt hier immer auf eine Bestimmung des Widmungszwecks an. So wird etwa ein staatlich betriebener Flughafen kein ‚öffentliches Forum' für die Verteilung von kommerziellen Werbezetteln sein, aber anderes kann eventuell gelten, soweit es um politische Handzettel geht, der Flugplatz auch als Einkaufszentrum dient und keine Behinderung des Verkehrs zu erwarten ist.[73]

Kein öffentliches Forum liegt vor bei staatlichen Einrichtungen wie z.B. einer Militärkaserne, deren bestimmungsgemäße Nutzung in Spannung zum kontroversen Bürgerdialog steht.[74] Dort hat der Bürger grundsätzlich keinen Anspruch auf Äußerung; eröffnet die staatliche Gewalt allerdings eine Redemöglichkeit, muß sie dies inhaltsneutral tun und darf nicht bestimmte Standpunkte diskriminieren. Die öffentliche Hand darf allerdings Differenzierungen treffen, die an der Art der Botschaft und dem Status des Redners ansetzen, solange nicht bestimmte Inhalte der Rede favorisiert oder diskriminiert werden. Sie darf etwa bei einer Spendenaktion für Bundesangestellte Kommunikationsraum für

---

[70] Vgl. *Hague v. CIO*, 307 U.S. 496 (1939); *United States v. Grace*, 461 U.S. 171 (1983).

[71] Vgl. *Madsen v. Woman's Health Center, Inc.*, 512 U. S. 753 (1994); *Schenck v. Pro-Choice Network of Western New York*, 117 S.Ct. 855 (1997).

[72] Vgl. *Heffron v. International Society for Krishna Consciousness, Inc.*, 452 U. S. 640 (1981).

[73] Vgl. *International Society for Krishna Consciousness, Inc. v. Lee*, 505 U. S. 672 (1992) mit *Lee v. International Society for Krishna Consciousness*, 505 U. S. 830 (1992).

[74] Vgl. *Greer v. Spock*, 424 U.S. 828 (1976); *United States v. Albertini*, 472 U.S. 675 (1985).

Krankenkassen und Wohlfahrtsverbände eröffnen und politische Verbände ausschließen.[75]

Neue Probleme in bezug auf die Konzeption von ‚public forum' treten im Bereich von Rundfunk und Fernsehen auf, soweit die öffentliche Hand entweder selbst einen Sender betreibt oder aber im privaten Bereich für Informationsvielfalt sowohl inhaltlicher als auch verbreitungstechnischer Art sorgen will. Bei der erstgenannten Sachverhaltsgestaltung geht der Supreme Court nicht von einem öffentlichen Forum mit allgemeiner Zugangsmöglichkeit aus, selbst wenn es sich um eine Sendung handelt, die in Wahlkampfzeiten einige, aber nicht alle Kandidaten zu einer Diskussionsrunde einlädt – gegen die Einschätzung als ‚public forum' spreche die Tatsache, daß journalistische Kompetenz neben Fairneß auch Selektion mitumfasse und Fernsehauftritte generell eine Zulassung voraussetzten.[76] Bei der letztgenannten Konstellation darf der Staat z.B. Kabelfernsehgesellschaften über ‚must carry provisions' aufgeben, Kanäle für lokale Fernsehsender freizuhalten, wenn Ziel und Effekt solcher Regelungen ist, daß ein Mehr an Inhalten (lokal, regional, national) und ein Mehr an Verbreitungstechniken (Kabel, Antenne und Satellit) auf lange Sicht bereitgehalten wird. Da es sich insoweit nicht um eine Bevorzugung von bestimmten Inhalten handelt, kommt nicht ‚strict scrutiny' zur Anwendung; dem Gesetzgeber wird ein gewisser Beurteilungsspielraum zugestanden.[77]

VI. Symbolische Rede

Ein immer wiederkehrendes Problem ist die Ausweitung oder Ersetzung der bloßen Rede durch andere Akte, die die Botschaft – oft ausdrucks- und folgenreicher – übermitteln: Demonstrationen, Boykotte, Streiks, Nackttanz, das Tragen von Abzeichen und Uniformen, die Verbrennung von Einberufungsbefehlen und Nationalflaggen und anderes. Schützt Am. 1 nur ‚pure speech' oder auch ‚symbolic speech', ‚speech plus'? Grundsätzlich (und insbesondere bei öffentlichkeitsbedeutsamer Rede) gilt die Regel, daß der Redner seine Ausdruckform selbst wählen kann, soweit die Grenzen des ‚clear and present danger test' bzw. des *Brandenburg*-Tests eingehalten sind.[78] Das hängt damit zusammen, daß die Redefreiheit nicht um ihrer selbst willen geschützt ist, sondern wegen der inhaltlichen Botschaft, egal wie anstößig diese sein mag, und auch im Hinblick auf die Wirkung der Botschaft, die eben bei symbolischen Akten besonders groß sein kann. Wieweit die symbo-

---

[75] Vgl. *Cornelius v. NAACP Legal Defense & Education Fund*, 473 U. S. 788 (1985).

[76] Vgl. *Arkansas Educational Television Comm'n v. Forbes*, 118 S.Ct. 1633 (1998).

[77] Vgl. die zusammenhängenden Entscheidungen *Turner Broadcasting System, Inc. v. FCC*, 512 U. S. 622 (1994) und 117 S.Ct. 1174 (1997).

[78] Vgl. *Tribe*, Am. Const. Law, § 12–7.

lische Handlung eingeschränkt werden kann, hängt davon ab, wie eng die betreffende Handlung mit der zu übermittelnden Botschaft verbunden ist und wie intensiv der Eingriff in das konkurrierende Interesse ist, aber auch davon, wieviel kommunikativer Gehalt durch die Regulierung betroffen wird und ob die Regulierung des Handlungselements als inhaltsneutrale oder inhaltsbezogene Beschränkung anzusehen ist.[79] Liegt eine inhaltsneutrale Regelung vor, so gelten die unter V. dargelegten Regeln. Liegt dagegen eine Regelung vor, die über die Beschränkung des symbolischen Ausdrucksmittels die inhaltliche Botschaft treffen soll, kommt der ‚strict scrutiny test' zur Anwendung. Ob das eine oder das andere vorliegt, ist nicht immer leicht auszumachen: Ist etwa der Schutz der Nationalflagge gegen Beschädigung oder Entstellung nur gegen Regierungs- oder Systemkritiker gerichtet? Das nahm der Supreme Court an.[80] Kann eine solche Schutznorm dadurch der Verfassungswidrigkeit entzogen werden, daß der Schutz der Flagge ausdrücklich als gegen jede Art von Zweckentfremdung gerichtet bezeichnet wird? Das verneinte das Gericht mit dem Argument, trotz dieser auf den ersten Blick inhaltsneutralen Zielbestimmung treffe das Statut vorrangig Gegner der jeweiligen Regierungspolitik, deren Recht auf rigorose Kritik der Regierung und auf Wahl eines effektiven Ausdrucksmittels Vorrang verdiene.[81]

VII. Staatliche Unterstützung von Rede

Gelten die bislang dargestellten Kriterien auch, wenn ein staatliches Organ private Rede nicht beschneidet, sondern selbst spricht, private Organisationen zur Verbreitung einer staatlichen Botschaft einsetzt oder private Rede fördert, etwa durch Vergabe von Subventionen oder durch Steuerverschonung? Für die beiden erstgenannten Fälle ist die Frage nach *Rosenberger v. Rector and Visitors of University of Virginia* zu verneinen: „[We] have permitted the government to regulate the content of what is or what is not expressed when it is the speaker or when it enlists private entities to convey its own message."[82] Als Regierung spricht die Regierung für ihre Politik, für deren Durchsetzung sie gewählt worden ist. Wenn die öffentliche Gewalt Programme legislativ absegnet und diese sich im Rahmen der Verfassung halten, dann darf die

---

[79] Vgl. *United States v. O'Brien*, 391 U.S. 367, 376f. (1968); *Barnes v. Glen Theatre, Inc.*, 501 U. S. 560 (1991).

[80] Vgl. *Texas v. Johnson*, 491 U.S. 397 (1989).

[81] Vgl. *United States v. Eichman*, 486 U. S. 310 (1990), wie auch *Texas v. Johnson* eine knappe 5–4-Entscheidung. Chief Justice Rehnquists Dissent in der letztgenannten Entscheidung stellt darauf ab, daß die Demonstranten eine Vielzahl anderer Möglichkeiten gehabt hätten, ihre Regierungskritik zum Ausdruck zu bringen; Staaten dürften, solange dies der Fall ist, eine bestimmte Verwendungsweise des Symbols staatlicher Einheit ausschließen und Verstöße bestrafen. Rechtsvergleichend zu diesen Entscheidungen *Quint*, 15 Hastings Int'l and Comp. L. Rev. 613 (1992).

[82] 115 S.Ct. 2510, 2518 (1995).

Regierung auch die in dem Gesetz beschlossenen Regelungen dadurch voranbringen, daß ausschließlich oder vorrangig die dem Gesetzeszweck entsprechende Kommunikation gefördert wird. So lag der Fall etwa in *Rust v. Sullivan*[83], wo eine gesundheitsrechtliche Regelung Subventionen für private Familienplanungsorganisationen vorgesehen hatte, die Vergabe aber an die Bedingung geknüpft war, daß geburtenfreundliche Beratung gegeben wird. Hinweise auf Abtreibung als Methode der Familienplanung waren, obwohl durch *Roe v. Wade*[84] legalisiert, verboten. Da durch eine frühere Entscheidung des Gerichts, *Maher v. Roe*[85], die Zulässigkeit selektiver staatlicher Förderung zugunsten des ungeborenen Lebens klargestellt worden war, durfte auch die entsprechende Kommunikation auf dieses selektive, nicht inhaltsneutrale Ziel hin abgestimmt sein. Anders stellt sich die Lage dar, wenn bei einer finanziellen Förderung der Begünstigte nicht als Arm der öffentlichen Hand, sondern als Redner in eigener Kompetenz mit persönlichen Ansichten auftritt. Dann darf der Staat nicht Schiedsrichter im Kampf der Meinungen spielen. In diesem Sinne hielt es der Supreme Court in *Rosenberger* für unzulässig, daß eine staatliche Universität Studentenzeitschriften subventioniert, von der Förderung aber solche Zeitschriften ausnimmt, die sich zu Staat-Kirche-Beziehungen äußern. Zulässig dagegen ist eine Zwangsgebühr für alle Studenten einer staatlichen Universität, die meinungsneutral die Diskussionskultur fördert.[86]

Heißt dies, daß im letztgenannten Bereich, in dem es um Förderung von Meinungen Privater geht, die nicht im staatlichen Namen oder zur Förderung staatlicher Programme tätig werden, selektive Förderung einer strikten gerichtlichen Kontrolle unterworfen wird? Die Antwort auf diese Frage ist nach der Rechtsprechung nicht eindeutig. Auf der einen Seite des Spektrums wird vertreten, daß zwischen Verbot und Beschränkung privater Kommunikation einerseits und deren Förderung andererseits ein bedeutsamer Unterschied liegt. Nur erstere unterlägen strikter gerichtlicher Kontrolle und staatlicher Neutralitätspflicht, letztere dagegen nicht, außer es lasse sich nachweisen, daß eine selektive Förderung staatlichem Zwang gleichkomme.[87] Auf der anderen Seite des Spektrums wird einseitige Förderung selektiver Beschränkung und verfassungswidriger Einflußnahme auf den gesellschaftlichen Kampf der Meinungen gleichgestellt. Hier herrscht die Sicht vor, gerade gesellschaftlich anstößige Ausdrucksformen seien durch das First Amend-

[83] 500 U. S. 173 (1991).
[84] Vgl. oben § 11 III.
[85] 432 U. S. 464 (1977).
[86] *Board of Regents of the University of Wisconsin System v. Southworth*, 68 U.S. Law Week 4220 (2000).
[87] So Justice Scalia, concurring in *National Endowment For the Arts v. Finley*, 118 S.Ct. 2168, 2180ff. (1998).

ment geschützt; Beschränkung und Förderung von ‚offensive speech' müßten gleich behandelt werden.[88] Soweit es etwa um staatliche Unterstützung von Künstlern geht, ist nach der erstgenannten Sicht eine selektive Förderung zulässig, die die Berücksichtigung von „general standards of decency and respect for the diverse beliefs and values of the American public" verlangt.[89] Nach der letztgenannten Sicht ist dies ausgeschlossen. Eine Mehrheit des Supreme Court konnte sich in diesem Fall nicht festlegen, sondern hielt die Regelung zumindest nicht für ‚invalid on its face'. Wesentliches Argument war, daß der Gesichtspunkt der Anständigkeit nur einen von mehreren Abwägungsaspekten bildete und daß daneben eben auch Diversität, sprich Minderheitenschutz, erwähnt war. Zudem waren die Auswahlgremien von Experten aller Kunstrichtungen besetzt, so daß auch eine prozedurale Kontrolle eingebaut war. Dies zusammengenommen schließt nach der Gerichtsmehrheit aus, daß die Fassung des Gesetzes schon verfassungswidrig ist.

Während diese Entscheidung Hinweise auf die Art und Weise gibt, wie man bei der Formulierung entsprechender Regelungen eine Verfassungswidrigkeit vermeiden kann, bleibt doch festzuhalten, daß der zugrundeliegende Konflikt nicht entschieden ist. Es ist nicht klar, wie weit die öffentliche Hand selektiv Kommunikation fördern darf. Nur die Eckpunkte sind deutlich: Subventionsregelungen im weitesten Sinn, die darauf abzielen und darauf hinauslaufen, daß Private selektive und insbesondere politische Gesichtspunkte vertreten oder nicht vertreten, sind verfassungswidrig. Ebenso klar ist aber, daß zwischen Beschränkung und Förderung rechtlich bedeutsame Unterschiede bestehen: Nicht zu beschränken und damit kommunikative Neutralität zu wahren kann man leichter vom Staat verlangen als neutral, sprich: nach dem Gießkannenprinzip zu fördern. Letzteres ist faktisch oft nicht möglich und auch unsinnig.

Eine gewisse Orientierung in diesem Zwischenbereich findet sich in Fällen, in denen es um Förderung in speziellen Kontexten geht oder in denen es unumstrittene Maßstäbe gibt, auf die es in dem betreffenden Bereich ankommt. So ist etwa klar, daß im schulischen Bereich die Berücksichtigung von Erziehungszielen und das Abstellen auf die besonderen Bedürfnisse oder Gefährdungen von Minderjährigen legitim sind. Eine Schulbehörde darf aus der Schulbibliothek Bücher entfernen, die besonders vulgär oder erziehungsgefährdend sind; parteipolitische Einflußnahmen sind illegitim.[90] Verallgemeinert führt dies zu den speziellen Regeln, die für den Grundrechtsschutz in Sonderstatusverhältnissen

---

[88] So Justice Souter, dissenting aaO, 2185 ff.

[89] So war die Sachlage in diesem Fall, aaO, 2170.

[90] Vgl. *Board of Education, Island Trees Union Free School District v. Pico*, 457 U. S. 853 (1982).

gelten; dazu mehr im nächsten Abschnitt. Ein weiterer spezieller Kontext liegt vor, soweit es um ein ‚public forum' geht; dort muß weite Redefreiheit, auch im Förderungsbereich, gewährleistet werden.[91] Außerhalb dieser Fallgruppen hat sich der Supreme Court noch nicht auf einen klaren Standard einigen können.[92]

VIII. Rede in Sonderstatusverhältnissen

Können sich Personen, die sich in Sonderstatusverhältnissen wie Schulen, Gefängnissen, der Armee oder im öffentlichen Dienst befinden, überhaupt auf Grundrechte wie vor allem die Redefreiheit berufen? Falls ja: wie weit? In gleicher Weise wie Individuen im allgemeinen Staat-Bürger-Verhältnis oder in einer beschränkteren Art und Weise? Justice Oliver Wendell Holmes war 1892 in einer Entscheidung des Supreme Court von Massachusetts noch der Ansicht, daß Regierungsangestellten die Redefreiheit weitgehend beschnitten werden könnte. Das Gericht hielt eine Regelung für verfassungsgemäß, die Polizisten verbot, um Geld oder sonstige Unterstützung für politische Ziele zu bitten: „The petitioner may have a constitutional right to talk politics, but he has no constitutional right to be a policeman. There are few employments for hire in which the servant does not agree to suspend his constitutional rights of free speech, as well as of idleness, by the implied terms of his contract. The servant cannot complain, as he takes the employment on the terms which are offered him."[93] In dieser Allgemeinheit gilt das nicht mehr. Eine staatliche Beschäftigung darf nicht gerade von einem Grundrechtsverzicht abhängig gemacht werden; das wären ‚unconstitutional conditions', und solche Verfahrensweisen sind der öffentlichen Gewalt generell verboten.[94] Positiv gilt umgekehrt der Satz, daß die Begründung von Sonderstatusverhältnissen nicht generell zum Grundrechtsverlust führt. So betont der Supreme Court etwa in bezug auf die Redefreiheit von Lehrern und Schülern in staatlichen Schulen: „First Amendment rights, applied in light of the special characteristics of the school environment, are available to teachers and students. It can hardly be argued that either students or teachers shed

---

[91] Vgl. oben Abschnitt V. sowie *Southeastern Promotions v. Conrad*, 420 U. S. 546 (1975), betreffend den Zugang zu einer Stadthalle.

[92] Vgl. z.B. *Regan v. Taxation With Representation of Washington*, 461 U. S. 540 (1983); *FCC v. League of Women Voters*, 468 U.S. 364 (1984); *Arkansas Writers' Project, Inc. v. Ragland*, 481 U. S. 221 (1987).

[93] *McAuliffe v. Mayor of New Bedford*, 155 Mass. 216, 29 N.E. 517 (1892).

[94] Vgl. *Perry v. Sinderman*, 408 U. S. 593, 597 (1972): „[Even] though a person has no ‚right' to a valuable government benefit and even though the government may deny him the benefit for any number of reasons ... [it may not do so] on a basis that infringes his constitutionally protected interests – especially, his interest in freedom of speech."

their constitutional rights to freedom of speech or expression at the schoolhouse gate.“[95]

Das heißt allerdings nicht, daß der Grundrechtsschutz voll zur Entfaltung kommt und der Supreme Court durchgängig ‚strict scrutiny‘ anwendet. Vielmehr sind auf der konkurrierenden Seite ‚the special characteristics‘ der jeweiligen staatlichen Institution in Anschlag zu bringen und ist zu fragen: Welche Ziele soll die Einrichtung verwirklichen? Welche Maßnahmen sind dazu nötig, welches Umfeld ist förderlich? Wenn die Verwirklichung des Ziels der Institution Grundrechtseingriffe erforderlich macht, so sind diese Eingriffe in der Regel gerechtfertigt; sie dürfen allerdings nicht parteipolitisch motiviert sein.[96] Im Schulverhältnis etwa geht es um Erziehung, die Aufrechterhaltung von Disziplin und einer produktiven Lernatmosphäre sowie die Achtung der Rechte der jeweiligen Akteure. Zum Teil also spiegeln sich Aspekte allgemeiner Redefreiheit in der Schule wider: Sie soll die Schüler befähigen, sich in einer pluralistischen Gesellschaft mit streitigen öffentlichen Problemen diskursiv auseinanderzusetzen. Deshalb darf die Schulbehörde das Tragen von Armbinden nicht verbieten, wenn dieses Ausdruck der Kritik einer bestimmten Regierungspolitik ist, jedenfalls solange daraus keine Störung des Schulbetriebs resultiert.[97] Das heißt jedoch nicht, daß all das an Meinungsäußerung geschützt ist, was im allgemeinen Bürgerdiskurs unter Am. 1 fällt; schließlich geht es im Schulbetrieb nicht nur um Diversität, sondern auch um Selektion und Förderung bestimmter Haltungen. Aus diesem Grunde wohl ist der Supreme Court großzügiger, wenn Schulbehörden Ausdrucksweisen verbieten, die vulgär oder sexuell anstößig, aber nicht obszön sind.[98]

Während in den Schulen Diskussion Teil des Erziehungsauftrags ist und deshalb Rede, auch kontroverser und regierungskritischer Art, im Prinzip schutzwürdig ist, gilt für das Militär anderes. Zwar geben auch dort die Soldaten ihre Redefreiheit nicht am Kasernentor ab, aber Kritik an der Politik der zivilen und militärischen Führung kann hier leicht oder jedenfalls leichter als im Schulverhältnis die Sicherheit des Landes im Ernstfall gefährden. Deshalb ist es verfassungsgemäß, wenn die einschlägigen Gesetze „conduct unbecoming an officer and gentleman“ und „all disorders and neglects to the prejudice of good order and discipline in the armed forces“ verbieten und die Normen im Sinne einer Pflicht zur Zurückhaltung in politischen Stellungnahmen ausgelegt wer-

---

[95] *Tinker v. Des Moines School District*, 393 U. S. 503, 506 (1969).

[96] Problem der ‚patronage‘. Ausnahmen hiervon sind möglich, soweit es um politische Führungspositionen im Zusammenhang mit gewählten Parteivertretern geht. Vgl. *Elrod v. Burns*, 427 U. S. 347, 367 (1976).

[97] Das war die Fallgestaltung in *Tinker* (Fn. 95).

[98] Vgl. schon oben Fn. 90 zu *Pico* sowie *Bethel School District v. Fraser*, 478 U. S. 675 (1986); *Hazelwood School District v. Kuhlmeier*, 484 U. S. 260 (1988).

den.[99] Sogar eine Vorzensur ist hier nach Auffassung des Supreme Court möglich: Bevor Soldaten in Armeestützpunkten Flugblätter verteilen dürfen, müssen sie die Genehmigung des Befehlshabers einholen.[100] Von diesen Entscheidungen ausgehend, ist klar, daß hier der *Brandenburg*-Test nicht zur Anwendung kommt und nicht erst eine ‚clear and present danger' vorliegen muß, bevor bestimmte Äußerungen eingeschränkt werden dürfen.

Welcher gerichtliche Test in Sonderstatusverhältnissen genau einschlägig ist, ist nicht generell zu sagen, weil vieles von der Art und Gewichtigkeit der in den staatlichen Einrichtungen organisierten Interessen abhängt. Was die Rechtsprechung prägt, sind zwei konkurrierende Überlegungen: Auf der einen Seite wird den für die Erledigung der staatlichen Aufgabe Verantwortlichen ein Beurteilungsspielraum zugestanden in bezug auf dasjenige, was zur Erledigung des meist komplexen Auftrags notwendig und auch nützlich ist; auf der anderen Seite will der Supreme Court aber auch den Schutz der Redefreiheit nicht ganz in das Belieben der staatlichen Organe stellen. Daraus folgt, daß eine Kernkontrolle auf jeden Fall erfolgt. Diese kann daran ansetzen, daß Parteipolitik als Differenzierungskriterium in aller Regel verfassungswidrig ist. Je nach Kontext wird die Kontrolle aber auch angehoben, zum Beispiel wenn es sich – außerhalb des Militärs – um die Diskussion von öffentlich bedeutsamen Punkten handelt.

So darf die für Gefängnisinsassen bestimmte Post von der Gefängnisadministration geöffnet und kontrolliert, aber in der Regel nicht gelesen werden – schließlich könnten diese Sendungen etwas enthalten, was die Sicherheit der Anstalt gefährdet. Aber von Insassen an Außenstehende gerichtete Post bedroht Sicherheitsinteressen weniger. Hier darf die Verwaltung die Post nicht zurückhalten, wenn ein Brief radikale politische, rassische oder religiöse Standpunkte vertritt.[101] In Schulen geht die Redefreiheit, wie gesehen, nicht so weit, weil es dort nicht nur um Diversität, sondern auch um Erziehung zu selektiven Verfassungswerten wie Rassenintegration geht. Aber an Universitäten ist die Lage schon wieder etwas anders: Dort bereiten sich Erwachsene auf das Erwerbsleben vor. Studentenorganisationen dürfen nicht deshalb verboten werden, weil sie radikale politische Ansichten vertreten – hier nähert sich die gerichtliche Prüfung dem *Brandenburg*-Test.[102] Wiederum anders ist

[99] Vgl. *Parker v. Levy*, 417 U. S. 733 (1974) in bezug auf Art. 133 und 134 des Uniform Code of Military Justice.

[100] Vgl. *Brown v. Glines*, 444 U. S. 348 (1980).

[101] Vgl. *Wolff v. McDonnell*, 418 U. S. 539 (1974) und *Thornburgh v. Abbott*, 490 U. S. 401 (1989) gegenüber *Procunier v. Martinez*, 416 U. S. 396 (1974).

[102] Vgl. *Healy v. James*, 408 U. S. 169 (1972) und *Rosenberger v. Rector and Visitors of University of Virginia*, 115 S.Ct. 2510, 2520 (1995): „University setting, where the State acts against a background and tradition of thought and experiment that is at the center of our intellectual and philosophic tradition".

die Lage bei Angehörigen des öffentlichen Dienstes: Ihrem Recht auf Redefreiheit stehen gewichtige öffentliche Interessen an der neutralen und effektiven, am Regierungs- und nicht Parteiwohl orientierten Wahrnehmung der Staatsgeschäfte gegenüber. Deshalb darf der Staat die parteipolitische Tätigkeit von solchen Arbeitnehmern beschränken[103] und auch auf gewissen Grenzen für die Kritik an Vorgesetzten oder der Politik der jeweiligen Institution bestehen.[104] Es kommt also, wenn man einmal vom schulischen Erziehungskontext absieht und sich auf Erwachsene konzentriert, letztlich auf eine Abwägung der Interessen am Schutz von größtmöglicher Redefreiheit auf der einen Seite und an der bestmöglichen Verwirklichung der betreffenden Institutionenzwecke auf der anderen Seite an. In bezug auf erstere müssen staatliche Organe neutral sein; in bezug auf letztere müssen sie, soweit demokratisch legitimierte Zweckbestimmungen vorliegen, selektiv sein, auch soweit Redefreiheit betroffen ist.[105] Kompromisse, wie im vorigen exemplarisch geschildert, lassen sich also nicht vermeiden.

§ 15. Die Religionsfreiheit

I. Allgemeines

Die Religionsfreiheit wird in Am. 1 durch zwei Klauseln geregelt, die Einrichtungs- und die Ausübungsklausel: „Congress shall make no law respecting an establishment of religion, or prohibiting the free exercise thereof ...“. Die establishment-Klausel soll vor allem die Trennung von Staat und Kirche und die staatliche Neutralitätspflicht den einzelnen Religionen gegenüber verankern. Die free exercise-Klausel gewährleistet die Gewissens-, Glaubens- und Bekenntnisfreiheit gegenüber staatlicher Beeinträchtigung. Das Verhältnis beider Klauseln zueinander ist nicht unproblematisch: Einerseits darf der Staat[1] Religion oder Religionen nicht fördern, andererseits darf er Religionsausübung auch nicht behindern, sondern muß diese anerkennen, im Sinne einer wohlwollenden Neutralität.[2]

---

[103] Vgl. etwa *U.S. Civil Service Comm'n v. National Ass'n of Letter Carriers*, 413 U.S. 548 (1973).

[104] Vgl. etwa *Pickering v. Board of Education*, 391 U. S. 563 (1968) und *Waters v. Churchill*, 511 U.S. 661 (1994). Die Schwierigkeit dieser Fälle liegt oft darin, daß Kritik an der Leitung einer Behörde oder deren Politik zwar auf der einen Seite den Betrieb stört, aber auf der anderen Seite auch effektiver gestalten kann.

[105] Vgl. ausführlich hierzu *Post*, 106 Yale L.J. 151 (1996) mit der Unterscheidung von allgemeinem „public discourse“ und konkreten staatlichen „managerial domains“ mit „specified ends“.

[1] Die beiden die Bundesgewalt bindenden Klauseln sind über Am. 14 auch in das Gliedstaatenrecht inkorporiert: *Cantwell v. Connecticut*, 310 U.S. 296 (1940).

[2] So die Formel in *Walz v. Tax Commission*, 397 U.S. 664, 676 (1970).

Die folgenden Abschnitte skizzieren die vom Gericht entworfenen begrifflichen Klärungen und Prüfungsmaßstäbe und illustrieren einige Anwendungen; die Umsetzung der gerichtlichen Prüfungsmaßstäbe vermittelt nicht den Eindruck durchgängiger Konsistenz. Zudem hat der Supreme Court in den letzten Jahren mehrere neue Mitglieder erhalten, die die Trennung von Staat und Religion zumindest etwas auflockern wollen, was sich in der ‚großzügigeren' Anwendung der überkommenen Prüfungsmaßstäbe bzw. auch in deren Umformulierung äußert.

II. Die Einrichtungsklausel

Die Grundgedanken der ‚establishment clause' sind vom Supreme Court folgendermaßen zusammengefaßt worden: „Neither a state nor the Federal Government can set up a church. Neither can pass laws which aid one religion, aid all religions, or prefer one religion over another. Neither can force nor influence a person to go to or to remain away from church against his will or force him to profess a belief or disbelief in any religion. No person can be punished for entertaining or professing religious beliefs or disbeliefs, for church attendance or nonattendance. No tax in any amount, large or small, can be levied to support any religious activities or institutions, whatever they may be called, or whatever form they may adopt to teach or practice religion. Neither a state nor the Federal Government can, openly or secretly, participate in the affairs of any religious organizations or groups and vice versa. In the words of Jefferson, the clause ... was intended to erect ‚a wall of separation between church and State' ...".[3]

Der letzte Satz könnte den Eindruck erwecken, die Verfassung verlange eine absolute Trennung von Staat und Kirche, ersterer dürfe keinerlei Regelungen treffen, von denen auch Religionen profitieren, z.B. im Hinblick auf ordnungsrechtliche (etwa Verkehr zu Schulen, deren Sicherheit) oder leistungsrechtliche Aktivitäten (finanzielle Hilfen für Schulen generell). Religionen von solchen Begünstigungen generell ab-

[3] *Everson v. Board of Education*, 330 U.S. 1, 15f. (1947). *Everson* erklärte eine Regelung für verfassungsgemäß, die staatliche Hilfe für Busfahrten zu staatlichen und kirchlichen Schulen vorsah; dies verstoße nicht gegen die staatliche Neutralitätspflicht. – Diese Interpretation der Geschichte der establishment-Klausel im Sinne strikter Neutralität und Enthaltung ist umstritten. Vgl. die Stellungnahmen in der neueren Rechtsprechung von Justice Rehnquist in *Wallace v. Jaffree*, 472 U. S. 38, 91ff. (1985); Justice Scalia in *Lee v. Weisman*, 505 U. S. 577, 631ff. (1992); Justices Thomas und Souter in *Rosenberger v. Rectors and Visitors of the University of Virginia*, 505 U. S. 819, 852ff., 863ff. (1995). Meist berufen sich die Kritiker von Jeffersons Sichtweise auf James Madison. Dessen Verständnis der Religionsklauseln wird von Justice Rehnquist aaO, S. 98 anhand von nur drei Kriterien charakterisiert: keine Einrichtung einer Staatsreligion; kein staatlicher Zwang in bezug auf die Haltung der Bürger in religiösen Angelegenheiten; vielleicht ein Verbot der Ungleichbehandlung zwischen einzelnen Religionen.

zuschneiden, würde aber auf eine religionsfeindliche Haltung hinauslaufen, die, wie die Ausübungsklausel zeigt, von der Verfassung gerade nicht vorausgesetzt wird.[4] Wie soll die Abgrenzung aber getroffen werden? Der Supreme Court hat in *Lemon v. Kurtzman* einen Drei-Stufen-Test entworfen, den das Gericht meistens (aber nicht immer[5]) anwendet. Danach liegt keine Verletzung der establishment-Klausel vor, wenn folgende Kriterien eingehalten werden: „First, the statute must have a secular legislative purpose; second, its principal or primary effect must be one that neither advances nor inhibits religion ...; finally, the statute must not foster ‚an excessive entanglement with religion.'"[6]

Wichtige Fallgruppen sind etwa staatliche Hilfen für Schulen und Steuerbefreiungen. Erstere handhabt das Gericht bei älteren Schülern und Studenten großzügiger als bei jüngeren Schülern, da letztere leichter beeinflußbar sind. Vor allem aber kommt es darauf an, ob nach den Umständen des konkreten Falles dem *Lemon*-Test Genüge getan ist: Wenn Zuschüsse auch an religiös ausgerichtete Schulen nur religionsneutral verwendet werden können, dann (1) soll Religion weder gefördert werden, noch (2) ist Religionsförderung das Resultat der Hilfe; (3) auch ist keine staatliche Verwicklung in religiöse Aktivitäten oder Bereiche (etwa durch Aufsichts- und Kontrollmaßnahmen) zu befürchten. Je weiter man sich von dieser klaren Linie entfernt, desto mehr nähert man sich der Verfassungswidrigkeit.[7]

Steuerbefreiungen für Grundstückseigentum, das erzieherischen, wohltätigen und religiösen Zwecken dient, verstoßen nach Auffassung des Supreme Court nicht gegen die establishment-Klausel: In solchen Fällen verzichte der Staat nur auf finanzielle Unterstützung durch die Kirchen. Zudem seien solche Steuerbefreiungen traditionellerweise gewährt worden. Schließlich würde die Besteuerung zu einer Vermischung staatlicher und kirchlicher Befugnisse führen, da die öffentliche Gewalt dann die Vermögensverhältnisse der Kirchen genauer untersuchen müßte. All das unterstellt, läßt sich trotzdem fragen: Müßte nicht von den ersten beiden Elementen des *Lemon*-Tests aus eine Verfassungswidrigkeit bejaht werden? Was die Rechtsprechung letztlich wohl leitet, ist die Akzeptanz und Erwünschtheit des Beitrags der Religionen zur Aufrechterhaltung der Werte, von denen letztlich auch die Staatsbürgermo-

---

[4] Vgl. *Everson*, aaO, 18 und *Lynch v. Donnelly*, 465 U.S. 668, 673 (1984): Die Verfassung „affirmatively mandates accomodation, not merely tolerance, of all religions, and forbids hostility towards any".

[5] Z.B. hat das Gericht ein Gebet zur Eröffnung der Sitzungsperiode der Legislative als Teil der amerikanischen Tradition aufrechterhalten: *Marsh v. Chambers*, 463 U.S. 783 (1983).

[6] 403 U.S. 602, 612f. (1971).

[7] Vgl. z.B. *Board of Education v. Allen*, 392 U.S. 236 (1968); *Wolman v. Walter*, 433 U.S. 229 (1977); *Mueller v. Allen*, 463 U.S. 388 (1983); *Agostini v. Felton*, 521 U. S. 203 (1997); *Mitchell v. Helms*, 68 U.S. Law Week 4668 (2000).

ral zehrt: „[The state] has determined that certain entities that exist in a harmonious relationship to the community at large, and that foster its ‚moral or mental improvement', should not be inhibited in their activities by property taxation ...".[8]

Soweit der Staat eine Verkaufs- und Verbrauchssteuer erhebt, die auch Kirchen betrifft, ist dies verfassungsgemäß[9]; er darf, wenn er davon Ausnahmen vorsehen will, nicht nur Religionen profitieren lassen.[10] Die staatliche Gewalt darf auch nicht zwischen einzelnen Religionen Unterschiede machen.[11] Genausowenig darf sie religiöse Gruppen ausschließen, wenn sie Leistungen an nicht-religiöse Assoziationen wie etwa Studentengruppen vergibt; das würde eine verfassungswidrige feindselige Haltung Religionen gegenüber zeigen, die gegen den Grundsatz der ‚accomodation' verstößt.[12]

Zwei weitere Fallgruppen betreffen religiöse Veranstaltungen in der Schule sowie die Ausstellung religiöser Symbole in der Öffentlichkeit. Unstreitig können und sollen staatliche Schulen den Schülern die Möglichkeit geben, außerhalb des Unterrichts und Schulgeländes Religionsunterricht zu besuchen; die Ausübungsklausel gebietet ein solches Entgegenkommen.[13] Dagegen verstoßen Gebete im Schulunterricht selbst gegen die Einrichtungsklausel: Sie signalisieren staatliche Unterstützung für Religion. Dies gilt auch für Regelungen, die zu Beginn des Schulunterrichts eine Minute des Schweigens oder ein freiwilliges Gebet vorsehen[14]; eine Minderheit des Gerichts hält dies für unproblematisch, sofern die Regelung zu erkennen gibt, daß ihr Ziel nicht die Religionsförderung ist.[15] Eine knappe Mehrheit des Gerichts hält selbst ein konfessionsneutrales Gebet bei einer Schulabschlußfeier oder eine von einem Schulsprecher vorgetragene „invocation" für verfassungswidrig.[16] Damit unterstütze eine staatliche Einrichtung ‚Religion' und organisiere selbst eine Art religiöser Veranstaltung, die über den erwartbaren ‚peer pressure' auch zu Zwang für Atheisten führe; die vier dissentierenden Richter dagegen sehen solche Veranstaltungen als Teil der amerikani-

---

[8] *Walz v. Tax Commission*, 397 U.S. 664, 672 (1970).

[9] Vgl. *Jimmy Swaggart Ministries v. Board of Equalization*, 493 U.S. 378 (1990): Weil die Besteuerung keine erhebliche Belastung darstellt, ist auch die Ausübungsklausel nicht verletzt.

[10] Vgl. *Texas Monthly Inc. v. Bullock*, 489 U.S. 1 (1989).

[11] Vgl. *Larson v. Valente*, 456 U. S. 228 (1982); *Board of Education of Kiryas Joel Village School District v. Grumet*, 512 U. S. 687 (1994).

[12] Vgl. *Widmar v. Vincent*, 454 U. S. 263 (1981); *Rosenberger v. Rector and Visitors of the University of Virginia*, 515 U. S. 819, 837 ff. (1995).

[13] Vgl. *Zorach v. Clauson*, 343 U.S. 306 (1952).

[14] Vgl. *Engel v. Vitale*, 370 U.S. 421 (1962) und *Wallace v. Jaffree*, 472 U.S. 38 (1985).

[15] Letzteres war in *Jaffree* nicht der Fall.

[16] Vgl. *Lee v. Weisman*, 505 U. S. 830 (1992); *Santa Fe Independent School District v. Jane Doe*, 68 U.S. Law Week 4525 (2000).

schen Tradition an, der integrativen und aufbauenden und gerade nicht Zwangscharakter habe.

Was ist von Krippen zu halten, die von Kommunen zur Weihnachtszeit aufgestellt werden? Liegt darin ein verfassungswidriger Akt, der Religion fördern soll oder effektiv fördert, und der zu einer Verstrickung staatlicher und kirchlicher Aktivitäten führt? In *Lynch v. Donnelly*[17] bejahten vier Richter diese Frage klar; fünf sahen keinen Verstoß gegen die Einrichtungsklausel vorliegen: Der *Lemon*-Test sei weder schematisch anzuwenden, noch gebiete die Verfassung eine strikte Trennung von Staat und Kirche. In bezug auf das Weihnachtsfest sei eine partielle Säkularisierung eingetreten, an der auch die Weihnachtskrippe partizipiere; sofern überhaupt eine Unterstützung des Christentums vorliege, sei diese indirekt, entfernt und beiläufig. Anders als in *Lynch* sahen fünf Richter eine Verfassungswidrigkeit vorliegen, als die Stadt Pittsburgh eine Krippe an der Treppe zum Gerichtsgebäude aufstellte: Der Unterschied soll nach *Allegheny County v. ACLU*[18] darin liegen, daß in diesem Fall die Umstände auf eine Unterstützung christlicher Botschaften hindeuteten: Die Krippe war mit religiösen Botschaften versehen, Hinweise auf säkulare Inhalte der Weihnachtszeit fehlten, und die Lokalität deutete auf eine Symbiose von christlicher und staatlicher Macht hin. Die Mehrheitsmeinung geht von der Verfassungswidrigkeit einer jeden Unterstützung von Religion aus und enthält insoweit eine Kritik an den Ausführungen in *Lynch*. Die vier Minderheitsrichter sehen die Grenze zur Verfassungswidrigkeit erst überschritten, wenn staatlicher Zwang zugunsten von Religion(en) vorliegt, oder wenn direkte staatliche Hilfe den Charakter staatlicher Religionsförderung annimmt. Wichtig sei insofern, ob eine aktive Bekehrungsbemühung vorliege, „an obvious effort to proselytize on behalf of a particular religion".[19]

Inwieweit diese religionsfreundlichere Sicht der vier Richter, die mit einer Kritik des *Lemon*-Tests verbunden ist, sich in der Zukunft durchsetzen wird, bleibt abzuwarten.[20] Klar ist, daß der Supreme Court nicht mehr einheitlich diesen Prüfungsmaßstab benutzt; ebenso deutlich ist, daß sich keine Mehrheit auf eine andere Formulierung der gerichtlichen Kontrolldichte festlegen will. Soweit auf Maßstäbe wie ‚verfassungswidrige Unterstützung von Religion und damit Ausgrenzung Nicht-

---

[17] 465 U.S. 668 (1984).

[18] 492 U.S. 573 (1989).

[19] AaO, 655 ff., 661.

[20] Vgl. *Capitol Square Review and Advisory Board v. Pinette*, 515 U. S. 753 (1995): Es ist nicht verfassungswidrig, wenn dem Ku-Klux-Klan erlaubt wird, ein Kreuz auf dem Vorplatz des Parlamentsgebäudes aufzustellen, solange deutlich wird, daß dies ein privates und kein Staatssymbol ist. Die Besonderheit dieses Falles liegt darin, daß der Vorplatz als ‚public forum' (oben § 14 V) diente, auf dem Kundgebungen aller Personen und Gruppen erlaubt sind.

gläubiger' abgestellt wird[21], ist fraglich, ob das wirklich von den ersten beiden Elementen des *Lemon*-Tests abweicht. Soweit, wie oft in den Schulgebetsfällen, auf verfassungswidrigen Zwang abgestellt wird, ist das eher ein Problem der Ausübungsklausel als der Einrichtungsklausel.

III. Die Ausübungsklausel

Nach der Ausübungsklausel steht es dem Menschen frei, einen Glauben oder eine Weltanschauung zu haben oder auch nicht zu haben, zu bekennen oder auch nicht zu bekennen; die öffentliche Gewalt darf ihn weder zum einen noch zum anderen zwingen und Vorteile oder Lasten nicht nach Religionszugehörigkeit oder Weltanschauung verteilen.[22] Die Verbindung zwischen Religions- und Redefreiheit wird in diesen Kriterien deutlich und führt zu der unter IV. erörterten Frage: Wodurch unterscheidet sich ‚Religion' von ‚Meinung'? Eine Parallele zur Redefreiheit liegt auch darin, daß nach der Rechtsprechung die Freiheit, ein Bekenntnis zu haben und zu äußern, absolut ist; dagegen kann der Staat aus einem Bekenntnis entspringende Handlungen manchmal regulieren.[23] Welche Kriterien muß die öffentliche Gewalt insoweit beachten?

Der Rechtsprechung lassen sich im Überblick folgende Gesichtspunkte entnehmen: (1) Religionsspezifische, direkte Eingriffe unterliegen dem ‚strict scrutiny test'; sie sind in aller Regel verfassungswidrig. (2) Bei indirekten Eingriffen durch Gesetze, die religionsneutrale und auch sonst legale (also nicht gegen andere Verfassungsvorschriften verstoßende) Ziele verfolgen, kommt es auf den Grad des Eingriffs und das Eingriffsmittel an, das von strafrechtlicher Sanktionierung bis zur Verweigerung von Sozialleistungen reichen kann. Bis zu der gleich noch zu erörternden Entscheidung *Employment Division, Dep't of Human Resources v. Smith* aus dem Jahr 1990 benutzte das Gericht folgende Abwägung: Bei einem erheblichen Eingriff, der auch durch die Betroffenheit in einem Kernbestandteil der jeweiligen Religion indiziert sein kann, muß der Staat ein gewichtiges oder überragendes öffentliches Interesse nachweisen. Ferner muß das gewählte Mittel erforderlich sein. Zusammengenommen läuft das je nach Eingriffsgrad auf einen gerichtlichen Prüfungsmaßstab hinaus, der zwischen ‚intermediate scrutiny' und ‚strict scrutiny' liegt. Ein Bezug zu Problemen der equal protection-Klausel besteht insoweit, als bei Fallgruppe (1) Ungleichbehandlungen zwischen Religion und Nichtreligion bzw. zwischen einzelnen Religio-

[21] Vgl. Justice O'Connor, concurring in *Lynch v. Donnelly*, 465 U. S. 668, 687f. (1984).

[22] Vgl. oben Fußn. 3 und etwa *West Virginia State Board of Education v. Barnette*, 319 U.S. 624 (1943): Verfassungswidrigkeit der Pflicht des Salutierens vor der Staatenflagge.

[23] Vgl. *Cantwell v. Connecticut*, 310 U.S. 296, 303f. (1940).

nen vorliegen.[24] Was die Gleichheitsprobleme bei Fallgruppe (2) angeht, also den nur in der Auswirkung diskriminierenden Regelungen (‚disparate impact'), so benutzte der Supreme Court, anders als bei den einschlägigen ‚nicht-verdächtigen' Fallgruppen von ‚equal protection of the laws', bis 1990 überwiegend einen strengeren oder den strengen Prüfungsmaßstab; inzwischen ist die gerichtliche Kontrolle gelockert.

Die vom Supreme Court als verfassungsgemäß angesehenen Beschränkungen der Religionsfreiheit umfassen etwa das Verbot der Polygamie, die nach der Auffassung der Mormonen als religiöses Gebot anzusehen ist, und das Verbot der Sonntagsarbeit, obwohl für orthodoxe Juden der Samstag als Ruhetag gilt – diese also durch das Arbeitsverbot am Sonntag finanzielle Einbußen erleiden.[25] Als Verstoß gegen die Ausübungsklausel hat der Supreme Court z.B. eine Schulpflicht bis zum 16. Lebensjahr angesehen, soweit davon die Amish-Sekte betroffen war, nach deren Auffassung eine höhere Schulausbildung von dem einfachen Lebensstil wegführt, den sie als Weg zur Erlösung ansieht.[26]

Der Supreme Court hatte mehrmals Fälle zu entscheiden, in denen der Staat die Gewährung von Sozialleistungen verweigerte, weil die entsprechenden Antragsteller religiösen Geboten (etwa dem Verbot, an einem bestimmten Tag zu arbeiten) gehorchten, die in Widerspruch zu den staatlich festgesetzten Leistungsvoraussetzungen (nämlich der Arbeitspflicht) standen.[27] Das Gericht nahm generell eine religionsfreundliche Haltung ein; die Grenzen des Entgegenkommens und eine Herabstufung des Prüfungsmaßstabs werden in *Employment Division, Dep't of Human Resources v. Smith*[28] deutlich: Der Staat kann einem Mitglied der Native American Church Arbeitslosenunterstützung aufgrund verbotenen Peyote-Genusses versagen, obwohl die Benutzung dieser Droge zum Kult der Native American Church gehört. Die öffentliche Gewalt hatte den Genuß von Peyote (neben vielen anderen Drogen) strafrechtlich sanktioniert, und die sozialrechtliche Regelung hatte die Beachtung dieser Normen zur Voraussetzung für die Sozialleistungen gemacht. Die Mehrheit des Gerichts wandte sich gegen die Anwendung des strict scrutiny-Tests bei Gesetzen, die nicht religionsspezifische

---

[24] Vgl. *Church of the Lukumi Babalu Aye, Inc. v. City of Hialeah*, 508 U. S. 520 (1993): Verfassungswidrigkeit eines Verbots gerade und nur der religiös motivierten Tötung von Tieren; darin lag ein direkter, bezweckter und gleichheitswidriger Eingriff in die Religionsfreiheit.

[25] Vgl. *Reynolds v. United States*, 98 U.S. 145 (1878); *Braunfeld v. Brown*, 366 U.S. 599 (1961).

[26] Vgl. *Wisconsin v. Yoder*, 406 U.S. 205 (1972), aber auch *United States v. Lee*, 455 U.S. 252 (1982): Die Erfassung der Mitglieder der Amish-Sekte durch das Social Security System ist verfassungsgemäß, weil das öffentliche Interesse an dieser Eingliederung überragend wichtig ist.

[27] Vgl. die Leitentscheidung *Sherbert v. Verner*, 374 U.S. 398 (1963).

[28] 494 U. S. 872 (1990).

Ziele, sondern allgemeine öffentliche Interessen verfolgen. Sie lehnte weitgehende staatliche Pflichten ab, in Fällen negativer Auswirkungen auf religiöse Bräuche Ausnahmen zu gewähren, die Folge der Ausübungsklausel in Verbindung mit der Anwendung des strict scrutiny-Tests wären. Entscheidend sei auch nicht, ob das im Endeffekt verbotene Handeln zum Kernbereich der Religion gehöre; solches zu untersuchen, zähle nicht zu den Aufgaben staatlicher Organe und führe nur zu Verwicklungen kirchlicher und öffentlicher Kompetenzen. Die Anwendung des strict scrutiny-Tests würde zu „religious exemptions from civic obligations of almost every conceivable kind" führen, „ranging from compulsory military service ... to the payment of taxes ... to health and safety regulation such as manslaughter and child neglect laws ... compulsory vaccination laws ... drug laws ... and traffic laws ... to social welfare legislation such as minimum wage laws ... child labor laws ... animal cruelty laws ... environmental protection laws ... and laws providing for equality of opportunity for the races. The First Amendment's protection of religious liberty does not require this."[29] Mit anderen Worten: Die Mehrheit scheint nunmehr für die Anwendung des rational basis-Tests in den disparate impact-Fällen zu plädieren, soweit nicht mit der Ausübungsklausel verbundene zusätzliche verfassungsrechtliche Garantien wie die Redefreiheit oder der Schutz von Ehe und Familie vorliegen.[30]

IV. Die Definition von Religion

In den bisherigen Darlegungen wurde vorausgesetzt, daß eine ‚Religion' vorliegt. Was fällt unter diesen Begriff, im Gegensatz zu bloßer Meinung, die durch die free speech-Klausel geschützt ist? Und wie steht es mit Weltanschauungen nicht-religiösen Charakters? Der Supreme Court hat mehrere Anläufe einer Begriffsklärung unternommen, sich letztlich aber auf keine detaillierte Definition festgelegt. Diese Vorsicht ist sowohl Ausdruck des weitreichenden Pluralismus von Religionen und Sekten in den Vereinigten Staaten[31] als auch der Tatsache, daß Freiheit der Religion auch den von traditionellen Glaubensrichtungen

---

[29] AaO, 888f.

[30] Vgl. aaO, 881f. Siehe auch *Lyng v. Northwest Indians Cemetery Protective Ass'n*, 485 U.S. 439 (1988). Als Reaktion auf die *Smith*-Entscheidung hat der Kongreß den Religious Freedom Restoration Act von 1993 erlassen, der in 42 U.S.C. §§ 2000 bb et seq. die Anwendung des strikten Prüfungsmaßstabs legislativ festschreibt: „Government shall not substantially burden a person's exercise of religion even if the burden results from a rule of general applicability", soweit die Regierung nicht „demonstrates that application of the burden to the person (1) is in furtherance of a compelling governmental interest; and (2) is the least restrictive means of furthering that compelling governmental interest."

[31] Nach *Tribe*, Am. Const. Law, S. 1179 gibt es in den USA über 250 anerkannte größere Kirchen, ferner hunderte von kleineren religiösen Gruppen.

Abweichenden schützen soll, der auf die Grundrechtsgarantie ja stärker angewiesen ist als das Mitglied sozial anerkannter Kirchen. Zum Teil wird in der Wissenschaft versucht, dieser Spannung zwischen traditionellen und nicht-traditionellen Glaubensrichtungen dadurch Rechnung zu tragen, daß der Religionsbegriff bei der Einrichtungsklausel stärker in bezug auf institutionelle Merkmale überkommener Religionen definiert wird, während bei der Ausübungsklausel ein innovativer, minderheitenorientierter und deswegen weiterreichender Religionsbegriff leitend sein soll; diese Ausdifferenzierung des Religionsbegriffs ist aber umstritten.[32]

In einer frühen Entscheidung stellte das Gericht auf die Verbindung zwischen dem Menschen und Gott als Schöpfer und die daraus folgenden Handlungspflichten ab.[33] Diese theistische Ausrichtung und Beschränkung nahm das Gericht aber in der Folge zurück und erwähnte unter anderem auch „Buddhism, Taoism, Ethical Culture, Secular Humanism" als Religionen im Sinne von Am. 1.[34] Eine weitere Entscheidung stellt darauf ab, ob eine neue Religion in bezug auf ihre Wirkung für den Gläubigen den traditionellen Religionen gleichzustellen sei.[35] Solches sei davon zu unterscheiden, daß jemand aus philosophischen oder politischen Gründen bestimmte staatliche Anforderungen für illegitim halte. Andererseits kann die Ausübungsklausel auch von jemandem in Anspruch genommen werden, der nicht Mitglied einer organisierten religiösen Gruppe ist. Worauf ist dann bei diesem Individuum abzustellen? Es muß einen „religious belief"[36] haben, und dieser ist auf jeden Fall weit zu verstehen, wie sich aus dem Gedanken des Minderheitenschutzes und der Neutralitätspflicht des Staates gegenüber der Pluralität von Religionen ergibt. Es reicht, ist aber auch notwendig, daß eine Person ernsthaft einen religiösen Glauben hat; der betreffende Glaube muß der gesellschaftlichen Mehrheit oder staatlichen Organen aber nicht logisch, konsistent oder nachvollziehbar erscheinen.[37] Zusammenfassend: „The individual's freedom to choose his own creed is the counterpart of his right to refrain from accepting the creed established by the majority."[38] Oder noch eindringlicher formuliert: „If there is any fixed star in our constitutional constellation, it is that no official,

---

32 Vgl. *Tribe*, Const. Law, S. 1186f.

33 Vgl. *Davis v. Beason*, 133 U.S. 333, 341f. (1890).

34 Vgl. *Torcaso v. Watkins*, 367 U.S. 488, 495 Fußn. 11 (1961).

35 Vgl. *United States v. Seeger*, 380 U.S. 163, 165f. (1965) und die Beispiele aaO, 174–176.

36 Vgl. *Frazee v. Illinois Dep't of Employment Security*, 489 U.S. 829, 834 (1989). Ein solcher ist von einer säkularen Weltanschauung zu unterscheiden: „Purely secular views do not suffice": aaO, 833.

37 Vgl. *United States v. Ballard*, 322 U. S. 78, 86f. (1944); *Thomas v. Review Board of the Indiana Employment Security Division*, 450 U. S. 707, 714 (1981).

38 *Wallace v. Jaffree*, 472 U.S. 38 (1985).

high or petty, can prescribe what shall be orthodox in politics, nationalism, religion, or other matters of opinion or force citizens to confess by word or act their faith therein."[39]

Fünfter Abschnitt: Methodik

§ 16. Methoden der Verfassungsinterpretation

I. Offenheit und Flexibilität der Auslegungsgesichtspunkte

In § 2 II haben wir die fünf Gesichtspunkte benannt, die in der amerikanischen Rechtswissenschaft als methodische Richtpunkte der Interpretation anerkannt sind: Text, Kontext, Geschichte, Telos und Dogmatik. Die hieran anschließenden Ausführungen zu einzelnen verfassungsrechtlichen Problemen und Fallgruppen haben deutlich gemacht, daß diese fünf Kriterien in der Tat das gerichtliche Spektrum methodischer Leitlinien abdecken, wenn man ein weites Verständnis von Telos und Dogmatik voraussetzt: Die teleologische Auslegung kann im Prinzip an jedem übergreifenden Legitimationsgesichtspunkt ansetzen, der einer Norm oder der Verfassung im ganzen plausiblerweise entnommen bzw. unterlegt werden kann. Und unter Dogmatik fallen alle Lehren, die der Supreme Court unabhängig von der konkreten Fallösung als verbindliche Arbeitsanleitung ansieht: Dieses Spektrum reicht von der Prämisse der Achtung der Präzedenzfälle[1] über Postulate gerichtlicher Zurückhaltung in Verfassungsfragen[2] bis zu den vom Supreme Court entwickelten Prüfungsmaßstäben für jeweilige Fallgruppen.[3]

Die Tatsache, daß die Gerichte ihre Entscheidungen durch diese Kriterien rechtfertigen, macht deutlich, daß die Richter selbst ihre Entscheidungen nicht als nur durch ihre persönlichen Vorlieben bestimmt ansehen; die Einhaltung der genannten Standards soll die Entscheidungen legitimieren, objektivieren, kontrollierbar machen.[4] Wie weit reicht aber die Objektivierung durch den Rekurs auf die fünf Methoden? Die Objektivierung wäre weitreichend, wenn vier Bedingungen erfüllt wären: (1) Die Beachtung jedes einzelnen dieser Kriterien führt zu klaren Ergebnissen. (2) Zwischen den Kriterien besteht eine eindeutige Hierarchie. (3) Das Gericht spricht mit einer Stimme. (4) Rechtswandel wird zügig und effektiv durch die politisch verantwortlichen Organe berück-

[39] *West Virginia State Board of Education v. Barnette*, 319 U.S. 624, 642 (1943).
[1] Vgl. oben §§ 2 II; 3 III.
[2] Vgl. oben § 3 II 8.
[3] Vgl. oben §§ 8 IV; 12 II.
[4] Vgl. etwa oben § 11 III zu *Roe v. Wade*.

sichtigt und gesetzlich ausgeformt, so daß die Richter klare Vorgaben haben. Keine dieser vier Bedingungen läßt sich jedoch in der Entscheidung von ‚hard cases' durch die Supreme Court-Rechtsprechung als gegeben voraussetzen:

(1) Der Text der Verfassung ist oft vieldeutig. Was der entscheidende Kontext sein soll, ist oft streitig. Der historische Wille der Verfassungsgeber kann nicht immer klar erforscht werden, oder es besteht keine Einigkeit über die Art und Weise, wie diese ein zu ihrer Zeit nicht bekanntes Problem gelöst hätten. Schwierigkeiten bei der Zweckbestimmung gibt es häufig in bezug auf den angemessenen Abstraktionsgrad einer Norm oder bei multifunktionellen Gesetzen.

(2) Der Rechtsprechung läßt sich keine klare Hierarchie zwischen den Methoden entnehmen. Alle Methoden zählen, aber die konkrete Richtung und Gewichtung wechselt je nach Fallgruppe, Periode und Gerichtsbesetzung. Es verwundert deshalb nicht, daß oft von der Rechtsprechung des liberalen Warren Court, des moderat konservativen Burger Court oder des teils konservativen, teils liberalen Rehnquist Court die Rede ist.[5] Doch darf dies nicht darüber hinwegtäuschen, daß selbst in einem Supreme Court mit einer soliden liberalen oder konservativen Mehrheit[6] erhebliche Unterschiede und Meinungsverschiedenheiten bestehen über einzelne Fallgruppen.

(3) Ob die jeweilige konservative oder liberale Mehrheit des Supreme Court sich nun über bestimmte Ergebnisse einig ist oder nicht, so können doch immer noch die Begründungen dieser Ergebnisse erheblich differieren (von der manchmal harten und schneidenden Kritik an Ergebnis und Argumentation der Mehrheit durch die jeweiligen Minderheitsrichter ganz zu schweigen[7]). Es ist keine Seltenheit, daß ein und dasselbe Ergebnis mit mehreren leitenden Begründungen vorgetragen wird, auf die sich jeweils einige Richter einigen.[8] Im Extremfall kann es vorkommen, daß jeder Mehrheitsrichter eine eigene Begründung vor-

---

[5] Earl Warren war Chief Justice von 1953 bis 1969, Warren Burger von 1969 bis 1986; William Rehnquist ist Chief Justice seit 1986. Es gibt viele Untersuchungen, die sich mit der Rechtsprechung einer dieser Perioden beschäftigen.

[6] Daß eine solche nicht vorhanden ist, läßt sich an der großen Zahl knapper 5–4-Entscheidungen und an der Anzahl wechselnder Mehrheiten erkennen. Dann hängt in der Praxis der anwaltlichen Tätigkeit vor dem Supreme Court viel von der ‚fifth vote', dem potentiell entscheidenden Richter, ab, auf den hin die Argumente dann maßgeschneidert werden – juristisch und psychologisch.

[7] Rechtsvergleichend hierzu *Millgramm*, Separate Opinion und Sondervotum.

[8] Das läßt sich an fast jeder der in diesem Buch näher erörterten Leitentscheidungen nachprüfen. Vgl. etwa *Griswold v. Connecticut*, oben § 11 II. Eine anerkannte Literaturgattung sind Richterportraits, die Leben und Werk früherer und jetziger Supreme Court-Richter nachzeichnen bzw. auch spekulativ vorzeichnen. Es ist kein Zufall, daß in einem führenden ‚casebook' dem Text der Verfassung kurze Richterportraits folgen; vgl. *Stone u. a.*, Const. Law. Was die Richter aus dem Text der Verfassung machen, ist genauso wichtig – wenn nicht wichtiger – als der Text selbst!

trägt[9], oder daß einzelne Richter im Rahmen ihrer ‚concurring opinion' sich nur einzelnen Teilen der Voten ihrer Kollegen anschließen.[10] Schließlich wechseln Richter manchmal ihre Rechtsansichten.[11] All das führt zu Unübersichtlichkeit und Verwirrung in bezug auf die Begründung der Ergebnisse (und manchmal die Ergebnisse selbst), und das wiederum schlägt sich nicht selten in Klagen seitens der Wissenschaft oder anderer Richter und Gerichte nieder, die Schwierigkeiten haben zu verstehen, warum das Recht so ist, wie es ist.[12]

(4) Diese Rechts- und Begründungsunsicherheit wird noch dadurch verstärkt, daß der Supreme Court im Laufe seiner Geschichte ein erheblicher Faktor in der Rezeption und Anerkennung von gesellschaftlichem Wandel geworden ist, soweit dieser (wie oft) zu verfassungsrechtlichen Streitigkeiten führt. Nach dem amerikanischen Demokratieverständnis sollten dem Verfassungswandel vor allem die politisch verantwortlichen Organe Rechnung tragen[13]; die in Am. V enthaltenen Vorschriften regeln demgemäß das Verfahren der Verfassungsergänzung und sehen dafür qualifizierte Mehrheiten auf Bundes- und Staatenebene vor.[14] Dieses Verfahren ist aber so aufwendig und schwierig, mit anderen Worten: vom Scheitern bedroht, daß den Befürwortern einer Verfassungsänderung der Weg zum Supreme Court oft erfolgversprechender erscheint. Der Supreme Court ist in seiner über 200jährigen Geschichte einige Male – widerwillig oder bereitwillig – in die Bresche gesprungen und hat insbesondere über eine teleologische Fortschreibung der verfassungsrechtlichen Generalklauseln die Verfassung auf dem laufenden gehalten, angefangen von der Stärkung nationaler Macht im Wirtschafts- und Grundrechtsbereich über den Privatsphärenschutz bis hin zur Rassengleichstellung.[15]

II. Lösungsvorschläge der Methodenschulen

Welche Folgerungen sind aus dieser Beschreibung zu ziehen? Das hängt davon ab, welche Art von und welcher Grad an Objektivierung

---

[9] Vgl. z.B. *New York Times Co. v. United States*, 403 U.S. 713, eine 6–3-Entscheidung mit sechs unterschiedlichen Begründungen für die Mehrheit und drei unterschiedlichen abweichenden Voten für die Minderheit.

[10] Dies scheint ein Trend in neueren Entscheidungen des Supreme Court zu sein.

[11] Vgl. etwa oben § 5 IV 6 zu Justice Blackmuns Meinungswandel zwischen *Usery* und *Garcia*.

[12] Ein Beispiel aus der Mehrheitsentscheidung in *Hudgens v. National Labor Relations Board*, 424 U.S. 507, 512 (1976): „[T]he history of this litigation has been a history of shifting positions on the part of the litigants, the Board, and the Court of Appeals. It has been a history, in short, of considerable confusion, engendered at least in part by decisions of this Court that intervened during the course of the litigation."

[13] Vgl. oben § 2 III.

[14] Vgl. dazu *Brugger*, ZRP 1992, S. 321f.

[15] Vgl. oben §§ 5 IV; 9 II; 11 II, III; 12.

und Rechtfertigung sinnvollerweise im Prozeß der Verfassungsinterpretation zu erwarten sind. In der amerikanischen Rechtswissenschaft lassen sich im groben Überblick[16] drei Stellungnahmen unterscheiden:

(1) Die am stärksten ideologiekritisch ausgerichteten Arbeiten entstehen im Rahmen der Critical Legal Studies-Bewegung.[17] Viele dieser Arbeiten zeichnen sich dadurch aus, daß sie die oben skizzierte Unbestimmtheit der Methoden und die Einflußmöglichkeiten der politischen Organe über die Richterbestellung als Indikatoren für die durchgehende Politisierung der Justiz und damit letztlich auch des Rechts ansehen. ‚Law is politics': Wegen der häufigen Unbestimmtheit der einschlägigen Texte und Methoden schlägt in der Regel die persönliche Ideologie der von der herrschenden Klasse eingesetzten Richter durch, und diese Ideologie ist dann weitgehend geprägt durch Reichtum, Einfluß, Rasse oder Geschlecht[18]: „Neither the formal safeguards of life tenure and salary protection nor the operational safeguard of principled adjudication can insulate the Supreme Court process from majoritarian domination. Rather, the Court is a political institution that minorities must treat politically if they are to use the Court to facilitate rather than retard the advancement of minority interests."[19]

(2) Auf der anderen Seite des Spektrums gibt es Bemühungen, in bezug auf die Richtung und Gewichtung der einzelnen Methoden Hierarchien vorzuschlagen (‚privileged factor theories')[20]: Je nach Auffassung soll es exklusiv oder primär auf den geschriebenen Text und Kontext ankommen (‚textualism', ‚formalism'); auf das geschichtlich Gewollte, wobei sich dann die Frage stellt, wie weit vom damals Gewollten auf die Regelung heutiger Verhältnisse zu schließen ist, und auf welcher Abstraktionshöhe die historischen Absichten zu formulieren oder weiterzuschreiben sind (‚interpretivism', ‚intentionalism')[21]; oder auf einen

---

[16] Die Literatur zur Verfassungsinterpretation wie zur Methodenlehre generell ist reichhaltig und kaum mehr übersehbar. Gute Übersichten vermitteln etwa *Rotunda/Nowak*, Const. Law, § 23; *Murphy u.a.*, Am. Const. Interpretation, Chs. 3, 5, 9. Vgl. auch *Brugger*, Grundrechte, §§ 32–36; *Heun*, AöR 116 (1991), S. 184ff.; *Martin*, Rechtstheorie 22 (1991), S. 525ff.; *Bungert*, AöR 117 (1992), S. 71ff.; *Brugger*, JöR N.F. 42 (1994), S. 571ff.; *Schefer*, Konkretisierung; *Schiwek*, Sozialmoral. Die ‚casebooks' enthalten Auszüge aus der einschlägigen Literatur.

[17] Vgl. etwa *Joerges/Trubek*, Critical Legal Thought; *Kairys*, The Politics of Law; *Tushnet*, Red, White, and Blue; *Unger*, The Critical Legal Studies Movement.

[18] Die letztgenannten Stichworte charakterisieren die wichtigsten Gruppen bzw. Ableger der Critical Legal Studies-Bewegung: progressiv bzw. ‚links' orientierte Kritik, ‚critical race theory' und ‚feminist jurisprudence'.

[19] *Spann*, 88 Mich.L.Rev. 1971, 2032 (1990).

[20] Vgl. generell *Fallon*, 100 Harv.L. Rev. 1189, 1194ff., 1209ff. (1987).

[21] Zusammengenommen werden diese beiden Schulen oft auch als ‚originalism' bezeichnet, insofern sie auf das ursprünglich Gesagte und Gewollte abheben. Beide Richtungen können auch dem Rechtspositivismus zugerechnet werden, insofern das verbindliche Recht tendenziell auf spezifische Anordnungen reduziert wird: das spezifisch Gesagte und die Generalklauseln in der durch das ursprünglich Gewollte spe-

oder mehrere übergreifende teleologische Gesichtspunkte, von deren Gewicht aus dann die Bedeutung des textlich Gesagten oder historisch Gewollten heruntergestuft wird: Hier findet sich ein breites Spektrum von Leitlinien, das den Pluralismus und partiellen Antagonismus der Werthaltungen der gesellschaftlichen Gruppen widerspiegelt und das in der Tafel ‚Methods of Interpretation'[22] zusammengefaßt ist.

Methods of Interpretation

	Variations	**Schools of Jurisprudence**
1. textual analysis „what is said"	(a) common usage (b) legal usage	textualism, formalism positivism, originalism
2. contextual analysis systematic, structural „what is said"	(a) legal context	(textualism, formalism positivism, originalism)
	(b) social context	legal realism
3. historical analysis „what was willed"	(a) actual will (b) enlightened will	interpretivism, intentionalism positivism, originalism
4. teleological analysis purposive „what is intended"	(a) politics	critical legal studies
	(b) procedural fairness	democracy, representation
	(c) substantive justice	natural law, moral theory
	(d) inclusion, nonsubordination	feminism, race theory
	(e) order, stability	conservatism
	(f) ordered liberty	communitarianism
	(g) choice maximization	individualism
	(h) interest satisfaction	utilitarianism
	(i) wealth maximization	economic theory of law
	(j) expediency, practicality	pragmatism
	(k) other	new theories

(3) Eine vermittelnde Position nehmen Theorien ein, deren Grundgedanke die Notwendigkeit der Integration aller genannten methodischen Leitlinien ist und die jedenfalls eine strikte Hierarchie bzw. die kategorische Ausschaltung einzelner dieser Gesichtspunkte ablehnen. Solche

zifizierten Ausformung. Ein Beispiel ist Justice Hugo Blacks oben §§ 9 II, 14 I dargestellte Haltung. Vgl. auch seine abweichende Meinung in *In re Winship*, 397 U.S. 358, 378 (1970): „Some might think that the words [due process of law] are vague. But any ambiguity disappears when the phrase is viewed in the light of history and the accepted meaning of those words prior to and at the time our Constitution was written."

[22] Die vier Grundformen der Interpretation sind dem klassischen deutschen Methodenkanon entnommen, der sich der Sache nach auch im amerikanischen Recht wiederfindet. Terminologisch ist darauf zu achten, daß der Ausdruck ‚teleological interpretation' nicht üblich ist; statt dessen wird diese Art der Auslegung ‚value', ‚theory', ‚pragmatic', ‚prudential argument' oder ähnlich genannt. Vgl. oben § 2 II. Die den Grundformen sich anschließenden Ausdifferenzierungen beziehen sich ebenso wie die genannten Rechtsphilosophien auf die aktuelle amerikanische Methodendiskussion. Das Schema selbst kann analytisch oder präskriptiv verwendet werden: Mit seiner Hilfe läßt sich untersuchen, ob und bis zu welchem Grad bestimmte Autoren, Richter, Richtermehrheiten, Gerichte, Entscheidungen oder Fallgruppen die eine und/oder die andere Methode benutzen; oder es ermöglicht, in seinem Rahmen die Methoden näher zu gewichten.

Integrationstheorien lehnen die Verabsolutierung eines einzelnen ‚privileged factor‘ ab, weil sie der Ansicht sind, es komme im Prinzip auf jede Leitlinie an: Das im Text und Kontext Gesagte, das historisch Gewollte und das in der Gegenwart sinnvollerweise Intendierte müssen nach dieser Sicht überzeugend, zumindest plausibel oder nachvollziehbar zusammengebracht werden, um unter Berücksichtigung der Dogmatik zu bestmöglichen und akzeptablen Ergebnissen zu gelangen. Nur auf diese Weise könne sich die Rechtsprechung sowohl der Berücksichtigung der für sie bindenden Vorentscheidungen als auch der Legitimität ihrer eigenen Entscheidung angesichts der Gegenwartsprobleme des Rechtssystems vergewissern.[23]

Die hierarchische Position (2) und die integrative Position (3) sind hier idealtypisch gekennzeichnet und lassen sich in der Praxis nicht immer klar trennen. Das liegt daran, daß selbst im Rahmen des integrativen Ansatzes, der auf die Berücksichtigung aller Methoden abhebt, im Endeffekt bei einem umstrittenen Fall immer eine Bevorzugung der einen oder anderen Methode notwendig wird: Ein ‚hard case‘ läßt sich gerade dadurch charakterisieren, daß die Anwendung der einzelnen Methoden zu unterschiedlichen Ergebnissen führt! Deswegen ist es methodisch bei jedem solchen Fall möglich, das letztlich dominante Auslegungskriterium oder die jeweilige vorherrschende Kombination von Kriterien festzustellen. Liegt dann schon ein hierarchisches Methodenverständnis vor? Das wäre zu weit gegriffen; angemessener ist es zu prüfen, ob ein Autor, Richter oder ein Gericht bzw. eine bestimmte Gerichtsmehrheit konsistent eine bestimmte Methode oder bestimmte Methoden vorzieht.

Was die Rechtsprechung des Supreme Court angeht, so läßt sich im Überblick sagen, daß das Gericht den ideologiekritischen Ansatz der Critical Legal Studies-Bewegung ablehnt und im übrigen generell alle angeführten Methoden benutzt. Ob und inwieweit das Gericht hierarchisch oder integrativ verfährt, ist anhand der konkreten Entscheidungen zu prüfen. Die im vorigen ausführlicher erörterten Leitentscheidungen des Gerichts vermitteln einen ersten Überblick über das weite Argumentationsfeld, das das Gericht im Laufe seiner Geschichte zur Rechtfertigung seiner Entscheidungen benutzt hat, und geben zumindest eines zu erkennen: Soweit man im Gesamtüberblick überhaupt vom Vorherrschen einer Methode sprechen kann, so müßte man die Hartnäckigkeit in der Flexibilität des Methodeneinsatzes benennen, hinter der sich vermutlich der Anspruch der einzelnen Richter verbirgt, letztlich nach ihrem Verständnis eines sinnvollen Ergebnisses entscheiden zu können.

Wie läßt sich die Ablehnung der ideologiekritischen Vorwürfe der Critical Legal Studies-Bewegung durch die vorherrschende Rechtslehre

---

[23] Zum anthropologischen Hintergrund dieser Integrationssicht siehe *Brugger,* 42 Am.J.Com.L. 395, 415ff. (1994).

verstehen? Was sind deren Gegenargumente? Amerikanische Juristen leugnen nicht, daß die Auslegungsmethoden unbestimmt sein können. Ob und inwieweit sie dies aber tatsächlich sind, hängt vom jeweiligen Rechtsgebiet und Problem ab: Viele Fälle sind vom (Verfassungs-) Gesetzgeber klar entschieden oder lassen sich anhand der Methoden und Dogmatiken klar entscheiden; andere sind streitig, können aber im Vergleichswege oder vor Untergerichten gelöst werden; nur wirkliche ‚hard cases' führen letztlich zum Supreme Court und zu scheinbar unlösbaren Konflikten zwischen den einzelnen Auslegungsgesichtspunkten.

Auch im letztgenannten Fall ist dann noch nicht unbedingt der ideologiekritische Schluß ‚law is politics' zwingend: Die Findung und Fällung einer gerichtlichen Entscheidung ist von ihrer Rechtfertigung zu unterscheiden. Erstere kann in der Tat (muß aber nicht) rein persönlich motiviert sein; auf jeden Fall ist sie anhand der anerkannten Methoden vor dem sachverständigen und allgemeinen Publikum zu vertreten, und darin liegt nach der herrschenden Ansicht der entscheidende Schritt.

Auf die Kritik an der flexiblen Anwendung der Methoden läßt sich entgegnen, daß in einer pluralistischen Gesellschaft weder in der Gesetzgebung noch in der Gesetzesanwendung durchgängig mit eindeutigen Lösungen zu rechnen ist (ganz abgesehen davon, daß Sprache kaum einmal eindeutig ist); aber dieses Zugeständnis bringt eine Tugend, keine Schwäche moderner Gesellschaften zum Ausdruck: Die Offenheit ermöglicht nämlich, daß alle Perspektiven der Gemeinschaftsmitglieder zählen, und verlangt, daß sowohl das politische wie das gerichtliche System möglichst alle relevanten Meinungen integrieren sollten. Daß dies aus Gesichtspunkten der Rechtssicherheit und der Entscheidungsnotwendigkeit nicht durchgängig und endlos durchzuführen ist, heißt nur, daß in der Politik wie im Gericht irgendwann eine Entscheidung getroffen werden muß, in der eine von mehreren möglichen Perspektiven (vorläufig) die Oberhand behält, sei dies eine bestimmte Textauslegung, ein bestimmtes Verständnis des historisch Gewollten oder die Festlegung eines letztlich entscheidenden Rechts- oder Verfassungswertes. Es ist Ausdruck dieser konstitutiven Spannung zwischen Aufrechterhaltung des Pluralismus und Festlegung auf eine bestimmte Entscheidung, daß der Supreme Court nicht aus einem Richter, sondern mehreren Richtern mit mehr oder weniger unterschiedlichen persönlichen und richterlichen Philosophien besteht[24], und daß im Gericht dann letztlich eine Mehrheit entscheidet; daraus auf eine durchgängige Politisierung des Interpretationsprozesses zu schließen, ist nicht gerechtfertigt.

---

[24] Zum Ernennungsverfahren siehe *Abraham*, Justices and Presidents; *Tribe*, God Save This Honorable Court.

III. Verfassungsinterpretation und Gesetzesinterpretation

Die vorgenannten Darlegungen gelten im wesentlichen auch für die Gesetzesinterpretation. Auch dort kommt es auf Text, Kontext, geschichtlich Gewolltes, Teleologie und Dogmatik[25] an. Der wesentliche Unterschied ist, daß im Bereich der Gesetzesauslegung, für die dem Supreme Court ja ebenfalls die Letztkompetenz zusteht[26], der Gesetzgeber durch legislatives Tätigwerden die Möglichkeit hat, eine ihm mißliebige gerichtliche Konstruktion einer Vorschrift abzuändern. Dieser Vorgabe folgen die Gerichte, soweit nicht im Gesetzesrecht implizit Verfassungsfragen mitschwingen, für die dann wieder letztlich die Justiz zuständig ist. Anschauungsmaterial für beide Rechtsgebiete findet sich im anschließenden verwaltungsrechtlichen Teil des Buches, der sowohl verfassungsrechtlich als auch legislativ geprägt ist. Verwaltungsrechtliche Gesetzesauslegung muß oft die Zwecke von Gesetzen klären, die unabhängige Verwaltungsträger einsetzen und diesen die Erledigung komplexer Aufgaben vorschreiben. In der Regel sind die Ermächtigungsnormen dann auch recht unbestimmt; sie stellen nicht selten auf die ‚reasonableness' oder ‚fairness' oder das ‚common good' in dem betreffenden Sachbereich ab. Für die Gerichte stellt sich dann die Frage, ob und bis zu welchem Grad sie die von der Verwaltungsbehörde selbst vorgenommene Aufgabenbestimmung akzeptieren sollen. Nach der neueren Rechtsprechung lassen sich, im Vorgriff kurz zusammengefaßt, folgende Maximen festhalten[27]: Die Macht des Kongresses, das administrative Handeln durch spezifische Anleitungen zu beschränken oder auch durch Delegation zu erweitern, ist groß. Die Gerichte überprüfen aber, ob die Grenzen der Ermächtigung eingehalten worden sind. Bei einer komplexen Aufgabenzuteilung an einen Verwaltungsträger gesteht

---

[25] Vgl. etwa *Panama Refining Co. v. Ryan*, 293 U.S. 388, 438f. (1935) (Cardozo, J., dissenting): „[There are two] canons of interpretation, each familiar to our law ... One is that the meaning of a statute is to be looked for, not in any single section, but in all the parts together and in their relation to the end in view ... The other is that when a statute is reasonably susceptible of two interpretations, by one of which it is unconstitutional and by the other valid, the court prefers the meaning that preserves to the meaning that destroys"; *CFTC v. Schor*, 478 U.S. 833, 841 (1986): „Our examination of the [Act] and its legislative history and purpose reveals ..."; *INS v. Cardozo-Fonseca*, 480 U.S. 421, 432 (1987): „The message conveyed by the plain language of the Act is confirmed by an examination of its history"; *NLRB v. United Food & Commercial Workers Union*, 484 U.S. 112 (1987): „The language, structure, and history of the NLRA ... clearly reveal ...". Lehrbuchmäßige Darstellungen bei *Farnsworth*, Introduction, Ch. 7; *Strauss*, Adm. Justice, S. 249ff.; *Hart/Sacks*, Legal Process, Ch. 7; *Eskridge*, Dynamic Statutory Interpretation; *Sunstein*, Rights Revolution. Die drei letztgenannten Werke enthalten übersichtliche Zusammenfassungen, vgl. *Hart/Sacks*, aaO, S. 1374ff.; *Eskridge*, aaO, Appendix 3; *Sunstein*, Appendix A.

[26] Vgl. oben § 3 I.

[27] Vgl. näher unten §§ 19 II und 23, dort insbesondere Abschnitt III zur Leitentscheidung *Chevron U.S.A., Inc. v. NRDC*, 467 U. S. 837 (1984).

der Supreme Court diesem einen weiten Beurteilungsspielraum zu, dessen Grenze die Vertretbarkeit der gewählten Aufgaben- und Zuständigkeitsinterpretation ist.

Zweiter Teil. Verwaltungsrecht

§ 17. Entwicklung und gegenwärtiger Stand des Verwaltungsrechts

Der Beginn des modernen amerikanischen Verwaltungsrechts wird meistens auf das Ende des 19. Jahrhunderts datiert. 1887 gründete der Kongreß die Interstate Commerce Commission als ersten eigenständigen Verwaltungsträger auf Bundesebene. Verwaltungsrecht im Sinne staatlichen Tätigwerdens zur Abwehr von Gefahren für den Bürger oder zur Förderung seines Wohls außerhalb der klassischen Bereiche des Privat- und Strafrechts hat es natürlich schon vorher gegeben; schon der erste Kongreß erließ Zollregelungen und gewährte Leistungen an Kriegsveteranen[1], und durchgeführt wurden solche Regelungen von Verwaltungsorganen im Rahmen der Exekutive.[2] Was aber in der zweiten Hälfte des 19. Jahrhunderts zur Zunahme verwaltungsrechtlicher Regelungen, zum Aufkommen des Begriffs ‚administrative law' und schließlich zur Einrichtung eigenständiger Verwaltungsträger führte, war die sich verstärkende Industrialisierung des Landes. Diese versprach zwar größeren Wohlstand und ökonomische Effektivität, führte aber auch zu vielen negativen Konsequenzen für die Konsumenten und Arbeiter. In einem demokratischen Staatswesen mußte das politische Reaktionen hervorrufen, die über den Kongreß und den Präsidenten auf Regulierungen der entsprechenden Bereiche im öffentlichen Interesse hinausliefen.

Seit dem Ende des 19. Jahrhunderts hat die Zahl der eigenständigen Verwaltungsträger wie auch der Behörden der Bundesexekutive ständig zugenommen; die meisten Behörden wurden während der New Deal-Periode in den 30er Jahren sowie in den 60er und 70er Jahren geschaffen.[3] Ebenso zugenommen hat der Umfang der Aufgaben der Verwaltung. Das soll nicht besagen, daß diese Entwicklung immer auf ungebrochene Zustimmung stieß. Die Einstellung der Öffentlichkeit und ihrer politischen Vertreter im Kongreß und Präsidentenamt schwankte zum Teil erheblich: Phasen des Vertrauens in den Marktmechanismus wechselten ab mit Perioden des Mißtrauens in denselben, verbunden mit

---

[1] Vgl. 1 Stat. 29, 55, 95 (1789).

[2] Vgl. zur Entwicklung des amerikanischen Verwaltungsrechts *Schwartz*, Adm. Law, § 1.13; *Breyer/Stewart*, Adm. Law, Ch. 1 C 3; *Sunstein*, Rights Revolution, Ch. 1; Lepsius, Verwaltungsrecht; Linneweber, Einführung, Teil B. Rechtsvergleichend *Jarass*, DÖV 1985, S. 377ff.

[3] Eine Übersicht bei *Sunstein*, Rights Revolution, S. 25.

dem Ruf nach staatlicher Kontrolle. Die Einstellung gegenüber den Verwaltungsbehörden selbst schwankte ebenfalls: Einmal herrschte das Vertrauen in effektive und gerechte Regulierung durch eine spezialisierte, sachkundige und neutrale Verwaltung vor, ein andermal tiefe Skepsis in bezug auf die Unbeweglichkeit, Ineffizienz und Manipulierbarkeit der Bürokratie. Wie auch immer die politisch vorherrschende Stimmung war – die Zunahme der Bundesverwaltung insgesamt war, selbst in Phasen propagierter Deregulierung, nicht zu stoppen. Zum Teil dafür verantwortlich sind sicher die wachsenden Staatsaufgaben und die zunehmende Komplexität vieler Aufgaben, deren Regulierung immensen Sach- und Personalaufwand verlangt, der wiederum zu all den bekannten negativen Begleiterscheinungen führt.

Das moderne amerikanische Verwaltungsrecht erstreckt sich, wie in jedem modernen westlichen Staat, auf eine Vielzahl von Bereichen[4]: Produktion, Transport, Handel, Konsumtion, Kommunikation; Schutz etwa von Arbeitnehmern, Kranken, Armen, Kindern, Jugendlichen und Alten; Vorsorge gegen und Fürsorge in bestimmten Notsituationen; Bereitstellung vielgestaltiger sozialer, kultureller und wissenschaftlicher Leistungen. In all diesen sowie weiteren Bereichen reguliert der Staat privates Handeln oder wird selbst tätig. Die Art der Regulierung umfaßt Eingriffe in das private Handeln etwa durch Besteuerung, Lizenzvergabe oder Sanktionierung, aber auch Strukturierung und Förderung privaten Handelns, zum Beispiel durch die Unterstützung wichtiger Wirtschaftszweige. Die Ziele all dieser Aktivitäten lassen sich kategorisieren in Ausgleich von Marktversagen, Vermögensumverteilung im öffentlichen Interesse, Verwirklichung gemeinsamer Anliegen, Schutz von benachteiligten Gruppen sowie Gefahrenabwehr im Mikro- wie Makrobereich.[5] Noch einmal anders formuliert: Ziel des Verwaltungshandeln kann die Sicherheit und das Wohlergehen einzelner, einzelner Gruppen oder der Gesamtbevölkerung sein; je nach der Aufgabenstellung wechselt auch das administrative Instrumentarium.

Von all diesen unterschiedlichen Problemen und Bereichen kann hier nur der Ausschnitt behandelt werden, der sich mit der Stellung der Bundesbehörden im Verfassungsaufbau und ihrem Verfahren befaßt. Letzteres ist seit 1946 im Federal Administrative Procedure Act (APA)[6] geregelt.[7] Der APA wurde mehrfach geändert und ist inzwischen in Ti-

---

[4] Vgl. den Überblick bei *Strauss,* Adm. Justice, Ch. 4.

[5] Vgl. *Sunstein,* Rights Revolution, Ch. 2. Siehe auch *Breyer/Stewart,* Adm. Law, Ch. 1 C 1 und 2; *Fox,* Adm. Law, § 3; *Pierce u. a.,* Adm. Law, § 1.5.

[6] 60 Stat. 237 (1946).

[7] Das Verwaltungsverfahrensrecht der Gliedstaaten richtet sich weitgehend an zwei Modellgesetzen aus: dem Model State Administrative Procedure Act in der Fassung von 1961 oder der revidierten Fassung von 1981. Vgl. *Schwartz,* Adm. Law, § 1.13 sowie *Gellhorn u. a.,* Adm. Law, Appendix B mit einem Abdruck der Fassung von 1981 und Nachweisen zu den Rechtsgrundlagen in den einzelnen Staaten.

tel 5 des United States Code (U.S.C.) an zwei Stellen kodifiziert: bei Kapitel 5 ‚Administrative Procedure', §§ 551 ff. und bei Kapitel 7 ‚Judicial Review', §§ 701 ff.; daneben finden sich noch verstreute Regelungen betreffend die Stellung von ‚administrative law judges'.[8]

Der Schwerpunkt der Darstellung liegt auf der Einrichtung, den Kompetenzen und Handlungsformen sowie der Kontrolle der Bundesverwaltungsbehörden. Materielle Probleme des Verwaltungsrechts dienen als Illustration, können aber nicht entfaltet und systematisch dargestellt werden.[9] Ebenfalls unerörtert bleiben verwaltungsrechtliche und -wissenschaftliche Diskussionen, die sich mit der Leistungsfähigkeit des Verwaltungsrechts im ganzen (der Problematik der Zunahme der Staatsaufgaben) oder der Zweckmäßigkeit einzelner Regulierungsmechanismen (Privat-, Straf- oder Verwaltungsrecht? Verbot, Beschränkung, Ordnung, Besteuerung?) befassen.[10]

Von diesen Diskussionen abgesehen, lassen sich aber einige allgemeine Kriterien der Verwaltungstätigkeit anführen, die unabhängig von der konkreten Aufgabe als Richtpunkte akzeptiert sind: (1) Die Verwaltung soll fair handeln. (2) Sie soll informiert und sachkundig handeln. (3) Sie soll effizient vorgehen. Und: (4) Sie soll möglichst akzeptabel handeln.[11]

Nimmt man das Fairneßpostulat für sich, so könnte diesem ebenso gut, wenn nicht sogar besser, ein Gericht Rechnung tragen. Dessen Aufgabe ist aber die Entscheidung von ‚cases and controversies', nicht die Durchführung einer komplexen Verwaltungsaufgabe im öffentlichen Interesse. Dafür scheint die Legislative besser geeignet, doch diese steht, bezogen auf die konkreten Aufgaben, meistens auch vor unlösbaren Problemen: Stellt man auf die Postulate der Informiertheit, der Sachkunde und der Effizienz ab und bezieht diese auf die Notwendigkeit der Regulierung komplexer, oft technisch komplizierter und sich schnell wandelnder Sachverhalte und Bereiche, so zeigt sich, daß das komplizierte Gesetzgebungsverfahren im Kongreß mit seinen vielen ‚checks and balances'[12] selten zur Lösung der anstehenden Probleme taugt. Die

---

[8] Vgl. die Auszüge unten Anhang B. Die amerikanischen Lehrbücher und Fallsammlungen zum ‚administrative law' drucken die einschlägigen Vorschriften meist vollständig im Anhang ab. Bei älterer Literatur und Rspr. ist darauf zu achten, ob schon die U.S.C.-Fassung oder noch die ursprüngliche Fassung (nach den Abschnitten 2 bis 12) zitiert wird. Die amerikanischen Anhänge enthalten in der Regel auch Korrelationstabellen.

[9] Zu einigen deutschsprachigen Abhandlungen über Gebiete des besonderen Verwaltungsrechts siehe *Heitsch,* Genehmigung; *Kloepfer/Mast,* Umweltrecht; *Pietzcker,* Staatsauftrag; *Reich,* Regulierung; *Schlachter,* Verwaltungstransparenzrecht; *Schuster,* Ausweisungen; *Kaden,* Clean Air Act; *Huber,* Gefahrenabwehr; *Gurlit,* Verwaltungsöffentlichkeit; *Hitschler,* Besteuerung.

[10] Hierzu *Sunstein,* Rights Revolution, Chs. 1, 3; *Breyer/Stewart,* Adm. Law, Ch. 1 C 3 e, f.; *Fox,* Adm. Law, § 3.

[11] Vgl. *Gellhorn/Levin,* Adm. Law, S. 4 ff.

[12] Vgl. oben § 5 II.

moderne Verwaltung kann sich nicht damit begnügen, Gesetze zu ‚vollziehen', sie muß in zunehmendem Maß selbst, wenn auch überschlägig angeleitet durch die Legislative, Regelungen erlassen und durchführen. Selbst die Kontrolle der Durchführung dieser Gesetze bringt Probleme der Sachkunde mit sich, die im amerikanischen Verwaltungsrecht dazu geführt haben, daß die Verwaltungsbehörden oft quasi-justitielle Funktionen wahrnehmen.[13] Es ist diese Spannung zwischen der Notwendigkeit, der Verwaltung zur Durchführung ihrer vielfältigen Aufgaben weitreichende Kompetenzen in bezug auf Regelungserlaß, Regelungsdurchführung und deren Kontrolle zu gewähren, und dem berechtigten Verlangen des Bürgers nach politischer und gerichtlicher Überprüfung des behördlichen Handelns, die das gesamte amerikanische Verwaltungsrecht durchzieht; diese Spannung bildet auch den Schwerpunkt der folgenden Darstellung.

§ 18. Die Organisation von Bundesregierung und Bundesverwaltung

I. Textliche Grundlage und faktische Entwicklung

Die Verfassung enthält kaum Vorschriften über die Organisation der Bundesverwaltung. Ihr hervorstechendes Merkmal ist die gewaltenteilige Struktur[1]: Art. I § 1 weist alle legislativen Gewalten dem Kongreß zu. Nach Art. II § 1 Cl. 1 übt der Präsident die exekutive Gewalt aus. Die Rechtsprechung überträgt Art. III § 1 dem Supreme Court sowie weiteren legislativ zu bestimmenden Bundesgerichten. Vom Gewaltenteilungsschema ausgehend, könnte man die generelle Zuständigkeit des Präsidenten als Generalklausel für die Umsetzung aller Gesetze ansehen, verbunden mit einer parallelen Einrichtungskompetenz; eine solche Sicht läßt sich plausiblerweise auch auf die in Art. II § 3 geregelte Kompetenz des Präsidenten stützen, „[to] take care that the Laws of the United States be faithfully executed".

Diese weite Deutung steht aber in Widerspruch zu einigen spezifischen Kompetenzen des Präsidenten, die eher eng gefaßt sind: „[H]e may require the Opinion, in writing, of the principal Officer in each of the executive Departments, upon any subject relating to the Duties of their respective Offices" (Art. II § 2 Cl. 1); „He shall have Power, by and with the Advice and Consent of the Senate ... [to] appoint ... all other Officers of the United States, whose Appointments are not herein otherwise provided for, and which shall be established by Law: but the Congress may by Law vest the Appointment of such inferior Officers,

[13] Zur Stellung der Verwaltung im Rahmen der Gewaltenteilung siehe *Schwartz,* Adm. Law, § 1.5 und 1.6, sowie näher unten § 19.
[1] Vgl. oben §§ 3, 5, 7 und *Strauss,* Adm. Justice, S. 12ff.

as they think proper, in the President alone, in the Courts of Law, or in the Heads of Departments" (Art. II § 2 Cl. 2). Aus diesen Vorschriften ergibt sich, daß die Verfassung zwar die Einrichtung von „executive Departments" erwartet, aber darauf verzichtet, z.B. bestimmte Ministerien vorzuschreiben. Letzteres war zwar im Laufe der Verfassungsberatungen diskutiert, dann aber zugunsten der Konzeption einer einheitlichen und politisch verantwortlichen Exekutivspitze (‚unitary presidency') verworfen worden.[2] Der Präsident muß freilich seine Gewalt mit dem Kongreß teilen: Ihm steht zwar mit Zustimmung des Senats die Ernennungskompetenz der Spitzen der Bundesbehörden zu; deren Einrichtung und Organisation ist aber der Legislative aufgegeben, die sich auf die umfassende Kompetenz der ‚necessary and proper clause' in Art. I § 8 Cl. 18 berufen kann.[3] Nach der weiten Fassung, die diese Vorschrift erfahren hat[4], steht es in der Macht des Kongresses, seine insbesondere aus der ‚interstate commerce clause' und der ‚spending clause' herrührenden umfassenden Kompetenzen durch Regelungen betreffend die Einrichtung und Finanzierung der entsprechenden Bundesbehörden zu ergänzen. Diese Macht ist dem Präsidenten gegenüber nur beschränkt durch dessen eigene verfassungsrechtliche Kompetenzen.

Rein verfassungstextlich ist nicht klar, ob die Konzeption der einheitlichen Exekutivspitze einer Ausgliederung von Verwaltungsträgern aus den „executive Departments" entgegensteht, oder ob eine solche Ausgliederung zulässig ist, solange die konkreten Ernennungs-, Überwachungs- und Entlassungskompetenzen des Präsidenten eingehalten werden. Die faktische Entwicklung unterstützt die letztgenannte Sicht. Seit 1887 hat der Kongreß unabhängige Verwaltungsträger (‚independent regulatory agencies') geschaffen, die außerhalb der Bundesministerialbürokratie stehen. In den letzten Jahrzehnten hat deren Anzahl erheblich zugenommen; viele wichtige Bereiche werden inzwischen von solchen unabhängigen Verwaltungsträgern reguliert.[5] In den 80er Jahren des letzten Jahrhunderts sind von der Regierung Reagan sowie von einzelnen Wissenschaftlern und Richtern Zweifel an der Zulässigkeit dieser Aussonderung von ‚independent agencies' geäußert worden, weil sie der

[2] Vgl. *Pierce u.a.*, Adm. Law, § 4.2; *Gellhorn u.a.*, Adm. Law, S. 140; *Morrison v. Olson*, 487 U. S. 654, 698f. (1988) (Scalia, J., dissenting).

[3] Vgl. *Strauss*, Adm. Justice, S. 13ff. Zu legislativen Delegationen dieser Macht an den Präsidenten siehe *Pierce u.a.*, Adm. Law, § 4.3.2.

[4] Vgl. oben § 4 II.

[5] Vgl. etwa folgende wichtige unabhängige Verwaltungsträger: Civil Aeronautics Board (CAB); Federal Communications Commission (FCC); Federal Maritime Commission (FMC); Federal Reserve Board (FRB), Federal Trade Commission (FTC); Interstate Commerce Commission (ICC); National Labor Relations Board (NLRB); Nuclear Regulatory Commission (NRC); Federal Energy Regulatory Commission (FERC); Securities and Exchange Commission (SEC). Eine Fallstudie zur FTC bei *Reich*, Regulierung.

einheitlichen Exekutivspitze mit ihrer gebündelten Verantwortungsstruktur hin zum demokratisch gewählten Präsidenten entgegenstehe. Die Rechtsprechung des Supreme Court geht aber nach wie vor von der Verfassungsmäßigkeit der unabhängigen Verwaltungsträger aus, wenngleich manches Detail unklar oder umstritten ist.[6] Die folgenden Paragraphen gehen auf diese Diskussionen ein. Vorweg aber ein Überblick über die wichtigsten Regierungsorgane und Verwaltungsträger auf Bundesebene.[7]

II. Skizze der Regierungsorgane und Verwaltungsträger

Generell gilt: Die Einrichtung von integrierten oder selbständigen Bundesbehörden außerhalb der von der Verfassung selbst geregelten Präsidentschaft setzt legislatives Handeln voraus, ebenso ihre finanzielle Ausstattung. Das Organisationsgesetz (‚enabling act', ‚organic act') bestimmt den Aufbau der Behörde sowie Art und Umfang der Kompetenzen, die, falls nicht eine legislative Delegation an den Präsidenten vorgesehen ist, der Behörde selbst zugewiesen werden und mit präsidentiellen Ernennungs- und Überwachungskompetenzen – oft spannungsreich – verbunden sind. Die Behörden dürfen nicht gegen das Gesetz verstoßen oder die Kompetenzen überschreiten. Soweit nicht präsidentielle Ernennungskompetenzen betroffen sind, kann der Kongreß einheitliche Regelungen etwa in bezug auf Personal und Verfahren erlassen und hat dies auch durch beamtenrechtliche und verfahrensrechtliche Gesetze getan.

In einer groben Gliederung lassen sich folgende Regierungsorgane und Verwaltungsträger unterscheiden: (1) der Präsident mit seinem Stab; (2) das Kabinett und die entsprechenden Ministerien; (3) selbständige Verwaltungsorgane innerhalb der Ministerialbürokratie; sowie (4) verselbständigte Verwaltungsträger.[8] Eine Veranschaulichung findet sich in der Tafel auf Seite 209.

(1) Wahl und Aufgaben des *Präsidenten* sind oben § 7 dargestellt worden. Die Durchführung dieser Aufgaben setzt umfassende Zuarbeit voraus, die vom Executive Office of the President, üblicherweise White House benannt, geleistet wird.[9]

---

[6] Vgl. *Bowsher v. Synar,* 478 U.S. 714 (1986); *Morrison v. Olson,* 487 U.S. 654 (1988); *Schwartz,* Adm. Law, § 1. 10 bis 1. 12.

[7] Die beste Zusammenfassung ist der jährlich erscheinende Band The United States Government Manual, hrsg. von dem Office of the Federal Register. Er listet sämtliche Gliederungen der drei Gewalten auf, mit Zielsetzung, Rechtsgrundlagen, Amtsinhabern und weiteren Nachweisen.

[8] Vgl. *Strauss,* Adm. Justice, S. 69f., 86ff.; *Fox,* Adm. Law, § 2; *Gellhorn u. a.,* Adm. Law, S. 35f., 144ff. und rechtsvergleichend *Steinberg,* Politik und Verwaltungsorganisation. Daneben sind noch Bundesunternehmen (‚government corporations') zu erwähnen. Vgl. *Strauss,* aaO, S. 86 Fußn. 118 und *Steinberg,* aaO, S. 107, 114, 125f.

[9] Die einschlägigen Vorschriften samt Kommentierung finden sich in 3 U.S.C. A. Ch. 2: Office and Compensation of President, §§ 101ff.

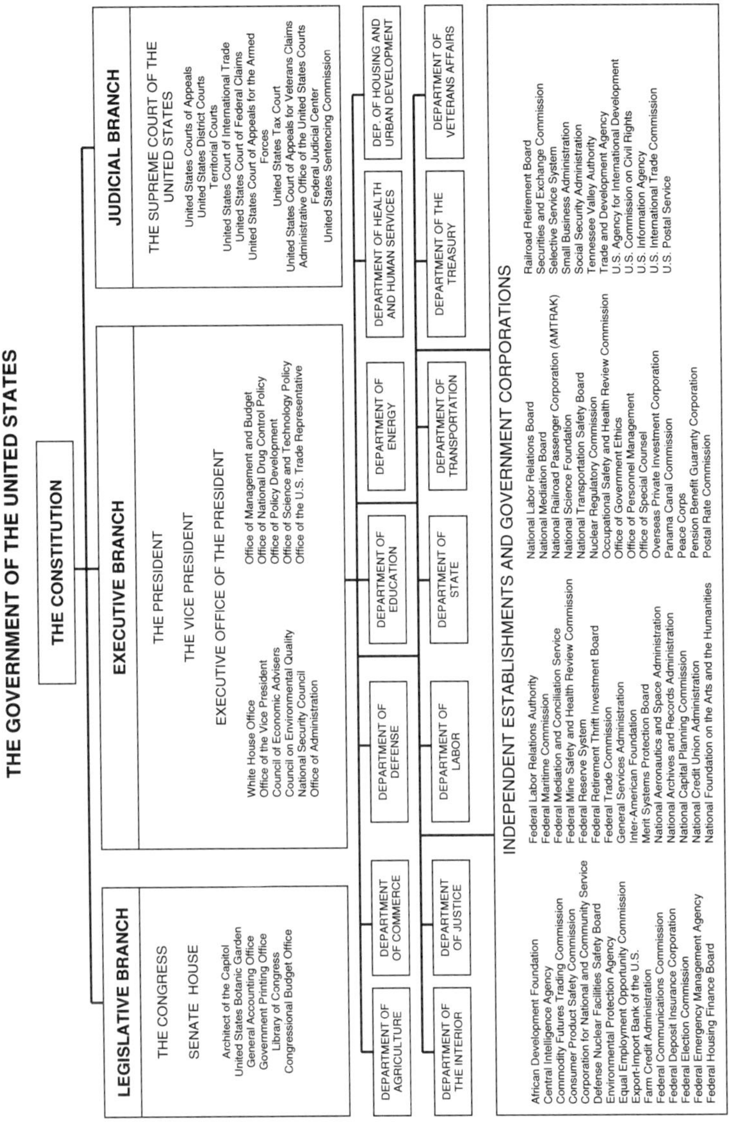

Quelle: The United States Government Manual 1999/2000 S. 28

Wichtige Abteilungen innerhalb des White House umfassen neben dem persönlichen Stab etwa den Council of Economic Advisers, den National Security Council sowie das verwaltungsrechtlich besonders wichtige Office of Management and Budget (OMB) mit der Abteilung Office of Information and Regulatory Analysis (OIRA). Die Kompetenzen des OMB sind erheblich: Im Rahmen der (in der Reichweite manchmal ungewissen) Macht des Präsidenten, die Gesetzesausübung zu überwachen und Berichte von den Verwaltungsspitzen zu fordern, haben insbesondere die letzten Präsidenten im Rahmen von ‚executive orders' weitgehende Überwachungsbefugnisse festgeschrieben. So müssen etwa eingegliederte Verwaltungsbehörden vor Erlaß von Normen eine Kosten-Nutzen-Analyse vorlegen und mit OMB abstimmen; geplante Regelungen sind jährlich vorzulegen.[10] Ferner sind die Haushaltsentwürfe der meisten Bundesbehörden mit OMB abzustimmen, bevor sie dem Kongreß vorgelegt werden.[11] Der internen Abstimmung dient ferner der 1993 durch Executive Order etablierte Domestic Policy Council, dessen Aufgabe es nach § 4 ist: „(1) to coordinate the domestic policy-making process; (2) to coordinate domestic policy advice to the President; (3) to ensure that domestic policy decisions and programs are consistent with the President's stated goals, and to ensure that those goals are being effectively pursued; and (4) to monitor implementation of the President's domestic policy agenda".[12]

(2) Die Verfassung legt keine bestimmten *Ministerien* fest. Der Kongreß richtete aber bald die klassischen Ministerien ein. Heute besteht das Kabinett der Präsidenten aus 14 Ministern, meist ‚Secretary' genannt, die ihrem Ministerium vorstehen.[13] In den ‚executive departments' gibt es legislativ vorgesehene Organisationsbereiche für spezifische Aufgaben, denen manchmal (z.B. im Steuerbereich) eigenverantwortliche Aufgabenerledigung und Abschottung gegenüber politischer Einflußnahme gewährt werden. Die Minister sowie einige weitere hervorgehobene Verwaltungsspitzen werden mit Zustimmung des Senats durch den Präsidenten ernannt.

(3) Manchmal richtet der Kongreß eine *unabhängige Verwaltungsbehörde* im Rahmen der Exekutive (‚independent executive agency') ein. Eine solche Behörde wird von einem Direktor geleitet, der vom Präsidenten ernannt wird und keinem Minister untersteht. Ein prominentes

[10] Vgl. Executive Order 12291, 46 Fed.Reg. 13193 (1981); 12498, 50 Fed.Reg. 1036 (1985), abgedruckt bei *Breyer/Stewart,* Adm. Law, Ch. 2 E 2, inzwischen ersetzt durch Executive Order 12866 vom 30. September 1993, 58 Fed.Reg. 51735 (1993), abgedruckt in *Gellhorn u. a.,* Adm. Law, Appendix A. Generell zu den ‚executive orders' *Strauss,* Adm. Justice, S. 70ff.

[11] Vgl. *Pierce u. a.,* Adm. Law, § 4.3.3 und ausführlich *Heun,* Budgetrecht.

[12] Executive Order 12859 vom 16. August 1993, 58 Fed. Reg. 44101 (1993).

[13] Vgl. 5 U.S.C.A. § 101.

Beispiel ist die Environmental Protection Agency (EPA), die „in the Executive branch as an independent Agency" angesiedelt ist.[14]

(4) Beginnend mit der Interstate Commerce Commission im Jahre 1887, hat der Kongreß ‚*independent regulatory agencies*' eingerichtet. Diese Verwaltungsträger stehen außerhalb der Ministerialbürokratie und zählen nicht als ‚executive agency' mit der damit verbundenen starken Kontrolle durch den Präsidenten; trotzdem ist unleugbar, daß sie der Sache nach Exekutivfunktionen ausüben und damit nur beschränkt den präsidentiellen Kompetenzen entzogen werden können. Diese nicht leicht einzuordnende Zwischenstellung drückt sich auch in den einschlägigen legislativen Regelungen aus, die typischerweise folgendes vorsehen: Die Verwaltungsspitze wird, wie innerhalb der Bundesregierung, vom Präsidenten mit Zustimmung des Senats für eine festgelegte Amtszeit ernannt. Im Unterschied zur einheitlichen Verwaltungsspitze im Ministerium werden die ‚independent agencies' von Kollegialorganen (‚commissions') geleitet, die mit Mehrheit entscheiden. Die gesetzlichen Regelungen sehen eine ungerade Zahl von ‚commissioners' vor und beschränken deren parteipolitische Auswahl. Dem Präsidenten steht neben der von der Zustimmung des Senats abhängigen Ernennungskompetenz das Recht zu, den Vorsitzenden zu bestimmen. Anders als bei Ministern kann der Präsident einen ‚commissioner' nur ‚for cause', bei begründetem Anlaß, entlassen, und je nach Sachlage können diese Gründe näher spezifiziert sein.[15]

Diese Verwaltungsträger werden vom Kongreß, ohne daß ein klare Linie zu erkennen ist, eingerichtet, wenn eine gewisse politische Unabhängigkeit der Behörde dem Präsidenten gegenüber angestrebt wird. Der Aufgabenbereich selbst kann umfassend oder genauer umrissen, ideologieanfällig oder technisch geprägt sein. Die ‚independent agencies' haben meist weitgehende Kompetenzen: Erlaß von allgemeinen Regelungen zur Durchführung des legislativen Auftrags sowie zu dessen inhaltlicher Konkretisierung für den Fall vager Aufgabenbeschreibung; Anwendung des Gesetzes im Einzelfall; Abwicklung von Streitigkeiten über die Durchführung.[16] Umfaßt sein kann also das volle Spektrum an gewaltenteiliger Kompetenz, was manchmal zu der Charakterisierung als ‚headless fourth branch of government' führt. Dies ist indes überzeichnet: Die Behörde kann nur im Rahmen legislativer Ermächtigung handeln, und ihre Verwaltungsspitze wird vom Präsidenten mit Zustimmung des Senats ernannt. Unterhalb der Verwaltungsspitze und in bezug auf das Verwaltungsverfahren unterscheiden sich die ‚indepen-

---

[14] Vgl. 40 C.F.R. Ch. 1, § 1.1. AaO, § 1.23 zur Rolle des ‚Administrator'.

[15] Vgl. schon oben § 7 III 6.

[16] Diese Kompetenzen kann der Kongreß aber auch Ministerien oder Abteilungen innerhalb der Ministerien verleihen.

dent agencies' nicht von der Ministerialbürokratie. Der wesentliche Unterschied zu dieser tut sich hinsichtlich der Organisation der Behördenspitze und der beschränkten Entlassungskompetenz des Präsidenten auf. Wie aber immer wieder betont wird, dürfen diese Unterschiede nicht überbewertet werden: Informell und politisch kann der Präsident oft so viel (oder auch so wenig) Einfluß ausüben wie über die Ministerialbürokratie.[17]

Abgesehen von der politischen Verwaltungsspitze der in (2) bis (4) genannten Organisationen besteht der Großteil des Personals aus Beamten. Das *Civil Service System* wurde 1883 vom Kongreß auf der Grundlage von Art. II § 2 Cl. 2 (,inferior officers') zur Abwehr der bis dahin weithin vorherrschenden parteipolitischen Patronage eingerichtet. Es baut auf der Eignung der jeweiligen Bewerber für die Stellen auf und sieht nach einer Bewährungszeit einen starken, wenn auch nicht absoluten Kündigungsschutz vor.[18] Das Innehaben solcher Stellen stellt nach Auffassung des Supreme Court eine verfassungsrechtlich geschützte Position (,entitlement') dar, deren Wegnahme den Erfordernissen von ,due process' gerecht werden muß.[19]

§ 19. Gewaltenteilung und Delegation staatlicher Macht

I. Textliche Verankerung und Zweck der Gewaltenteilung

Die Verfassung ist gewaltenteilig strukturiert: Die legislativen, exekutiven und judikativen Funktionen und Organe sind in Art. I bis III geregelt, und der Kongreß hat, wie § 18 gezeigt hat, weitgehende Befugnisse im Hinblick auf die Strukturierung der Regierungs- und Verwaltungsorgane. Erstreckt sich diese legislative Kompetenz auch auf die Delegation seiner Macht an die Verwaltung und sonstige Gewaltenverschiebungen? Enthält die Verfassung eine ,delegation doctrine' oder eine ,non-delegation doctrine'?

Die Verfassung geht, wie die Gliederung der Art. I, II und III zeigt, von der Teilung der legislativen, exekutiven und judikativen Gewalt aus, aber ein genauerer Blick enthüllt, daß sie die drei Gewalten in wichtigen Bereichen verschränkt und nicht strikt trennt: Der Präsident etwa hat ein Vetorecht im Gesetzgebungsverfahren, dem Senat steht ein Mitspracherecht bei wichtigen Ernennungen zu. Diese Beispiele und weitere Vorschriften zeigen, daß das Verhältnis der ersten drei Artikel der Ver-

---

[17] Vgl. *Breyer/Stewart*, Adm. Law, S. 134ff.; *Gellhorn u.a.*, Adm. Law, S. 34ff.

[18] Vgl. *Strauss*, Adm. Justice, S. 92ff.; *Pierce u.a.*, Adm. Law, § 4.5.3., und rechtsvergleichend *Umbach/Levinson*, Zulassung. Die Rechtsgrundlagen finden sich in 5 U.S.C. „Government Organization and Employees".

[19] Vgl. unten § 20 und *Cleveland Board of Education v. Loudermill*, 470 U.S. 532 (1985).

fassung eher durch ‚checks and balances' als durch eine strikte ‚separation of powers' bestimmt ist. Eine historische Analyse bestärkt den Textbefund. In den Nr. 47 und 48 der Federalist Papers verteidigt James Madison diese Verschränkung der Gewalten unter Hinweis darauf, daß auch Montesquieus Vorbild, die englische Verfassung, und die Verfassungen der Gliedstaaten der USA eine gegenseitige Abschichtung und Zuordung der Gewalten vorsehen. Von dieser Sachlage ausgehend, bestimmt Madison den Sinn der Gewaltenverschränkung und -kontrolle: (1) Primärer Zweck ist die Vorbeugung gegen staatliche Tyrannei als Vorbedingung politischer Freiheit. (2) Deshalb dürfen die jeweiligen Kompetenzen eines Zweiges der Staatsgewalt nicht unmittelbar und umfassend von einem der anderen Zweige ausgeübt werden. (3) Ein Zweig der Staatsgewalt darf den anderen demgemäß auch nicht weitgehend beherrschen. Mit anderen Worten: Gewaltenteilung im Rahmen der Verfassung soll (nur) Souveränitätsanmaßungen eines der Zweige der Staatsgewalt, faktisch vor allem der Legislative, vorbeugen. (4) Von dieser Grenze abgesehen, steht es der Legislative offen, Kompetenzen zu delegieren, soweit ihr dies notwendig oder sinnvoll erscheint.

Diese duale Konzeption – Verhinderung von freiheitsbedrohender Gewaltenkonzentration und Förderung effektiver Aufgabenverwirklichung – ist heute weitgehend als Ziel der verfassungsrechtlichen Gewaltenverschränkung anerkannt. Vielzitiert in der Rechtsprechung ist die folgende Stellungnahme von Justice Jackson: „While the Constitution diffuses power the better to secure liberty, it also contemplates that practice will integrate the dispersed powers into a workable government. It enjoins upon its branches separateness but interdependence, autonomy but reciprocity."[1] Was der Supreme Court im Laufe der Entwicklung hin zu immer mehr und weitergehenden Delegationen von legislativer Macht an Verwaltungsträger als drittes Moment noch zu berücksichtigen hatte, war die Maxime demokratischer Verantwortlichkeit, die ebenfalls ein Teil der amerikanischen Verfassungskonzeption ist und zu der Frage führt, ob der Kongreß nicht wegen seiner primären politischen Verantwortlichkeit gezwungen ist, jedenfalls bis zu einem gewissen Grad selbst inhaltliche Regelungen, insbesondere belastender Art, zu treffen. Unstreitig ist, daß die Verwaltung nicht gegen legislative Akte des Kongresses handeln oder jeweilige Ermächtigungen überschreiten darf; zudem bedarf die Verwaltung zur Auferlegung von Belastungen einer Ermächtigung durch Gesetz. Wieweit neben dem Vorrang

---

[1] *Youngstown Sheet & Tube Co. v. Sawyer,* 343 U.S. 579, 635 (1952) (concurring), zitiert in *Mistretta v. United States,* 488 U.S. 361, 381 (1989).); *Loving v. United States,* 517 U. S. 748, 756 (1996). Vgl. auch *Gellhorn/Levin,* Adm. Law, S. 12: „[T]he delegation doctrine's objective of dividing the responsibilities of government to provide checks on abuses of power must be counterbalanced by the need for effective government."

und Vorbehalt des Gesetzes ein Parlamentsvorbehalt im Sinne eigenständiger Festlegung der Eingriffe gilt, und wie der Supreme Court die Abgrenzung der genannten Prinzipien zur Zulässigkeit von Delegationen konkret trifft, wird im folgenden dargelegt.

II. Zur Zulässigkeit der Delegation legislativer Kompetenzen

In seiner frühen Rechtsprechung hat der Supreme Court eine enge Sicht von Gewaltenteilung vertreten und Delegationen von legislativer Macht als unzulässig angesehen. Das zwang das Gericht dazu, die faktisch vorkommenden Kompetenzverlagerungen als etwas anderes denn als ‚Delegationen' anzusehen, obwohl dieses Wort den Kern der Sache trifft: die Abtretung legislativer Regelungsmacht an Exekutivorgane. Mittel dazu war eine weite Auslegung der exekutiven Konkretisierungszuständigkeiten, die dazu führte, daß bis 1935 keine legislative Ermächtigungsnorm als verfassungswidrig angesehen wurde. Bei den Ermächtigungen handelte es sich um die Auferlegung von Importbeschränkungen bzw. Strafzöllen durch den Präsidenten, eine Ermächtigung des Landwirtschaftsministers, die öffentlichen Waldbestände zu schützen, sowie die Ermächtigung des Präsidenten, Zölle zum Ausgleich der Produktionskosten im Vergleich Inland-Ausland festzusetzen. In diesen Fällen bestand die Kompetenz der ermächtigten Organe nach Auffassung des Supreme Court lediglich darin, vorgängig festgesetzte Regelungen nach Eintreten einer faktischen Bedingung in Kraft zu setzen, Details einer im großen und ganzen festliegenden Materie zu bestimmen oder Regelungen im Rahmen eines verständlichen Maßstabes zu treffen.[2]

Der letztgenannte Maßstab, der zu Beginn des 20. Jahrhunderts entwickelt wurde, weist schon auf die Ausweitung der faktisch vorkommenden Ermächtigungen im zunehmend komplexer werdenden modernen Industriestaat hin, der die geringere Anforderung an die Dichte der legislativen Regelung entspricht: Soweit der Kongreß ein „intelligible principle" festgelegt hat, „to which the [agency must] ... conform"[3], erhebt das Gericht keinen Widerspruch, denn solange ein nachvollziehbarer Maßstab vorliegt, hat die Exekutive eine Vorgabe, an die sie sich halten kann und muß, und hat die Judikative ein Kriterium, dessen Einhaltung sie überprüfen kann – jedenfalls im Idealfall. Zur Bewältigung der großen Depression in den 30er Jahren des 20. Jahrhunderts erließ die Bundesregierung unter großem Zeitdruck eine Vielzahl von wirtschaftsregulierenden Maßnahmen, die oft weitgehende Ermächtigungen enthielten, aber nicht immer sorgfältig entworfen worden waren. Dies

---

[2] Vgl. *The Brig Aurora*, 11 U.S. (7 Cranch) 382 (1813); *Field v. Clark*, 143 U.S. 649 (1892); *United States v. Grimaud*, 220 U.S. 506 (1911); *J. W. Hampton, Jr. & Co. v. United States*, 276 U.S. 394 (1928).

[3] *J. W. Hampton*, aaO, 409.

führte zum ersten Mal dazu, daß der Supreme Court eine unzulässige Delegation legislativer Macht vorliegen sah.

In drei Entscheidungen sah das Gericht Bundesregelungen als verfassungswidrig an. In *Panama Refining Co. v. Ryan*[4] hatte das Gericht den National Industrial Recovery Act (NIRA) zu überprüfen, der dem Präsidenten die Macht verlieh, den Transport von Petroleum und Petroleumprodukten über die Landesgrenzen hinaus zu verbieten, soweit staatlich festgesetzte Kontingente überschritten waren; für Verstöße gegen Verbote sah das Gesetz Geld- und Gefängnisstrafen vor. Obwohl das Gesetz das Ziel der Ermächtigung erläuterte – die Konservierung von Rohstoffen, die Verhinderung unfairer Konkurrenz und den Schutz der Produktionskapazität angesichts der Entdeckung neuer Ölfelder und drastisch fallender Preise –, sah das Gericht keinen das Ermessen des Präsidenten leitenden Maßstab vorliegen; zudem, monierte das Gericht, werde der Präsident nicht verpflichtet, vor seiner Entscheidung einschlägige Datenerhebungen vorzunehmen. Anders der dissentierende Richter Cardozo, der hier keine andere Sachverhaltsgestaltung als in den weiter oben zitierten Fällen vorliegen sah: „Under these decisions the separation of powers between the Executive and Congress is not a doctrinaire concept to be made use of with pedantic rigor. There must be sensible approximation, there must be elasticity of adjustment, in response to the practical necessities of government, which cannot foresee today the developments of tomorrow in their nearly infinite variety."[5] Im *Sick Chicken Case*[6] war ebenfalls eine aufgrund des NIRA erlassene Regelung zu überprüfen, ein im Staat New York geltender ‚live poultry code'. Nach dem NIRA konnten Vereinigungen von Wirtschaftszweigen Regelungen zur fairen Strukturierung ihres Bereichs vorschlagen; deren rechtliche Gültigkeit hing von präsidentieller Genehmigung ab. Der Präsident wiederum war gebunden an allgemein gehaltene Vorgaben: Die Regelungen mußten repräsentativ und fair sein, Monopole ausschließen, durften Kleinbetriebe nicht unterdrücken und sollten in Einklang mit den übergreifenden Zielen des NIRA stehen. Verstöße gegen geltende Regelungen waren mit Geldstrafen bewehrt. Auch in diesem Fall sah der Supreme Court keine ausreichend klaren Maßstäbe vorliegen, die das Ermessen des Präsidenten hätten leiten können; zudem, monierte das Gericht, sei die weitgehende Delegation nicht gekoppelt mit prozeduralen Vorkehrungen, von denen eine Förderung der Ziele des Gesetzes zu erwarten sei, wie etwa einer angemessenen Anhörung bei der Ausformulierung des betreffenden Codes oder der Einräumung von Rechtsschutz. Ähnlich gelagert war auch der Fall *Carter v. Carter*

[4] 293 U.S. 388 (1935).
[5] AaO, 440.
[6] *Schecter Poultry Corp. v. United States*, 295 U.S. 495 (1935).

Coal Co.[7], in dem privaten Komitees der Kohleindustrie die Möglichkeit eingeräumt worden war, verbindliche Regelungen zur Förderung eines fairen Wettbewerbs zu erlassen, ohne daß eine ausreichende staatliche Kontrolle vorlag. Darin sah das Gericht eine unzulässige Delegation: „This is legislative delegation in its most obnoxious form; for it is not even delegation to an official or an official body, presumptively disinterested, but to private persons whose interests may be and often are adverse to the interests of others in the same business."[8]

Diese drei Fälle sind die einzigen, in denen der Supreme Court unzulässige legislative Kompetenzverschiebungen an die staatliche Exekutive vorliegen sah. Seit Mitte der 30er Jahre des 20. Jahrhunderts hat der Supreme Court alle Delegationen legislativer Macht an die Exekutive akzeptiert[9], auch wenn es sich um weitreichende Ermächtigungen handelte, die nur durch allgemeine Formeln wie ‚öffentliches Interesse' oder ähnliches angeleitet waren[10]; zum Teil lag auch überhaupt kein substantieller Maßstab vor.[11] Dabei hat das Gericht die ‚delegation doctrine' nicht förmlich außer Kraft gesetzt; sie ist nur faktisch zu Grabe getragen worden. Grund dafür ist zum einen, daß die Mehrheit des Supreme Court inzwischen der schon von Richter Cardozo in *Panama Refining* vorgeschlagenen Flexibilität in Gewaltenteilungsfragen zuneigt; diese hilft auch Konflikte vermeiden bei Regelungen, deren Charakter als ‚legislativ' oder ‚exekutiv' streitig ist. Zum anderen verfolgt das Gericht oft eine Ausweichstrategie: Wenn schon aus einsehbaren Gründen (z.B. technischer, neuartiger, auf schnelle Wandlung ausgerichteter Charakter der Regelung) keine inhaltliche Anleitung durch den Kongreß zu erwarten ist, oder der Kongreß aus politischen Gründen nicht fähig oder willens ist, eine detaillierte Entscheidung zu treffen, so ist dieses rechtsstaatliche Defizit durch prozedurale Regelungen auszugleichen. Dazu zählen etwa verwaltungsintern eine Beteiligung von betroffenen Bürgern und von Sachverständigen sowie die Pflicht, die Verwaltung zur Formulierung eigener Standards zu zwingen, um eine gerichtliche Kontrolle des Verwaltungsermessens zu ermöglichen. Das einschlägige Stichwort ist: ‚from standards to safeguards'.[12] Diese kompensatorischen Überlegungen sind dem Grundsatz nach schon in den drei ‚non-

---

[7] 298 U.S. 238 (1936).

[8] AaO, 311.

[9] Diese Großzügigkeit gilt aber nicht gegenüber Kompetenzverschiebungen zugunsten privater Rechtssetzungsbefugnisse. Vgl. *Carter Coal Co.*, aaO, und *United States v. Rock Royal Cooperative,* 307 U.S. 533 (1939).

[10] Vgl. z.B. *Yakus v. United States,* 321 U. S. 414 (1944); *Mistretta v. United States,* 488 U.S. 361, 371ff., 380ff. (1989); *Loving v. United States,* 517 U. S. 748, 756ff., 771ff. (1996).

[11] Vgl. *Arizona v. California,* 373 U.S. 546 (1963).

[12] Vgl. *Gellhorn/Levin,* Adm. Law, Ch. I D 2. Ein illustratives Beispiel ist *Amalgamated Meat Cutters & Butcher Workmen v. Connally,* 337F. Supp. 737 (D.D.C. 1971).

delegation cases' angesprochen und vom Supreme Court in seinen neueren Entscheidungen ausgeweitet und näher begründet worden. Das demokratische Defizit, das hier manche mangels inhaltlicher Beteiligung des unmittelbar politisch verantwortlichen Kongresses vorliegen sehen, wird von anderen geleugnet: Die Bürgerbeteiligung kompensiere dieses Defizit; zudem repräsentiere die Spitze der Verwaltungsbehörde, die vom Präsidenten ernannt sei, die Politik des Präsidenten und seiner demokratischen Basis.

Eine weitere gerichtliche Strategie zur Begrenzung des Spielraums von Verwaltungsbehörden ist die enge Auslegung der Delegationsnorm, insbesondere soweit die Beschneidung von Grundrechten in Frage steht.[13] Der Sache nach handelt es sich dabei um eine verfassungskonforme Interpretation einer potentiell zu weit reichenden Ermächtigungsnorm, die dazu führen kann, daß das konkret angegriffene Verwaltungshandeln als ‚ultra vires' angesehen wird. Ein neueres Beispiel ist *Industrial Union Department AFL-CIO v. American Petroleum Institute,* auch *Benzene Case* genannt.[14] Der Occupational Safety and Health Act (OSHA) von 1970 war erlassen worden, um sichere und gesunde Arbeitsbedingungen zu gewährleisten. Der Arbeitsminister hatte die entsprechenden Regelungen zu erlassen. § 3 (8) des Gesetzes sah vor, daß die Regelungen „reasonably necessary or appropriate to provide safe or healthful employment" sein müßten. Für giftige und gesundheitsschädliche Substanzen sah § 6 (b) (5) vor, daß der Arbeitsminister eine Regelung festzusetzen hatte, „which most adequately assures, to the extent feasible, on the basis of the best available evidence, that no employee will suffer material impairment of health or functional capacity". Der Arbeitsminister hatte für den Bereich Benzin eine Verordung erlassen, deren Zulässigkeitsstandard weit strenger als der bis dahin geltende Gefährlichkeitsmaßstab war. Nach Auffassung von vier Richtern setzt eine solche Verschärfung neue empirische Kenntnisse voraus, die der Arbeitsminister nicht eingeholt hatte; eine solche Verschärfung könne nicht im Sinne des Kongresses und der beiden zitierten Vorschriften liegen. Somit habe der Arbeitsminister seine Kompetenz überschritten. Gehe man umgekehrt davon aus, daß es im Ermessen des Ministers liege, solche wirtschaftlich weitreichenden Verschärfungen ohne legislative Anleitung und genaue empirische Kenntnisse festzulegen, so liege eine unzulässige Delegation vor. „A construction of the statute that avoids this kind of open-ended grant should certainly be favored."[15]

Die fünfte Stimme in diesem Fall steuerte Richter Rehnquist bei, der nicht den Weg der verfassungskonformen Auslegung des ermächtigen-

---

[13] Vgl. z.B. *Kent v. Dulles,* 357 U.S. 116 (1958).
[14] 448 U.S. 607 (1980).
[15] AaO, 646.

den Statuts wählte, sondern eine verfassungswidrige Delegation legislativer Befugnisse vorliegen sah. In seinem zustimmenden Votum findet sich das beste neuere gerichtliche Plädoyer für eine Begrenzung der Abtretung legislativer Befugnisse: „[T]he nondelegation doctrine serves three important functions. First, and most abstractly, it ensures to the extent consistent with orderly governmental administration that important choices of social policy are made by Congress, the branch of our Government most responsive to the popular will ... Second, the doctrine guarantees that, to the extent Congress finds it necessary to delegate authority, it provides the recipient of that authority with an ‚intelligible principle' to guide the exercise of the delegated discretion ... Third, and derivative of the second, the doctrine ensures that courts charged with reviewing the exercise of delegated legislative discretion will be able to test that exercise against ascertainable standards."[16] Diese Beschränkung der Weitergabe legislativer Kompetenzen an unabhängige Verwaltungsträger mit ihrer impliziten Bejahung der Pflicht des Kongresses, die wesentlichen Fragen selbst zu entscheiden, hat aber bisher keine Mehrheit im Supreme Court finden können. Herrschend ist nach wie vor der weitgehende Verzicht auf eine substantielle Begrenzung legislativer Delegationen, soweit die angesprochenen Sicherungsmechanismen beachtet werden.[17]

III. Zur Zulässigkeit der Delegation judikativer Kompetenzen

Art. III § 1 S. 1 sieht vor: „The judicial Power of the United States, shall be vested in one supreme Court, and in such inferior Courts as the Congress may from time to time ordain and establish." Diese Vorschrift kann so verstanden werden, daß alle Streitigkeiten, die den im darauffolgenden § 2 geregelten Voraussetzungen entsprechen, von Art. III-Gerichten (‚constitutional courts') entschieden werden müssen, nämlich solchen, denen richterliche Unabhängigkeit im Sinne von § 1 S. 2 zusteht. Diese Sicht täuscht. Die Verfassung sieht in Art. I § 8 Cl. 9 ausdrücklich das Recht des Kongresses vor, „To constitute Tribunals inferior to the supreme Court". Diesen ‚legislative courts' muß der Kongreß nicht den vollen Umfang richterlicher Unabhängigkeit im Sinne von Art. III § 1 S. 2 einräumen, und die Zuständigkeit ist nicht auf die Fälle von Art. III § 2 beschränkt. Zu den vom Kongreß eingerichteten ‚legislative courts' zählen einige Gerichte mit besonderen Zuständigkeiten[18] sowie Verwaltungsbehörden, die mit Hilfe von ‚administrative law

---

[16] AaO, 685 f. Vgl. auch die abweichende Meinung von J. Scalia in *Mistretta v. United States*, 488 U. S. 361, 413 ff. (1989).

[17] Vgl. die Übersichten bei *Nolte*, AöR 118 (1993), S. 378 ff.; *Kischel*, 46 Adm. L.Rev. 214 (1994); *Pünder*, Exekutive Normsetzung.

[18] Vgl. *Chemerinsky*, Fed. Jurisdiction, § 4: Territorialgerichte, einige Gerichte im District of Columbia sowie Kriegsgerichte.

judges' Streitigkeiten verbindlich entscheiden, mit der Möglichkeit einer eventuell beschränkten Kontrolle durch Art. III-Gerichte. Wie verträgt sich diese Auslagerung von Justizangelegenheiten aus der Art. III-Zuständigkeit mit der offensichtlich von Art. III § 1 angezielten Neutralität und Unabhängigkeit der Gerichte als einem wesentlichen Element von Gewaltenteilung[19] sowie dem damit zusammenhängenden verfassungsrechtlichen Prinzip, in Justizsachen ‚due process' zu gewährleisten (Am. 5, 14)?

Die Antworten des Supreme Court in bezug auf Verwaltungsrechtsstreitigkeiten sind nach eigenem Eingeständnis nicht immer leicht zu systematisieren.[20] Das hängt damit zusammen, daß Art. III bzw. Art. I § 8 Cl. 9 und 18 (‚necessary and proper clause'), jeweils für sich gesehen, ganz unterschiedliche Antworten ermöglichen: Von Art. III aus bietet sich eine textorientierte, formalistische Sicht an – strikte Gewaltenteilung gebietet, daß alle ‚cases and controversies', die unter die genannten Zuständigkeiten fallen, von Gerichten und nicht anderen Zweigen der Staatsgewalt oder politisch beeinflußbaren ‚Richtern' entschieden werden. Art. I § 8 Cl. 9 und 18 dagegen eröffnen die Chance, ergebnis- und effizienzorientiert für die Zulässigkeit von ‚legislative courts' zu argumentieren, wann immer der Kongreß dies als wünschenswert oder geboten ansieht. Letzteres geht nach Auffassung des Supreme Court eindeutig zu weit, weil damit der Kern von Gewaltenteilung betroffen wäre und der Bürger in weiten Gebieten nicht die Garantie hätte, seine Streitigkeiten von unabhängigen und neutralen Gerichten entschieden zu haben; das stellte auch eine Gefahr für ‚due process' dar. Auf der anderen Seite ist klar, daß der Kongreß doch einige Flexibilität hat in bezug auf seine Kompetenz aus den genannten Kompetenztiteln in Art. I. Wie weit diese Macht freilich reicht, ist nicht einfach festzustellen.

Eine wesentliche Richtlinie der Rechtsprechung ist es, daß ‚private rights' grundsätzlich der Zuständigkeit von Art. III-Gerichten unterstehen, während vom Staat verliehene ‚public rights' im Verhältnis Staat-Bürger in Administrativverfahren beurteilt werden können, sofern Rechtsmittel zu Art. III-Gerichten gegeben sind, die dann allerdings in der Regel keine umfassende Prüfungskompetenz mehr haben.[21] Die mit dieser Richtlinie verbundenen Probleme betreffen zum einen die Tatsache, daß die Abgrenzung zwischen ‚private rights' und ‚public rights' oft schwierig ist, zum anderen den Grundsatzcharakter dieser Aussage:

---

[19] Vgl. die Federalist Papers, Nr. 78.

[20] Vgl. *CFTC v. Schor,* 478 U.S. 833, 847 (1986): „[O]ur precedents in this area do not admit of easy synthesis ...".

[21] Vgl. aaO, 853f., 859, den klassischen Ausgangsfall *Crowell v. Benson,* 285 U. S. 22, 50 (1932) sowie *Gellhorn/Levin,* Adm. Law, S. 31: „Nearly all administrative cases involve ‚public rights', which are universally considered appropriate for agency adjudication."

Ausnahmen sind möglich, wie exemplarisch *CFTC v. Schor*[22] zeigt. In dieser Entscheidung ging es um die Zulässigkeit der Entscheidung eines Streits durch die unabhängige Aufsichtsbehörde für die Warenterminbörsen (CFTC). Der Streit war zwischen Schor und einem Börsenmakler ausgebrochen und hatte sowohl zu einer Klage wie zu einer Widerklage geführt. Die Widerklage betraf ein Rechtsverhältnis des privaten Rechts, trotzdem hielt der Supreme Court die statutorisch gegebene Zuständigkeit der CFTC für zulässig. Zum ersten habe Schor auf den auch möglichen Zugang zu einem Art. III-Gericht verzichtet. Zum zweiten handle es sich hier nur um eine eng begrenzte private right-Zuständigkeit im Rahmen von Widerklagen. Zum dritten liege kein wesentlicher Eingriff in die Gewaltenteilung vor, und soweit doch ein Eingriff vorliege, sei dieser durch das Ziel des Kongresses gerechtfertigt, in diesem komplexen und unübersichtlichen Gebiet zu kompetenten und schnellen Einzelfallentscheidungen zu gelangen, die dann noch einmal, wenn auch beschränkt, durch Art. III-Gerichte überprüft werden können.

Die Entscheidung durchzieht ein pragmatischer und anti-formalistischer Zug: „In determining the extent to which a given congressional decision to authorize the adjudication of Art. III business in a non-Article III tribunal impermissibly threatens the institutional integrity of the Judicial Branch, the Court has declined to adopt formalistic and unbending rules ... Although such rules might lend a greater degree of coherence to this area of the law, they might also unduly constrict Congress' ability to take needed and innovative action pursuant to its Article I powers. Thus, in reviewing Art. III challenges, we have weighed a number of factors, none of which has been deemed determinative, with an eye to the practical effect that the congressional action will have on the constitutionally assigned role of the federal judiciary."[23] Hier führt das Gericht die oben genannten Gründe ein, die alle für die Zulässigkeit dieser Delegation sprechen. Das Gericht nennt auch eine Grenze, die auf Wesensgehaltsargumente abstellt: „This is not to say ... that if Congress created a phalanx of non-Article III tribunals equipped to handle the entire business of the Article III courts without any Article III supervision or control and without evidence of valid and specific legislative necessities, the fact that the parties had the election to proceed in their forum of choice would necessarily save the scheme from constitutional attack."[24]

---

[22] 478 U.S. 833 (1986).

[23] AaO, 851.

[24] AaO, 855. Die eher formalistische Sicht wird in der abweichenden Meinung von Richter Brennan, aaO, 859ff. vertreten, der in einem früheren Fall – im Ergebnis erfolgreich – mit drei anderen Richtern für die engere, formalistische Sicht der Delegation justitieller Macht eingetreten war: *Northern Pipeline Construction Co. v. Marathon Pipe Line Co.*, 458 U.S. 50 (1982). Die flexible Haltung des Gerichts in *Schor* wurde in *Mistretta v. United States*, 488 U.S. 361 (1989) bestätigt.

Falls eine zulässige Delegation an ein Verwaltungsorgan zur verbindlichen Entscheidung von Streitigkeiten vorliegt, welche Sanktionen kann der Verwaltungsträger in eigener Kompetenz festlegen, welche müssen Art. III-Gerichten vorbehalten bleiben? Generell läßt sich sagen: Die Festlegung strafrechtlicher Sanktionen für spezifische Verstöße kann im Rahmen einer generellen gesetzlichen Ermächtigung delegiert werden, nicht aber deren individuelle Durchsetzung und Verfolgung, etwa durch Verhängung einer Gefängnisstrafe[25]; auch die Festsetzung von Strafschadensersatz (‚punitive damages') muß von Art. III-Gerichten vorgenommen werden.[26] Dagegen können ‚civil penalties' wie etwa Schadensersatz oder Ordnungsgelder von den ‚administrative agencies' verhängt (aber nicht notwendigerweise mit Zwang durchgesetzt) werden. Soweit das zugrundeliegende Rechtsverhältnis ein ‚public right' betrifft, muß nicht in jedem Fall eine dem Am. 7 entsprechende Jury eingeschaltet werden.[27]

IV. Legislative Kontrolle von Verwaltungshandeln im Bereich delegierter Macht

Wie in Abschnitt II. dargelegt, kann der Kongreß seine Zuständigkeiten weitgehend an Verwaltungsorgane delegieren. Seine Macht aus der ‚necessary and proper clause' (Art. I § 8 Cl. 18) reicht weit, Gewaltenteilungsaspekte dagegen taugen nach der Rechtsprechung nur beschränkt zur Eindämmung von Delegationen. Die daraus resultierende Gefahr unkontrollierten Administrativhandelns wird zum einen durch die schon angesprochene Maxime ‚from standards to safeguards' eingedämmt; zum anderen stehen dem Kongreß wichtige andere Kontrollinstrumente formeller und informeller Art zur Verfügung:

Die Legislative kann delegierte Macht immer zurücknehmen oder beschränken. Sie kann einen Verwaltungsträger auflösen oder umstrukturieren. Sie kann ein Programm absetzen oder im Umfang beschneiden. Letzteres ist möglich sowohl bei Festsetzung von Rechten und Pflichten als auch bei der Finanzierung der entsprechenden Programme im Rahmen der haushaltsrechtlichen ‚authorizations' und ‚appropriations'.[28] Auch auf die Personalpolitik kann die Legislative Einfluß nehmen: Der Präsident bedarf nach Art. II § 2 Cl. 2 für die Besetzung hoher Regierungs- und Verwaltungspositionen der Zustimmung des Senats; zudem sieht diese Norm weitere Kompetenzen des Kongresses in bezug auf „inferior Officers" vor.[29] Der Kongreß hat weiterhin lange sich selbst,

---

[25] Vgl. zuletzt *Loving v. United States,* 517 U. S. 748, 768 (1996).
[26] Vgl. *McHugh v. Santa Monica Rent Control Board,* 49 Cal. 3 d 348 (1989).
[27] Vgl. *Atlas Roofing Co. v. Occupational Safety & Health Comm'n,* 430 U. S. 442 (1977) und zur uneinheitlichen Rechtsprechung *Fox,* Adm. Law, § 19.
[28] Ausführlicher *Strauss,* Adm. Justice, S. 55 ff.; *Heun,* Budgetrecht.
[29] Vgl. oben § 7 III 6.

einem der beiden Häuser oder einem Ausschuß ein legislatives Veto vorbehalten, das ihm ermöglichte, per Resolution eine mißliebige Regelung oder Einzelfallentscheidung der zuständigen Verwaltungsbehörde zu blockieren, ohne daß diese Resolution (wie im Falle eines Gesetzes) dem Präsidenten oder (je nach Sachlage: einem der beiden Häuser oder dem anderen Haus) hätte vorgelegt werden müssen. Diese verbreitete Praxis hat der Supreme Court aus Gründen der Gewaltenteilung für verfassungswidrig erklärt.[30] Keine verfassungsrechtlichen Bedenken bestehen gegen das report and wait-Verfahren: Gemäß gesetzlicher Anordnung muß der Verwaltungsträger eine von ihm beschlossene, aber noch nicht in Kraft getretene Norm dem Kongreß vorlegen, der dann innerhalb eines festgesetzten Zeitraums die Chance hat, das Inkrafttreten durch eine eigene Regelung zu verhindern. Eine weitere Kontrolle bieten die ‚sunset laws': Ein Verwaltungsträger oder ein bestimmtes Programm wird nur für eine bestimmte Zeit eingerichtet; der Fortbestand hängt dann von erneuter legislativer Bestätigung ab. Der Kongreß kann weiterhin ständige oder ad hoc-Ausschüsse zur Untersuchung von Exekutivhandeln einsetzen und Berichtspflichten festsetzen. Schließlich steht es den Abgeordneten immer offen, sich informell für ihre Wähler bei einer Behörde einzusetzen.[31]

V. Kontrolle des Verwaltungshandelns durch den Präsidenten

Die Möglichkeiten des Präsidenten, das Handeln von Verwaltungsorganen zu lenken und zu kontrollieren, sind schon oben §§ 7 III und 18 behandelt worden: Er hat das Recht und die Pflicht, für eine korrekte Gesetzesdurchführung zu sorgen, bei wichtigen Personalernennungen die Zustimmung des Senats einzuholen und die Führung der Verwaltungsgeschäfte zu überwachen. Er ist auch das einzige Verfassungsorgan, das mit Aussicht auf Erfolg das Tätigwerden der vielen Verwaltungsorgane effektiv koordinieren kann; hervorstechendes Koordinierungsmittel sind die ‚executive orders', die der Präsident im Rahmen eigener Kompetenzen oder nach Ermächtigung durch den Kongreß erläßt. Eine wichtige legislativ verliehene Kompetenz umfaßt etwa das Recht, dem Kongreß einen Haushaltsentwurf vorzulegen, den die Ministerien und die meisten der eigenständigen Verwaltungsträger mit dem dem Präsidenten unterstehenden Office of Management and Budget (OMB) abzustimmen haben. Zur Ernennungskompetenz der in Art. II § 2 Cl. 2 genannten hohen Regierungs- und Verwaltungsorgane gehört auch die Entlas-

---

[30] Vgl. oben § 7 III 5 zu *INS v. Chadha,* 462 U.S. 919 (1983) sowie dem 1996 erlassenen Congressional Review Act.

[31] Zu diesen (und weiteren) Kontrollmöglichkeiten siehe *Oleszek,* Congressional Procedure, Ch. 10; *Gellhorn/Levin,* Adm. Law, Ch. II, A, B; *Strauss,* Adm. Justice, Ch. 6; Fox, Adm. Law, § 9.

sungskompetenz, die der Präsident bei den Spitzen der Bundesexekutive nach eigenem Ermessen ausüben kann; bei den Commissioners der eigenständigen Verwaltungsträger muß er gesetzlich vorgesehene Entlassungsgründe beachten. Das Entlassungsrecht übt der Präsident ohne Zustimmung des Senats aus.[32]

§ 20. Verfahrensrechte nach der Due Process-Klausel

I. Begriffliche Analyse

‚Due process' ist an zwei Stellen in der Verfassung verankert. Am. 5 setzt fest: „[No person shall] be deprived of life, liberty, or property, without due process of law." Diese Vorschrift bindet die Bundesgewalt. Am. 14 § 1 enthält eine gleichsinnige Vorschrift für die Gliedstaaten. Alle staatliche Gewalt muß also bei Eingriffen in Leben, Freiheit und Eigentum ein ordentliches Verfahren einhalten. Für Bundesstrafverfahren enthält die Verfassung Konkretisierungen in den Zusatzartikeln 4 bis 6 und 8; insoweit kann die due process-Klausel als bestätigende und verstärkende Generalklausel dienen.

Als Generalklauseln entfalten die due process-Klauseln freilich auch in anderen Gebieten Wirkung. Drei Richtungen lassen sich aufweisen: (1) Die due process-Klausel im 14. Zusatzartikel hat dem Supreme Court in der *Inkorporationsdebatte* dazu gedient, die meisten der in der Bill of Rights enthaltenen Strafverfahrensrechte auch auf Prozesse vor Gerichten der Gliedstaaten anzuwenden; das Gericht hat sogar weitergehende Rechte formuliert.[1] (2) Zum Teil hat der Supreme Court die due process-Klauseln auch über den eine rein prozedurale Garantie andeutenden Wortlaut hinaus dazu benutzt, der Staatsgewalt inhaltliche Grenzen zu ziehen. Die due process-Klauseln dienen insoweit als Quelle neuer, grundrechtsgleicher Rechte; diese Rechtsprechung firmiert unter dem Titel *‚substantive due process'*.[2] (3) Die gleich näher zu erörternde Dimension ist die dem Text und der geschichtlichen Entwicklung[3] der Vorschrift am nächsten stehende: *‚procedural due process'*.[4]

---

[32] Für die ‚inferior officers' gelten die einschlägigen Beamtengesetze. Die Ernennung oder Entlassung dieser untergeordneten Amtswalter kann der Präsident nur aussprechen, soweit ihm dies ausdrücklich gesetzlich eingeräumt worden ist. Vgl. *Pierce u. a.*, Adm. Law, § 4.5.3.

[1] Vgl. oben § 9 II.

[2] Vgl. oben § 11.

[3] Abschnitt 39 der Magna Carta von 1215 setzte fest: „No freeman shall be taken and imprisoned or disseized or exiled or in any way destroyed, nor will we go upon him nor send upon him, except by the lawful judgment of his peers and by the law of the land." Zitiert nach *Gellhorn u. a.*, Adm. Law, S. 704.

[4] Zu diesen drei Komponenten von ‚due process' siehe *Daniels v. Williams*, 474 U.S. 327, 337 (1986) (Stevens, J., concurring).

Hier geht es um die Frage, ob und inwieweit sich aus dieser Vorschrift prozedurale Anweisungen für Verwaltungsverfahren ergeben, die die zuständigen Organe zu beachten haben. Soweit solche verfassungsrechtlichen Erfordernisse bestehen, binden sie die Bundes- und Gliedstaatenverwaltung. Das heißt: Soweit auf Bundes- und Landesebene außen- oder innenrechtliche Verfahrensvorschriften existieren, sind diese an der due process-Klausel zu messen; soweit dies nicht der Fall ist, kommt der due process-Klausel konstitutive Wirkung zu.

Die Verwaltung kann durch individuelle Akte (‚adjudication') oder generelle Akte (‚rulemaking') in Leben, Freiheit und Eigentum des Bürgers eingreifen.[5] Sind die Erfordernisse eines ordentlichen Verfahrens auf beide Verfahrensarten anzuwenden? Nach Auffassung des Supreme Court gilt die due process-Klausel nur für Einzelfallmaßnahmen. Eine solche lag in *Londoner v. Denver* vor, wo die Stadt Denver als Ausgleich für die Verbesserung einer Straße die Straßenanlieger zu einem finanziellen Beitrag herangezogen hatte: „[D]ue process of law requires that at some stage of the proceedings before the tax becomes irrevocably fixed, the taxpayer shall have an opportunity to be heard, of which he must have notice, either personal, by publication, or by a law fixing the time and place of the hearing."[6] Anders wurde die Sachlage in *Bi-Metallic Investment Co. v. Colorado* bewertet, wo sich der Kläger gegen eine generelle Anhebung der Grundstücksbewertung um 40% durch den Staat Colorado in der Stadt Denver wandte, die ohne Anhörung festgesetzt worden war. Darin sah der Supreme Court keinen Verstoß gegen die due process-Klausel: „Where a rule of conduct applies to more than a few people, it is impracticable that every one should have a direct voice in its adoption ... General statutes within the state power are passed that affect the person or property of individuals, sometimes to the point of ruin, without giving them a chance to be heard. Their rights are protected in the only way that they can be in a complex society, by their power, immediate or remote, over those who make the rule"[7], mit anderen Worten, durch Wahl und Abwahl der politisch Verantwortlichen. „There must be a limit to individual argument in such matters if government is to go on. In *Londoner v. Denver* ... [a] relatively small number of persons was concerned, who were exceptionally affected, in each case upon individual grounds, and it was held that they had a right to a hearing."[8]

Die beiden nach wie vor einschlägigen Entscheidungen[9] betonen die Wichtigkeit der Unterscheidung zwischen Einzelfallregelung und mate-

---

[5] Dazu näher unten § 21.

[6] 210 U.S. 373, 385f. (1908).

[7] 239 U.S. 441, 445 (1915).

[8] AaO, 445f.

[9] Vgl. etwa die Bezugnahme in *Minnesota State Board for Community Colleges v. Knight,* 465 U.S. 271, 283ff. (1984).

rieller Gesetzgebung: Nur im erstgenannten Fall greift die due process-Klausel ein, und der Supreme Court spezifiziert zwei wesentliche Elemente von ‚due process': Benachrichtigung und Anhörung. Zur Unterscheidung zwischen ‚adjudication' und ‚rulemaking' geben die Entscheidungen zwei Hinweise: Man kann auf die Zahl der Betroffenen abstellen oder aber darauf, ob die Entscheidung ‚upon individual grounds' oder ‚upon general grounds' getroffen wird.[10] Auf die Schwere des Eingriffs kommt es bei einer allgemeinen Regelung im Hinblick auf Anhörungsrechte nicht an[11]; bei einer Einzelfallentscheidung mag dies eine Rolle spielen. Daraus ergibt sich: Für generelle Regelungen setzt die due process-Klausel keine Mitwirkungsrechte fest; hier kommt es bei formellen Gesetzen auf die Vorschriften des Wahlrechts und des Gesetzgebungsverfahrens an[12]; für Verwaltungsverordnungen gelten die einschlägigen statutorischen Regelungen.[13] Im Bereich von Einzelfallentscheidungen dagegen ist die due process-Klausel anwendbar.

Der Text der due process-Klauseln gibt die beiden Stadien der verfassungsrechtlichen Prüfung zu erkennen: Zunächst ist zu prüfen, ob ein Eingriff in Leben, Freiheit oder Eigentum vorliegt (II.), anschließend ist die Frage zu beantworten, welche verfassungsrechtlichen Mitwirkungsrechte sich aus der due process-Klausel ergeben (III.).

II. Die geschützten Interessen: Leben, Freiheit, Eigentum

1. Entwicklung der Rechtsprechung: In der Bestimmung von Leben, Freiheit und Eigentum durch den Supreme Court lassen sich drei Entwicklungsstränge[14] aufweisen:

(1) Bis ungefähr zu Beginn der 60er Jahre des 20. Jahrhunderts arbeitete das Gericht mit der Unterscheidung von subjektiven Rechten und staatlich verliehenen Privilegien (‚rights and privileges'). Erstere durften nur mit guten Gründen beschränkt werden, bei den letzteren war dem staatlichen Ermessen keine Grenze gesetzt. Sogar dem Entzug von Privilegien, etwa einer Stelle im öffentlichen Dienst wegen der Inanspruchnahme der Redefreiheit, haben die Gerichte nicht widersprochen. Nach der modernen Rechtsprechung gelten strengere Maßstäbe; solche Eingriffe verstoßen nunmehr gegen die ‚doctrine of unconstitutional condi-

---

[10] Nach *Pierce u. a.*, Adm. Law, § 6.3.2 ist ersteres, nach *Strauss*, Adm. Justice, S. 135 letzteres entscheidend.

[11] Diese Einschränkung gilt auch für (oft damit zusammenhängende) grundrechtliche Eingriffe durch allgemeine Regelungen: „Nothing in the First Amendment or in this Court's case law interpreting it suggests that the rights to speak, associate, and petition require government policymakers to listen or respond to individuals' communications on public issues": *Minnesota State Board for Community Colleges v. Knight*, 465 U.S. 271, 285 (1984).

[12] Vgl. oben § 5 I, II.

[13] Dazu unten § 21 II.

[14] Vgl. *Nowak/Rotunda*, Const. Law, § 13.2; *Gellhorn/Levin*, Adm. Law, Ch. IV A.

tions'. Auch die strikte Trennung von Rechten und Privilegien hat das Gericht aufgegeben, weil sie dazu führt, daß der größte Bereich der staatlichen Leistungsverwaltung den Anforderungen eines gehörigen Verfahrens nicht unterworfen ist:

(2) Der Anstoß, auch staatliche Leistungen (,entitlements') verfahrensrechtlich vor willkürlichem Entzug zu schützen und die Unterscheidung von ,rights' und ,privileges' aufzugeben, kam exemplarisch in dem 1964 veröffentlichten Artikel „The New Property" von Charles Reich zum Ausdruck.[15] Der Supreme Court nahm diesen Gedanken in *Goldberg v. Kelly* auf: Die Kläger hatten gegen die vorläufige Einstellung von Sozialleistungen geklagt, die die zuständige Behörde ohne vorherige formelle Anhörung angeordnet hatte. Die staatlich vorgesehenen Anhörungsrechte umfaßten ein Gespräch mit dem zuständigen Sachbearbeiter, eine schriftliche Ankündigung der Zahlungseinstellung, die Gelegenheit zu schriftlicher Stellungnahme und eine formelle Anhörung nach der vorläufigen Einstellung der Zahlungen, in der der Betroffene die Möglichkeit haben sollte, mündlich zu dem vorliegenden Beweismaterial Stellung zu nehmen. Dies sah der Supreme Court nicht als ausreichend an: „[W]hen welfare is discontinued, only a pre-termination evidentiary hearing provides the recipient with procedural due process ... For qualified recipients, welfare provides the means to obtain essential food, clothing, housing, and medical care."[16] Als entscheidend sah das Gericht mögliche Verletzungen der Würde der Leistungsempfänger[17] an, deren „very means by which to live"[18] durch den Entzug bedroht waren; die vom Leistungsträger vorgebrachten, auf die Leistungsfähigkeit und die Finanzkraft des gesamten Systems bezogenen Einwände dagegen schienen dem Gericht nicht ausreichend gewichtig.

(3) Seit der 1972 getroffenen Entscheidung *Board of Regents v. Roth*[19] sieht der Supreme Court zunehmend von Fragen individueller Betroffenheit ab und orientiert sich stärker an einer Interpretation der verfassungsrechtlichen Schlüsselbegriffe Leben, Freiheit und Eigentum. Nur wenn ein Eingriff in diese Interessen vorliegt, stellt sich die Frage nach Verfahrensrechten; im Rahmen dieser Fragestellung kann der Grad individueller Betroffenheit allerdings wieder bedeutsam werden. Implizit läßt sich dieses Abstellen auf die verfassungsrechtlichen Begriffe als eine Art von Rückkehr zur rights-privileges-Unterscheidung verstehen: Die

[15] 73 Yale L.J. 733 (1964).
[16] 397 U.S. 254, 264 (1970).
[17] Man beachte: Das Gericht erstreckte die due process-Rechte nicht auf erstmalige Anträge auf die entsprechenden Leistungen, sondern nur auf den Entzug schon gewährter Leistungen!
[18] 397 U.S. 254, 264 (1970).
[19] 408 U.S. 564 (1972).

Auslegung der Begriffe ‚life, liberty, property' markiert die ‚rights'; alles andere sind verfahrensrechtlich nicht bewehrte ‚privileges'.[20]

2. *Freiheit und Eigentum:* Freiheit[21], im weitesten Sinn verstanden, kann die größtmögliche Wahl des Individuums umfassen, alles tun und lassen zu können, was es will. In einem engen Sinn verstanden, erstreckt sie sich auf die körperliche Bewegungsfreiheit. Eingriffe in die körperliche Bewegungsfreiheit führen nach der Rechtsprechung traditionellerweise zu due process-Rechten, sei es in Strafverfahren oder in administrativen Verfahren.[22] Die geschützten Freiheitsinteressen gehen aber darüber hinaus, wenngleich sie nicht bis zu der angesprochenen umfassenden Handlungsfreiheit reichen. Statt dessen stellt das Gericht auf grundrechtlich anerkannte sowie sonstige in der Tradition geschätzte Entfaltungsweisen ab: „[Liberty denotes] the right of the individual to contract, to engage in any of the common occupations of life, to acquire useful knowledge, to marry, establish a home and bring up children, to worship God according to the dictates of his own conscience, and generally to enjoy those privileges long recognized ... as essential to the orderly pursuit of happiness by free men."[23] Diese immer noch ziemlich weitreichende Formulierung hat der Supreme Court in vielen Entscheidungen und nicht immer konsistent konkretisiert.[24]

Eigentum im Sinne der due process-Klauseln umfaßt mehr als die rechtstechnische Verfügungsmacht über bewegliche und unbewegliche Sachen. Es umfaßt Interessen, die ein Individuum an bestimmten Vorteilen erworben hat. Erwerb ist hier in einem weiten Sinn zu verstehen. Ein Eigentumsinteresse kann durch positive Rechtsregeln (etwa gesetzlich vorgesehene Sozialleistungen), interne Verwaltungsvorschriften

[20] Einige Lehrbücher wählen aus didaktischen Gründen den umgekehrten Zugang. Bei negativer Betroffenheit in einem wichtigen Individualinteresse ist grundsätzlich ‚due process' zu gewähren. Aufgezählt werden dann die Ausnahmesituationen: Verzicht, Notfall, ‚legislative facts', Überflüssigkeit einer Faktenerhebung, Privileg statt Recht, Einwanderungsfälle, Handeln Privater, erstmalige Beantragung von Staatsleistungen. So *Fox,* Adm. Law, § 29 A, S. 159ff.

[21] Zum Begriff Leben, der vor allem im Strafrecht bei der Todesstrafe und bei der Abtreibung bedeutsam wird, vgl. *Nowak/Rotunda,* Const. Law, § 13.3 und speziell zur Todesstrafe *Giegerich,* EuGRZ 22 (1995), S. 1ff.

[22] Vgl. zu den letztgenannten Verfahren etwa *Gagnon v. Scarpelli,* 411 U.S. 778 (1973); *Morrissey v. Brewer,* 408 U.S. 471 (1972).

[23] *Board of Regents v. Roth,* 408 U.S. 564, 572 (1972) unter Bezugnahme auf *Meyer v. Nebraska,* 262 U.S. 390, 399 (1923).

[24] Vgl. z.B. *Goss v. Lopez,* 419 U.S. 565 (1975) gegenüber *Ingraham v. Wright,* 430 U.S. 651 (1977): Die mehrtägige Verweisung eines Schülers von der Schule ist ein Eingriff in seine ‚Freiheit', nicht aber eine körperliche Züchtigung. Wegen der Inkonsistenz der Rechtsprechung wird von vielen Stimmen in der Literatur eine Abkehr von der textlichen Anknüpfung an ‚life, liberty, property' gefordert; statt dessen soll einheitlich auf das Kriterium Auferlegung eines ‚grievous loss on any person' zur Auslösung von due process-Rechten abgestellt werden. Vgl. *Pierce u. a.,* Adm. Law, § 6.3.1; 6.3.1 b; 6.3.1 e; 6.3.5.

oder Absprachen zwischen Staat oder Bürger geschaffen werden, die dem Bürger den Anspruch auf einen bestimmten Vorteil (etwa die Permanenz einer Anstellung) signalisieren. Die Verfassung selbst jedenfalls begründet keine Eigentumsinteressen, und die einseitige Erwartung einer Leistung (etwa wegen einer Notlage) reicht nicht aus.[25] Ein Blick auf die Rechtsprechung zeigt, daß die Bejahung des Vorliegens von Freiheit oder Eigentum überhaupt wichtiger ist als die Unterscheidung zwischen den beiden: „The Supreme Court has never made up its mind on the distinction."[26]

III. Verfahrensrechtliche Erfordernisse der Due Process-Klausel

1. Mögliche Verfahrensgarantien: Liegt ein Eingriff in Leben, Freiheit und Eigentum vor, der auch gegen die Verfahrensrechte geltend machende Person gerichtet ist[27], muß ‚due process' gewährt werden. Welche Verfahrensgarantien sind damit umfaßt? Bevor die Antworten des Supreme Court dazu skizziert werden, ist es hilfreich, sich das mögliche Spektrum solcher Verfahrensgarantien vor Augen zu führen. Die bekannteste Analyse hat Judge Henry Friendly in dem Artikel „Some Kind of Hearing"[28] vorgelegt, der in Anlehnung an den Gerichtsprozeß folgende Prioritäten auflistet:

1. An unbiased tribunal;
2. Notice of the proposed action and the grounds asserted for it;
3. An opportunity to present reasons why the proposed action should not be taken;
4. The right to present evidence, including the right to call witnesses;
5. The right to know opposing evidence;
6. The right to cross-examine adverse witnesses;
7. A decision based exclusively on the evidence presented;
8. Opportunity to be represented by counsel;
9. Requirement that the tribunal prepare a record of the evidence presented;
10. Requirement that the tribunal prepare written findings of fact and reasons for its decision.

In *Goldberg v. Kelly* hatte der Supreme Court für den Fall des vorläufigen Entzugs von Sozialleistungen einerseits betont, ‚due process'

---

[25] Vgl. dazu mit Beispielen *Board of Regents v. Roth,* 408 U.S. 564, 576ff. (1972); *Leis v. Flynt,* 439 U.S. 438, 441ff. (1979).

[26] *Fox,* Adm. Law, § 29 A, S. 156 mit Beispielen.

[27] Vgl. hierzu *O'Bannon v. Town Court Nursing Center,* 447 U. S. 773 (1980): Bei Schließung eines staatlich subventionierten Altersheims ist dieses anzuhören, den Bewohnern steht ein solches Recht nicht zu. Hierzu wie auch zur Frage nichtvorsätzlicher Eingriffe *Gellhorn/Levin,* Adm. Law, Ch. VI B.

[28] 123 U. Penn. L.R. 1267, 1278ff. (1975). Zitiert etwa in *Strauss,* Adm. Justice, S. 47f.; *Pierce u.a.,* Adm.Law, § 6.3.3; *Gellhorn u.a.,* Adm. Law, S. 776.

impliziere nicht in jedem Fall das volle Arsenal an Verfahrensgarantien, das ein antagonistischer Parteiprozeß umfaßt und das in Judge Friendlys Liste aufgeführt ist; andererseits hatte das Gericht nach Durchsicht der einzelnen Punkte auf der Einhaltung der meisten Punkte bestanden. Diese weitgehende Annäherung ist auf viel Kritik gestoßen, die das Gericht letztlich zu einem zurückhaltenderen Kurs veranlaßt hat: Schon in *Goldberg* hatte der dissentierende Richter Black darauf aufmerksam gemacht, daß die Zunahme an Verfahrensgarantien automatisch zu einer Abnahme der insgesamt für das betreffende Programm zur Verfügung stehenden Mittel führt – Verfahren kosten Geld! Zudem könne die Verschärfung der verfassungsrechtlichen Verfahrensanforderungen bei Leistungseinstellungen auch zu größerer Zurückhaltung und Vorsicht bei der Verleihung der Sozialleistungen führen, womit den Armen und Schwachen als Gesamtgruppe nicht gedient sei.[29] Judge Friendly wies in seinem Artikel darauf hin, daß das antagonistische Verfahrensmodell für viele Administrativprogramme problematisch und ineffektiv sei, und daß das Ziel einer sach- und gesetzesgerechten Verteilung effektiv durch andere, weniger aufwendige Verfahren erreicht werden könne. Weniger aufwendige Verfahren waren in der Tat auch in den meisten gesetzlichen Sozialprogrammen vorgesehen: Eine sechs Jahre nach *Goldberg* veröffentlichte Untersuchung sozialstaatlicher Programme machte deutlich, daß von den 42 untersuchten Programmen nur zwei alle zehn Verfahrensgarantien umfaßten; die meisten konzentrierten sich auf drei Punkte: Ankündigung der Entscheidung, unabhängiger Entscheidungsträger, Darlegung des Sachverhalts und der Gründe der Entscheidung; 21 Programme sahen eine mündliche Anhörung vor.[30]

2. Der moderne Prüfungsmaßstab: 1976 entschied der Supreme Court *Mathews v. Eldridge.* Die Entscheidung spiegelt den Einfluß der zwischenzeitlichen Kritik an *Goldberg* wider und verfolgt einen zurückhaltenderen, flexiblen, pragmatischen Kurs. Nach *Mathews* kommt es für die Frage, welche Verfahrensgarantien zu gewähren sind, auf drei Punkte an: „First, the private interest that will be affected by the official action; second, the risk of an erroneous deprivation of such interest through the procedures used, and the probable value, if any, of additional or substitute procedural safeguards; and finally, the Government's interest, including the function involved and the fiscal and administrative burdens that the additional or substitute procedural requirement would entail."[31]

Der Kontrast zu *Goldberg* ist insbesondere bei den Punkten (2) und (3) deutlich: Nunmehr können auch Kosten- und administrative Zweck-

---

[29] Vgl. 397 U.S. 254, 271ff. (1970).

[30] Vgl. *Verkuil,* 43 U. Chi.L.Rev. 739 (1976), abgedruckt in *Gellhorn u.a.,* Adm. Law, S. 738f.

[31] 424 U.S. 319, 335 (1976).

mäßigkeitsgesichtspunkte in die Kalkulation mit einfließen; ferner stellt das Gericht darauf ab, ob zusätzliche oder andere Verfahrensgarantien besser zur Sachverhaltsaufklärung beitragen können – das antagonistische Justizmodell wird also nicht mehr als Idealmodell angesehen. Zusammengenommen erlaubt dieser Test, neben dem immer noch auf die Betroffenheit des Individualinteresses abstellenden Element (1) gleichgewichtig Systemoptimierungsgesichtspunkte zu berücksichtigen. Diese wiederum hängen von dem betreffenden Programm ab, so daß der Drei-Punkte-Test auch eine flexible Anpassung der jeweiligen Verfahrensgarantien an den betreffenden Regelungsbereich erlaubt.

Der *Mathews*-Test ist sowohl kritisiert als auch verteidigt worden.[32] Die Kritik setzt zum ersten daran an, daß die drei Gesichtspunkte zu abstrakt und die Ergebnisse daher nicht vorhersehbar seien; zum zweiten wird angemerkt, daß die erforderlichen Systemvergleiche besser von der Legislative oder von Verwaltungsträgern anzustellen seien als von Richtern; zum dritten wird bemängelt, daß der Test zu sehr auf eine korrekte Sachverhaltsaufklärung und zu wenig auf die Respektierung der Würde des Verfahrensbeteiligten im Verfahren abstelle, ein ebenfalls in der due process-Klausel impliziertes Ziel. Für den Drei-Punkte-Test spricht vor allem seine Flexibilität, die es erlaubt, der Vielfalt der gesetzlichen Programme in der Festsetzung der Verfahrensanforderungen Rechnung zu tragen und dabei sowohl das Individualinteresse als auch das Gesamtinteresse der vom Programm Begünstigten berücksichtigen zu können (die Kompetenz der Richter einmal unterstellt).

Das Gericht wendet den *Mathews*-Test in ständiger Rechtsprechung an. Die Rechtsprechung im einzelnen kann hier nicht dargestellt werden.[33] Die einzelnen Verfahrensanforderungen erstrecken sich von dem Kernbestand an ‚due process' – Ankündigung der Entscheidung, Möglichkeit der Stellungnahme, neutraler Entscheidungsträger – bis zu ‚trial-type hearings' à la *Goldberg*. Insgesamt hält sich die Rechtsprechung eher zurück und gewährt der Verwaltung oft einigen Spielraum in der Festsetzung derjenigen Verfahrensanforderungen, die sowohl für die einzelnen fair als auch für das Gemeinwesen bezahlbar sein sollen. Von der relativen Durchlässigkeit dieser verfassungsrechtlichen Überprüfung zu unterscheiden ist aber die vom Gericht ausdrücklich abgelehnte These, der Gesetzgeber und die von ihm ermächtigte Verwaltung könnten nicht nur frei das inhaltliche Ausmaß von Leistungen festsetzen[34], sondern auch den Umfang der jeweiligen Verfahrensrechte.[35] Was speziell Fragen nach dem Wann der Anhörung angeht, so ist diese in der Regel

[32] Vgl. *Pierce u. a.*, Adm. Law, § 6.3.4; *Mashaw*, Due Process.
[33] Vgl. etwa *Gellhorn/Levin*, Adm. Law, Ch. VI C; *Pierce u. a.*, Adm. Law, § 6.3.; *Fox*, Adm. Law, Ch. 5.
[34] Zu Ausnahmen von dieser Prämisse siehe oben § 13.
[35] Vgl. *Cleveland Board of Education v. Loudermill*, 470 U.S. 532 (1985).

vor der Entscheidung vorzusehen. Dies gilt insbesondere bei nicht mehr (so leicht) von der Verwaltung rückgängig zu machenden Entscheidungen oder solchen, die vitale persönliche Interessen betreffen (etwa Beendigung von lebensnotwendigen Sozialleistungen; Freiheitsentzug); bei der Einstellung von sonstigen Geldleistungen kann eine nachträgliche Anhörung ausreichen.[36]

§ 21. Handlungsformen, Verwaltungsverfahren und Behördenentscheidung

I. Definition und Arten des Verwaltungshandelns

Wie in § 19 dargestellt, steht die gewaltenteilige Struktur der Verfassung einer weitgehenden Delegation legislativer Macht an Verwaltungsbehörden nicht entgegen, und der Kongreß hat in vielen Bereichen der Exekutive breiten Raum zu quasi-legislativer Tätigkeit gegeben, sei es wegen der Kompliziertheit oder Technizität der Materie, der Notwendigkeit häufiger Neuregulierung oder auch aus Gründen politischer Zweckmäßigkeit im weiteren Sinn, etwa zur Vermeidung heikler Entscheidungen. Neben diesen quasi-legislativen Tätigkeiten des ‚rulemaking' steht der Verwaltung in der Regel die Macht zu, nach Aufklärung des Sachverhalts durch ‚investigation'[1] im Rahmen quasi-justitieller Tätigkeit durch ‚adjudication' verbindliche Einzelfallentscheidungen zu treffen und die Entscheidung durchzusetzen. Diese Kompetenzen sind enthalten in dem den Verwaltungsauftrag festsetzenden und den Verwaltungsträger einrichtenden ‚organic' oder ‚enabling statute'. Wie in § 18 II dargelegt, kann der Kongreß die Behörde flexibel zuordnen: Er kann sie dem Präsidenten bzw. einem Ministerium unterstellen oder eine ‚independent agency' innerhalb oder außerhalb der Ministerialbürokratie schaffen.[2] Ergänzende Vorschriften finden sich für die Bundesverwaltung insbesondere im Administrative Procedure Act (APA).[3]

---

[36] Vgl. zur nicht immer konsistenten Rechtsprechung *Fox,* Adm. Law, §§ 25 B; 29 B.

[1] Zu diesem Stadium des Verwaltungshandelns siehe *Gellhorn/Levin,* Adm. Law, Chs. IV; V; *Schwartz,* Adm. Law, § 3; *Strauss,* Adm. Justice, S. 100ff., 182ff.; *Fox,* Adm. Law, Chs. 9, 14.

[2] In den beiden letztgenannten Fällen, könnte man sagen, sind die Verwaltungsträger nur funktionell Teil der Exekutive, nicht aber organisatorisch im Sinne der Unterordnung unter die Ministerialbürokratie, und die Funktion der Exekutive läßt sich nicht auf Gesetzesvollzug beschränken.

[3] Hinweise auf weitere allgemein bedeutsame Verfahrensregeln innerhalb und außerhalb des APA bei *Strauss,* Adm. Justice, S. 136ff.; *Pierce u. a.,* Adm. Law, §§ 8; 9.4 und 9.5. Dazu zählen etwa Regelungen in bezug auf Informationsrechte der Bürger (Freedom of Information Act, § 552 APA), Privatsphärenschutz (Privacy Act, § 552a APA) und Verwaltungsöffentlichkeit (Government in the Sunshine Act, § 552b APA). Zu beachten hat die Verwaltung auch einschlägige präsidentielle Anordnungen; dazu schon oben § 18 II (1).

Aus dieser typischen Umschreibung des Aufgabenbereichs eines Verwaltungsträgers[4] ergibt sich, daß die Verwaltung in dem durch Delegation eröffneten Handlungsbereich der Sache nach die Stellung eines vierten Zweiges der Staatsgewalt hat, der von den anderen drei Gewalten nicht strikt getrennt ist, sondern in einem komplexen checks and balances-Verhältnis zu ihnen steht und innerhalb der eigenständigen Handlungskompetenzen mehr oder weniger die klassischen staatlichen Aufgaben wahrnimmt: Legislative, Exekutive, Judikative.[5] Die faktische Entwicklung hin zu einem partiell verselbständigten ‚administrative state' stellt im Grunde eine materielle Verfassungsänderung dar[6], obwohl sie durch ein komplexes und nicht immer klar durchschaubares Gewebe gerichtlicher Judikate, gesetzlicher Ermächtigungen, administrativer Selbstbehauptung und politischer Akzeptanz zustandegekommen und aus dem Text der Verfassung heraus kaum zu erschließen ist.

Aus diesem weiten Aufgabenbereich ergibt sich auch, daß eine Definition des Verwaltungshandelns auf große Schwierigkeiten stößt. Am besten erscheint noch folgende Umschreibung: Verwaltungshandeln ist alles, was Verwaltungsträger tun und was nicht von der Legislative oder den Gerichten oder vom Präsidenten in eigener politischer (d.h. nicht durch legislative Anordnung geleiteter) Kompetenz wahrgenommen wird.[7] Der APA unterstützt diese weite Sicht, indem er in § 551 (1) „agency" als „each authority of the Government of the United States" beschreibt und unter (A) und (B) den Kongreß und die Gerichte ausnimmt. Diese Definition der Verwaltungsbehörde oder des Verwaltungsträgers wird ergänzt durch eine weite Definition des Verwaltungshandelns in § 551 (13): „‚[A]gency action' includes the whole or a part of an agency rule, order, license, sanction, relief, or the equivalent or denial thereof, or failure to act."

Diese weite Umschreibung des Verwaltungshandelns läßt sich näher strukturieren, wenn man auf die unterschiedlichen Verfahrensarten abhebt, die der APA für einzelne Verwaltungshandlungen vorsieht. Der Schwerpunkt der APA-Regelungen liegt auf der Unterscheidung von vier Handlungsformen: Verordnungsgebung und Einzelfallentscheidung, jeweils in formeller oder informeller Art. Die insoweit einschlägigen Vorschriften sind von allen ‚agencies' zu beachten, falls nicht Spezi-

---

[4] Die konkreten Kompetenzen sind immer anhand der einschlägigen Rechtsgrundlagen zu ermitteln. Nicht jeder Verwaltungsträger hat all diese Kompetenzen. Der Gesetzgeber kann auch das Verfahrensrecht spezialgesetzlich regeln.

[5] Zu dieser Parallele siehe *Schwartz,* Adm. Law, § 1.5 und 1.6; *Strauss,* Adm. Justice, S. 134.

[6] Vgl. *Sunstein,* 101 Harv. L.Rev. 421, 447 f. (1987): „Taken as a whole, the process [of the development of the administrative state] altered the constitutional system in ways so fundamental as to suggest that something akin to a constitutional amendment had taken place."

[7] Vgl. *Strauss,* Adm. Justice, S. 103 f.; ähnlich *Fox,* Adm. Law, S. 3.

alvorschriften vorliegen oder verfassungsrechtliche Normen vorgehen, etwa präsidentielle Anordnungen oder die in § 20 dargestellten due process-Rechte. Die Strukturierung des Verwaltungshandelns geschieht also durch (1) Verfassung, (2) spezielle Vorschriften, (3) APA sowie ergänzend (4) durch interne Verfahrensvorschriften und Verfahrensgewohnheiten.[8] Die folgende Darstellung geht auf die erwähnten vier klassischen Handlungstypen sowie auf zwei neuere Formen des Verwaltungshandelns ein – Regelerlaß auf Verhandlungsbasis und Verfahren alternativer Streitbeilegung. Daneben lassen sich weitere Handlungsformen finden, die hier nicht behandelt werden – etwa Untersuchungen, Vorladungen, Vergabe von Aufträgen und Zuschüssen.[9]

Der APA unterscheidet in 5 U.S.C. § 551 (4) bis (7) die durch ‚rulemaking' hervorgebrachten ‚rules' von den durch ‚adjudication' erzeugten ‚orders'.

II. Verordnungsgebung: Rulemaking

1. Definition: Nach § 551 (5) bedeutet „‚rule making'... agency process for formulating, amending, or repealing a rule". Die Definition von ‚rule' (oft auch ‚regulation' genannt) findet sich in § 551 (4): „‚[R]ule' means the whole or a part of an agency statement of general or particular applicability and future effect designed to implement, interpret, or prescribe law or policy or describing the organization, procedure, or practice requirements of an agency ...". Alle anderen bindenden Verwaltungsentscheidungen sind nach § 551 (6) ‚orders'. Diese Definition von ‚rule' umfaßt das klassische Element einer Rechtsnorm – Allgemeinheit – sowie ein meist vorfindbares Charakteristikum – Wirkung für die Zukunft. Daneben ist noch von „particular applicability" die Rede; dieses systemwidrige Definitionselement soll aber nur verdeutlichen, daß die klassische Administrativaufgabe der Festsetzung von Tarifen und Preisen nach Auffassung des APA unter die rechtsverordnende Tätigkeit fällt.[10] „Future effect" ist kein Abgrenzungskriterium zur Einzelfallentscheidung (diese kann quasi-präjudizielle Wirkung für die Zukunft entfalten); ihr Fehlen führt auch nicht zur Verneinung des Vorliegens einer Rechtsnorm, aber im Fall der Rückwirkung zu Zweifeln an der Gesetzmäßigkeit.[11]

---

[8] Nützliche Hinweise auf die Fundstellen all dieser Rechtsquellen gibt *Fox,* Adm. Law, § 6.

[9] Vgl. *Gellhorn/Levin,* Adm. Law, Ch. V.; Fox, Adm. Law, Chs. 4, 15; oben Fußn. 1 sowie *Pietzcker,* Staatsauftrag (zur Beschaffungsverwaltung).

[10] Vgl. *Gellhorn/Levin,* Adm. Law, S. 300 und den vollständigen Text von § 551 (4).

[11] Vgl. *Bowen v. Georgetown University Hospital,* 488 U.S. 204 (1988). Speziell zu Fragen echter und unechter Rückwirkung (‚primary/formal and secondary retroactivity') die zustimmende Meinung von Justice Scalia in *Bowen,* aaO, 216ff., ferner *Landgraf v. USI Film Products,* 511 U. S. 244 (1994). Zur Frage, inwieweit rückwirkende Interpretationen bestehender Regelungen zulässig sind, siehe die Mehrheits-

Wichtig für das anwendbare Verfahrensrecht ist der Unterschied zwischen materiellrechtlichen, außenrechtlichen Rechtsverordnungen (‚legislative' oder ‚substantive rules') und internen Verwaltungsvorschriften sowie allgemeinen Zielbestimmungen. Im Anschluß an § 551 (4) nimmt § 553 (b) (3) (A), der das Verordnungsverfahren regelt, „interpretive rules, general statements of policy, or rules of agency organization, procedure, or practice" von den für Außenrechtsvorschriften geltenden Regeln aus. D.h. die unter 2. oder 3. genannten Verfahrensregeln müssen nicht eingehalten werden.

Nach § 553 (b) (3) (B) gilt dies auch für die dort genannten Fälle von Unzweckmäßigkeit. Was die zuvor genannten Fälle angeht, so achten die Gerichte darauf, ob wirklich keine Außenwirkung vorliegt. Soweit ein Verwaltungsträger etwa zu erkennen gibt, daß er eine politische Zielbestimmung oder eine Interpretationsrichtlinie als auch für Außenrechtsfragen entscheidend ansieht, werden die Gerichte von einer ‚legislative rule' ausgehen, für die die APA-Vorschriften anwendbar sind.[12]

Will eine Verwaltungsbehörde eine Verordnung erlassen und liegt die entsprechende Ermächtigung vor, so kommt nach dem APA entweder das informelle oder das formelle Verfahren in Betracht.[13] Voraussetzung ist aber die Anwendbarkeit der beiden Verfahrensarten. Nicht anwendbar sind die Verordnungsregeln nach § 553 (a) in militärischen und auswärtigen Angelegenheiten sowie in Fällen, in denen es um die Führung und das Personal des Verwaltungsträgers geht, um öffentliches Eigentum, Kredite, Zuschüsse, Leistungen und Verträge. Der Verwaltung steht es aber frei, den Betroffenen im Rahmen verwaltungsinterner Regelungen Verfahrensrechte einzuräumen.

2. *Informelle Verordnungsgebung:* Das Regelmodell der administrativen Rechtssetzung ist das informelle Verfahren. Die typischen Elemente des ‚informal rulemaking' bzw. ‚notice-and-comment rulemaking' sind in § 553 (b) bis (e) geregelt. Sie umfassen die Ankündigung im Federal Register, daß für ein bestimmtes Problem bzw. Gebiet eine (vielleicht schon im Entwurf vorliegende) Regelung erlassen werden soll. Daran schließt sich für die Betroffenen die Möglichkeit zur schriftlichen oder mündlichen Stellungnahme an. Das Verfahren schließt nach der internen Entscheidungsfindung[14] ab mit dem Regelerlaß und der Veröffent-

---

und Minderheitsmeinung in *Clark-Cowlitz Joint Operating Agency v. FERC,* 826 F. 2d 1074 (D.C.Cir. 1987).

[12] Vgl. *Community Nutrition Institute v. Young,* 818 F. 2d 943 (D.C.Cir. 1987); *American Mining Congress v. MSHA,* 995 F. 2d 1106 (D.C.Cir. 1993).

[13] Ausführlich zum Verordnungsverfahren *Mintz/Miller,* Federal Agency Rulemaking; *Nolte,* AöR 118 (1993), S. 378ff.; *Pünder,* Normsetzung.

[14] Diese hat beim informellen wie formellen Verfahren die außerhalb des APA erlassenen legislativen und präsidentiellen Verfahrensvorschriften zu beachten. Dazu zusammenfassend *Mintz/Miller,* Fed. Agency Rulemaking, Part II, Ch. 3 und schon oben Fußn. 3.

lichung im Federal Register bzw. Code of Federal Regulations, die von einer präzisen Erklärung der Behörde in bezug auf die Entscheidungsgrundlagen sowie das Ziel der Verordnung begleitet sein muß. Letzteres ist insbesondere wichtig für die gerichtliche Überprüfung des Verfahrens.[15] Das informelle Verfahren zeichnet sich durch Flexibilität für die Behörde aus, der betroffene Bürger hat aber, abgesehen von der Möglichkeit, seine Stellungnahme einzubringen, keine Gelegenheit, das Verfahren in der Behörde näher zu beeinflussen, sondern ist auf nachträglichen Rechtsschutz angewiesen.

3. Formelle Verordnungsgebung: Das formelle Verfahren ist in § 553 (c) angesprochen: „When rules are required by statute to be made on the record after opportunity for an agency hearing, sections 556 and 557 of this title apply instead of this subsection." Das hier angesprochene Statut ist nicht der APA, sondern ein anderes Gesetz, in der Regel das ein bestimmtes Programm oder eine Behörde einrichtende Organisationsstatut, das auch das anwendbare Verfahren bestimmen kann. Oft ergeben sich Auslegungsprobleme, wenn die gesetzliche Verweisungsvorschrift nicht genau die Formulierung des § 553 (c) benutzt. Die Gerichte neigen in solchen Fällen zu einer restriktiven Auslegung; der Wille, das formelle Verfahren anzuordnen, muß deutlich erkennbar sein.[16]

Das in §§ 556 und 557 im Detail geregelte formelle Verordnungsverfahren setzt wie das informelle Verfahren ‚notice' voraus. Anstelle der Möglichkeit schriftlicher oder mündlicher Stellungnahme zeichnet sich ‚on-the-record rulemaking' durch weitreichende Mitwirkungsrechte der betroffenen Bürger im Rahmen eines gerichtsähnlichen Verfahrens in bezug auf Beweiserhebung und Befragung aus.[17] Der Verwaltungsträger betreibt das Verfahren entweder durch die Behördenspitze oder, und das ist die Regel, durch einen oder mehrere ‚administrative law judges', die eine objektive und umfassende Sachverhaltsermittlung und Rechtsklärung herbeiführen sollen, bevor die Behörde dann, wie unten VI. näher ausgeführt wird, entweder durch den ‚administrative law judge' oder die Behördenspitze die abschließende Entscheidung über den Regelerlaß trifft. Anders als in formellen Einzelfallverfahren ist Mündlichkeit nicht in allen Fällen vorgeschrieben, und die das Verfahren leitenden Organwalter können mit den das Verfahren betreibenden Personen oder behördeninternen Experten konferieren. Externe Kontakte dagegen (‚ex parte communications') sind in der Regel verboten; soweit sie zulässig sind und außerhalb des Verfahrens zustandekommen, sind sie offiziell in das Verfahren einzuführen und im Protokoll zu vermerken. Der Regel-

---

[15] Vgl. unten § 23 I 2.

[16] Vgl. *United States v. Florida East Coast Railway,* 410 U. S. 224 (1973).

[17] Die einzelnen Verfahrensrechte im formellen Verordnungsverfahren (wie auch im formellen Einzelfallverfahren) stimmen weitgehend mit den oben § 20 III 1 dargelegten Kriterien überein. Vgl. *Pierce u. a.,* Adm. Law, § 6.4.3 und 6.4.5.

erlaß der Behörde selbst ist nur auf die amtlichen Verfahrensunterlagen zu stützen – deswegen der Begriff ‚on-the-record rulemaking'. Die Verordnung ist mitsamt der Begründung im Federal Register bzw. Code of Federal Regulations zu veröffentlichen.

Vorteile des formellen Verfahrens sind zum einen weitgehende Mitwirkungsrechte der betroffenen Parteien in einem frühen Stadium der Rechtssetzung und die dadurch geförderte Möglichkeit, alle relevanten Fakten zu thematisieren und größtmöglichen Konsens aufzubauen; zum anderen wird durch das on the record-Erfordernis die gerichtliche Überprüfung des Entscheidungsverfahrens erleichtert. Die weitreichenden Mitwirkungsrechte der Betroffenen und die Formalisierung des Verfahrens können aber auch nachteilige Auswirkungen haben. Viele dieser Verfahren ziehen sich über (zum Teil viele) Jahre hin. Das führt zu der Frage, ob die gerichtsähnliche Konstruktion des Verfahrens wirklich die bestgeeignete zur Lösung allgemeiner Regelungsprobleme ist; die Zurückhaltung der Rechtsprechung in der Bejahung der Notwendigkeit des formellen Verfahrens ist wohl Ausdruck dieses Zweifels.

4. Zwischenformen der Verordnungsgebung: Die im APA getroffene Unterscheidung von formeller und informeller Rechtssetzung hat bei Politikern und Gerichten zum Teil heftige Kritik hervorgerufen: Das informelle Verfahren enthalte zu wenig Verfahrensrechte; das formelle Verfahren leide zwar nicht an diesem Mangel, doch sei es zu formalistisch und zu zeitaufwendig. Geboten sei eine größere Flexibilität, je nach den Erfordernissen der zu regelnden Materie und der Betroffenheit individueller Interessen. Soweit diese Vorstellungen Eingang in die Organisationsstatute jeweiliger Verwaltungsorgane oder -programme gefunden haben oder von den Behörden selbst im Rahmen legislativer Ermächtigung innerorganisatorisch berücksichtigt worden sind, ist die Sachlage klar: Diese speziellen Regelungen gehen den allgemeinen Vorschriften des APA vor. Zum Teil haben aber auch die Bundesgerichte versucht, je nach Sachlage die Anforderungen des informellen Normsetzungsverfahrens zu verschärfen (‚hybrid rulemaking'). Basis dieser richterlichen Rechtsschöpfung war nicht so sehr die due process-Klausel der Verfassung, die im Normsetzungsverfahren wenig Wirkung entfaltet[18], als vielmehr eine auf das ‚common law' gestützte extensive Auslegung dessen, was eine ‚Anhörung' im Rahmen des informellen Verfahrens erfordert, oder welche Daten von der Behörde zu erheben und den Betroffenen zugänglich zu machen sind.[19]

---

[18] Vgl. oben § 20 I.

[19] Vgl. z.B. *Mobil Oil Corp. v. Federal Power Comm.*, 483 F. 2d 1238 (D.C.Cir. 1973); *United States v. Nova Scotia Food Products Corp.*, 568 F. 2d 240 (2d Cir. 1977).

Dieser Entwicklung hat der Supreme Court in *Vermont Yankee Nuclear Power Corp. v. Natural Resources Defense Council, Inc.*[20] eine Absage erteilt. Gerichte dürfen Verwaltungsträgern nur in äußerst seltenen Fällen Verfahren vorschreiben, die über die gesetzlichen oder verfassungsrechtlichen Vorschriften hinausgehen. Solche Ausnahmefälle könnten etwa vorliegen, wenn eine regelungsintensive Einzelfallnorm erlassen wird oder wenn die Verwaltung willkürlich von ihrer bisherigen Verwaltungspraxis abweicht. Die dem Supreme Court untergeordneten Gerichte sind an diese enge Auslegung gebunden. Sie haben es aber verstanden, im Rahmen extensiver Auslegung der einschlägigen Verfahrensvorschriften des APA einen Großteil ihrer Rechtsprechung aufrechtzuerhalten. Zudem bezieht sich die Entscheidung nur auf eine Anhebung des verfahrensrechtlichen Prüfungsmaßstabs; sie hindert nicht die gerichtliche Überprüfung des Resultats des Normsetzungsverfahrens, das nach der Rechtsprechung vor und nach *Vermont Yankee* von dem Vorliegen des behördlichen ‚record' abhängt, und diese Akten müssen zu erkennen geben, auf welchen Annahmen die behördliche Entscheidung beruht und wie die Behörde auf Einwendungen Privater reagiert hat.[21]

5. Wahl zwischen allgemeiner und Einzelfallregelung: Administrative Normsetzungsverfahren haben gegenüber Einzelfallverfahren spezifische Vorteile: Sie können eine große Zahl von Fällen erfassen und uniform regeln; sie ermöglichen Vorhersehbarkeit und geben allen Betroffenen Mitwirkungsrechte im einheitlichen Prozeß der Faktenerhebung und -einschätzung. Auf der anderen Seite haften der Verordnungsgebung auch Nachteile an, die gleichzeitig die Vorteile der schrittweisen Rechtssetzung durch Einzelfallentscheidungen ins Blickfeld rücken: Handelt es sich um Regelungsprobleme, die unüberschaubar oder neu sind, so bietet sich ein einzelfallbezogenes Vorgehen an, in dem die Materie nach und nach überschaubar und regulierbar wird. Auch ist zu bedenken, daß sich eine Entscheidung der Behörde als falsch herausstellen könnte: Dann ist der Schaden bei einer allgemeinen Regelung größer als bei einem Verwaltungsakt.

Von daher stellt sich die Frage, ob die Verwaltung im Rahmen ihrer Kompetenzen die Wahl zwischen einer allgemeinen und einer Einzelfallregelung hat. Im Rahmen des APA sind beide Wege gleichwertig. Das ermächtigende Gesetz kann die eine oder andere Alternative vorschreiben; in der Regel aber eröffnet der Kongreß der Verwaltung beide Wege. Nach der Rechtsprechung des Supreme Court ist die administrative Wahl eines der beiden Modelle zu akzeptieren, soweit die Behörde eine ermessensfehlerfreie Entscheidung trifft: „[T]he choice made bet-

---

[20] 435 U.S. 519, 542 (1978).
[21] Vgl. näher unten § 23.

ween proceeding by general rule or by individual, ad hoc litigation is one that lies primarily in the informed discretion of the administrative agency."[22] Wegen der in vielen Fallgestaltungen vorliegenden Vorteile des Normsetzungsverfahrens ist an diesem administrativen Ermessen oft Kritik geübt worden. Zum Teil findet sich diese Kritik in der untergerichtlichen Rechtsprechung wieder[23]; der Supreme Court hat indes bis heute keinen strikteren Maßstab formuliert.[24] Die meisten Verwaltungsträger nutzen jedoch die Möglichkeiten der Normsetzung oder haben zumindest intern Maßstäbe zur Konkretisierung vager gesetzlicher Ermächtigungen entwickelt, die das Verwaltungshandeln vereinheitlichen und vorhersehbarer machen.

6. Verordnungsgebung auf Verhandlungsbasis: 1990 hat der Kongreß nach Anregungen aus Wissenschaft und Praxis[25] den Negotiated Rulemaking Act (NRA) erlassen, der inzwischen seinen festen Platz im APA gefunden hat – 5 U.S.C. §§ 561–570 a.[26] Sein Anliegen ist, das Verordnungsgebungsverfahren zu rationalisieren, die betroffenen Gruppen mit ihren Interessen und ihrer Expertise zusammenzubringen, um einen Regelungsvorschlag zu formulieren, der dann beschleunigt und ohne Widerstand das normale Verfahren von Benachrichtigung, Stellungnahme und Veröffentlichung durchlaufen kann.

Dem Verwaltungsträger steht es nach § 563 frei, ein Verhandlungskomitee einzuberufen. Bei der Entscheidung für oder gegen das Verhandlungsverfahren soll der Behördenleiter vor allem die folgenden Punkte berücksichtigen: die Notwendigkeit einer Rechtsregelung; die Anzahl und Identifizierbarkeit der betroffenen Interessen; die Möglichkeit, ein repräsentatives Komitee zusammenzusetzen; die Wahrscheinlichkeit eines Konsenses; die Gefahr der Zeitverzögerung; die Fähigkeit der Behörde, technische Hilfestellung zu leisten; sowie die Bereitschaft der Behörde, „to the maximum extent possible consistent with the legal obligations of the agency, [to] use the consensus of the committee with respect to the proposed rule as the basis for the rule proposed by the agency for notice and comment". Der letzte Punkt macht mögliche Gefahren des Verhandlungsverfahrens deutlich: Es könnte auch ein Vorschlag unterbreitet werden, der gegen den Verwaltungsträger bindende Rechtsvorschriften verstößt. Für solche Fälle hat das bindende Recht Vorrang; der Verwaltungsträger muß also in gutem Glauben und

---

[22] *SEC v. Chenery Corp. II,* 332 U.S. 194, 203 (1947).

[23] Vgl. *Bell Aerospace Co. v. NLRB,* 475 F. 2d 485 (2d Cir. 1973) und die Antwort des Supreme Court in *NLRB v. Bell Aerospace Co.,* 416 U. S. 267 (1974).

[24] Die vereinzelt gebliebene Ausnahme ist *Morton v. Ruiz,* 415 U. S. 199 (1974). Vgl. *Pierce u.a.,* Adm. Law, § 6.4.1; *Gellhorn/Levin,* Adm. Law, Ch. IX E.

[25] Hierzu *Fox,* Adm. Law, § 40.

[26] Vgl. 104 Stat. 4969 (1990), mit Änderungen nunmehr kodifiziert in 5 U.S.C. §§ 561 ff., im Anhang nicht abgedruckt.

in der Hoffnung auf ein legales und akzeptables Ergebnis das Verfahren durchführen, ist aber nicht in jedem Fall an dessen Ergebnis gebunden.[27]

Wenn der Verwaltungsträger nach Prüfung und Bejahung der Frage, daß diese Voraussetzungen vorliegen und sich ein verhandlungsfähiges Komitee zusammensetzen läßt, den Entschluß faßt, das Verhandlungsverfahren wirklich durchzuführen, muß dies nach § 564 im Federal Register bekanntgemacht sowie auf die Möglichkeit hingewiesen werden, als Betroffener an der Verhandlungsrunde teilzunehmen. Das Komitee wird von der Verwaltung nach § 565 zusammengesetzt, falls „the agency determines that a negotiated rulemaking committee can adequately represent the interests that will be significantly affected by a proposed rule". Den Verhandlungsablauf des Komitees im einzelnen bestimmt § 566: Die Verhandlungsleitung führt ein ‚facilitator'; das Komitee hat Akten zu führen und einen Bericht vorzulegen, der im positiven Fall den Vorschlag einer konsensfähigen Regelung enthält. Diese wird dann in der Regel vom Verwaltungsträger in das normale Verordnungsgebungsverfahren eingeführt, mit dem Hinweis, daß die Norm auf ‚negotiated rulemaking' beruht. Für den Umfang der gerichtlichen Kontrolle ist nach § 570 wichtig, daß alle das Komitee betreffenden Entscheidungen der Verwaltungsbehörde nicht überprüfbar sind sowie daß für die inhaltliche Kontrolle selbst die üblichen Regelungen gelten: „Any agency action relating to establishing, assisting, or terminating a negotiated rulemaking committee under this subchapter [5 U.S.C. §§ 561 ff.] shall not be subject to judicial review. Nothing in this section shall bar judicial review of a rule if such judicial review is otherwise provided by law. A rule which is the product of negotiated rulemaking and is subject to judicial review shall not be accorded any greater deference by a court than a rule which is the product of other rulemaking procedures."

III. Einzelfallentscheidung: Adjudication

1. Definition: Der APA unterscheidet in 5 U.S.C. § 551 (4) und (6) zwischen ‚rules' und ‚orders'. Nach § 551 (6) gilt folgende Definition: „‚[O]rder' means the whole or a part of a final disposition, whether affirmative, negative, injunctive, or declaratory in form, of an agency in a matter other than rule making but including licensing."[28] Das für solche Einzelfallentscheidungen oder Verwaltungsakte einschlägige Verfahren heißt ‚adjudication'. § 551 (7) gibt eine Definition: „‚[A]djudication' means agency process for the formulation of an order."

Die nähere Darlegung des Verfahrens zum Erlaß von Verwaltungsakten findet sich in § 554 sowie in den §§ 556 und 557, die auf das Vor-

[27] Vgl. *USA Group Loan Services, Inc. v. Riley,* 82 F. 3 d 708 (7th Cir. 1996).

[28] Vgl. weiterhin die Definitionen von ‚license', ‚licensing', ‚sanction' und ‚relief' in § 551 (8) bis (11).

liegen einer ‚adjudication' im Sinn von § 554 abstellen. In § 554 ist aber nur die formelle Einzelfallentscheidung geregelt, wie sich aus (a) ergibt: „This section applies, according to the provisions thereof, in every case of adjudication required by statute to be determined on the record after opportunity for an agency hearing ...".[29] Alle anderen Verfahren werden als ‚informal adjudication' bezeichnet. Das informelle Verwaltungsverfahren ist aber, anders als die informelle Verordnungsgebung, im APA nicht als solches geregelt, obwohl die weit überwiegende Anzahl von Einzelfallentscheidungen nicht dem on the record-Verfahren unterliegt. Dies mag daran liegen, daß es sich bei Verwaltungsakten, für die das Gesetz kein formelles Verfahren vorsieht, um solche handelt, die nicht so bedeutsam sind oder individuelle Rechte nicht oder nicht erheblich beeinträchtigen, während gesellschaftliche Bedeutung und/oder Rechtserheblichkeit bei formeller Einzelfallentscheidung sowie formeller administrativer Normsetzung immer vorausgesetzt werden können. Die Frage stellt sich trotzdem: Welche Verfahrensvorschriften hat die Verwaltung einzuhalten?

2. *Informelle Einzelfallentscheidung:* Beim Erlaß von Verwaltungsakten, die nicht dem formellen Verfahren unterliegen, hat die Verwaltung (1) die Voraussetzungen der verfassungsrechtlichen due process-Klauseln zu beachten, soweit das betroffene Interesse unter ‚life, liberty, or property' fällt.[30] Ferner muß die Verwaltung (2) eventuelle behörden- oder programmspezifische Verfahrensregeln einhalten und (3) ihre internen Verwaltungsvorschriften beachten. Der APA selbst regelt, wie erwähnt, das informelle Verfahren nicht. Einschlägig werden können aber einige Spezialvorschriften des § 555 APA, der ‚ancillary matters' behandelt, z.B. das Recht, einen Rechtsberater zu Anhörungen mitzubringen (b) oder unverzüglich über eine abschlägige Bescheidung eines Antrags unterrichtet zu werden (e); daneben ist noch § 558 (c) zu beachten, der den Entzug von Genehmigungen regelt.

Soweit die Gesetze ein nicht unter § 554 fallendes Verwaltungsverfahren regeln, sehen die einschlägigen Vorschriften meistens folgende Elemente vor: „[N]otice, a statement of reasons, a neutral decisionmaker, and, in most cases, an opportunity to present arguments in either written or oral form"[31], mit anderen Worten: eine Annäherung an das informelle Verordnungsverfahren. Zum Teil wird dieser Standard durch Vorschriften des Kongresses überschritten (‚hybrid adjudication'), zum Teil auch unterschritten, etwa bei der Besichtigung von Örtlichkeiten. Vorschläge, die genannten typischen Minimalbestandteile in den APA

---

[29] Der anschließende Text regelt sechs Ausnahmen.
[30] Vgl. oben § 20 II.
[31] *Pierce u.a.,* Adm. Law, S. 319 unter Hinweis auf *Verkuil,* 43 U. Chi. L.Rev. 739 (1976). Dazu schon oben § 20 III 1.

zu integrieren, waren nicht erfolgreich. Probleme ergeben sich, wenn keine oder zu wenig externe oder interne Verfahrensvorschriften einschlägig sind und die Gerichte um Rechtsschutz angegangen werden. Diese haben, um rudimentär Fairneß zu sichern und Kontrolle zu ermöglichen, im wesentlichen auf die oben genannten typischen legislativen Bestandteile abgehoben, vor allem auf eine Darlegung der Gründe der Entscheidung.[32] Die Kompetenz der Gerichte zur Festsetzung verschärfter Verfahrensmaßstäbe außerhalb der due process-Klausel ist aber nach der Entscheidung in *Vermont Yankee*[33] nicht ganz unbestritten.[34]

3. Formelle Einzelfallentscheidung: Das in § 554 geregelte formelle Verfahren, oft auch ‚full hearing' oder ‚trial-type hearing' genannt, kommt nach Abschnitt (a) nur in Betracht, wenn ein anderes Gesetz als der APA auf „adjudication ... to be determined on the record after opportunity for an agency hearing" verweist. Solche Verweisungen nahmen Teile der Rechtsprechung bei unklaren Formulierungen, anders als bei der Verordnungsgebung, eher großzügig an; inzwischen hat sich der Trend wieder umgekehrt – die Gerichte achten nachvollziehbare Selbstinterpretationen der Verwaltungsträger in bezug auf den Verfahrensmaßstab.[35] Die wesentlichen Verfahrensschritte des formellen Verfahrens, die in §§ 554, 556 und 557 näher dargelegt sind, ähneln formellen Verordnungsverfahren[36] sowie Gerichtsverfahren und sehen folgendes vor: (1) die Benachrichtigung über das anstehende Verfahren und dessen faktischen und rechtlichen Hintergrund, (2) das Recht auf Rechtsbeistand, (3) die Möglichkeit des Vorbringens von Fakten und Rechtsansichten, (4) das Recht, das Vorbringen der anderen Verfahrensbeteiligten faktisch und rechtlich zu würdigen und Zeugen zu befragen, (5) die Entscheidung durch ein unvoreingenommenes Organ, (6) gestützt auf das im Verfahren selbst vorgebrachte und im Protokoll niedergelegte Beweismaterial. (7) Der eine bestimmte Entscheidung (oder Norm) Beantragende hat in der Regel die Beweislast. (8) Für Dritte, deren Interessen durch das Verfahren betroffen sind, sieht der APA keine

---

[32] Vgl. *Citizens to Preserve Overton Park v. Volpe,* 401 U.S. 402 (1971); *Dunlop v. Bachowski,* 421 U.S. 560 (1975); *Public Power Council v. Johnson,* 674 F. 2d 791 (9th Cir. 1982); *Independent U.S. Tanker Owners Comm'n v. Lewis,* 690 F. 2d 902 (D.C.Cir. 1982) und unten § 23 I 2.

[33] Vgl. oben II 4 und *Pension Benefit Guaranty Corp. v. LTV Corp.,* 496 U. S. 633 (1990).

[34] Zur Verteidigung dieser richterlichen Rechtsfortbildung ist zu sagen, daß in Fällen informeller ‚adjudication' kein gesetzlich vorgeschriebener Verfahrensstandard (wie bei informeller Verordnungsgebung) überschritten wird.

[35] Vgl. *Seacoast Anti-Pollution League v. Costle,* 572 F. 2d 872 (1 st Cir. 1978) einerseits; *Chemical Waste Management, Inc. v. EPA,* 873 F. 2d 1477 (D.C.Cir. 1989) andererseits, und *Pierce u.a.,* Adm. Law, § 6.4.2.

[36] Dazu schon oben Abschnitt II 3. §§ 556 und 557 verweisen beide auf § 553 Rulemaking und § 554 Adjudications.

Regelung vor; ihre Mitwirkungsrechte sind zum Teil im Organisationsstatut geregelt oder werden von der Rechtsprechung in Anlehnung an die standing-Dogmatik festgesetzt.[37]

4. Alternative Streitbeilegung: In zeitlicher Parallele zu dem oben II 6 erörterten Negotiated Rulemaking Act hat der Kongreß 1990 den Administrative Dispute Resolution Act (ADRA)[38] erlassen, der inzwischen in 5 U.S.C. §§ 571–583 als Teil des APA kodifiziert ist; die neugefaßten Nummern (6) bis (8) in § 556 (c) gehören ebenfalls in diesen Zusammenhang. Alternative Streitbeilegung wird in § 571 (3) definiert als „any procedure that is used, to resolve issues in controversy, including, but not limited to, conciliation, facilitation, mediation, factfinding, minitrials, arbitration, and use of ombuds or any combination thereof". Verwaltungsträger können nach § 572 (a) im Rahmen ihrer Programmzuständigkeit ein Verfahren der Streitbeilegung durchführen; sie müssen aber nicht; diese Entscheidung ist gerichtlich in aller Regel nicht überprüfbar, § 581 (b). Die Parteien müssen mit der Wahl eines entsprechenden Verfahrens einverstanden sein, § 572 (a). Ferner spezifiziert der APA Regelbeispiele, die ADR ausschließen. Nach § 572 (b) sind dies etwa Fälle, in denen wichtige Politikinteressen betroffen sind; in denen mehr Personen betroffen sind, als am Verfahren teilnehmen; in denen eine weitreichende Präzedenzwirkung zu erwarten ist, die besser autoritativ getroffen wird; oder in denen Wert auf eine uniforme Entscheidungspraxis zu legen ist.

Das Verfahren wird in der Regel von einem neutralen Sachwalter geleitet, dessen Status in § 573 geregelt ist: „(a) A neutral may be a permanent or temporary officer or employee of the Federal Government or any other individual who is acceptable to the parties ... (b) A neutral who serves as a conciliator, facilitator, or mediator serves at the will of the parties ...". Für das Verfahren gelten nach § 574 spezielle Geheimhaltungsregeln.

§ 575 regelt einen Spezialfall, das Schiedsverfahren, das zulässig ist, soweit alle Beteiligten zustimmen und sich nach § 577 auf einen Schiedsrichter einigen; für den Verwaltungsträger setzt § 575 (b) und (c) Voraussetzungen fest, unter denen die Verwaltung einem bindenden Schiedsspruch zustimmen darf. Insbesondere bedarf es einer Genehmigung der Verwaltungsspitze in Absprache mit dem Attorney General; beide haben hierbei die schon angeführten typischen Ausschlußgründe des § 572 (b) zu prüfen. Ferner darf die Verwaltung die Durchführung

[37] Vgl. zusammenfassend *Pierce u.a.*, Adm. Law, § 6.4.3 und zu den genannten Elementen schon oben § 20 III 1. Speziell zur ‚intervention' Dritter *Gellhorn/Levin*, Adm. Law, Ch. VII A 2; zum ‚standing' oben § 3 II 6.

[38] 104 Stat. 2736 (1990), mit Änderungen nunmehr Teil des APA, 5 U.S.C. §§ 571–583, im Anhang nicht abgedruckt. Rechtsvergleichend zu solchen Verfahren *Hoffmann-Riem/Schmidt-Aßmann*, Konfliktbewältigung.

eines Schiedsverfahrens nicht von sachfremden Forderungen abhängig machen, § 575 (a) (3). Das Schiedsverfahren im einzelnen ist in den §§ 578 und 579 geregelt. Es führt in der Regel nach §§ 578 (4) und 580 zu einem bindenden Schiedsspruch, den § 571 (4) definiert: „'award' means any decision by an arbitrator resolving the issues in controversy". Die Bindungswirkung tritt nach Ablauf der in § 580 (b) geregelten Fristen ein und bindet nach (c) die beteiligten Parteien. Die gerichtliche Kontrolle solcher Schiedssprüche ist nach § 581 beschränkt; sie richtet sich nach den entsprechend anwendbaren Vorschriften des Federal Arbitration Act in 9 U.S.C. §§ 9–13.

IV. Verfahrensleitung und Behördenentscheidung

Wie schon bei der Darlegung der formellen Variante des Verordnungs- und Verwaltungsaktsverfahrens kurz skizziert, obliegt die Verfahrensleitung nach § 556 (b) entweder (1) der Behörde selbst, d.h. der Behördenleitung, etwa dem Minister oder der Kommission, (2) einzelnen Mitgliedern der Behörde, etwa einem Kommissionsmitglied, oder (3) einem ‚administrative law judge' bzw. mehreren Verwaltungsrichtern. Welche dieser Möglichkeiten im konkreten Fall zur Anwendung kommt, ist entweder im ‚organic act' der Behörde oder innerorganisatorisch festgelegt. Im Regelfall führt ein bzw. führen mehrere Verwaltungsrichter den Vorsitz.

‚Administrative law judges', früher ‚hearing examiners' oder ‚trial examiners' genannt, sind – wenn auch unabhängiger – Teil des betreffenden Verwaltungsträgers. Sie sind also keine Richter im Sinn des Art. III der Verfassung, sondern besondere, vom Kongreß nach Art. I § 8 Cl. 9 eingesetzte ‚legislative judges', die im Verwaltungsverfahren eine sachkundige, effiziente und vorurteilsfreie Verfahrensführung und – im Endeffekt – Verwaltungsentscheidung herbeiführen sollen. Um diese Funktion erfüllen zu können, wird die Position der ALJs gesetzlich[39] stark geschützt: Sie werden nach Leistung und Erfahrung ausgesucht und von der Behörde ernannt; Disziplinierung und Entlassung kommen nur bei Vorliegen gesetzlich bestimmter Gründe in Betracht und können nicht von dem eigenen Verwaltungsträger ausgesprochen werden; ihre Bezahlung wird ebenfalls außerhalb der Zuständigkeit des Verwaltungsträgers geregelt; ihre Kompetenz erstreckt sich nur auf ‚adjudicatory functions'; Verfahren werden in der Regel auf Rotationsbasis zugewiesen; Verwaltungsorgane mit investigativer oder Verfolgungszuständigkeit dürfen ihnen nicht übergeordnet sein; Kontakte mit Verfah-

[39] Vgl. im einzelnen 5 U.S.C. §§ 1305; 3105; 3344; 5372; 7521. Die Rspr. hatte sich mit Grenzen der Überwachung der Verwaltungsrichter durch die Behörde zu beschäftigen in *Association of Administrative Law Judges v. Heckler*, 594 F. Supp. 1132 (D.D.C. 1984); *Nash v. Bowen*, 869 F. 2d 675 (2d Cir.).

rensparteien sind außerhalb des öffentlichen Verfahrens weitgehend untersagt.

Die Kompetenzen der ALJs beziehen sich im wesentlichen auf Verfahrensführung und Entscheidung; die Verleihung des Titels ‚judge' ist in der Tatsache begründet, daß diese Kompetenzen im wesentlichen denjenigen eines ordentlichen ‚trial judge' ähneln[40] – mit einem gleich noch zu erörternden Unterschied: seine Entscheidung ist nicht unbedingt abschließend.

Im Hinblick auf die Verfahrensführung kann ein Verwaltungsrichter nach § 556 (c) in der Regel (1) Eide und eidesgleiche Bekräftigungen abnehmen; (2) im Rahmen des Gesetzes Zeugen vorladen und die Vorlage von Beweismaterial verlangen; (3) über Beweisangebote entscheiden und Beweismaterial entgegennehmen; (4) Zeugenaussagen aufnehmen; (5) Akte der Verfahrensleitung vornehmen; (6) – (8) auf Verfahren alternativer Streitbeilegung hinweisen, dazu ermuntern und Konferenzen unter Hinzuziehung der Betroffenen anberaumen; (9) prozedurale oder ähnliche Fragen entscheiden; (10) Entscheidungen nach § 557 treffen; und (11) sonstige dem Verfahrensziel förderliche Maßnahmen vornehmen, soweit dies von der Behörde vorgesehen ist. Verfahrensbeteiligte neben dem ALJ sind in der Regel private Betroffene und Behördenbedienstete, die in Erfüllung des jeweiligen Verwaltungsauftrags die notwendigen Maßnahmen zur Vorbereitung der Behördenentscheidung getroffen haben.[41]

Ein wesentlicher Unterschied zwischen der Entscheidung eines ‚trial judge' und derjenigen eines ‚administrative law judge' ist, daß der letztere in eine Behörde eingegliedert ist, die letztlich, aufbauend auf seiner unvoreingenommenen und sachverständigen Sachverhaltsaufklärung, für die Erfüllung eines spezifischen Verwaltungsauftrags verantwortlich ist. Wie greifen diese beiden Ziele des Gesamtverfahrens ineinander? Die Beantwortung dieser Frage hängt unter anderem von zwei Punkten ab: (1) Muß derjenige, der das Verfahren leitet, aus Gründen der Sachkenntnis und Fairneß auch entscheiden? (2) Besteht im Rahmen der Behördenorganisation die Möglichkeit der Delegation von Entscheidungsbefugnis?

(1) In einem berühmten Fall, *Morgan I,* findet sich der Satz: „The one who decides must hear."[42] Damit war gemeint, daß die Behördenspitze, der das Recht der Entscheidung zustand, die Pflicht hatte, zuvor die von

---

[40] Der Supreme Court sieht die Aufgaben des ALJ im Vergleich zum erstinstanzlichen Richter als funktionell vergleichbar an: *Butz v. Economou,* 438 U.S. 478, 513 (1978).

[41] Art und Maß der zulässigen Kommunikation zwischen Privaten und Verwaltungsbediensteten mit dem ALJ werden in der Literatur unter den Titeln ‚ex parte contacts' und ‚separation of functions' behandelt.

[42] *Morgan v. United States,* 298 U.S. 468, 481 (1936).

dem ‚hearing examiner' erhobenen Beweise selbst (wenn auch mit Hilfe von anderen Behördenbediensteten) zu würdigen. Daß dies angesichts der Vielzahl von Verfahren kaum zu bewältigen ist, hat den Supreme Court in der dritten Nachfolgeentscheidung zu *Morgan I, Morgan IV*[43], letztlich dazu bewogen, gerichtliche Klagen von Betroffenen, die eine mangelnde Beschäftigung der Behördenspitze mit dem betreffenden Fall rügten, weitgehend abzuweisen: Diese Klagen sollen nur dann erfolgreich sein, wenn flagrante Verletzungen der *Morgan I*-Regel nachzuweisen seien; die Gerichte hätten im Regelfall von der Korrektheit des innerbehördlichen Verfahrens auszugehen.[44]

(2) Was die Delegationsbefugnis angeht, so bestehen im Hinblick auf das Verfassungsrecht keine Bedenken: Soweit nicht eine spezifische Kompetenz des Präsidenten verletzt ist, hat der Kongreß ein weites Ermessen im Hinblick auf die Verortung der Entscheidungszuständigkeit. Auch ‚subdelegation' innerhalb der Behörde von der Behördenspitze zu untergeordneten Amtswaltern wird von der Legislative oft erlaubt und administrativ vorgesehen, und die Rechtsprechung erhebt keine prinzipiellen Bedenken.[45]

Diese beiden Gesichtspunkte haben Berücksichtigung gefunden in § 557 (b), der die Entscheidungsbefugnisse regelt: Falls nicht die Behördenspitze selbst das Verfahren geleitet hat, steht demjenigen, der das Verfahren durchgeführt hat – und das ist meistens ein Verwaltungsrichter – das Recht auf eine ‚initial decision' zu, soweit die einschlägigen Vorschriften nicht eine Vorlage seiner Entscheidungsempfehlung (‚recommended decision') bei der Behördenspitze verlangen.[46] Diese vorläufige Entscheidung wird zur endgültigen Entscheidung der Behörde, soweit keine Rechtsmittel eingelegt werden oder die Behörde nicht selbst eine Überprüfung vornimmt. Ist letzteres der Fall, so kann sie das Verfahren gänzlich neu aufrollen und entscheiden.[47] In beiden Varianten können die Betroffenen nach § 557 (c) vor der Fällung der Entscheidung ihre Stellungnahmen einbringen. Die schließlich getroffene Entscheidung ist umfassend zu begründen und zu dokumentieren, was gerichtliche Kontrolle ermöglicht.[48]

---

[43] *United States v. Morgan,* 313 U.S. 409 (1941).

[44] Vgl. *Schwartz,* Adm. Law, § 7.20 bis 7.22.

[45] Als zulässig wurde z.B. eine Subdelegation angesehen, die in einer Preiskontrollregelung vorsah, daß „[t]he President may delegate the performance of any function under this title to such officers, departments, and agencies of the United States as he may deem appropriate" (84 Stat. 800, § 203 (1970)): *Amalgamated Meat Cutters v. Connally,* 337 F. Supp. 737 (D.D.C. 1971); *Touby v. United States,* 500 U. S. 160 (1991).

[46] Eine dritte Variante sind die am Ende von § 557 (b) angesprochenen ‚tentative decisions' in Verordnungs- und Lizenzerteilungsverfahren.

[47] Zu Varianten in den Überprüfungsverfahren siehe *Schwartz,* Adm. Law, § 7.26; *Strauss,* Adm. Justice, S. 146f.

[48] Vgl. unten § 23 I 2.

§ 22. Voraussetzungen gerichtlichen Rechtsschutzes

I. Allgemeines

Einige der Voraussetzungen gerichtlichen Rechtsschutzes sind schon in § 3 dargestellt worden: Im Rahmen des case or controversy-Erfordernisses von Art. III § 2 haben die Bundesgerichte anhand der Leitfragen ‚Wer?', ‚Wann?' und ‚Was?' Doktrinen entwickelt, die sowohl Ausdruck dieser Zulässigkeitsnorm als auch funktioneller Zweckmäßigkeitsüberlegungen sind. Eine Klage kann nur erheben, wer klagebefugt ist (‚standing'). Der Rechtsstreit muß einerseits entscheidungsreif (‚ripeness') sein, andererseits darf noch keine Erledigung (‚mootness') vorliegen. Kein wirklicher Rechtsstreit liegt in Fällen kollusiven Zusammenwirkens vor (‚collusive cases'). Ferner versagen die Gerichte Rechtsschutz, wenn ‚political questions' vorliegen. Diese allgemein für Klagen vor Bundesgerichten geltenden Zulässigkeitsregeln werden im folgenden um einige Kriterien ergänzt, die insbesondere in Verwaltungsrechtsstreitigkeiten relevant werden: II. die Regelung der Zuständigkeit in solchen Streitigkeiten; III. der Ausschluß gerichtlicher Überprüfung; IV. der richtige Zeitpunkt der Klageeinreichung; sowie V. primäre Zuständigkeiten der Verwaltungsbehörden.

II. Zuständigkeit der Bundesgerichte

Die Zuständigkeit der Bundesgerichte wird in Verwaltungsrechtsstreitigkeiten über ‚statutory review' oder ‚nonstatutory review' begründet; beide Formen sind in § 703 des APA aufgeführt: „The form of proceeding for judicial review is the special statutory review proceeding relevant to the subject matter in a court specified by statute or, in the absence or inadequacy thereof, any applicable form of legal action, including actions for declaratory judgments or writs of prohibitory or mandatory injunction or habeas corpus, in a court of competent jurisdiction." Die Vorschrift macht deutlich, daß der Rechtsweg, der in einem die Aufgabe und Kompetenzen eines Verwaltungsträgers regelnden Gesetz vorgesehen ist, im Regelfall den Vorrang hat vor solchen Normen, die die Zuständigkeit von Bundesgerichten allgemein regeln. Sie spricht (wie auch § 706 APA) wichtige Rechtsschutzformen an: Feststellungs-, Unterlassungs-, Vornahme- und Haftprüfungsklagen.[1]

Viele der wichtigere Verwaltungsträger einsetzenden Gesetze regeln den gerichtlichen Rechtsschutz, der meist zu den ‚courts of appeals', in

[1] Näher hierzu *Gellhorn u.a.*, Adm. Law, Ch. IX § 1; *Fox*, Adm. Law, §§ 61–63, auch zu den Zuständigkeitsfragen.

Einzelfällen auch zu den ‚district courts' oder zu Gerichten mit speziellen Zuständigkeiten führt und nähere Vorschriften über Formen, Fristen und Arten des Rechtsschutzes enthält; eine besondere Verwaltungsgerichtsbarkeit existiert nicht. Das Überspringen der ersten Instanz ist darin begründet, daß die Behörden in den meisten Fällen ihr Verfahren und ihre Entscheidungsgrundlagen dokumentieren, so daß in der Regel keine weitere Faktenerhebung notwendig und die gerichtliche Tatsacheninstanz somit überflüssig ist.[2]

Soweit spezielle Vorschriften fehlen, ist auf die generellen Zuständigkeitsvorschriften für die Bundesgerichte zurückzugreifen. Die wichtigste, weil umfassendste Vorschrift ist 28 U.S.C. § 1331: „The district courts shall have original jurisdiction of all civil actions arising under the Constitution, laws, or treaties of the United States." Der Ausdruck ‚civil' umfaßt wegen der Nichtexistenz einer besonderen Verwaltungsgerichtsbarkeit auch verwaltungsrechtliche Rechtsstreitigkeiten. Neben dieser Generalklausel gibt es weitere Zuständigkeitsvorschriften, die beschränktere Zuständigkeiten und spezielle Rechtsschutzformen begründen. Zu erwähnen sind etwa auf Schadensersatz gerichtete Klagen wegen Verletzung von Bürgerrechten gegen Gliedstaatenbeamte nach 28 U.S.C. § 1343; Anträge auf habeas corpus-Schutz nach 28 U.S.C. §§ 2241–2255; Anträge auf Verurteilung der Behörde zur Durchführung einer bestimmten Verpflichtung nach 28 U.S.C. § 1361; sowie weitere Spezialvorschriften und -gesetze, etwa die unten III.4. skizzierten Staatshaftungsnormen. Die Rechtsschutzvorschriften des APA in §§ 701ff. selbst begründen keine Zuständigkeit der Bundesgerichte.[3] Der Bürger braucht nicht unbedingt selbst Klage zu erheben: Ihm steht auch die Möglichkeit offen, eine behördliche Verfügung zu mißachten; bedarf die Verwaltung zu deren Durchsetzung einer gerichtlichen Anordnung, so kann der Bürger in diesem Verfahren die Rechtswidrigkeit der Grundverfügung rügen.[4] Die Strategie ist allerdings einem erhöhten Risiko ausgesetzt, wenn die Verfassungswidrigkeit der Ermächtigungsnorm gerügt wird. Bejaht das Gericht die Verfassungsgemäßheit der Norm und war die Anordnung rechtmäßig, muß der Bürger in der Regel mit erheblichen finanziellen Nachteilen rechnen.[5] Liegt eine Klage vor einem unzuständigen Gericht vor, richten sich die Verweisungsmöglichkeiten nach 28 U.S.C. § 1631.

---

[2] Dazu näher unten § 23 I 2.

[3] Vgl. *Califano v. Sanders*, 430 U.S. 99 (1977).

[4] Vgl. *United States v. Nova Scotia Food Products Corp.*, 568 F.2d 240 (2d Cir. 1977).

[5] Manchmal enthalten die einschlägigen Gesetze auch Präklusionsvorschriften für die Angreifbarkeit von Verwaltungsverordnungen. Zur engen Auslegung solcher Vorschriften siehe *National Mining Ass'n v. United States Dep't of Interior*, 70 F.3d 1345, 1350ff. (D.C.Cir. 1995).

III. Der Ausschluß gerichtlicher Überprüfung

1. Die Vermutung der gerichtlichen Überprüfbarkeit: Generell sind alle abgeschlossenen Verwaltungshandlungen gerichtlich überprüfbar. Diese ‚presumption of reviewability' läßt sich statutorisch auf zwei Vorschriften zurückführen. § 703 des APA regelt: „Except to the extent that prior, adequate, and exclusive opportunity for judicial review is provided by law, agency action is subject to judicial review in civil or criminal proceedings for judicial enforcement." § 704 sieht vor: „Agency action made reviewable by statute and final agency action for which there is no adequate remedy in a court are subject to judicial review." Der Supreme Court hat die Vermutung der gerichtlichen Überprüfbarkeit in der Leitentscheidung *Abbott Laboratories v. Gardner* betont: „[The APA's] ‚generous review provisions' must be given a ‚hospitable' interpretation ... [and] only upon a showing of ‚clear and convincing evidence' of a contrary legislative intent should the courts restrict access to judicial review."[6] Das Zitat verweist auch schon auf mögliche Grenzen dieser Vermutung. Nach Art. III der Verfassung obliegt es dem Kongreß, die Zuständigkeit der Bundesgerichte auszugestalten, und diese Ausgestaltungsbefugnis bezieht sich nicht nur auf gerichtliche Kontrolle eröffnende, sondern auch ausschließende oder beschränkende Vorschriften. Der APA selbst verweist in § 701 (a) auf zwei wichtige Fallgestaltungen: „This chapter [on judicial review] applies, according to the provisions thereof, except to the extent that – (1) statutes preclude judicial review; or (2) agency action is committed to agency discretion by law."

2. Der statutorische Ausschluß gerichtlicher Kontrolle: Nach Art. III der Verfassung kann der Kongreß die gerichtliche Kontrolle von Verwaltungshandeln ausschließen, soweit dies nicht gegen verfassungsrechtliche Normen verstößt, etwa gegen Anhörungsrechte bei Eingriffen in Leben, Freiheit und Eigentum[7] oder gegen Diskriminierungsverbote nach Rasse oder Geschlecht.[8] Bei der Prüfung, ob die Legislative gerichtlichen Rechtsschutz ausschließen wollte, verlangen die Gerichte in der Regel eine klare und explizite Aussage; manchmal reicht aber auch ein impliziter Ausschluß aus.[9] Meistens jedoch versuchen die Gerichte, mittels einer teleologischen Reduktion der Annahme eines legislativ angeordneten Ausschlusses gerichtlichen Rechtsschutzes entgegenzutreten.

---

[6] 387 U.S. 136, 141 (1967).

[7] Vgl. oben § 20 II.

[8] Vgl. oben § 12 III. Ein weiteres Beispiel aus der neueren Rspr. ist *Bowen v. Michigan Academy of Family Physicians,* 476 U.S. 667 (1986).

[9] Vgl. *Block v. Community Nutrition Institute,* 467 U.S. 340 (1984); *Thunder Basin Coal Co. v. Reich,* 510 U. S. 200 (1994).

3. Der Ausschluß der Überprüfbarkeit von Ermessensentscheidungen: Ebenfalls in § 701 (a) erwähnt sind Fälle des gerichtlichen Ausschlusses „to the extent that ... (2) agency action is committed to agency discretion by law". Der Begriff ‚discretion' umfaßt behördlichen Einschätzungsspielraum sowohl auf der Tatbestands- wie der Rechtsfolgenseite der einschlägigen Norm; eine dogmatische Trennung zwischen Beurteilungsspielraum und Ermessen wird nicht getroffen.[10] Ferner ist in der Norm die Einschränkung ‚to the extent' wichtig: Sie gibt der Judikative die Chance, sowohl bei den unter 2. erwähnten Fällen wie bei Ermessensentscheidungen auf den Umfang des legislativ gewollten Ausschlusses abzustellen und im Zweifel im Rahmen einer teleologischen Reduktion auch Bedenken im Hinblick auf die Verfassungsmäßigkeit eines Rechtswegausschlusses Rechnung zu tragen. Fälle, in denen eine solche Letztentscheidungsbefugnis der Behörde angenommen wird, zeichnen sich in der Regel dadurch aus, daß sie politischen Charakter haben (Außen- und Verteidigungspolitik) oder durch Erfordernisse aufgabenbedingter Flexibilität oder Verhandlungskompetenz geprägt sind. In Übereinstimmung damit charakterisierte der Supreme Court diese Fallgruppe dadurch, daß keine Rechtsmaßstäbe verfügbar seien.[11] Eine nähere Analyse der Rechtsprechung zeigt, daß solche und andere funktionelle Einschätzungen der Leistungsfähigkeit und Angemessenheit gerichtlicher Kontrolle für die Beantwortung der Frage bedeutsam sind, ob die Voraussetzungen des § 701 (a) vorliegen. Eine repräsentative Zusammenfassung einschlägiger Punkte findet sich etwa in *Hahn v. Gottlieb,* wonach es auf „the appropriateness of the issues raised for review by the courts; ... the need for judicial supervision to safeguard the interests of the plaintiffs; and ... the impact of review on the effectiveness of the agency in carrying out its assigned role"[12] ankommen soll.

4. Ausschluß von Schadensersatzklagen gegen Staat und Staatsbedienstete? Nach der ‚doctrine of sovereign immunity' kann ein Staat nur dann verklagt werden, wenn er eingewilligt hat.[13] Diese lange anerkannte Lehre, die auch in Am. 11 zum Ausdruck kommt[14], betraf aber nicht die konkret handelnden Staatsbeamten und hat insbesondere seit Inkrafttreten des APA an Bedeutung verloren. § 702 sieht vor: „An action in a court of the United States seeking relief other than money damages and stating a claim that an agency or an officer or employee thereof acted or failed to act in an official capacity or under color of legal

---

[10] Vgl. *Strauss,* Adm. Justice, S. 61 ff., ferner unten § 23 II bis IV zur Unterscheidung von Fakten-, Rechts- und gemischten Fragen und zur Behandlung von Fällen von Ermessensmißbrauch.

[11] Vgl. näher unten § 23 IV.

[12] 430 F. 2d 1243, 1249 (1st Cir. 1970).

[13] Vgl. *Schwartz,* Adm. Law, § 9.22 und 9.26; *Strauss,* Adm. Justice, S. 271 ff.

[14] Zu Am. 11 siehe *Chemerinsky,* Fed. Jurisdiction, Ch. 7.

authority shall not be dismissed nor relief therein be denied on the ground that it is against the United States or that the United States is an indispensable party."[15] In dieser Vorschrift verzichtet der Bundesstaat darauf, sich bei Rechtsstreitigkeiten über Verwaltungshandeln auf Immunität zu berufen.

Ausgenommen hiervon sind ‚money damages'. Für Klagen auf Schadensersatz in Geld gegen die Vereinigten Staaten verbleibt es dabei, daß es einer gesetzlichen Zulassung bedarf.[16] Die zwei wichtigsten Gesetze sind der Federal Tort Claims Act[17] und der Tucker Act.[18] Der Tucker Act regelt die Haftung für Vertragsverletzungen und weitere Rechtsverletzungen, die keine unerlaubten Handlungen darstellen. Der FTCA betrifft unerlaubte Handlungen und läßt die öffentliche Hand haften für „tort claims, in the same manner and to the same extent as a private individual under like circumstances".[19] Das Gesetz enthält jedoch eine Vielzahl von Ausnahmen, unter anderem für die fehlerhafte Ausübung von Ermessen.[20]

Schadensersatzklagen gegen Bedienstete von Verwaltungsbehörden[21] selbst fallen nicht unter die ‚doctrine of sovereign immunity'. Diese können sich aber in begrenztem Rahmen auf ‚official immunity' berufen. Nach common law-Regeln waren Verwaltungsbeamte grundsätzlich haftbar für von ihnen begangene Rechtsverletzungen. Dieser Grundsatz ist jedoch von der Rechtsprechung eingeschränkt worden: Der Bedienstete sei zumindest bei Ermessensentscheidungen von Haftung frei „within the outer perimeter of [his] line of duty".[22] Nachdem die Rechtsprechung diese weitgehende Haftungsfreistellung späterhin begrenzt hat[23], hat der Kongreß den Federal Employees Liability Reform and Tort Compensation Act erlassen, der die persönliche Haftung weitgehend auf die Vereinigten Staaten überführt.[24]

Eine vom ‚common law' zu unterscheidende Haftung bzw. Haftungsfreistellung von Verwaltungsbeamten ergibt sich in Fällen der Verletzung verfassungsrechtlicher Normen und daraus folgender Scha-

[15] Vgl. auch die anschließenden Sätze sowie § 703.

[16] Zur Auslegung des Begriffs ‚money damages' siehe *Bowen v. Massachusetts,* 487 U. S. 879 (1988) und *Hubbard v. Administrator, EPA,* 982 F. 2nd 531 (D.C.Cir. 1992).

[17] Vgl. 60 Stat. 842 (1946); 28 U.S.C. §§ 1346 (a) und (b), 1402 (b), 1504, 2110, 2401, 2402, 2411, 2412, 2671–2680.

[18] 28 U.S.C. §§ 1346, 1491.

[19] 28 U.S.C. §§ 1346 (b), 2674.

[20] Vgl. 28 U.S.C. § 2680 (a).

[21] Für den Präsidenten, Regierungsmitglieder und Richter gelten besondere Regeln. Vgl. oben § 7 V; *Nowak/Rotunda,* Const. Law, § 7.1; 7.2; 7.10; *Schwartz,* Adm. Law, § 9.19.

[22] *Barr v. Mateo,* 360 U.S. 564, 575 (1959).

[23] In *Westfall v. Erwin,* 484 U.S. 292 (1988).

[24] Vgl. 102 Stat. 4564 (1988) und 28 U.S.C. § 2679 (b) und (d), ferner *Gutierrez de Martinez v. Lamagno,* 515 U.S. 417 (1995).

densersatzklagen. Solche ‚constitutional tort liabilities' sind für Gliedstaatenbedienstete vor allem in 42 U.S.C. § 1983 enthalten, dem Federal Civil Rights Act von 1871, der folgende Haftung festsetzt: „Every person, who, under color of any statute, ordinance, regulation, custom, or usage, of any State or Territory or the District of Columbia, subjects, or causes to be subjected, any citizen of the United States or other person within the jurisdiction thereof to the deprivation of any rights, privileges, or immunities secured by the Constitution and laws, shall be liable to the party injured in an action at law, suit in equity, or other proper proceeding for redress." Die nach dieser Vorschrift geltenden Haftungsmaßstäbe hat der Supreme Court inzwischen weitgehend auf Bundesbeamte ausgedehnt, die die Verfassung verletzen.[25] ‚Official immunity' kommt beim Handeln von Gliedstaaten- wie Bundesbeamten dann zur Anwendung, wenn diese bei Ermessensentscheidungen im guten Glauben davon ausgingen, daß sie rechtmäßig handelten, und diese Annahme angemessen war.[26] In einer neueren Entscheidung kommt eine noch stärkere Objektivierung der Haftung(sfreistellung) zum Ausdruck, indem das Gericht darauf abstellt, ob der beklagte Beamte „violate[d] clearly established statutory or constitutional rights of which a reasonable person would have known".[27]

IV. Der Zeitpunkt der Klageerhebung

Fragen des richtigen Zeitpunkts der Klageerhebung (‚timing') sind schon oben § 3 II 3 erörtert worden: Die Klage muß ‚ripe', entscheidungsreif sein, was im Fall von Verwaltungsentscheidungen Klarheit darüber voraussetzt, welche konkreten Interessen durch welche Art von Verwaltungshandeln bedroht sind. Nur dann kann ein Gericht „evaluate both the fitness of the issues for judicial decision and the hardship to the parties of withholding court consideration".[28] In der Regel muß eine abschließende und verbindliche Entscheidung[29] der Verwaltung vorliegen, bevor gerichtlicher Rechtsschutz möglich ist. Diese ‚final order rule' ist etwa in § 704 des APA festgelegt: „Agency action made reviewable by statute and final agency action for which there is no adequate remedy in a court are subject to judicial review. A preliminary, procedural, or intermediate agency action or ruling not directly reviewable is subject to

[25] Vgl. *Bivens v. Six Unknown Federal Narcotics Agents,* 403 U.S. 388 (1971).
[26] Vgl. *Butz v. Economou,* 438 U.S. 478 (1978).
[27] *Harlow v. Fitzgerald,* 457 U.S. 800, 818 (1982).
[28] *Abbott Laboratories v. Gardner,* 387 U.S. 136, 149 (1967).
[29] Daran fehlt es etwa, wenn untergeordnete Organe dem entscheidungsbefugten Organ gegenüber Vorschläge zur Lösung eines Problems unterbreiten. Vgl. *Franklin v. Massachusetts,* 505 U. S. 788 (1992) und *Dalton v. Spencer,* 511 U. S. 462 (1994), zwei Fälle, in denen allerdings kein Verwaltungsorgan, sondern der Präsident selbst entscheidungsbefugt war.

review on the review of the final agency action." Ausnahmen hiervor sieht die Rechtsprechung etwa vor, falls irreparabler Schaden droht oder falls eine Behörde das Verfahren verschleppt.[30]

Das Erfordernis einer abschließenden Behördenentscheidung hängt auch eng mit dem Gebot zusammen, verwaltungsinterne Rechtsmittel auszuschöpfen (‚exhaustion of administrative remedies').[31] Hinter diesem von § 704 des APA mitgeregelten Grundsatz stehen gewaltenteilige und funktionelle Überlegungen. Seine Beachtung sichert, daß das Gericht mit der abschließenden Faktenermittlung der Behörde sowie deren überlegter Ausübung des Ermessens konfrontiert wird, und daß das Behördenverfahren effektiv ablaufen und vielleicht Fehler selbst korrigieren kann; die Selbstverantwortlichkeit der Behörde im Hinblick auf ihre jeweilige Aufgabe wird ebenfalls gestärkt.[32] Ausnahmen von diesem Grundsatz gesteht die Rechtsprechung etwa dann zu, wenn eine Behörde ihre Zuständigkeit klar überschreitet, oder wenn die verwaltungsinternen Rechtsschutzmöglichkeiten unzureichend sind.[33]

V. Primäre Zuständigkeit der Verwaltungsbehörde

Die ‚primary jurisdiction' einer Verwaltungsbehörde ist zu prüfen, wenn zivilrechtliche oder strafrechtliche Klagen beim zuständigen Gericht erhoben werden, das in Frage stehende Verhalten aber auch in die Zuständigkeit einer Verwaltungsbehörde fällt, die noch kein Verfahren eingeleitet hat. Die Doktrin der ‚primary jurisdiction' dient dazu, die Fragen zu erfassen, deren primäre Beantwortung der sachverständigen Behörde überlassen bleiben sollte, bevor das Gericht entscheidet. Prozessual führt dies zu einer Verweisung an die Behörde, mit anschließender Rechtsschutzmöglichkeit nach Erlaß einer abschließenden Entscheidung.

Zur Anwendung kommt die Doktrin insbesondere in solchen Bereichen, die intensiver staatlicher Regulierung unterworfen sind, in denen ein starkes Bedürfnis nach uniformer Regelung besteht, in Bereichen, die durch Entscheidungen verschiedener Gerichte gefährdet werden könnten, oder falls es sich um komplexe Fragen handelt, deren Beantwortung am besten zunächst dem Sachverstand einer zuständigen Behörde anvertraut werden sollte.[34] Umgekehrt ist die Berufung auf die

---

[30] Vgl. *Environmental Defense Fund, Inc. v. Hardin,* 428 F. 2d 1093 (D.C. Cir. 1970); *Isbrandtsen Co. v. United States,* 211 F. 2d 51 (D.C. Cir. 1954); *Cutler v. Hayes,* 818 F. 2d 879 (D.C. Cir. 1987); APA §§ 555 (b); 706 (1).

[31] Die Leitentscheidung ist *Myers v. Bethlehem Shipbuilding Corp.,* 303 U.S. 41, 50f. (1938).

[32] Vgl. zu diesen Aspekten *McCarthy v. Madigan,* 503 U. S. 140, 144ff. (1992).

[33] Vgl. *McCarthy v. Madigan,* 503 U. S. 140, 146ff. (1992).

[34] Vgl. *Texas & Pacific Railway v. Abilene Cotton Oil Co.,* 204 U.S. 426 (1907); *United States v. Western Pacific Railroad Co.,* 352 U.S. 59 (1956).

primäre Zuständigkeit einer Behörde unangebracht, falls sich der Streit um Rechtsauslegung (und nicht komplexe Faktenermittlung) dreht, oder falls der betroffene Bürger das einschlägige Verwaltungsverfahren nicht durchführen kann.[35]

§ 23. Der gerichtliche Prüfungsumfang

I. Ausdifferenzierung der relevanten Fragestellungen

Falls eine gerichtliche Überprüfung des behördlichen Handelns[1] möglich ist, stellt sich die Frage nach dem Prüfungsumfang (‚scope of review'). Wie eng oder durchlässig soll dieser sein? Bei der Beantwortung dieser Frage sind mehrere Ebenen zu unterscheiden: 1. das mögliche Spektrum des Prüfungsumfangs und einzelne identifizierbare Prüfungsmaßstäbe innerhalb dieses Spektrums; 2. die einzelnen Arten des Verwaltungshandelns und die jeweiligen Gegenstände der gerichtlichen Überprüfung; sowie 3. die Faktoren, die Einfluß haben auf die Ausweitung oder Beschränkung gerichtlicher Kontrolle. Zu beachten ist auch, daß der Gesetzgeber in den einschlägigen Organisations- oder Programmgesetzen nicht nur das Verwaltungshandeln, sondern auch dessen gerichtliche Kontrolle in den Grenzen der Verfassung steuern, also zum Beispiel den anwendbaren Prüfungsmaßstab spezifizieren kann; sofern er das nicht tut, kommen die allgemeinen APA-Regelungen zur Anwendung.[2]

1. Mögliche Grade von Kontrolldichte: Der gerichtliche Prüfungsumfang kann sich theoretisch im Spektrum von ‚alles' bis ‚nichts' bewegen: (a) Eine *vollständige Kontrolle* wäre eine solche, bei der die Justiz an keinen der von der Verwaltung vorgenommenen Akte gebunden ist, vielmehr das Gericht die Entscheidung vollkommen unabhängig trifft. Solche Fälle von *‚de novo review'* sind selten; sie sind etwa im behördlichen Auskunftsverfahren nach dem Freedom of Information Act vorgesehen.[3] Die Rechtsfolgen einer vollständigen Kontrolle regelt § 706 des APA: „The reviewing court shall – (2) hold unlawful and set aside agency action, findings, and conclusions found to be – (F) unwarranted by the facts to the extent that the facts are subject to trial de novo by the reviewing court." (b) Praktisch *nicht existent* ist gerichtliche Kontrolle, falls das Gericht die Entscheidung der Behörde sowohl hinsichtlich der

---

[35] Vgl. *Nader v. Allegheny Airlines, Inc.,* 426 U.S. 290 (1976); *Rosado v. Wyman,* 397 U.S. 397 (1970).

[1] Hierzu generell *Hartung,* DÖV 1993, S. 323 ff.; *Nolte,* Kontrolldichte; *Schuster,* J.ö.R. N.F. 43 (1995), S. 661 ff.; *Uhl,* Rechtsschutz; *Erath,* Verwaltungsverfahren

[2] Vgl. schon oben § 21 I zu den einzelnen Regelungsstufen sowie *Fox,* Adm. Law, § 73.

[3] Vgl. 5 U.S.C. § 552 und hierzu *Fox,* Adm. Law, § 85.

gerade genannten ‚findings' als auch der ‚conclusions' zu akzeptieren hat. Solches ist ebenfalls unüblich, aber trotzdem möglich in Fällen, in denen die Behörde gemäß legislativer Festsetzung das letzte und entscheidende Wort haben soll. (c) Praktisch wichtiger und häufiger sind Fallgestaltungen, in denen sich die gerichtliche Kontrolle zwischen diesen beiden Extremen bewegt: Dann steht der Behörde eine *beschränkte Letztbeurteilungskompetenz* zu, deren Einhaltung gerichtlich kontrolliert wird. Die beiden wichtigsten Prüfungsmaßstäbe sind in § 706 benannt: Entweder kommt hier der *Willkürtest* zur Anwendung (§ 706 (2) (A)) oder der *‚substantial evidence test'* (§ 706 (2) (E)). Die beiden Maßstäbe scheinen unterschiedlich zu sein: Im ersten Fall hat das Gericht die Verwaltungsentscheidung zu akzeptieren, falls sie nicht „arbitrary, capricious [or] an abuse of discretion" ist; im zweiten Fall muß die Verwaltung gewichtige Gründe vorbringen. Ob die beiden Maßstäbe wirklich unterschiedlich sind, ist aber, wie die folgenden Ausführungen zeigen werden, streitig.

2. *Arten des Verwaltungshandelns und der Gegenstände gerichtlicher Kontrolle:* Die genannten Prüfungsmaßstäbe können sich auf unterschiedliche Arten und Gegenstände des Verwaltungshandeln erstrecken. Abzugrenzen sind insbesondere Einzelfallentscheidung (‚adjudication') und Normgebung (‚rulemaking'), jeweils in der formellen oder informellen Variante.[4] Jede dieser vier Arten des Verwaltungshandelns kann sich stützen auf die Erhebung von Fakten, auf die Interpretation der jeweiligen Rechtsgrundlagen sowie auf den Akt der Rechtsanwendung, der oft Elemente des Ermessens enthält und dessen Verortung und Charakterisierung zwischen Faktenerhebung und Rechtsauslegung Schwierigkeiten bereitet. Auf englisch ausgedrückt: Verwaltungsentscheidungen stützen sich auf ‚findings of facts', auf ‚legal interpretations', und führen zu ‚legal conclusions' bzw. Entscheidungen mit Ausübung von ‚discretion'; letztere werden oft auch als ‚mixed questions' bezeichnet.

Der APA sieht für formelle Einzelfallentscheidungen und Normsetzungen der Verwaltung nach § 557 (c) eine vollständige und schriftliche Begründung der Entscheidung im Hinblick auf die faktischen und rechtlichen Entscheidungsgrundlagen sowie die Ausübung des Ermessens vor: „The record shall show the ruling on each finding, conclusion, or exception presented. All decisions ... are a part of the record and shall include a statement of – (A) findings and conclusions, and the reasons or basis thereof, on all the material issues of fact, law, or discretion on the record ...". Beim informellen Normsetzungsverfahren ist die Begründungspflicht etwas schwächer formuliert: „After consideration of the relevant matter presented, the agency shall incorporate in the rules

---

[4] Vgl. oben § 21 II, III. Siehe am Ende der beiden Abschnitte auch die Darlegungen zur gerichtlichen Überprüfung neuerer Handlungsformen.

adopted a concise general statement of their basis and purpose" (§ 553 (c)); diese ‚basis' muß jedoch inzwischen nach der Rechtsprechung mehr ‚concise' als ‚general' dargelegt werden.[5] In beiden Fällen jedenfalls dient die Begründungspflicht zur Ermöglichung gerichtlicher Kontrolle anhand der behördlichen Unterlagen.

Eine schriftliche Begründung ist nach dem APA nicht erforderlich für informelle Einzelfallentscheidungen, die in der Praxis den größten Anteil ausmachen. Dieses Hindernis gerichtlicher Kontrolle hat der Supreme Court inzwischen beseitigt: Auch bei ‚informal adjudication' hat die Behörde die Gründe für ihre Entscheidung darzulegen: entweder durch eine der Entscheidung angeschlossene Begründung oder, falls eine solche fehlt, durch eine vom Gericht angeordnete Begründung im anschließenden Verfahren.[6] Da ersteres zweckmäßiger ist als eine Anhörung vor Gericht, sind die Behörden weitgehend dazu übergegangen, auch informelle Einzelfallentscheidungen mit einer Begründung zu versehen. Soweit eine amtliche Begründung vorliegt, hat sich das Gericht auf diese zu beschränken und darf nicht auf andere, vielleicht naheliegende, aber von der Behörde nicht vorgebrachte Begründungen ausweichen.[7] In aller Regel muß das Gericht von der Korrektheit der amtlichen Begründung ausgehen; nur falls der Kläger beweisen kann, daß die Begründung lediglich vorgeschoben ist, sind die Motive der Behörde näher zu untersuchen.[8]

3. Gründe für und gegen gerichtliche Kontrolle: Welche Gründe sprechen für eine Verschärfung bzw. Verringerung gerichtlicher Kontrolle? Zum Teil sind solche schon unter 2. angesprochen worden: Das hängt davon ab, um welche Art von Verwaltungshandeln und Entscheidungsgrundlagen es sich handelt. Oft wird folgende Maxime genannt: Geht es um die Auslegung von Rechtsnormen, sind die Gerichte zur verbindlichen Entscheidung aufgerufen; dagegen steht der Verwaltung ein gewisser oder auch erheblicher Beurteilungsspielraum zu, soweit es um die Erhebung und Einschätzung von Fakten oder um Ermessensentscheidungen geht.[9] Gegen diese Maxime als eine Faustregel ist sicher nichts zu sagen, doch deckt sie das Spektrum einschlägiger Punkte bei weitem nicht ab. In einer Grobgliederung kann man verfassungsrechtliche, einfachgesetzliche und funktionelle bzw. pragmatische Gründe unterscheiden.

---

[5] Vgl. *Citizens to Preserve Overton Park, Inc. v. Volpe,* 401 U.S. 402, 417ff. (1971) und *Gellhorn/Levin,* Adm. Law, Ch. III F.

[6] Vgl. *Overton Park,* aaO, 419f. und *Pension Benefit Guaranty Corp. v. LTV Corp.,* 496 U. S. 633 (1990).

[7] Vgl. *SEC v. Chenery I,* 318 U.S. 80; *SEC v. Chenery II,* 332 U.S. 194 (1947).

[8] Vgl. *Citizens to Preserve Overton Park, Inc. v. Volpe,* 401 U.S. 402, 420 (1971); *Camp v. Pitts,* 411 U.S. 138, 142f. (1973).

[9] Vgl. *Gellhorn/Levin,* Adm. Law, S. 74f.

(a) Soweit die Verwaltung an verfassungsrechtliche Vorgaben gebunden ist, hat sie diese strikt zu beachten, und die Gerichte haben diese Bindung strikt zu überprüfen: Diese Folgerung läßt sich schon auf die Entscheidungsgründe von *Marbury v. Madison*[10] stützen und kommt auch im APA in § 706 zum Ausdruck, der eingangs die Kompetenz der Gerichte zur Rechtsauslegung betont und explizit Fälle nennt, in denen die Verwaltung „contrary to constitutional right, power, privilege, or immunity" (§ 706 (2) (B)) handelt.

(b) Die Verwaltung hat auch gesetzliche Vorgaben zu beachten: Sie darf weder gegen das Gesetz verstoßen noch die gesetzliche Ermächtigung im einschlägigen Statut (‚organic act') überschreiten; ferner hat sie gesetzlich angeordnete Verfahren einzuhalten. All diese Fälle sind im APA spezifisch erwähnt: § 706 (2) (A), (C), (D). Soweit es sich hierbei um reine Rechtsfragen handelt, ist eine strikte gerichtliche Kontrolle angezeigt.

Komplizierter wird die Sachlage, wenn man sich vor Augen hält, daß die Verwaltung durch den ‚organic act' ja auch zur Durchführung eines Programms ermächtigt wird, und daß die Aufgabe oft komplex oder nur durch Generalklauseln umschrieben ist.[11] Die Verwaltung hat nicht nur spezifische legislative Anweisungen zu vollziehen, sondern oft lediglich grob umrissene Aufgaben zu konkretisieren und eigenverantwortlich durchzuführen. In solchen Fällen ist der gesetzliche Wille darauf gerichtet, einer Behörde mit spezifischen Fachkenntnissen die nähere Bestimmung und Durchführung des Verwaltungsauftrags zu übertragen. In Erfüllung dieses Auftrags hat die Behörde dann auch im Bereich der Rechtsfestsetzung eine quasilegislative Kompetenz, nämlich ‚rulemaking' durch ‚legislative rules' oder auch ‚interpretive rules', an die sich die Gerichte aus gewaltenteiligen und funktionellen Gründen zu halten haben, soweit nicht das ermächtigende Gesetz einen spezifischen Prüfungsmaßstab festsetzt oder eine Überschreitung oder sonstige Mißachtung der parlamentarischen Prärogative vorliegt. Die letztgenannte Einschränkung ist wichtig, aber schwer vorzunehmen, weil letztlich das Gericht selbst zu entscheiden hat, ob die Behörde den legislativen Willen geachtet oder mißachtet hat.

(c) Funktionell und pragmatisch lassen sich bei einer näheren Analyse von einschlägigen Entscheidungen eine Vielzahl von Faktoren anführen, die in der Praxis den Umfang der gerichtlichen Prüfung von Faktener-

[10] Vgl. oben § 2 I.

[11] Vgl. etwa den Natural Gas Act, 15 U.S.C. § 717c (a), wonach die Gebühren „just and reasonable" sein müssen, oder den Clean Water Act, 33 U.S.C. § 1281 (b): „Waste treatment management plans and practices shall provide for the application of the best practicable waste treatment technology ...", oder die Vorschrift im Natural Gas Act, aaO, § 717f (c), daß Anlagen nur dann zu genehmigen sind, wenn sie mit „public convenience and necessity" übereinstimmen.

hebung, Rechtsauslegung und Normanwendung erweitern oder verringern, insbesondere was den oben 1. (c) gekennzeichneten Bereich des ‚arbitrariness test' und ‚substantial evidence test' angeht.[12] Wichtig ist etwa die jeweilige funktionelle Leistungsfähigkeit von Gericht oder Behörde, die, überschlägig gesprochen, beim Gericht eher bei der Einzelfallentscheidung und der Rechtsauslegung angesiedelt ist, bei der Verwaltung eher bei der Faktenerhebung und -einschätzung; mit wachsender Komplexität und Technizität der jeweiligen Aufgabe wird in der Regel auch die Kompetenz der Fachbehörde zunehmen. Gerichte sind in der Regel neutraler als Verwaltungsbehörden, aber Neutralität ist bei der Erfüllung des Verwaltungsauftrags nicht der entscheidende Gesichtspunkt; vielmehr ist dies die gewissenhafte, konsistente, rationelle und nichtdiskriminierende Erfüllung des Auftrags.[13] Manche Behörden haben in bezug auf diese Kriterien einen guten oder einen schlechten Ruf, was sich in relativer Großzügigkeit oder Stringenz der gerichtlichen Kontrolle niederschlagen kann; unabhängig davon scheinen auch manche Gerichte in bestimmten Rechtsgebieten unterschiedliche Praktiken zu vertreten.[14]

II. Die gerichtliche Überprüfung der behördlichen Tatsachenermittlung

Für ‚questions of fact' sieht der APA drei Möglichkeiten der Überprüfung vor: (1) gänzliche Neuermittlung, ‚de novo review', sowie zwei Formen der beschränkten Prüfung, wonach die Verwaltungsentscheidung entweder (2) durch ‚substantial evidence' unterstützt sein muß oder (3) nicht ‚arbitrary' oder ‚capricious' sein darf, § 706 (2) (A), (E), (F).

(1) Bei ‚de novo review' ist das Gericht nicht an die Ermittlung der Behörde gebunden, sondern kann die einschlägigen Tatsachen selbst erheben. § 706 (2) (F) setzt nicht selbst fest, wann ‚de novo review' geboten ist; das ergibt sich entweder aus – seltenen – legislativen Anordnungen oder aus gerichtlichen Konkretisierungen. Letztere finden sich vor allem in den zwei Bereichen der ‚constitutional facts' und der ‚jurisdictional facts': Soweit Tatsachen zur Debatte stehen, aus denen verfassungsrechtliche Rechte und Pflichten folgen oder deren Vorliegen Voraussetzung der Zuständigkeit der Behörde ist, hat der Supreme Court lange auf einer genuinen richterlichen Überprüfungskompetenz bestanden.[15] In der neueren Rechtsprechung ist aber eine gewisse Zurückhal-

---

[12] Vgl. *Gellhorn/Levin,* Adm. Law, Ch. III A, G; *Pierce u. a.,* Adm. Law, §§ 5.1.4; 7.1.

[13] Vgl. *Pierce u. a.,* Adm. Law, § 5.1.5.

[14] Vgl. *Gellhorn u. a.,* Adm. Law, S. 519; *Strauss,* Adm. Law, S. 254 f.

[15] Vgl. *Ohio Valley Water Co. v. Ben Avon Borough,* 253 U.S. 287 (1920); *Ng Fung Ho v. White,* 259 U.S. 276 (1922); *Crowell v. Benson,* 285 U.S. 22 (1932).

tung zu spüren, die im Endeffekt oft auf die Anwendung des substantial evidence-Tests hinausläuft.[16]

(2) Durch „substantial evidence" muß die Verwaltungsentscheidung gerechtfertigt sein in Fällen formeller Verwaltungsakte oder Verordnungen „on the record" oder in sonstigen Fällen, in denen on the record-Anhörungen vorgeschrieben sind, § 706 (2) (E). Wann liegt ‚substantial evidence' vor? Oft findet sich ein Verweis auf die folgende Formulierung: Gemeint sei „such relevant evidence as a reasonable mind might accept as adequate to support a conclusion".[17] Die Anwendung dieser Formel freilich läßt sich oft schwer vorhersagen und hängt offensichtlich von den oben erwähnten funktionellen und pragmatischen Gesichtspunkten ab, die, wenn das Gericht etwas genauer prüfen will, auf eine ‚hard look review' hinauslaufen, aber auch großzügiger sein kann, wenn das Gericht das Behördenverfahren als korrekt ansieht oder sich nicht für kompetent hält, etwa eine technisch komplizierte oder neuartige Frage einzuschätzen.[18] Auf jeden Fall hat das Gericht ‚the whole record' zu überprüfen, also auch die gegen die Behördenentscheidung sprechenden Tatachen zu berücksichtigen[19], und unter ‚Tatsachen' in diesem Sinn können auch empirische Schlußfolgerungen fallen.[20]

(3) In allen anderen Fällen wendet das Gericht den Willkürtest an. Es akzeptiert die Behördenermittlungen bei informellen Verwaltungsakts- und Normsetzungsverfahren, wenn sie nicht „arbitrary" oder „capricious" sind, § 706 (2) (A). In der älteren Rechtsprechung wurde dieser Standard in der gleichen Weise verstanden wie der lose ‚rational basis test' im Verfassungsrecht: Soweit eine Faktenlage vorstellbar war, aufgrund deren die Entscheidung zu rechtfertigen war, ging das Gericht von der Rechtmäßigkeit i.S.d. Willkürfreiheit aus[21]; im Grunde lief das auf eine Nichtprüfung hinaus. Inzwischen haben die Gerichte die Anforderungen an die Feststellung einer Nichtwillkürlichkeit verschärft: Obwohl der Supreme Court kürzlich noch den Willkürtest gegenüber dem strengeren substantial evidence-Test abgegrenzt hat[22], lassen sich bei einer näheren Analyse kaum Unterschiede feststellen.[23] Die Unter-

---

[16] Vgl. *Pierce u.a.*, Adm. Law, § 5.2.2.

[17] *Consolidated Edison Co. v. NLRB*, 305 U.S. 197, 229 (1938).

[18] Vgl. etwa *Motorola, Inc. v. Illinois Fair Employment Practices Comm'n*, 215 N.E. 2nd 286 (Ill. 1966) gegenüber *Federal Power Comm'n v. Florida Power & Light*, 404 U.S. 453, 463 ff. (1972).

[19] Vgl. *Universal Camera Corp. v. NLRB*, 340 U.S. 474 (1951).

[20] Vgl. *Radio Officers' Union v. NLRB*, 347 U.S. 17 (1954).

[21] Vgl. etwa *Pacific States Box & Basket Co. v. White*, 296 U.S. 176 (1935) und oben § 8 V.

[22] Vgl. *American Paper Institute v. American Electric Power Service Corp.*, U.S. 402, 412 Fußn. 7 (1983).

[23] Vgl. etwa *Motor Vehicle Manufacturers Ass'n v. State Farm Mutual Automobile Ins. Co.*, 463 U.S. 29, 42f. (1983). AaO, 43 Fußn. 7 zur Abgrenzung des Willkürtests gegenüber dem verfassungsrechtlichen ‚rational basis test'.

gerichte und die Literatur gehen inzwischen weitgehend davon aus, daß beide Tests vergleichbare Anforderungen stellen.[24]

III. Die gerichtliche Überprüfung der Rechtsauslegung

Wie in Abschnitt I. 3. (a) und (b) dargelegt, steht den Gerichten die Kompetenz zu, über die Auslegung von Rechtsfragen abschließend zu entscheiden. Dies gilt, soweit sich die Frage stellt, ob Verwaltungshandeln gegen die Verfassung verstößt oder die Grenzen der legislativen Ermächtigung überschritten hat. Probleme in bezug auf eine unbegrenzte gerichtliche Prüfungsbefugnis stellen sich, soweit es um die Durchführung des oft nur grob umrissenen Verwaltungsauftrags geht und die Verwaltung den gesetzlichen Auftrag durch Verordnungen und Verwaltungsakte konkretisiert sowie norminterpretierende Verwaltungsvorschriften erläßt. In diesen Fällen soll es nach der Leitentscheidung *Chevron U.S.A., Inc. v. NRDC*[25] auf zwei Punkte ankommen. Zunächst ist vom Gericht zu prüfen, ob der Kongreß in seinem Gesetz eine klare Zielsetzung getroffen hat. Ist dies der Fall, können die Gerichte die Ausdeutung dieser Vorgabe kontrollieren. Liegt dagegen keine klare und eindeutige Zielsetzung vor, soll sich die gerichtliche Kontrolle auf eine Vertretbarkeitsprüfung beschränken, die Parallelen zu dem oben erwähnten Willkürtest aufweist. Ob der erst- oder der zweitgenannte Fall vorliegt, ist nach den anerkannten Methoden der Gesetzesinterpretation zu entscheiden; dazu zählen das Abstellen auf den Text, den Kontext sowie auf das vom Gesetzgeber Gewollte und das vom Gesetz selbst Intendierte.[26]

Der Zwei-Stufen-Test nach *Chevron* scheint eine klare Unterscheidung zu treffen: Strikte Kontrolle im ersten, bloße Vertretbarkeitskontrolle im zweiten Fall. Der Eindruck täuscht jedoch: Selten sind gesetzliche Anweisungen an die Verwaltung so klar und eindeutig, daß sie von der Verwaltung gänzlich ‚vollziehbar' und von den Gerichten vollständig ‚kontrollierbar' wären. Meist erfordert der gesetzliche Auftrag eigenständige und kreative Umsetzungen seitens der Verwaltung, so daß in der Regel nur der Vertretbarkeitstest zur Anwendung käme. Dieser Test wird jedoch von den Gerichten je nach Sachlage strenger oder durchlässiger gehandhabt. Hier spielen all die Punkte eine Rolle, die in Abschnitt I. 3. (c) genannt wurden: Expertise der Behörde, Konsistenz, Rationalität und Fairneß des Behördenhandelns, Art und Umfang des vom Kongreß vorgesehenen oder von der Materie her erforderten Be-

---

[24] Vgl. *Pierce u. a.,* Adm. Law, § 7.3.3; *Strauss,* Adm. Justice, S. 248f.

[25] 467 U.S. 837, 842f. (1984). Speziell zur Rolle dieser Entscheidung für die verwaltungsrechtliche Gesetzesauslegung *Davis/Pierce,* Adm. Law, Ch. 3.

[26] Vgl. neben der vorhergehenden Fußn. *Gellhorn/Levin,* Adm. Law, S. 85 und oben § 16 III.

urteilungsspielraums und Ermessens, im jeweiligen gerichtlichen Verständnis.[27]

Eine gute Zusammenfassung dieser Gesichtspunkte findet sich in *Skidmore v. Swift.* Die „rulings, interpretations and opinions of the Administrator ..., while not controlling upon the courts by reason of their authority, do constitute a body of experience and informed judgment to which courts and litigants may properly resort for guidance. The weight of such a judgment in a particular case will depend upon the thoroughness evident in its consideration, the validity of its reasoning, its consistency with earlier and later pronouncements, and all those factors which give it power to persuade, if lacking power to control."[28]

IV. Die gerichtliche Überprüfung der Rechtsanwendung und des behördlichen Ermessens

Die beiden vorhergehenden Abschnitte haben gezeigt, daß die meisten behördlichen Faktenermittlungen und Rechtsauslegungen in der Zwischenzone des gerichtlichen Prüfungsumfangs angesiedelt sind: nämlich auf der Ebene des ‚substantial evidence test' und der Willkürkontrolle. Beide Tests sind vergleichbar und werden, wie dargelegt, je nach der Gesamteinschätzung des Gerichts etwas strenger oder eher großzügig eingesetzt. Von daher sollte man erwarten, daß Fragen der Rechtsanwendung und der Ausübung behördlichen Ermessens in der gleichen pragmatischen Art und Weise gehandhabt werden und daß die textliche Einordnung jedenfalls keine entscheidende Rolle spielt. Eine realistische Einschätzung der Rechtsprechung läßt eigentlich keine andere Wahl zu, und von einem reduktionistischen Standpunkt aus könnte man sogar daran denken, die ganze Diskussion um den anwendbaren Prüfungsmaßstab auf eine Flexibilitätsstrategie der Gerichte zu beschränken, die die Verwaltung immer dann in die Schranken weisen, wenn sie dies als angemessen ansehen.

Die Gerichte und die Literatur waren sich lange nicht einig, ob Rechtsanwendungsfragen dem Bereich der Faktenermittlung oder der

---

[27] Neuere Interpretationen der *Chevron*-Regeln etwa in *INS v. Cardozo-Fonseca,* 480 U.S. 421, 446ff. (1987); *NLRB v. United Food & Commercial Workers Union,* 484 U.S. 112, 123ff., 133f. (1987); *MCI Telecommunications Corp. v. American Tel. & Tel. Co.,* 512 U.S. 218 (1994); *FDA v. Brown & Williamson Tobacco Corp.,* 68 U.S. Law Week 4194 (2000).

[28] 323 U.S. 134, 140 (1944). Vgl. auch *SEC v. Chenery Corp.,* 332 U.S. 194, 209 (1947): „The Commission's conclusion here rests squarely in that area where administrative judgments are entitled to the greatest amount of weight by appellate courts. It is the product of administrative experience, appreciation of the complexities of the problem, realization of the statutory policies, and responsible treatment of uncontested facts. It is the type of judgment which administrative agencies are best equipped to make and which justifies the use of the administrative process ... Whether we agree or disagree with the result reached, it is an allowable judgment which we cannot disturb."

Rechtsauslegung zuzuschreiben sind oder eine eigene Kategorie bilden, die zusammen mit Ermessensentscheidungen das kreative Moment der Verwaltungstätigkeit zum Ausdruck bringt. Das kommt terminologisch dadurch zum Ausdruck, daß Rechtsanwendungsfragen oft als ‚mixed questions of law and facts' oder ‚ultimate facts' im Gegensatz zu ‚basic facts' angesprochen werden, was ein Abstellen auf das jeweils vorrangige Element erlaubt.[29] Soweit man die oben für Faktenerhebung und Rechtsauslegung dargelegten Prüfungsmaßstäbe als in der Sache unterschiedlich ansieht, ist folgendermaßen zu verfahren: Falls sich eine ‚reine' Faktenerhebung oder Rechtsauslegung vom Anwendungsakt abgrenzen läßt, gelten die dafür einschlägigen Prüfungsmaßstäbe. Für den Anwendungsakt selbst gilt nach § 706 (2) (A) des APA, daß die „conclusion" der Behörde nicht „arbitrary, capricious" sein oder gegen das Gesetz verstoßen darf. Spätestens hier aber kommt es wieder auf die genannten funktionellen und pragmatischen Gesichtspunkte an, die, abgesehen von einer Überschreitung verfassungsrechtlicher oder gesetzlicher Grenzen, die konkrete Anwendung des mittleren Prüfungsmaßstabs bestimmen.

Rechtsanwendungen, die auf gesetzlichem Ermessen aufbauen, dürfen ebenfalls nicht willkürlich sein oder „an abuse of discretion" darstellen, APA § 706 (2) (A). Ob der Kongreß eine Behörde zu einer Ermessensentscheidung ermächtigt, ist anhand der dargelegten Auslegungsmethoden[30] zu ermitteln: Das Ermessen kann sich daraus ergeben, daß die Legislative unbestimmte Rechtsbegriffe zur Aufgabenbestimmung benutzt, komplexe oder plurale Ziele festlegt oder generell die Aufgabendurchführung der Verwaltung überläßt.[31] Ist dagegen „agency action ... committed to agency discretion by law", so sieht § 701 (a) (2) des APA keine gerichtliche Überprüfung vor. Diese beiden scheinbar widersprüchlichen Vorschriften macht die Rechtsprechung kompatibel durch eine enge Auslegung des § 701 (a) (2): Die Vorschrift soll nur dann zur Anwendung kommen, und gerichtliche Überprüfung soll nur dann ausgeschlossen sein, wenn das ermächtigende Statut keine anwendbaren Rechtsmaßstäbe zu erkennen gibt, so daß auch kein Mißbrauch festgestellt werden kann.[32] Fälle, in denen ein solcher Mangel an Rechtsmaß-

[29] Vgl. z.B. die Frage, ob die Auslegung des Begriffs ‚employee' eine Fakten- oder eine Rechtsfrage ist: *NLRB v. Hearst Publications, Inc.*, 322 U.S. 111 (1944) gegenüber *Packard Motor Car Co. v. NLRB*, 330 U.S. 485 (1947) und hierzu *Gellhorn/Levin*, Adm. Law, Ch. III A; *Strauss*, Adm. Justice, S. 259f.

[30] Vgl. bei Fußn. 25f.

[31] Das amerikanische Verwaltungsrecht trifft keine klare Unterscheidung zwischen der Voraussetzungs- und Rechtsfolgenseite der einschlägigen Norm; demgemäß ist die Differenzierung von Beurteilungsspielraum und Ermessen nicht geläufig. Stattdessen wird differenziert nach Tatsachen- und Rechtsfragen. Diese Differenzierung ist aber, wie gesehen, bei der fallbezogenen Prüfung komplexer Aufgabennormen kaum mehr aufrechtzuerhalten.

[32] Vgl. *Citizens to Preserve Overton Park v. Volpe*, 401 U.S. 402, 410 (1971).

stäben angenommen wurde, betreffen etwa Entscheidungen darüber, ob die Behörde zur Einleitung eines lebensmittelrechtlichen Verfahrens verpflichtet ist, oder ob Reservisten zur Armee eingezogen werden sollen.[33]

In allen anderen Verfahren kommt es auf eine rationale Beziehung zwischen den ermittelten Tatsachen und der getroffenen Wahl an. Ist eine solche Beziehung gegeben, so sind Willkür oder Mißbrauch im Sinne von § 706 (2) (A) ausgeschlossen. Dies prüft das Gericht anhand einer „substantial inquiry", einer „thorough, probing, in-depth review".[34] Was ist davon umfaßt? „Normally, an agency rule would be arbitrary and capricious if the agency has relied on factors which Congress has not intended it to consider, entirely failed to consider an important aspect of the problem, offered an explanation for its decision that runs counter to the evidence before the agency, or is so implausible that it could not be ascribed to a difference in view or the product of agency expertise."[35]

Der hier angedeutete Maßstab wird auch als ‚hard look review' bezeichnet und kommt insbesondere in Verordnungsverfahren zur Anwendung, die komplexe Sachverhaltsgestaltungen erfassen und offene Gesetzesvorgaben umsetzen müssen. In solchen Fällen sind die Gerichte funktionell in der Regel überfordert, was die eigene Sachkompetenz angeht. Kompensiert wird dieser Mangel durch eine genaue Analyse des behördlichen Verfahrens in bezug auf die oben genannten Punkte der Neutralität, Konsistenz und der Berücksichtigung der relevanten Gesichtspunkte anhand der Unterlagen der Behörde. Mit anderen Worten: Es muß ‚reasoned decisionmaking' vorliegen.[36]

§ 24. Nachwort: Das Studium des öffentlichen Rechts der USA

Die vorliegende ‚Einführung' deckt im großen und ganzen den Stoff ab, den die Vorlesungen Constitutional Law I und II sowie Administrative Law an amerikanischen Law Schools behandeln. Das Buch soll so-

---

[33] Vgl. *Heckler v. Chaney,* 470 U.S. 821 (1985); *United States ex rel. Schonbrun v. Commanding Officer,* 403 F. 2d 371 (2d Cir. 1968).

[34] *Citizens to Preserve Overton Park v. Volpe,* 401 U.S. 402, 415 (1971). Hier wird die Übereinstimmung zwischen Willkür- und substantial evidence-Test deutlich.

[35] *Motor Vehicle Manufacturers Ass'n v. State Farm Mutual Automobile Ins. Co.,* 463 U.S. 29, 43 (1983).

[36] Diese Begriffe gehen zurück auf *Greater Boston Television Corp. v. FCC,* 444 F. 2d 841, 851 (D.C. Cir. 1970), cert. denied, 403 U.S. 923 (1971): Das Gericht schreitet ein, „[if it] becomes aware, especially from a combination of danger signals, that the agency has not really taken a ‚hard look' at the salient problems, and has not genuinely engaged in reasoned decision-making". Ausführlicher hierzu *Gellhorn/Levin,* Adm. Law, Ch. III D, G; *Strauss,* Adm. Justice, S. 261ff., 267ff.; *Pierce u.a.,* Adm. Law, §§ 5.1.5; 7.5.

wohl einen Überblick vermitteln als auch den Zugang zu einer näheren Beschäftigung mit den angesprochenen Fällen und Problemen ermöglichen. Letzteres versucht die Darstellung zum ersten dadurch, daß sie das jeweilige Problem über Querverweise im Gesamtsystem des öffentlichen Rechts verortet. Zum zweiten zeichnet das Buch bei einigen Themen die Entwicklung der Rechtsprechung nach, so daß der Leser ein Gespür für den gegenwärtigen Problemstand entwickeln kann. Zum dritten skizziert das Buch bei vielen grundlegenden Urteilen die Entscheidungsgründe, damit die Arbeitsweise amerikanischer Richter deutlich wird. Zum vierten kann der Leser über die zitierte Literatur nähere Auskunft erlangen. Dazu einige Hinweise:

Die Literaturnachweise sind aus Platzgründen möglichst beschränkt worden. In der Regel habe ich nur einige wenige spezielle Werke zitiert sowie neuere deutschsprachige Abhandlungen, die meistens die Brücke vom amerikanischen zum deutschen oder auch europäischen Recht schlagen und für viele Leser leichter zugänglich sein dürften als amerikanische Werke. Es gibt drei ausgezeichnete ältere deutschsprachige Bücher, die sich mit dem hier erörterten Stoff überschneiden: zum Verfassungsrecht *Loewenstein,* Verfassungsrecht und Verfassungspraxis der Vereinigten Staaten (1959); zum Verwaltungsrecht *Riegert,* Das amerikanische Administrative Law (1967); und beide Gebiete zusammenfassend *Parker,* Das Öffentliche Recht (1963). Diese Monographien haben historisch bleibenden Wert, sind aber in vielen Fragen durch die Rechtsentwicklung überholt. Durchgängig einschlägig dagegen sind gängige amerikanische Abhandlungen sowie Fallsammlungen zum Verfassungs- und Verwaltungsrecht. Zu beiden Gebieten gibt es eine Vielzahl anerkannter Darstellungen.

Im Verfassungsrecht empfehle ich vor allem die Lehrbücher von *Chemerinsky, Tribe, Nowak/Rotunda* sowie *Rotunda/Nowak.* Die drei erstgenannten Bücher sind einbändige, aber ausführliche Standardlehrbücher; die letztgenannte Abhandlung besteht aus vier Bänden. Fallsammlungen zum Verfassungsrecht gibt es zahlreiche. Hier zitiert wird primär der Band von *Stone/Seidman/Sunstein/Tushnet,* der neben den Fallauszügen viel verfassungstheoretisches und verfassungshistorisches sowie seit der 3. Auflage auch rechtsvergleichendes Material enthält. Daneben verweise ich auf die ‚casebooks' von *Murphy/Fleming/Barber* und *Kommers/Finn,* die zu jedem Kapitel ausführliche Einleitungsaufsätze enthalten; der Band von *Kommers/Finn* verweist zusätzlich auf verfassungsvergleichendes, insbesondere deutsches Material. Informativ ist auch der von *Kermit Hall* herausgegebene Oxford Companion to the Supreme Court of the United States.

Im Verwaltungsrecht verweise ich auf zwei kürzere Darstellungen von *Gellhorn/Levin* und *Strauss* sowie auf drei ausführlichere Lehrbücher von *Pierce/Shapiro/Verkuil, Schwartz* und *Fox;* ferner ist hier das dreibändige Werk von *Davis/Pierce* zu erwähnen. Fallsammlungen gibt es etwa von *Gellhorn/Byse/Strauss/Rakoff/Schotland/Farina* und *Breyer/Stewart.* Eine separate deutschsprachige Abhandlung zum amerikanischen Verwaltungsrecht gibt es von *Linneweber.*

Die angeführten Lehrbücher enthalten in der Regel ausführliche Diskussionen der angesprochenen Probleme und Fälle sowie weitere Literaturnachweise. Die meisten hier zitierten Entscheidungen sind in den erwähnten Fallsammlungen gekürzt abgedruckt; diese enthalten auch Fragen, Kommentare sowie Auszüge aus der einschlägigen Literatur und werden jährlich durch eine Ergänzungslieferung („supplement") auf dem laufenden gehalten.

Manchmal führt die Suche nach den einschlägigen Rechtsmaterialien zu Komplikationen. Im Bundesverfassungsrecht ist die Suche noch vergleichsweise einfach, doch sobald die Forschung in das Verwaltungsrecht und das Gliedstaatenrecht führt, ergeben sich Schwierigkeiten in bezug auf ‚How to find the law'. Der Leser sollte bei der ‚Einführung' das Abkürzungsverzeichnis konsultieren und im übrigen bei Bedarf die Bände von *Blumenwitz,* Einführung in das anglo-amerikanische Recht, oder *Cohen/Kent,* Legal Research, zu Rate ziehen. Über die Zitierweise informiert am ausführlichsten *The Bluebook. A Uniform System of Citation.* Methodische Hinweise, verbunden mit einer Gesamtübersicht des amerikanischen Rechts, findet der Leser auch in den Darstellungen von *Burnham, Clark/Ansay, Farnsworth* und *Hay.* Wer einen elektronischen Zugang und Geld hat, kann Rechtsmaterialien sehr gut über die beiden Dienste *Lexis* und *Westlaw* finden. Das Internet bietet inzwischen viele und zum großen Teil kostenlose Informationen über das amerikanische Recht. Die einschlägigen Internetadressen sind abgedruckt in den Werken von *Evans,* Law on the Net, und: Government on the Net. Die Website des Heidelberger Max-Planck-Instituts für ausländisches öffentliches Recht und Völkerrecht enthält ebenfalls zahlreiche Links zu amerikanischem Rechtsmaterial: http://www.virtual-institute.de.

Einige der studentischen Leser werden Interesse an einem Studium des amerikanischen (öffentlichen) Rechts in den USA selbst haben. Hinweise auf Studienmöglichkeiten finden sich in den juristischen Ausbildungszeitschriften. Die Deutsch-Amerikanische Juristenvereinigung (DAJV) veranstaltet regelmäßig Informationstagungen; sie gibt einen USA-Studienführer heraus und publiziert vierteljährlich den DAJV-Newsletter, der Aufsätze, Rechtsprechungs- und Gesetzgebungsberichte enthält. Die Adresse ist: DAJV, Alte Bahnhofstr. 10, 53173 Bonn; E-mail: dajv-bonn@t-online.de; Website: http://www.dajv.de.

Anhang A: The Constitution of the United States*

1787

Preamble

We the People of the United States, in Order to form a more perfect Union, establish Justice, insure domestic Tranquility, provide for the common defence, promote the general Welfare, and secure the Blessings of Liberty to ourselves and our Posterity, do ordain and establish this Constitution for the United States of America.

Article I

Section 1. All legislative Powers herein granted shall be vested in a Congress of the United States, which shall consist of a Senate and House of Representatives.

Section 2. [1] The House of Representatives shall be composed of Members chosen every second Year by the People of the several States, and the Electors in each State shall have the Qualifications requisite for Electors of the most numerous Branch of the State Legislature.

[2] No Person shall be a Representative who shall not have attained to the Age of twenty five Years, and been seven Years a Citizen of the United States, and who shall not, when elected, be an Inhabitant of that State in which he shall be chosen.

[3] [Representatives and direct Taxes shall be apportioned among the several States which may be included within this Union, according to their respective Numbers, which shall be determined by adding to the whole Number of free Persons, including those bound to Service for a Term of Years, and excluding Indians not taxed, three fifths of all other Persons.][1] The actual Enumeration shall be made within three Years after the first Meeting of the Congress of the United States, and within every subsequent Term of ten Years, in such Manner as they shall by Law direct. The Number of Representatives shall not exceed one for every thirty Thousand, but each State shall have at Least one Representative; and until such enumeration shall be made, the State of New Hampshire shall be entitled to chuse three, Massachusetts eight, Rhode Island and Providence Plantations one, Connecticut five, New York six, New Jersey four, Pennsylvania eight, Delaware one, Maryland six, Virginia ten, North Carolina five, South Carolina five, and Georgia three.

[4] When vacancies happen in the Representation from any State, the Executive Authority thereof shall issue Writs of Election to fill such Vacancies.

[5] The House of Representatives shall chuse their Speaker and other Officers; and shall have the sole Power of Impeachment.

Section 3. [1] The Senate of the United States shall be composed of two Senators from each State, [chosen by the Legislature thereof, for six Years; and each Senator shall have one Vote.][1]

---

* Die Numerierung der Unterabschnitte (Clauses) wurde hinzugefügt. Bei der Numerierung der Zusatzartikel wurden statt der römischen arabische Ziffern verwendet.

[1] Changed by the Seventeenth Amendment.

[2] Immediately after they shall be assembled in Consequence of the first Election, they shall be divided as equally as may be into three Classes. The Seats of the Senators of the first Class shall be vacated at the Expiration of the Second Year, of the second Class at the Expiration of the fourth Year, and of the third Class at the Expiration of the sixth Year, so that one third may be chosen every second Year; [and if Vacancies happen by Resignation, or otherwise, during the Recess of the Legislature of any State, the Executive thereof may make temporary Appointments until the next Meeting of the Legislature, which shall then fill such Vacancies.][2]

[3] No Person shall be a Senator who shall not have attained to the Age of thirty Years, and been nine Years a Citizen of the United States, and who shall not, when elected, be an Inhabitant of that State for which he shall be chosen.

[4] The Vice President of the United States shall be President of the Senate, but shall have no Vote, unless they be equally divided.

[5] The Senate shall chuse their other Officers, and also a President pro tempore, in the Absence of the Vice President, or when he shall exercise the Office of President of the United States.

[6] The Senate shall have the sole Power to try all Impeachments. When sitting for that Purpose, they shall be on Oath or Affirmation. When the President of the United States is tried, the Chief Justice shall preside: And no Person shall be convicted without the Concurrence of two thirds of the Members present.

[7] Judgment in Cases of Impeachment shall not extend further than to removal from Office, and disqualification to hold and enjoy any Office of honor, Trust, or Profit under the United States: but the Party convicted shall nevertheless be liable and subject to Indictment, Trial, Judgment, and Punishment, according to Law.

Section 4. [1] The Times, Places and Manner of holding Elections for Senators and Representatives, shall be prescribed in each State by the Legislature thereof; but the Congress may at any time by Law make or alter such Regulations, except as to the Places of chusing Senators.

[2] The Congress shall assemble at least once in every Year, and such Meeting shall be [on the first Monday in December,][3] unless they shall by Law appoint a different Day.

Section 5. [1] Each House shall be the Judge of the Elections, Returns, and Qualifications of its own Members, and a Majority of each shall constitute a Quorum to do Business; but a smaller Number may adjourn from day to day, and may be authorized to compel the Attendance of absent Members, in such Manner, and under such Penalties as each House may provide.

[2] Each House may determine the Rules of its Proceedings, punish its Members for disorderly Behavior, and, with the Concurrence of two thirds, expel a Member.

[3] Each House shall keep a Journal of its Proceedings, and from time to time publish the same, excepting such Parts as may in their Judgement require Secrecy; and the Yeas and Nays of the Members of either House on any question shall, at the Desire of one fifth of those Present, be entered on the Journal.

[4] Neither House, during the Session of Congress, shall, without the Consent of the other, adjourn for more than three days, nor to any other Place than that in which the two Houses shall be sitting.

Section 6. [1] The Senators and Representatives shall receive a Compensation for their Services, to be ascertained by Law, and paid out of the Treasury of the United States.

---

[2] Changed by the Seventeenth Amendment.
[3] Changed by section 2 of the Twentieth Amendment.

They shall in all Cases, except Treason, Felony and Breach of the Peace, be privileged from Arrest during their Attendance at the Session of their respective Houses, and in going to and returning from the same; and for any Speech or Debate in either House, they shall not be questioned in any other Place.

[2] No Senator or Representative shall, during the Time for which he was elected, be appointed to any civil Office under the Authority of the United States, which shall have been created, or the Emoluments whereof shall have been increased during such time; and no Person holding any Office under the United States, shall be a member of either House during his Continuance in Office.

Section 7. [1] All bills for raising Revenue shall originate in the House of Representatives; but the Senate may propose or concur with Amendments as on other Bills.

[2] Every Bill which shall have passed the House of Representatives and the Senate, shall, before it become a Law, be presented to the President of the United States; If he approve he shall sign it, but if not he shall return it, with his Objections to the House in which it shall have originated, who shall enter the Objections at large on their Journal, and proceed to reconsider it. If after such Reconsideration two thirds of that House shall agree to pass the Bill, it shall be sent together with the Objections, to the other House, by which it shall likewise be reconsidered, and if approved by two thirds of that House, it shall become a Law. But in all such Cases the Votes of both Houses shall be determined by Yeas and Nays, and the Names of the Persons voting for and against the Bill shall be entered on the Journal of each House respectively. If any Bill shall not be returned by the President within ten Days (Sundays excepted) after it shall have been presented to him, the Same shall be a Law, in like Manner as if he had signed it, unless the Congress by their Adjournment prevent its Return in which Case it shall not be a Law.

[3] Every Order, Resolution, or Vote, to Which the Concurrence of the Senate and House of Representatives may be necessary (except on a question of Adjournment) shall be presented to the President of the United States; and before the Same shall take Effect, shall be approved by him, or being disapproved by him, shall be repassed by two thirds of the Senate and House of Representatives, according to the Rules and Limitations prescribed in the Case of a Bill.

Section 8. [1] The Congress shall have Power to lay and collect Taxes, Duties, Imposts and Excises, to pay the Debts and provide for the common Defence and general Welfare of the United States; but all Duties, Imposts and Excises shall be uniform throughout the United States;

[2] To borrow money on the credit of the United States;

[3] To regulate Commerce with foreign Nations, and among the several States, and with the Indian Tribes;

[4] To establish an uniform Rule of Naturalization, and uniform Laws on the subject of Bankruptcies throughout the United States;

[5] To coin Money, regulate the Value thereof, and of foreign Coin, and fix the Standard of Weights and Measures;

[6] To provide for the Punishment of counterfeiting the Securities and current Coin of the United States;

[7] To Establish Post Offices and Post Roads;

[8] To promote the Progress of Science and useful Arts, by securing for limited Times to Authors and Inventors the exclusive Right to their respective Writings and Discoveries;

[9] To constitute Tribunals inferior to the supreme Court;

[10] To define and punish Piracies and Felonies committed on the high Seas, and Offenses against the Law of Nations;

[11] To declare War, grant Letters of Marque and Reprisal, and make Rules concerning Captures on Land and Water;

[12] To raise and support Armies, but no Appropriation of Money to that Use shall be for a longer Term than two Years;

[13] To provide and maintain a Navy;

[14] To make Rules for the Government and Regulation of the land and naval Forces;

[15] To provide for calling forth the Militia to execute the Laws of the Union, suppress Insurrections and repel Invasions;

[16] To provide for organizing, arming, and disciplining, the Militia, and for governing such Part of them as may be employed in the Service of the United States, reserving to the States respectively, the Appointment of the Officers, and the Authority of training the Militia according to the discipline prescribed by Congress;

[17] To exercise exclusive Legislation in all Cases whatsoever, over such District (not exceeding ten Miles square) as may, by Cession of particular States and the Acceptance of Congress, become the Seat of the Government of the United States, and to exercise like Authority over all Places purchased by the Consent of the Legislature of the State in which the Same shall be, for the Erection of Forts, Magazines, Arsenals, dock-Yards, and other needful Buldings; – And

[18] To make all Laws which shall be necessary and proper for carrying into Execution the foregoing Powers, and all other Powers vested by this Constitution in the Government of the United States, or in any Department or Officer thereof.

Section 9. [1] The Migration or Importation of Such Persons as any of the States now existing shall think proper to admit, shall not be prohibited by the Congress prior to the Year one thousand eight hundred and eight, but a Tax or duty may be imposed on such Importation, not exceeding ten dollars for each Person.

[2] The privilege of the Writ of Habeas Corpus shall not be suspended, unless when in Cases of Rebellion or Invasion the public Safety may require it.

[3] No Bill of Attainder or ex post facto Law shall be passed.

[4] No Capitation, or other direct, Tax shall be laid, unless in Proportion to the census or Enumeration herein before directed to be taken.[4]

[5] No Tax or Duty shall be laid on Articles exported from any State.

[6] No Preference shall be given by any Regulation of Commerce or Revenue to the Ports of one State over those of another: nor shall Vessels bound to, or from, one State be obliged to enter, clear, or pay Duties in another.

[7] No money shall be drawn from the Treasury, but in Consequence of Appropriations made by Law; and a regular Statement and Account of the Receipts and Expenditures of all public Money shall be published from time to time.

[8] No Title of Nobility shall be granted by the United States: And no Person holding any Office of Profit or Trust under them, shall, without the Consent of the Congress, accept of any present, Emolument, Office, or Title, of any kind whatever, from any King, Prince, or foreign State.

Section 10. [1] No State shall enter into any Treaty, Alliance, or Confederation; grant Letters of Marque and Reprisal; coin Money; emit Bills of Credit; make any Thing but

---

[4] See Sixteenth Amendment.

gold and silver Coin a Tender in Payment of Debts; pass any Bill of Attainder, ex post facto Law, or Law impairing the Obligation of Contracts, or grant any Title of Nobility.

[2] No state shall, without the Consent of the Congress, lay any Imposts or Duties on Imports or Exports, except what may be absolutely necessary for executing its inspection Laws: and the net Produce of all Duties and Imposts, laid by any State on Imports or Exports, shall be for the Use of the Treasury of the United States; and all such Laws shall be subject to the Revision and Controul of the Congress.

[3] No State shall, without the Consent of Congress, lay any Duty of Tonnage, keep Troops, or Ships of War in time of Peace, enter into any Agreement or Compact with another State, or with a foreign Power or engage in War, unless actually invaded, or in such imminent Danger as will not admit of delay.

Article II

Section 1. [1] The executive Power shall be vested in a President of the United States of America. He shall hold his Office during the Term of four Years, and, together with the Vice President, chosen for the same Term, be elected, as follows:

[2] Each State shall appoint, in such Manner as the Legislature thereof may direct, a Number of Electors, equal to the whole Number of Senators and Representatives to which the State may be entitled in the Congress; but no Senator or Representative, or Person holding an Office of Trust or Profit under the United States, shall be appointed an Elector.

[3] [The Electors shall meet in their respective States, and vote by Ballot for two Persons, of whom one at least shall not be an Inhabitant of the same State with themselves. And they shall make a List of all the Persons voted for, and of the Number of Votes for each; which List they shall sign and certify, and transmit sealed to the Seat of the Government of the United States, directed to the President of the Senate. The President of the Senate shall, in the Presence of the Senate and House of Representatives, open all the Certificates, and the Votes shall then be counted. The Person having the greatest Number of Votes shall be the President, if such Number be a Majority of the whole Number of Electors appointed; and if there be more than one who have such Majority, and have an equal Number of Votes, then the House of Representatives shall immediately chuse by Ballot one of them for President; and if no Person have a Majority, then from the five highest on the List the said House shall in like Manner chuse the President. But in chusing the President, the Votes shall be taken by States, the Representation from each State having one Vote; A quorum for this Purpose shall consist of a Member or Members from two thirds of the States, and a Majority of all the States shall be necessary to a Choice. In every Case, after the Choice of the President, the Person having the greater Number of Votes of the Electors shall be the Vice President. But if there should remain two or more who have equal Votes, the Senate shall chuse from them by Ballot the Vice President.][5]

[4] The Congress may determine the Time of chusing the Electors, and the Day on which they shall give their Votes; which Day shall be the same throughout the United States.

[5] No person except a natural born Citizen, or a Citizen of the United States, at the time of the Adoption of this Constitution, shall be eligible to the Office of President; neither shall any Person be eligible to that Office who shall not have attained to the Age of thirty five Years, and been fourteen Years a Resident within the United States.

[6] [In case of the removal of the President from Office, or of his Death, Resignation or Inability to discharge the Powers and Duties of the said Office, the Same shall

---

[5] Changed by the Twelfth Amendment.

devolve on the Vice President and the Congress may by Law provide for the Case of Removal, Death, Resignation or Inability, both of the President and Vice President, declaring what Officer shall then act as President, and such Officer shall act accordingly, until the Disability be removed, or a President shall be elected.][6]

[7] The President shall, at stated Times, receive for his Services, a Compensation, which shall neither be increased nor diminished during the Period for which he shall have been elected, and he shall not receive within that Period any other Emolument from the United States, or any of them.

[8] Before he enter on the Execution of his Office, he shall take the following Oath or Affirmation: "I do solemnly swear (or affirm) that I will faithfully execute the Office of President of the United States, and will to the best of my Ability, preserve, protect and defend the Constitution of the United States."

Section 2. [1] The President shall be Commander in Chief of the Army and Navy of the United States, and of the militia of the several States, when called into the actual Service of the United States; he may require the Opinion, in writing, of the principal Officer in each of the Executive Departments, upon any Subject relating to the Duties of their respective Offices and he shall have Power to grant Reprieves and Pardons for Offenses against the United States, except in Cases of Impeachment.

[2] He shall have Power, by and with the Advice and Consent of the Senate, to make Treaties, provided two thirds of the Senators present concur; and he shall nominate, and by and with the Advice and Consent of the Senate, shall appoint Ambassadors, other public Ministers and Consuls, Judges of the supreme Court, and all other Officers of the United States, whose Appointments are not herein otherwise provided for, and which shall be established by Law; but the Congress may by Law vest the Appointment of such inferior Officers, as they think proper, in the President alone, in the Courts of Law, or in the Heads of Departments.

[3] The President shall have Power to fill up all Vacancies that may happen during the Recess of the Senate, by granting Commissions which shall expire at the End of their next Session.

Section 3. He shall from time to time give to the Congress Information of the State of the Union, and recommend to their Consideration such Measures as he shall judge necessary and expedient; he may, on extraordinary Occasions, convene both Houses, or either of them, and in Case of Disagreement between them, with Respect to the Time of Adjournment, he may adjourn them to such Time as he shall think proper; he shall receive Ambassadors and other public Ministers; he shall take Care that the Laws be faithfully executed, and shall Commission all the Officers of the United States.

Section 4. The President, Vice President and all civil Officers of the United States, shall be removed from Office on Impeachment for, and Conviction of, Treason, Bribery, or other high Crimes and Misdemeanors.

Article III

Section 1. The judicial Power of the United States, shall be vested in one supreme Court, and in such inferior Courts as the Congress may from time to time ordain and establish. The Judges, both of the supreme and inferior Courts, shall hold their Offices during good Behaviour, and shall, at stated Times, receive for their Services a Compensation, which shall not be diminished during their Continuance in Office.

---

[6] Changed by the Twenty-Fifth Amendment.

Section 2. [1] The judicial Power shall extend to all Cases, in Law and Equity, arising under this Constitution, the Laws of the United States, and Treaties made, or which shall be made, under their Authority; – to all Cases affecting Ambassadors, other public Ministers and Consuls; – to all Cases of admiralty and maritime Jurisdiction; – to Controversies to which the United States shall be a Party; – to Controversies between two or more States; – [between a State and Citizens of another State; –][7] between Citizens of different States; – between Citizens of the same State claiming Lands under the Grants of different States, and between a State, or the Citizens thereof, and foreign States, Citizens or Subjects.

[2] In all Cases affecting Ambassadors, other public Ministers and Consuls, and those in which a State shall be a Party, the supreme Court shall have original Jurisdiction. In all the other Cases before mentioned, the supreme Court shall have appellate Jurisdiction, both as to Law and Fact, with such Exceptions, and under such Regulations as the Congress shall make.

[3] The trial of all Crimes, except in Cases of Impeachment, shall be by Jury; and such Trial shall be held in the State where the said Crimes shall have been committed; but when not committed within any State, the Trial shall be at such Place or Places as the Congress may by Law have directed.

Section 3. [1] Treason against the United States, shall consist only in levying War against them, or, in adhering to their Enemies, giving them Aid and Comfort. No Person shall be convicted of Treason unless on the Testimony of two Witnesses to the same overt Act, or on Confession in open Court.

[2] The Congress shall have Power to declare the Punishment of Treason, but no Attainder of Treason shall work Corruption of Blood, or Forfeiture except during the Life of the Person attainted.

Article IV

Section 1. Full Faith and Credit shall be given in each State to the public Acts, Records, and judicial Proceedings of every other State. And the Congress may by general Laws prescribe the Manner in which such Acts, Records and Proceedings shall be proved, and the Effect thereof.

Section 2. [1] The Citizens of each State shall be entitled to all Privileges and Immunities of Citizens in the several States.

[2] A Person charged in any State with Treason, Felony, or other Crime, who shall flee from Justice, and be found in another State, shall on demand of the executive Authority of the State from which he fled, be delivered up, to be removed to the State having Jurisdiction of the Crime.

[3] [No Person held to Service or Labour in one State, under the Laws thereof, escaping into another, shall, in Consequence of any Law or Regulation therein, be discharged from such Service or Labour, but shall be delivered up on Claim of the Party to whom such Service or Labour may be due.][8]

Section 3. [1] New States may be admitted by the Congress into this Union; but no new State shall be formed or erected within the Jurisdiction of any other State; nor any State be formed by the Junction of two or more States, or Parts of States, without the Consent of the Legislatures of the States concerned as well as of the Congress.

---

7 Changed by the Eleventh Amendment.

8 Changed by the Thirteenth Amendment.

[2] The Congress shall have Power to dispose of and make all needful Rules and Regulations respecting the Territory or other Property belonging to the United States; and nothing in this Constitution shall be so construed as to Prejudice any Claims of the United States, or of any particular State.

Section 4. The United States shall guarantee to every State in this Union a Republican Form of Government, and shall protect each of them against Invasion; and on Application of the Legislature, or of the Executive (when the Legislature cannot be convened) against domestic Violence.

Article V

The Congress, whenever two thirds of both Houses shall deem it necessary, shall propose Amendments to this Constitution, or, on the Application of the Legislatures of two thirds of the several States, shall call a Convention for proposing Amendments, which, in either Case, shall be valid to all Intents and Purposes, as part of this Constitution, when ratified by the Legislatures of three fourths of the several States, or by Conventions in three fourths thereof, as the one or the other Mode of Ratification may be proposed by the Congress; Provided that no Amendment which may be made prior to the Year One thousand eight hundred and eight shall in any Manner affect the first and fourth Clauses in the Ninth Section of the first Article; and that no State, without its consent, shall be deprived of its equal Suffrage in the Senate.

Article VI

[1] All Debts contracted and Engagements entered into, before the Adoption of this Constitution, shall be as valid against the United States under this Constitution, as under the Confederation.

[2] This Constitution, and the Laws of the United States which shall be made in Pursuance thereof; and all treaties made, or which shall be made, under the Authority of the United States, shall be the supreme Law of the Land; and the Judges in every State shall be bound thereby, any Thing in the Constitution or Laws of any State to the Contrary notwithstanding.

[3] The Senators and Representatives before mentioned, and the Members of the several State Legislatures, and all executive and judicial Officers, both of the United States and of the several States, shall be bound by Oath or Affirmation, to support this Constitution; but no religious Test shall ever be required as a Qualification to any Office or public Trust under the United States.

Article VII

The Ratification of the Conventions of nine States shall be sufficient for the Establishment of this Constitution between the States so ratifying the Same.

ARTICLES IN ADDITION TO, AND AMENDMENT OF, THE CONSTITUTION OF THE UNITED STATES OF AMERICA, PROPOSED BY CONGRESS, AND RATIFIED BY THE LEGISLATURES OF THE SEVERAL STATES PURSUANT TO THE FIFTH ARTICLE OF THE ORIGINAL CONSTITUTION.

Amendment 1 [1791]

Congress shall make no law respecting an establishment of religion, or prohibiting the free exercise thereof; or abridging the freedom of speech, or of the press; or the right of the people peaceably to assemble, and to petition the Government for a redress of grievances.

Amendment 2 [1791]

A well regulated Militia, being necessary to the security of a free State, the right of the people to keep and bear Arms, shall not be infringed.

Amendment 3 [1791]

No Soldier shall, in time of peace be quartered in any house, without the consent of the Owner, nor in time of war, but in a manner to be prescribed by law.

Amendment 4 [1791]

The right of the people to be secure in their persons, houses, papers, and effects, against unreasonable searches and seizures, shall not be violated, and no Warrants shall issue, but upon probable cause, supported by Oath or affirmation, and particularly describing the place to be searched, and the persons or things to be seized.

Amendment 5 [1791]

No person shall be held to answer for a capital, or otherwise infamous crime, unless on a presentment or indictment of a Grand Jury, except in cases arising in the land or naval forces, or in the Militia, when in actual service in time of War or public danger; nor shall any person be subject for the same offence to be twice put in jeopardy of life or limb; nor shall be compelled in any criminal case to be a witness against himself, nor be deprived of life, liberty, or property, without due process of law; nor shall private property be taken for public use, without just compensation.

Amendment 6 [1791]

In all criminal prosecutions, the accused shall enjoy the right to a speedy and public trial, by an impartial jury of the State and district wherein the crime shall have been committed, which district shall have been previously ascertained by law, and to be informed of the nature and cause of the accusation; to be confronted with the witnesses against him; to have compulsory process for obtaining witnesses in his favor, and to have the Assistance of Counsel for his defence.

Amendment 7 [1791]

In Suits at common law, where the value in controversy shall exceed twenty dollars, the right of trial by jury shall be preserved, and no fact tried by jury, shall be otherwise re-examined in any Court of the United States, than according to the rules of the common law.

Amendment 8 [1791]

Excessive bail shall not be required, nor excessive fines imposed, nor cruel and unusual punishments inflicted.

Amendment 9 [1791]

The enumeration in the Constitution, of certain rights, shall not be construed to deny or disparage others retained by the people.

Amendment 10 [1791]

The powers not delegated to the United States by the Constitution, nor prohibited by it to the States, are reserved to the States respectively, or to the people.

Amendment 11 [1798]

The Judicial power of the United States shall not be construed to extend to any suit in law or equity, commenced or prosecuted against one of the United States by Citizens of another State, or by Citizens or Subjects of any Foreign State.

Amendment 12 [1804]

The Electors shall meet in their respective states and vote by ballot for President and Vice-President, one of whom, at least, shall not be an inhabitant of the same state with themselves; they shall name in their ballots the person voted for as President, and in distinct ballots the person voted for as Vice-President, and they shall make distinct lists of all persons voted for as President, and of all persons voted for as Vice-President, and of the number of votes for each, which lists they shall sign and certify, and transmit sealed to the seat of the government of the United States, directed to the President of the Senate; – The President of the Senate shall, in the presence of the Senate and House of Representatives, open all the certificates and the votes shall then be counted; – The person having the greatest number of votes for President, shall be the President, if such number be a majority of the whole number of Electors appointed; and if no person have such majority, then from the persons having the highest numbers not exceeding three on the list of those voted for as President, the House of Representatives shall choose immediately, by ballot, the President. But in choosing the President, the votes shall be taken by states, the representation from each state having one vote; a quorum for this purpose shall consist of a member or members from two-thirds of the states, and a majority of all the states shall be necessary to a choice. [And if the House of Representatives shall not choose a President whenever the right of choice shall devolve upon them before the fourth day of March next following, then the Vice-President shall act as President, as in the case of the death or other constitutional disability of the President. –][9] The person having the greatest number of votes as Vice-President, shall be the Vice-President, if such number be a majority of the whole number of Electors appointed, and if no person have a majority, then from the two highest numbers on the list, the Senate shall choose the Vice-President; a quorum for the purpose shall consist of two-thirds of the whole number of Senators, and a majority of the whole number shall be necessary to a choice. But no person constitutionally ineligible to the office of President shall be eligible to that of Vice-President of the United States.

Amendment 13 [1865]

Section 1. Neither slavery nor involuntary servitude, except as a punishment for crime whereof the party shall have been duly convicted, shall exist within the United States, or any place subject to their jurisdiction.

Section 2. Congress shall have power to enforce this article by appropriate legislation.

Amendment 14 [1868]

Section 1. All persons born or naturalized in the United States, and subject to the jurisdiction thereof, are citizens of the United States and of the State wherein they

[9] Superseded by section 3 of the Twentieth Amendment.

reside. No State shall make or enforce any law which shall abridge the privileges or immunities of citizens of the United States; nor shall any State deprive any person of life, liberty, or property, without due process of law; nor deny to any person within its jurisdiction the equal protection of the laws.

Section 2. Representatives shall be apportioned among the several States according to their respective numbers, counting the whole number of persons in each State, excluding Indians not taxed. But when the right to vote at any election for the choice of electors for President and Vice President of the United States, Representatives in Congress, the Executive and Judicial officers of a State, or the members of the Legislature thereof, is denied to any of the male inhabitants of such State, being twenty-one years of age, and citizens of the United States, or in any way abridged, except for participation in rebellion, or other crime, the basis of representation therein shall be reduced in the proportion which the number of such male citizens shall bear to the whole number of male citizens twenty-one years of age in such State.

Section 3. No person shall be a Senator or Representative in Congress, or elector of President and Vice President, or hold any office, civil or military, under the United States, or under any State, who having previously taken an oath, as a member of Congress, or as an officer of the United States, or as a member of any State legislature, or as an executive or judicial officer of any State, to support the Constitution of the United States, shall have engaged in insurrection or rebellion against the same, or given aid or comfort to the enemies thereof. But Congress may by a vote of two-thirds of each House, remove such disability.

Section 4. The validity of the public debt of the United States, authorized by law, including debts incurred for payment of pensions and bounties for services in suppressing insurrection or rebellion, shall not be questioned. But neither the United States nor any State shall assume or pay any debt or obligation incurred in aid of insurrection or rebellion against the United States, or any claim for the loss or emancipation of any slave; but all such debts, obligations and claims shall be held illegal and void.

Section 5. The Congress shall have power to enforce, by appropriate legislation, the provisions of this article.

Amendment 15 [1870]

Section 1. The right of citizens of the United States to vote shall not be denied or abridged by the United States or by any State on account of race, color, or previous condition of servitude.

Section 2. The Congress shall have power to enforce this article by appropriate legislation.

Amendment 16 [1913]

The Congress shall have power to lay and collect taxes on incomes, from whatever source derived, without apportionment among the several States, and without regard to any census or enumeration.

Amendment 17 [1913]

[1] The Senate of the United States shall be composed of two Senators from each State, elected by the people thereof, for six years; and each Senator shall have one vote.

The electors in each State shall have the qualifications requisite for electors of the most numerous branch of the State legislatures.

[2] When vacancies happen in the representation of any State in the Senate, the executive authority of such State shall issue writs of election to fill such vacancies: *Provided,* that the legislature of any State may empower the executive thereof to make temporary appointments until the people fill the vacancies by election as the legislature may direct.

[3] This amendment shall not be so construed as to affect the election or term of any Senator chosen before it becomes valid as part of the Constitution.

Amendment 18 [1919]

[**Section 1.** After one year from the ratification of this article the manufacture, sale, or transportation of intoxicating liquors within, the importation thereof into, or the exportation thereof from the United States and all territory subject to the jurisdiction thereof for beverage purposes is hereby prohibited.

Section 2. The Congress and the several States shall have concurrent power to enforce this article by appropriate legislation.

Section 3. This article shall be inoperative unless it shall have been ratified as an amendment to the Constitution by the legislatures of the several States, as provided in the Constitution, within seven years from the date of the submission hereof to the States by the Congress.][10]

Amendment 19 [1920]

[1] The right of citizens of the United States to vote shall not be denied or abridged by the United States or by any State on account of sex.

[2] Congress shall have power to enforce this article by appropriate legislation.

Amendment 20 [1933]

Section 1. The terms of the President and Vice President shall end at noon on the 20th day of January, and the terms of Senators and Representatives at noon on the 3d day of January, of the years in which such terms would have ended if this article had not been ratified; and the terms of their successors shall then begin.

Section 2. The Congress shall assemble at least once in every year, and such meeting shall begin at noon on the 3d day of January, unless they shall by law appoint a different day.

Section 3. If, at the time fixed for the beginning of the term of the President, the President elect shall have died, the Vice President elect shall become President. If the President shall not have been chosen before the time fixed for the beginning of his term, or if the President elect shall have failed to qualify, then the Vice President elect shall act as President until a President shall have qualified; and the Congress may by law provide for the case wherein neither a President elect nor a Vice President elect shall have qualified, declaring who shall then act as President, or the manner in which one who is to act shall be selected, and such person shall act accordingly until a President or Vice President shall have qualified.

---

[10] Repealed by the Twenty-First Amendment.

Section 4. The Congress may by law provide for the case of the death of any of the persons from whom the House of Representatives may choose a President whenever the right of choice shall have devolved upon them, and for the case of the death of any of the persons from whom the Senate may choose a Vice President whenever the right of choice shall have devolved upon them.

Section 5. Sections 1 and 2 shall take effect on the 15th day of October following the ratification of this article.

Section 6. This article shall be inoperative unless it shall have been ratified as an amendment to the Constitution by the legislatures of three-fourths of the several Sta-tes within seven years from the date of its submission.

Amendment 21 [1933]

Section 1. The eighteenth article of amendment to the Constitution of the United States is hereby repealed.

Section 2. The transportation or importation into any State, Territory, or possession of the United States for delivery or use therein of intoxicating liquors, in violation of the laws thereof, is hereby prohibited.

Section 3. This article shall be inoperative unless it shall have been ratified as an amendment to the Constitution by conventions in the several States, as provided in the Constitution, within seven years from the date of the submission hereof to the States by the Congress.

Amendment 22 [1951]

Section 1. No person shall be elected to the office of the President more than twice, and no person who has held the office of President, or acted as President, for more than two years of a term to which some other person was elected President shall be elected to the office of President more than once. But this Article shall not apply to any person holding the office of President when this Article was proposed by the Congress, and shall not prevent any person who may be holding the office of President, or acting as President, during the term within which this Article becomes operative from holding the office of President or acting as President during the remainder of such term.

Section 2. This article shall be inoperative unless it shall have been ratified as an amendment to the Constitution by the legislatures of three-fourths of the several Sta-tes within seven years from the date of its submission to the States by the Congress.

Amendment 23 [1961]

Section 1. The District constituting the seat of Government of the United States shall appoint in such manner as the Congress may direct:
A number of electors of President and Vice President equal to the whole number of Senators and Representatives in Congress to which the District would be entitled if it were a State, but in no event more than the least populous state; they shall be in addition to those appointed by the states, but they shall be considered, for the purposes of the election of President and Vice President, to be electors appointed by a state; and they shall meet in the District and perform such duties as provided by the twelfth article of amendment.

Section 2. The Congress shall have power to enforce this article by appropriate legislation.

Amendment 24 [1964]

Section 1. The right of citizens of the United States to vote in any primary or other election for President or Vice President, for electors for President or Vice President, or for Senator or Representative in Congress, shall not be denied or abridged by the United States or any State by reason of failure to pay any poll tax or other tax.

Section 2. The Congress shall have power to enforce this article by appropriate legislation.

Amendment 25 [1967]

Section 1. In the case of the removal of the President from office or of his death or resignation, the Vice President shall become President.

Section 2. Whenever there is a vacancy in the office of the Vice President, the President shall nominate a Vice President who shall take office upon confirmation by a majority vote of both Houses of Congress.

Section 3. Whenever the President transmits to the President pro tempore of the Senate and the Speaker of the House of Representatives his written declaration that he is unable to discharge the powers and duties of his office, and until he transmits to them a written declaration to the contrary, such powers and duties shall be discharged by the Vice President as Acting President.

Section 4. Whenever the Vice President and a majority of either the principal officers of the executive departments or of such other body as Congress may by law provide, transmit to the President pro tempore of the Senate and the Speaker of the House of Representatives, their written declaration that the President is unable to discharge the powers and duties of his office, the Vice President shall immediately assume the powers and duties of the office as Acting President.

Thereafter, when the President transmits to the President pro tempore of the Senate and the Speaker of the House of Representatives his written declaration that no inability exists, he shall resume the powers and duties of his office unless the Vice President and a majority of either the principal officers of the executive department or of such other body as Congress may by law provide, transmit within four days to the President pro tempore of the Senate and the Speaker of the House of Representatives their written declaration that the President is unable to discharge the powers and duties of his office. Thereupon Congress shall decide the issue, assembling within forty-eight hours for that purpose if not in session. If the Congress, within twenty-one days after receipt of the latter written declaration, or, if Congress is not in session, within twenty-one days after Congress is required to assemble, determines by two-thirds vote of both Houses that the President is unable to discharge the powers and duties of his office, the Vice President shall continue to discharge the same as Acting President; otherwise, the President shall resume the powers and duties of his office.

Amendment 26 [1971]

Section 1. The right of citizens of the United States, who are eighteen years of age or older, to vote shall not be denied or abridged by the United States or by any State on account of age.

Section 2. The Congress shall have power to enforce this article by appropriate legislation.

Amendment 27 [1992]

No law, varying the compensation for the services of the Senators and Representatives, shall take effect, until an election of Representatives shall have intervened.

Anhang B: The Federal Administrative Procedure Act (Auszüge)

United States Code, Title 5

Chapter 5 – Administrative Procedure

§ 551. Definitions. For the purpose of this subchapter –

(1) "agency" means each authority of the Government of the United States, whether or not it is within or subject to review by another agency, but does not include –
(A) the Congress;
(B) the courts of the United States;
(C) the governments of the territories or possessions of the United States;
(D) the government of the District of Columbia;
or except as to the requirements of section 552 of this title –
(E) agencies composed of representatives of the parties or of representatives of organizations of the parties to the disputes determined by them;
(F) courts martial and military commissions;
(G) military authority exercised in the field in time of war or in occupied territory; or
(H) functions conferred by sections 1738, 1739, 1743, and 1744 of title 12; chapter 2 of title 41; subchapter II of chapter 471 of title 49; or sections 1884, 1891–1902, and former section 1641 (b) (2), of title 50, appendix;

(2) "person" includes an individual, partnership, corporation, association, or public or private organization other than an agency;

(3) "party" includes a person or agency named or admitted as a party, or properly seeking and entitled as of right to be admitted as a party, in an agency proceeding, and a person or agency admitted by an agency as a party for limited purposes;

(4) "rule" means the whole or a part of an agency statement of general or particular applicability and future effect designed to implement, interpret, or prescribe law or policy or describing the organization, procedure, or practice requirements of an agency and includes the approval or prescription for the future of rates, wages, corporate or financial structures or reorganizations thereof, prices, facilities, appliances, services or allowances therefor or of valuations, costs, or accounting, or practices bearing on any of the foregoing;

(5) "rule making" means agency process for formulating, amending, or repealing a rule;

(6) "order" means the whole or a part of a final disposition, whether affirmative, negative, injunctive, or declaratory in form, of an agency in a matter other than rule making but including licensing;

(7) "adjudication" means agency process for the formulation of an order;

(8) "license" includes the whole or a part of an agency permit, certificate, approval, registration, charter, membership, statutory exemption or other form of permission;

(9) "licensing" includes agency process respecting the grant, renewal, denial, revocation, suspension, annulment, withdrawal, limitation, amendment, modification, or conditioning of a license;

(10) "sanction" includes the whole or a part of an agency –
(A) prohibition, requirement, limitation, or other condition affecting the freedom of a person;
(B) withholding of relief;
(C) imposition of penalty or fine;
(D) destruction, taking, seizure, or withholding of property;
(E) assessment of damages, reimbursement, restitution, compensation, costs, charges, or fees;
(F) requirement, revocation, or suspension of a license; or
(G) taking other compulsory or restrictive action;

(11) "relief" includes the whole or a part of an agency –
(A) grant of money, assistance, license, authority, exemption, exception, privilege, or remedy;
(B) recognition of a claim, right, immunity, privilege, exemption, or exception; or
(C) taking of other action on the application or petition of, and beneficial to, a person;

(12) "agency proceeding" means an agency process as defined by paragraphs (5), (7), and (9) of this section;

(13) "agency action" includes the whole or a part of an agency rule, order, license, sanction, relief, or the equivalent or denial thereof, or failure to act; and

(14) "ex parte communication" means an oral or written communication not on the public record with respect to which reasonable prior notice to all parties is not given, but it shall not include requests for status reports on any matter or proceeding covered by this subchapter.

§ 552. Public information; agency rules, opinions, orders, records, and proceedings. [This section, known as the Freedom of Information Act, is omitted.]

§ 552a. Records maintained on individuals. [This section, known as the Privacy Act, is omitted.]

§ 552b. Open meetings. [This section, known as the Government in the Sunshine Act, is omitted.]

§ 553. Rule making. (a) This section applies, according to the provisions thereof, except to the extent that there is involved –
(1) a military or foreign affairs function of the United States; or
(2) a matter relating to agency management or personnel or to public property, loans, grants, benefits, or contracts.

(b) General notice of proposed rule making shall be published in the Federal Register, unless persons subject thereto are named and either personally served or otherwise have actual notice thereof in accordance with law. The notice shall include –
(1) a statement of the time, place, and nature of public rule making proceedings;
(2) reference to the legal authority under which the rule is proposed; and
(3) either the terms or substance of the proposed rule or a description of the subjects and issues involved.

Except when notice or hearing is required by statute, this subsection does not apply –
(A) to interpretative rules, general statements of policy, or rules of agency organization, procedure, or practice; or
(B) when the agency for good cause finds (and incorporates the finding and a brief statement of reasons therefor in the rules issued) that notice and public procedure thereon are impracticable, unnecessary, or contrary to the public interest.

(c) After notice required by this section, the agency shall give interested persons an opportunity to participate in the rule making through submission of written data, views, or arguments with or without opportunity for oral presentation. After consideration of the relevant matter presented, the agency shall incorporate in the rules adopted a concise general statement of their basis and purpose. When rules are required by statute to be made on the record after opportunity for an agency hearing, sections 556 and 557 of this title apply instead of this subsection.

(d) The required publication or service of a substantive rule shall be made not less than 30 days before its effective date, except –

(1) a substantive rule which grants or recognizes an exemption or relieves a restriction;
(2) interpretative rules and statements of policy; or
(3) as otherwise provided by the agency for good cause found and published with the rule.

(e) Each agency shall give an interested person the right to petition for the issuance, amendment, or repeal of a rule.

§ 554. Adjudications. (a) This section applies, according to the provisions thereof, in every case of adjudication required by statute to be determined on the record after opportunity for an agency hearing, except to the extent that there is involved –

(1) a matter subject to a subsequent trial of the law and the facts de novo in a court;
(2) the selection or tenure of an employee, except a[n] administrative law judge appointed under section 3105 of this title;
(3) proceedings in which decisions rest solely on inspections, tests, or elections;
(4) the conduct of military or foreign affairs functions;
(5) cases in which an agency is acting as an agent for a court; or
(6) the certification of worker representatives.

(b) Persons entitled to notice of an agency hearing shall be timely informed of –

(1) the time, place, and nature of the hearing;
(2) the legal authority and jurisdiction under which the hearing is to be held; and
(3) the matters of fact and law asserted.

When private persons are the moving parties, other parties to the proceeding shall give prompt notice of issues controverted in fact or law; and in other instances agencies may by rule require responsive pleading. In fixing the time and place for hearings, due regard shall be had for the convenience and necessity of the parties or their representatives.

(c) The agency shall give all interested parties opportunity for –

(1) the submission and consideration of facts, arguments, offers of settlement, or proposals of adjustment when time, the nature of the proceeding, and the public interest permit; and
(2) to the extent that the parties are unable so to determine a controversy by consent, hearing and decision on notice and in accordance with sections 556 and 557 of this title.

(d) The employee who presides at the reception of evidence pursuant to section 556 of this title shall make the recommended decision or initial decision required by section 557 of this title, unless he becomes unavailable to the agency. Except to the extent required for the disposition of ex parte matters as authorized by law, such an employee may not –

(1) consult a person or party on a fact in issue, unless on notice and opportunity for all parties to participate; or
(2) be responsible to or subject to the supervision or direction of an employee or agent engaged in the performance of investigative or prosecuting functions for an agency.

An employee or agent engaged in the performance of investigative or prosecuting functions for an agency in a case may not, in that or a factually related case, participate

or advise in the decision, recommended decision, or agency review pursuant to section 557 of this title, except as witness or counsel in public proceedings. This subsection does not apply –
(A) in determining applications for initial licenses;
(B) to proceedings involving the validity or application of rates, facilities, or practices of public utilities or carriers; or
(C) to the agency or a member or members of the body comprising the agency.

(e) The agency, with like effect as in the case of other orders, and in its sound discretion, may issue a declaratory order to terminate a controversy or remove uncertainty.

§ 555. Ancillary matters. (1) This section applies, according to the provisions thereof, except as otherwise provided by this subchapter.

(b) A person compelled to appear in person before an agency or representative thereof is entitled to be accompanied, represented, and advised by counsel or, if permitted by the agency, by other qualified representative. A party is entitled to appear in person or by or with counsel or other duly qualified representative in an agency proceeding. So far as the orderly conduct of public business permits, an interested person may appear before an agency or its responsible employees for the presentation, adjustment, or determination of an issue, request, or controversy in a proceeding, whether interlocutory, summary, or otherwise, or in connection with an agency function. With due regard for the convenience and necessity of the parties or their representatives and within a reasonable time, each agency shall proceed to conclude a matter presented to it. This subsection does not grant or deny a person who is not a lawyer the right to appear for or represent others before an agency or in an agency proceeding.

(c) Process, requirement of a report, inspection, or other investigative act or demand may not be issued, made, or enforced except as authorized by law. A person compelled to submit data or evidence is entitled to retain or, on payment of lawfully prescribed costs, procure a copy or transcript thereof, except that in a non-public investigatory proceeding the witness may for good cause be limited to inspection of the official transcript of his testimony.

(d) Agency subpenas authorized by law shall be issued to a party on request and, when required by rules of procedure, on a statement or showing of general relevance and reasonable scope of the evidence sought. On contest, the court shall sustain the subpena or similar process or demand to the extent that it is found to be in accordance with law. In a proceeding for enforcement, the court shall issue an order requiring the appearance of the witness or the production of the evidence or data within a reasonable time under penalty of punishment for contempt in case of contumacious failure to comply.

(e) Prompt notice shall be given of the denial in whole or in part of a written application, petition, or other request of an interested person made in connection with any agency proceeding. Except in affirming a prior denial or when the denial is selfexplanatory, the notice shall be accompanied by a brief statement of the grounds for denial.

§ 556. Hearings; presiding employees; powers and duties; burden of proof; evidence; record as basis of decision. (a) This section applies, according to the provisions thereof, to hearings required by section 553 or 554 of this title to be conducted in accordance with this section.

(b) There shall preside at the taking of evidence –
(1) the agency;
(2) one or more members of the body which comprises the agency; or
(3) one or more administrative law judges appointed under section 3105 of this title.

This subchapter does not supersede the conduct of specified classes of proceedings, in whole or in part, by or before boards or other employees specially provided for by or designated under statute. The functions of presiding employees and of employees participating in decisions in accordance with section 557 of this title shall be conducted in an impartial manner. A presiding or participating employee may at any time disqualify himself. On the filing in good faith of a timely and sufficient affidavit of personal bias or other disqualification of a presiding or participating employee, the agency shall determine the matter as a part of the record and decision in the case.

(c) Subject to published rules of the agency and within its powers, employees presiding at hearings may –

(1) administer oaths and affirmations;
(2) issue subpenas authorized by law;
(3) rule on offers of proof and receive relevant evidence;
(4) take depositions or have depositions taken when the ends of justice would be served;
(5) regulate the course of the hearing;
(6) hold conferences for the settlement or simplification of the issues by consent of the parties or by the use of alternative means of dispute resolution as provided in subchapter IV of this chapter;
(7) inform the parties as to the availability of one or more alternative means of dispute resolution, and encourage use of such methods;
(8) require the attendance at any conference held pursuant to paragraph (6) of at least one representative of each party who has authority to negotiate concerning resolution of issues in controversy;
(9) dispose of procedural requests or similar matters;
(10) make or recommend decisions in accordance with section 557 of this title; and
(11) take other action authorized by agency rule consistent with this subchapter.

(d) Except as otherwise provided by statute, the proponent of a rule or order has the burden of proof. Any oral or documentary evidence may be received, but the agency as a matter of policy shall provide for the exclusion of irrelevant, immaterial, or unduly repetitious evidence. A sanction may not be imposed or rule or order issued except on consideration of the whole record or those parts thereof cited by a party and supported by and in accordance with the reliable, probative, and substantial evidence. The agency may, to the extent consistent with the interests of justice and the policy of the underlying statutes administered by the agency, consider a violation of section 557 (d) of this title sufficient grounds for a decision adverse to a party who has knowingly committed such violation or knowingly caused such violation to occur. A party is entitled to present his case or defense by oral or documentary evidence, to submit rebuttal evidence, and to conduct such cross-examination as may be required for a full and true disclosure of the facts. In rule making or determining claims for money or benefits or applications for initial licenses an agency may, when a party will not be prejudiced thereby, adopt procedures for the submission of all or part of the evidence in written form.

(e) The transcript of testimony and exhibits, together with all papers and requests filed in the proceeding, constitutes the exclusive record for decision in accordance with section 557 of this title and, on payment of lawfully prescribed costs, shall be made available to the parties. When an agency decision rests on official notice of a material fact not appearing in the evidence in the record, a party is entitled, on timely request, to an opportunity to show the contrary.

§ 557. Initial decisions; conclusiveness; review by agency; submissions by parties; contents of decisions; record. (a) This section applies, according to the provisions thereof, when a hearing is required to be conducted in accordance with section 556 of this title.

(b) When the agency did not preside at the reception of the evidence, the presiding employee or, in cases not subject to section 554 (d) of this title, an employee qualified to preside at hearings pursuant to section 556 of this title, shall initially decide the case unless the agency requires, either in specific cases or by general rule, the entire record to be certified to it for decision. When the presiding employee makes an initial decision, that decision then becomes the decision of the agency without further proceedings unless there is an appeal to, or review on motion of, the agency within time provided by rule. On appeal from or review of the initial decision, the agency has all the powers which it would have in making the initial decision except as it may limit the issues on notice or by rule. When the agency makes the decision without having presided at the reception of the evidence, the presiding employee or an employee qualified to preside at hearings pursuant to section 556 of this title shall first recommend a decision, except that in rule making or determinig applications for initial licenses –

(1) instead thereof the agency may issue a tentative decision or one of its responsible employees may recommend a decision; or

(2) this procedure may be omitted in a case in which the agency finds on the record that due and timely execution of its functions imperatively and unavoidably so requires.

(c) Before a recommended, initial, or tentative decision, or a decision on agency review of the decision of subordinate employees, the parties are entitled to a reasonable opportunity to submit for the consideration of the employees participating in the decisions –

(1) proposed findings and conclusions; or

(2) exceptions to the decisions or recommended decisions of subordinate employees or to tentative agency decisions; and

(3) supporting reasons for the exceptions or proposed findings or conclusions.

The record shall show the ruling on each finding, conclusion, or exception presented. All decisions, including initial, recommended, and tentative decisions, are a part of the record and shall include a statement of –

(A) findings and conclusions, and the reasons or basis therefor, on all the material issues of fact, law, or discretion presented on the record; and

(B) the appropriate rule, order, sanction, relief, or denial thereof.

(d) (1) In any agency proceeding which is subject to subsection (a) of this section, except to the extent required for the disposition of ex parte matters as authorized by law –

(A) no interested person outside the agency shall make or knowingly cause to be made to any member of the body comprising the agency, administrative law judge, or other employee who is or may reasonably be expected to be involved in the decisional process of the proceeding, an ex parte communication relevant to the merits of the proceeding;

(B) no member of the body comprising the agency, administrative law judge, or other employee who is or may reasonably be expected to be involved in the decisional process of the proceeding, shall make or knowingly cause to be made to any interested person outside the agency an ex parte communication relevant to the merits of the proceeding;

(C) a member of the body comprising the agency, administrative law judge, or other employee who is or may reasonably be expected to be involved in the decisional process of such proceeding who receives, or who makes or knowingly causes to be made, a communication prohibited by this subsection shall place on the public record of the proceeding:

(i) all such written communications;

(ii) memoranda stating the substance of all such oral communications; and

(iii) all written responses, and memoranda stating the substance of all oral responses, to the materials described in clauses (i) and (ii) of this subparagraph;

(D) upon receipt of a communication knowingly made or knowingly caused to be made by a party in violation of this subsection, the agency, administrative law judge, or other employee presiding at the hearing may, to the extent consistent with the interests of justice and the policy of the underlying statutes, require the party to show cause why his claim or interest in the proceeding should not be dismissed, denied, disregarded, or otherwise adversely affected on account of such violation; and

(E) the prohibitions of this subsection shall apply beginning at such time as the agency may designate, but in no case shall they begin to apply later than the time at which a proceeding is noticed for hearing unless the person responsible for the communication has knowledge that it will be noticed, in which case the prohibitions shall apply beginning at the time of his acquisition of such knowledge.

(2) This subsection does not constitute authority to withhold information from Congress.

§ 558. Imposition of sanctions . . .

(a) This section applies, according to the provisions thereof, to the exercise of a power or authority.

b) A sanction may not be imposed or a substantive rule or order issued except within jurisdiction delegated to the agency and as authorized by law . . .

Chapter 7 – Judicial Review

§ 701. Application; definitions. (a) This chapter applies, according to the provisions thereof, except to the extent that –

(1) statutes preclude judicial review; or

(2) agency action is committed to agency discretion by law.

(b) For the purpose of this chapter –

(1) „agency" means each authority of the Government of the United States, whether or not it is within or subject to review by another agency, but does not include –

(A) the Congress;

(B) the courts of the United States;

(C) the governments of the territories or possessions of the United States;

(D) the government of the District of Columbia;

(E) agencies composed of representatives of the parties or of representatives of organizations of the parties to the disputes determined by them;

(F) courts martial and military commissions;

(G) military authority exercised in the field in time of war or in occupied territory; or

(H) functions conferred by sections 1738, 1739, 1743, and 1744 of title 12; chapter 2 of title 41; subchapter II of chapter 471 of title 49; or sections 1884, 1891–1902, and former section 1641 (b) (2), of title 50, appendix; and

(2) „person", „rule", „order", „license", „sanction", „relief", and „agency action" have the meanings given them by section 551 of this title.

§ 702. Right of review. A person suffering legal wrong because of agency action, or adversely affected or aggrieved by agency action within the meaning of a relevant statute, is entitled to judicial review thereof. An action in a court of the United States seeking relief other than money damages and stating a claim that an agency or an officer or employee thereof acted or failed to act in an official capacity or under color of legal authority shall not be dismissed nor relief therein be denied on the ground that it is against the United States or that the United States is an indispensable party. The United States may be named as a defendant in any such action, and a judgment or decree may be entered against the United States: *Provided,* That any mandatory or injunctive decree shall specify the Federal officer or officers (by name or by title), and their successors in office, personally responsible for compliance. Nothing herein (1) affects other limitations on judicial review or the power or duty of the court to dismiss any action or deny relief on any other appropriate legal or equitable ground; or (2) confers authority to grant relief if any other statute that grants consent to suit expressly or impliedly forbids the relief which is sought.

§ 703. **Form and venue of proceeding.** The form of proceeding for judicial review is the special statutory review proceeding relevant to the subject matter in a court specified by statute or, in the absence or inadequacy thereof, any applicable form of legal action, including actions for declaratory judgments or writs of prohibitory or mandatory injunction or habeas corpus, in a court of competent jurisdiction. If no special statutory review proceeding is applicable, the action for judicial review may be brought against the United States, the agency by its official title, or the appropriate officer. Except to the extent that prior, adequate, and exclusive opportunity for judicial review is provided by law, agency action is subject to judicial review in civil or criminal proceedings for judicial enforcement.

§ 704. **Actions reviewable.** Agency action made reviewable by statute and final agency action for which there is no adequate remedy in a court are subject to judicial review. A preliminary, procedural, or intermediate agency action or ruling not directly reviewable is subject to review on the review of the final agency action. Except as otherwise expressly required by statute, agency action otherwise final is final for the purposes of this section whether or not there has been presented or determined an application for a declaratory order, for any form of reconsideration, or, unless the agency otherwise requires by rule and provides that the action meanwhile is inoperative, for an appeal to superior agency authority.

§ 705. **Relief pending review.** When an agency finds that justice so requires, it may postpone the effective date of action taken by it, pending judicial review. On such conditions as may be required and to the extent necessary to prevent irreparable injury, the reviewing court, including the court to which a case may be taken on appeal from or on application for certiorari or other writ to a reviewing court, may issue all necessary and appropriate process to postpone the effective date of an agency action or to preserve status or rights pending conclusion of the review proceedings.

§ 706. **Scope of review.** To the extent necessary to decision and when presented, the reviewing court shall decide all relevant questions of law, interpret constitutional and statutory provisions, and determine the meaning or applicability of the terms of an agency action. The reviewing court shall –

(1) compel agency action unlawfully withheld or unreasonably delayed; and

(2) hold unlawful and set aside agency action, findings, and conclusions found to be –

(A) arbitrary, capricious, an abuse of discretion, or otherwise not in accordance with law;

(B) contrary to constitutional right, power, privilege, or immunity;

(C) in excess of statutory jurisdiction, authority, or limitations, or short of statutory right;

(D) without observance of procedure required by law;

(E) unsupported by substantial evidence in a case subject to sections 556 and 557 of this title or otherwise reviewed on the record of an agency hearing provided by statute; or

(F) unwarranted by the facts to the extent that the facts are subject to trial de novo by the reviewing court.

In making the foregoing determinations, the court shall review the whole record or those parts of it cited by a party, and due account shall be taken of the rule of prejudicial error.

Administrative Law Judges

§ 3105. Appointment of administrative law judges. Each agency shall appoint as many administrative law judges as are necessary for proceedings required to be conducted in accordance with sections 556 and 557 of this title. Administrative law judges shall be assigned to cases in rotation so far as practicable, and may not perform duties inconsistent with their duties and responsibilities as administrative law judges.

§ 7521. Actions against administrative law judges. (a) An action may be taken against an administrative law judge appointed under section 3105 of this title by the agency in which the administrative law judge is employed only for good cause established and determined by the Merit Systems Protection Board on the record after opportunity for hearing before the Board.... [Actions covered include removal, suspension, and reduction in grade or pay.]

§ 5372. Administrative law judges. Administrative law judges appointed under section 3105 of this title are entitled to pay prescribed by the Office of Personnel Management independently of agency recommendations or ratings and in accordance with subchapter III of this chapter and chapter 51 of this title.

§ 3344. Details; administrative law judges. An agency as defined by section 551 of this title which occasionally or temporarily is insufficiently staffed with administrative law judges appointed under section 3105 of this title may use administrative law judges selected by the Office of Personnel Management from and with the consent of other agencies.

§ 1305. Administrative law judges. For the purpose of sections 3105, 3344, 4301 (2) (D), and 5372 of this title and the provisions of section 5335 (a) (B) of this title that relate to administrative law judges, the Office of Personnel Management may, and for the purpose of section 7521 of this title, the Merit Systems Protection Board may investigate, require reports by agencies, issue reports, including an annual report to Congress, prescribe regulations, appoint advisory committees as necessary, recommend legislation, subpena witnesses and records, and pay witness fees as established for the courts of the United States.

Literaturverzeichnis

Abernathy, Charles F., Civil Rights and Constitutional Litigation. Cases and Materials, 3 rd ed., 2000.

Abraham, Henry J., Justices and Presidents: A Political History of Appointments to the Supreme Court, 3 rd. ed., 1992.

Alstyne, William W. Van, ed., Freedom and Tenure in the Academy: The Fiftieth Anniversary of the 1940 Statement of Principles, 53 Law and Contemporary Problems 1 (1990).

Annaheim, Jörg, Die Gliedstaaten im amerikanischen Bundesstaat. Institutionen und Prozesse gliedstaatlicher Interessenwahrnehmung in den Vereinigten Staaten von Amerika, 1992.

Barron, Jerome A./C. Thomas Dienes, Constitutional Law, 3 rd ed., 1995.

Bass, Michael, Das ‚Goldene Tor'. Die Entwicklung des Einwanderungsrechts der USA, 1990.

Bickel, Alexander, The Least Dangerous Branch. The Supreme Court at the Bar of Politics, 1962.

Bluebook, The. A Uniform System of Citation, published by The Harvard Law Review Association, 16 th ed., 1996.

Blumenwitz, Dieter, Einführung in das angloamerikanische Recht, 6. Aufl., 1998.

Bobbitt, Philip, Constitutional Interpretation, 1991.

Breyer, Stephen G./Richard B. Stewart, Administrative Law and Regulatory Policy. Problems, Text, and Cases, 3 rd ed., 1992.

Brugger, Winfried, Abtreibung – ein Grundrecht oder ein Verbrechen? Ein Vergleich der Urteile des United States Supreme Court und des Bundesverfassungsgerichts, NJW 1986, S. 896 ff.

–, Grundrechte und Verfassungsgerichtsbarkeit in den Vereinigten Staaten von Amerika, 1987.

–, Recht und Rasse im amerikanischen Verfassungsrecht, JZ 1989, S. 809 ff.

–, Der Kampf der Meinungen, in: Johannes Schwartländer/Eibe Riedel, Hrsg., Neue Medien und Meinungsfreiheit im nationalen und internationalen Kontext, 1990, S. 143 ff.

–, Ein amerikanischer Vorschlag zur Kontrolle von Diätenerhöhungen, ZRP 1992, S. 321 f.

–, Verfassungsinterpretation in den Vereinigten Staaten von Amerika, JöR N.F. 42 (1994), S. 571 ff.

–, Legal Methods, Schools of Jurisprudence, and Anthropology. Some Remarks From a German Point of View, 42 American Journal of Comparative Law 395 (1994).

–, Persönlichkeitsentfaltung als Grundwert der amerikanischen Verfassung. Dargestellt am Beispiel des Streits um den Schutz von Abtreibung und Homosexualität, 1994.

–, Amerikanische Verfassungstheorie, Der Staat 39 (2000), S. 425 ff.

–, Freiheit, Repräsentation und Gemeinwohl. Zur Konzeption politischer Einheitsbildung in den „Federalist Papers", in: FS Alexander Hollerbach, 2001, S. 515 ff.

–, Der moderne Verfassungsstaat aus Sicht der amerikanischen Verfassung und des Grundgesetzes, AöR 126 (2001).

Buergenthal, Thomas/Harold G. Maier, Public International Law, 2 nd ed., 1990.

Bungert, Hartwin, Gleichberechtigung von Mann und Frau im amerikanischen und deutschen Verfassungsrecht, ZVglRWiss 89 (1990), S. 441 ff.

–, Zeitgenössische Strömungen in der amerikanischen Verfassungsinterpretation, AöR 117 (1992), S. 71 ff.
Burnham, William, Introduction to the Law and Legal System of the United States, 1998.
Bussmann, Heike, Das Verfassungsrecht der elektronischen Medien in Deutschland und den USA, 2000.
Chemerinsky, Erwin, Federal Jurisdiction, 2nd ed., 1994.
–, Constitutional Law. Principles and Policy, 1997.
Choper, Jesse, Judicial Review and the National Political Process, 1980.
Clark, David S./Tugrul Ansay, eds., Introduction to the Law of the United States, 1993.
Cohen, Morris L./Kent C. Olson, Legal Research, 6th ed., 1996.
Congressional Quarterly's Guide to Congress, Robert A. Diamond/Patricia Ann O'Connor eds., 4th ed., 1991.
Congressional Quarterly's Guide to the Presidency, Michael Nelson ed., 2nd ed., 2 vols., 1996.
Congressional Quarterly's Guide to the Supreme Court, Elder Witt ed., 2nd ed., 1990.
Congressional Quarterly's Guide to U.S. Elections, John L. Moore ed., 3rd. ed. 1994.
Cox, Archibald, The Court and the Constitution, 1987.
Currie, David P., The Constitution in the Supreme Court. The First Hundred Years, 1789–1888, 1985.
–, Positive und negative Grundrechte, AöR 111 (1986), S. 230ff.
–, The Constitution of the United States, 1988.
–, Die Verfassung der Vereinigten Staaten von Amerika, 1988.
–, Federal Jurisdiction, 3rd ed., 1990.
–, The Constitution in the Supreme Court. The Second Century, 1888–1986, 1990.
Dahl, Robert, A Preface to Democracy, 1956.
Davis, Kenneth C./Richard J. Pierce, Administrative Law Treatise. 3 vols., 3rd ed., 1994.
Developments in the Law – Elections, 88 Harvard Law Review 1111 (1975).
Doehring, Matthias, Frauenquoten und Verfassungsrecht. Die Rechtmäßigkeit ‚umgekehrter Diskriminierung' nach US-amerikanischem Recht und ihre Bedeutung für die Verfassungsmäßigkeit gesetzlicher Frauenquoten auf dem Arbeitsmarkt der deutschen Privatwirtschaft, 1996.
Dolzer, Rudolf, Verwaltungsermessen und Verwaltungskontrolle in den Vereinigten Staaten, DÖV 1982, S. 578ff.
–, Eigentum, Enteignung und Entschädigung im geltenden Völkerrecht, 1985.
Ehmke, Horst, Wirtschaft und Verfassung. Die Verfassungsrechtsprechung des Supreme Court zur Wirtschaftsregulierung, 1961.
Ehrentraut, Christoph, Die Versammlungsfreiheit im amerikanischen und deutschen Verfassungsrecht, 1990.
Encyclopedia of the American Constitution, edited by Leonard W. Levy/Kenneth L. Karst/Dennis J. Mahoney, 4 vols., 1986.
Encyclopedia of the American Presidency, Leonard W. Levy/Louis Fisher, eds., 4 vols., 1995.
Encyclopedia of the U.S. Congress, Donald C. Bacon/Roger H. Davidson/Morton Koller, eds., 4 vols., 1995.
Engdahl, David E., Constitutional Federalism, 2nd ed., 1987.
Epperson, John W., The Changing Legal Status of Political Parties in the United States, 1986.
Epstein, Richard A., Takings. Private Property and the Power of Eminent Domain, 1985.

Erath, Franz, Förmliche Verwaltungsverfahren und gerichtliche Kontrolle. Eine rechtsvergleichende Studie unter Berücksichtigung Deutschlands und der USA, 1996.
Eskridge, William N., Dynamic Statutory Interpretation, 1994.
Eumann, Marc, Organisationsrechtliche Probleme kommunaler Daseinsvorsorge in den Vereinigten Staaten von Amerika, 1999.
Evans, James, Law on the Net, 2nd ed., 1997.
–, Government on the Net, 1998.
Fallon, Richard H., A Constructivist Coherence Theory of Constitutional Interpretation, 100 Harvard Law Review 1189 (1987).
Farnsworth, E. Allen, Introduction to the Legal System of the United States, 3rd ed., 1996.
Federalist Papers, The, by Alexander Hamilton/James Madison/John Jay, Clinton Rossiter ed., Mentor Book 2541, 1961.
Federalist Papers, Die, von Alexander Hamilton/James Madison/John Jay, übersetzt und eingeleitet von Barbara Zehnpfennig, 1993.
Fehling, Michael, Mechanismen der Kompetenzabgrenzung in föderativen Systemen im Vergleich, in: J. Aulehner u. a., Hrsg., Föderalismus – Auflösung oder Zukunft der Staatlichkeit?, 1997, S. 31 ff.
Fikentscher, Wolfgang, Methoden des Rechts in vergleichender Darstellung. Band II: Anglo-amerikanischer Rechtskreis, 1975.
Folz, Hans-Ernst, Die US-Präsidentschaft zwischen Verfassungsnormativität und politischer Praxis, 1991.
Fox, William F., Understanding Administrative Law, 3rd ed. 1997.
Friendly, Henry, Some Kind of Hearing, 123 University of Pennsylvania Law Review 1267 (1975).
Gellhorn, Walter/Clark Byse/Peter L. Strauss/Todd Rakoff/Roy A. Schotland/Cynthia R. Farina, Administrative Law. Cases and Comments, 9th ed., 1995.
Gellhorn, Ernest/Ronald M. Levin, Administrative Law and Process, 4th ed., 1998.
Giegerich, Thomas, Privatwirkung der Grundrechte in den USA, 1992.
–, Richtermacht und Todesstrafe in den USA. Gewaltenteilung, verfassungsstaatliche und völkerrechtliche Humanitätsstandards in Kollision, Europäische Grundrechte Zeitschrift 22 (1995), S. 1 ff.
Glendon, Mary Ann, Abortion and Divorce in Western Law, 1987.
Groß, Thomas, Internationale und zwischenstaatliche Verträge im föderalistischen System der USA, Archiv des Völkerrechts 31 (1993), S. 409 ff.
Gurlit, Elke, Die Verwaltungsöffentlichkeit im Umweltrecht. Ein Rechtsvergleich Bundesrepublik Deutschland – USA, 1989.
Hall, Kermit L., ed., The Oxford Companion to the Supreme Court of the United States, 1992.
Haller, Walter, ‚State Action‘ und ‚Affirmative Action‘ in der Rechtsprechung des amerikanischen Supreme Court zum Gleichheitssatz, in: Walter Haller u. a., Festschrift für Ulrich Häfelin, 1989, S. 79 ff.
Haltern, Ulrich, Verfassungsgerichtsbarkeit, Demokratie und Mißtrauen. Das Bundesverfassungsgericht in einer Verfassungstheorie zwischen Populismus und Progressivismus, 1998.
Hart, Henry M./Albert M. Sacks, The Legal Process. Basic Problems in the Making and Application of Law, 1958 Tentative Edition ed. by William N. Eskridge/Philip P. Frickey, 1994.
Hartung, Sven, Die gerichtliche Kontrolle von Verwaltungsentscheidungen in den Vereinigten Staaten, DÖV 1993, S. 323 ff.
Hatje, Armin, Wirtschaftswerbung und Meinungsfreiheit, 1993.
Hay, Peter, Einführung in das amerikanische Recht, 3. Aufl., 1990.
–, US-Amerikanisches Recht, 2000.

Hay, Peter/Ronald D. Rotunda, The United States Federal System, 1982.
Heideking, Jürgen, Die Verfassung vor dem Richterstuhl: Vorgeschichte und Ratifizierung der amerikanischen Verfassung 1787–1791, 1988.
Heitsch, Christian, Genehmigung kerntechnischer Anlagen nach deutschem und US-amerikanischem Recht, 1993.
Heller, Kurt, Der Supreme Court der Vereinigten Staaten von Amerika, EuGRZ 1985, S. 685 ff.
–, Judicial self restraint in der Rechtsprechung des Supreme Court und des Verfassungsgerichtshofes, Österr. Zs. öff. Recht und Völkerrecht 39 (1988), S. 137 ff.
Henkin, Louis, Foreign Affairs and the Constitution, 2 nd ed. 1997.
Hermann, Joachim, Der amerikanische Strafprozeß, in: Heike Jung, Hrsg., Der Strafprozeß im Spiegel ausländischer Verfahrensordnungen, 1990, S. 133 ff.
Heun, Stefanie, Gleichgeschlechtliche Ehen in rechtsvergleichender Sicht, 1999.
Heun, Werner, Das Budgetrecht im Regierungssystem der USA, 1989.
–, Original Intent und Wille des historischen Verfassungsgebers. Zur Problematik einer Maxime im amerikanischen und deutschen Verfassungsrecht, AöR 116 (1991), S. 185 ff.
–, Die bundesstaatliche Finanzverfassung der USA. Die Finanzbeziehungen zwischen Bund und Gliedstaaten in den Vereinigten Staaten von Amerika, Staatswissenschaften und Staatspraxis 5 (1994), S. 97 ff.
Hitschler, Werner, Der Einfluß der Besteuerung auf Innovation, Investition und Eigenkapitalbildung. Eine vergleichende Analyse der Steuersysteme der USA und der Bundesrepublik Deutschland, 1993.
Hoffmann-Riem, Wolfgang, Kommerzielles Fernsehen. Rundfunkfreiheit zwischen ökonomischer Nutzung und staatlicher Regelungsverantwortung, 1981.
–, Regulating Media. The Licensing and Supervision of Broadcasting in Six Countries, 1996.
–*/Eberhard Schmidt-Aßmann,* Hrsg., Konfliktbewältigung durch Verhandlungen, 2 Bände, 1990.
Huber, Florian, Wahrnehmung von Aufgaben im Bereich der Gefahrenabwehr durch das Sicherheits- und Bewachungsgewerbe. Eine rechtsvergleichende Untersuchung zu Deutschland und den USA, 2000.
Jarass, Hans D., Besonderheiten des amerikanischen Verwaltungsrechts im Vergleich, DÖV 1985, S. 377 ff.
Joerges, Christian/David M. Trubek, eds., Critical Legal Thought: An American-German Debate, 1989.
Johnson, Nancy C., Landesbericht USA, in: Eberhard Grabitz, Hrsg., Grundrechte in Europa und USA. Band I: Strukturen nationaler Systeme, 1986.
Joswig, Ivo, Die implied powers-Lehre im amerikanischen Verfassungsrecht. Eine Analyse anhand der Rechtsprechung des U.S. Supreme Court, 1996.
Kaden, Nina, Der amerikanische Clean Air Act und das deutsche Luftreinhalterecht, 1999.
Kairys, David, ed., The Politics of Law. A Progressive Critique, 3 rd ed. 1998.
Karst, Kenneth, The Freedom of Intimate Association, 89 Yale L.J. 624 (1980).
Kaup, Heike, Der Schwangerschaftsabbruch aus verfassungsrechtlicher Sicht – eine rechtsvergleichende Untersuchung anhand des deutschen und des amerikanischen Rechts, 1991.
Kauper, Paul G., Judicial Review of Constitutional Issues in the United States, in: Hermann Mosler, Hrsg., Verfassungsgerichtsbarkeit in der Gegenwart, 1962, S. 568 ff.
Ketcham Ralph, ed., The Anti-Federalist Papers and the Constitutional Convention Debates, Mentor Book 2424, 1986.
Kischel, Uwe, Delegation of Legislative Power to Agencies: A Comparative Analysis of United States and German Law, 46 Administrative Law Review 213 (1994).

Kloepfer, Michael/Ekkehart Mast, Das Umweltrecht des Auslandes, 1995.
Kokott, Juliane, Die Entwicklung des Eigentumsschutzes in der Rechtsprechung des Supreme Court der USA, JöR N.F. 35 (1986), S. 335ff.
Kommers, Donald P., The Jurisprudence of Free Speech in the United States and the Federal Republic of Germany, 53 Southern California Law Review 657 (1980).
–, Die Verfassungsgerichtsbarkeit in den Gliedstaaten der Vereinigten Staaten von Amerika, in: Christian Starck/Klaus Stern, Hrsg., Landesverfassungsgerichtsbarkeit I, 1983, S. 461ff.
–, The Constitutional Jurisprudence of the Federal Republic of Germany, 2nd ed., 1997.
-/*John E. Finn,* American Constitutional Law. Essays, Cases and Comparative Notes, 1998.
Kretschmer, Petra, Strafrechtlicher Ehrenschutz und Meinungs- und Pressefreiheit im Recht der Bundesrepublik Deutschland und der Vereinigten Staaten von Amerika, 1994.
Kübler, Friedrich, Rassenhetze und Meinungsfreiheit. Grenzüberschreitende Aspekte eines Grundrechtskonfliktes, AöR 125 (2000), S. 109ff.
Kühner, Rolf, Executive Agreements im Verfassungsrecht der Vereinigten Staaten, JöR N.F. 35 (1986), S. 365ff.
Kurland, Philip B./Ralph Lerner, eds., The Founders' Constitution, 5 vols., 1987.
Leibowitz, Arnold H., Defining Status. A Comprehensive Analysis of United States Territorial Relations, 1989.
Lepsius, Oliver, Verwaltungsrecht unter dem Common Law. Amerikanische Entwicklungen bis zum New Deal, 1997.
Linneweber, Axel, Einführung in das US-amerikanische Verwaltungsrecht, 1994.
Loewenstein, Karl, Verfassungsrecht und Verfassungspraxis der Vereinigten Staaten, 1959.
Lundmark, Thomas, Die Bedeutung der Gliedstaaten im amerikanischen Verfassungssystem, DÖV 1992, S. 417ff.
–, Die Freiheit der Werbung und der Grundsatz der Verhältnismäßigkeit in der amerikanischen Rechtsprechung, VwArch. 1994, S. 521ff.
–, Umgang mit dem Präjudizienrecht, JuS 2000, S. 546ff.
Magiera, Siegfried, Die Vorwahlen (Primaries) in den Vereinigten Staaten, 1971.
Marks, Thomas C./John F. Cooper, State Constitutional Law, 1988.
Martin, Sigmund P., Ist das Recht mehr als eine bloße soziale Tatsache?, Rechtstheorie 22 (1991), S. 525ff.
Mashaw, Jerry, Due Process in the Administrative State, 1985.
McNeil, Mary L., ed., How Congress Works, 1983.
Millgramm, Karl-Heinz, Separate Opinion und Sondervotum in der Rechtsprechung des Supreme Court of the United States und des Bundesverfassungsgerichts, 1985.
Mintz, Benjamin W./Nancy G. Miller, A Guide to Federal Agency Rulemaking. Published by the Administrative Conference of the United States, 1991.
Murphy, Walter F./James E. Fleming/William F. Harris, American Constitutional Interpretation, 2nd ed., 1995.
Nieli, Russell, ed., Racial Preference and Racial Justice. The New Affirmative Action Controversy, 1991.
Nolte, Georg, Beleidigungsschutz in der freiheitlichen Demokratie, 1992.
–, Ermächtigung der Exekutive zur Rechtsetzung. Lehren aus der deutschen und der amerikanischen Erfahrung, AöR 118 (1993), S. 378ff.
–, Landesbericht Vereinigte Staaten, in: Jochen A. Frowein, Hrsg., Die Kontrolldichte bei der gerichtlichen Überprüfung von Handlungen der Verwaltung, 1993, S. 172ff.
Nowak, John E./Ronald D. Rotunda, Constitutional Law, 5th ed., 1995.

Nußbaum, Anja, The Right to Die. Die rechtliche Problematik der Sterbehilfe in den USA und ihre Bedeutung für die Reformdiskussion in Deutschland, 2000.

Oleszek, Walter J., Congressional Procedures and the Policy Process, 4 th ed., 1996.

Padover, Saul K., The Living U.S. Constitution, 2 nd ed., 1982.

Parker, Reginald, Das Öffentliche Recht. Verfassungsrecht und Allgemeines Verwaltungsrecht der Vereinigten Staaten von Amerika, 1963.

Pierce, Richard J./Sidney A. Shapiro/Paul R. Verkuil, Administrative Law and Process, 2 nd ed., 1992.

Pietzcker, Jost, Der Staatsauftrag als Instrument des Verwaltungshandelns: Recht und Praxis der Beschaffungsverträge in den Vereinigten Staaten von Amerika und der Bundesrepublik Deutschland, 1978.

–, Gleichheitsprobleme bei der Beseitigung der Rassendiskriminierung in den USA, in: Jürgen Jekewitz u. a., Hrsg., Festschrift für Karl Josef Partsch, 1989, S. 471 ff.

Post, Robert, Subsidized Speech, 106 Yale Law Journal 151 (1996).

Pünder, Hermann, Exekutive Normsetzung in den Vereinigten Staaten von Amerika und der Bundesrepublik Deutschland, 1995.

Quint, Peter, Amerikanisches Verfassungsrecht – ein aktueller Überblick, JZ 1986, S. 619 ff.

–, Gewaltenteilung und Verfassungsauslegung in den USA, DÖV 1987, S. 568 ff.

–, Free Speech and Private Law in German Constitutional Theory, 48 Maryland Law Review 247 (1989).

–, The Comparative Law of Flag Desecration: The United States and the Federal Republic of Germany, 15 Hastings International and Comparative Law Review 613 (1992).

Rau, Christian, Selbst entwickelte Grenzen in der Rechtsprechung des United States Supreme Court und des Bundesverfassungsgerichts, 1996.

Reich, Charles, The New Property, 73 Yale Law Journal 733 (1964).

Reich, Norbert, Staatliche Regulierung zwischen Marktversagen und Politikversagen: Erfahrungen mit der amerikanischen Federal Trade Commission und ihre Bedeutung für die Entwicklung des Verbraucherschutzrechts, 1984.

Reichley, A. James, ed., Elections American Style, 1987.

Restatement of the Law Third, The Foreign Relations Law of the United States, 2 vols., 1987.

Reynolds, William L., Judicial Process, 2 nd ed., 1991.

Riegert, Robert A., Das amerikanische Administrative Law. Eine Darstellung für deutsche Juristen, 1967.

Rotunda, Ronald D./John E. Nowak, Treatise on Constitutional Law. Substance and Procedure, 4 vols., 2 nd ed., 1992.

-,/-,/*J. Nelson Young,* Treatise on Constitutional Law. Substance and Procedure. 3 vols, 1986.

Rubenstein, William B., Cases and Materials on Sexual Orientation and the Law, 2 nd ed., 1997.

Sacksofsky, Ute, Das Grundrecht auf Gleichberechtigung. Eine rechtsdogmatische Untersuchung zu Art. 3 Abs. 2 des Grundgesetzes, 1991.

Schambeck Herbert/Helmut Widder/Marcus Bergmann, Hrsg., Dokumente zur Geschichte der Vereinigten Staaten von Amerika, 1993.

Scharpf, Fritz, Grenzen der richterlichen Verantwortung. Die political-question-Doktrin in der Rechtsprechung des amerikanischen Supreme Court, 1965.

Schefer, Markus, Konkretisierung von Grundrechten durch den U.S. Supreme Court. Zur sprachlichen, historischen und demokratischen Argumentation im Verfassungsrecht, 1997.

Schiwek, Heiko, Sozialmoral und Verfassungsrecht. Dargestellt am Beispiel der Rechtsprechung des amerikanischen Supreme Court und ihrer Analyse durch die amerikanische Rechtstheorie, 2000.

Schlachter, Jörg, Mehr Öffentlichkeit wagen. Eine Kritik des geltenden deutschen Verwaltungstransparenzrechts mit Vorschlägen für eine Neuregelung unter Berücksichtigung rechtsvergleichender Gesichtspunkte, 1993.

Schmid, Niklaus, Das amerikanische Strafverfahren. Eine Einführung, 1986.

Schuster, Gunnar, Bundeskompetenz, Kontrolldichte und Grundrechtsschutz bei Ausweisungen. Ein Vergleich des amerikanischen und des deutschen Verfassungsrechts, JöR N.F. 43 (1995), S. 661 ff.

Schwartz, Bernard, Administrative Law, 3 rd ed., 1991.

Schwarz, Henning, Die verfassungsgerichtliche Kontrolle der Außen- und Sicherheitspolitik. Ein Verfassungsvergleich Deutschland – USA, 1995.

Simons, Cornelius, Grundrechte und Gestaltungsspielraum. Eine rechtsvergleichende Untersuchung zum Prüfungsinstrumentarium von Bundesverfassungsgericht und US-amerikanischem Supreme Court bei der Normenkontrolle, 1999.

Spann, Girardeau A., Pure Politics, 88 Michigan Law Review 1971 (1990).

Steinberg, Rudolf, Politik und Verwaltungsorganisation. Zur Reform der Regierungs- und Verwaltungsorganisation unter besonderer Berücksichtigung der Obersten Bundesbehörden in den Vereinigten Staaten von Amerika, 1979.

Steinberger, Helmut, Konzeption und Grenzen freiheitlicher Demokratie. Dargestellt am Beispiel des Verfassungsrechtsdenkens in den Vereinigten Staaten von Amerika und des amerikanischen Antisubversionsrechts, 1974.

Stern, Robert L./Eugene Gressman/Stephen M. Shapiro/Kenneth S. Geller, Supreme Court Practice, 7 th ed., 1993.

Stewart, Richard, The Reformation of American Administrative Law, 88 Harvard Law Review 1669 (1975).

Stock, Jürgen, Meinungs- und Pressefreiheit in den USA, 1986.

Stoevesandt, Martin, Aktivismus und Zurückhaltung im United States Supreme Court. Eine Studie zur Rechtsprechung des amerikanischen Supreme Court im System der Gewaltenteilung zwischen Judikative und Legislative, 1999.

Stone, Geoffrey R./Louis M. Seidman/Cass R. Sunstein/Mark V. Tushnet, Constitutional Law, 3 rd ed., 1996.

Strauss, Peter L., An Introduction to Administrative Justice in the United States, 1989.

Suerbaum, Joachim, Affirmative Action. Positive Diskriminierung im amerikanischen und im deutschen Recht, Der Staat 28 (1989), S. 419 ff.

Sundquist, James L., Strengthening the National Parties, in: A. James Reichley, ed., Elections American Style, 1987, S. 195 ff.

Sunstein, Cass R., Constitutionalism After the New Deal, 101 Harvard Law Review 421 (1987).

–, After the Rights Revolution. Reconceiving the Regulatory State, 1990.

Thaysen, Uwe/Roger H. Davidson/Robert G. Livingston, Hrsg., US-Kongress und Deutscher Bundestag. Bestandsaufnahmen im Vergleich, 1988.

Tiefer, Charles, Congressional Practice and Procedure. A Reference, Research, and Legislative Guide, 1989.

Treffer, Gerd, Amerikanisches Kommunalrecht, 1984.

Tribe, Laurence H., American Constitutional Law, 2 nd ed., 1988.

–, God Save This Honorable Court: How the Choice of Justices Can Change Our Life, 1985.

–, Abortion. The Clash of Absolutes, 1990.

–/*Michael C. Dorf,* On Reading the Constitution, 1991.

Trute, Hans-Heinrich, Zur Entwicklung des Föderalismus in den Vereinigten Staaten von Amerika, ZaöRV 49 (1989), S. 191 ff.

Tushnet, Mark, Red, White, and Blue. A Critical Analysis of Constitutional Law, 1988.

Tussman, Joseph/Jacobus TenBroek, The Equal Protection of the Laws, 37 California Law Review 339 (1949).

Uhl, Jörg, Vorläufiger und vorbeugender Rechtsschutz in den USA, Diss. iur. Heidelberg 1998.

Umbach, Dieter C./Sanford Levinson, Die Zulassung zum öffentlichen Dienst und die Schranken der politischen Betätigung der Beamten in den USA, in: Ernst-Wolfgang Böckenförde u. a., Extremisten und öffentlicher Dienst, 1981.

Unger, Roberto M., The Critical Legal Studies Movement, 1983.

United States Government Manual 1999–2000, The, published by the Office of the Federal Register, National Archives and Records Administration.

Verkuil, Paul, A Study of Informal Adjudication Procedures, 43 University of Chicago Law Review 739 (1976).

Wechsler, Herbert, Principles, Politics, and Fundamental Law, 1961.

Wieland, Joachim, Der Zugang des Bürgers zum Bundesverfassungsgericht und zum Supreme Court, Der Staat 29 (1990), S. 333 ff.

Wisskirchen, Gerlind, Mittelbare Diskriminierung von Frauen im Erwerbsleben. Die Rechtsprechung des Bundesarbeitsgerichts, des Europäischen Gerichtshofs und des U. S. Supreme Court, 1994.

Zätsch, Jörg, Richterliche Unabhängigkeit und Richterauswahl in den USA und Deutschland, 2000.

Fallverzeichnis

Sachverzeichnis

Siehe auch das ausführliche Inhaltsverzeichnis am Beginn des Bandes